Lisbeth Exner und Herbert Kapfer

Verborgene Chronik

1914

Herausgegeben
vom Deutschen Tagebucharchiv

Galiani Berlin

MIX
Papier aus verantwortungsvollen Quellen
FSC® C006701
Verlag Kiepenheuer & Witsch, FSC® N001512

1. Auflage 2014

Verlag Galiani Berlin

Umschlaggestaltung: Manja Hellpap und Lisa Neuhalfen, Berlin
Umschlagmotiv: © Deutsches Tagebucharchiv
Idee und Lektorat: Wolfgang Hörner
Gesetzt aus der Walbaum Text
Satz: Buch-Werkstatt GmbH, Bad Aibling
Druck und Bindung: CPI books GmbH, Leck
ISBN 978-3-86971-086-0

Es muss möglich sein, die Realität als die geschichtliche Fiktion, die sie ist, auch darzustellen.

Alexander Kluge

Vorwort

Zufälle aller Art haben die Aufzeichnungen, aus denen die *Verborgene Chronik* schöpft, ein Jahrhundert lang vor der Vernichtung bewahrt. Auf verschiedenen Wegen fanden sie, von privaten Besitzern übergeben, in das Deutsche Tagebucharchiv. Die Motive und Entscheidungen, die letztlich zum Erhalt und damit zur Überlieferung der Aufzeichnungen beigetragen haben, sind nur bedingt und manchmal gar nicht rekonstruierbar. Auch die Absichten und Wünsche derer, die diese Aufzeichnungen verfassten, sind im Einzelnen unbekannt. Wir können nur feststellen, dass diese Tagebücher im Gegensatz zu anderen Selbstzeugnissen nicht zerrissen, verbrannt, verschüttet oder weggeworfen wurden und dass sie uns nun für eine vielstimmige historische Erzählung zur Verfügung stehen. Das erhalten Gebliebene, das Handschriftliche und das Getippte, ist der Stoff der *Verborgenen Chronik.* Was sie berichtet, ist dementsprechend vom Zufall getragen. Eine *Chronik* mit anderen Aufzeichnungen hätte einen anderen Erzählverlauf. Sie wäre eine Geschichte anderer Möglichkeiten.

In diesem Buch kommen nur unveröffentlichte Tagebücher zu Wort. Es beginnt am 27. Juli 1914, einen Tag vor der Kriegserklärung Österreich-Ungarns an Serbien, es endet mit dem ersten Tag des zweiten Kriegsjahrs, am 1. Januar 1915. Es berichtet von den spontanen und inszenierten Kundgebungen und Truppenverabschiedungen an Bahnhöfen, von den seit der Mobilmachung einsetzenden Veränderungen des gesellschaftlichen und alltäglichen Lebens und den wechselvollen, zwischen Nationalstolz, Angst und Trauer hin- und hergerissenen Stimmungen in der Heimat, von ersten militärischen Erfolgen und Niederlagen im Sommer bis zum Beginn des Stellungskrieges, wie er bereits ab November 1914 vor allem die Westfront für Jahre beherrschen sollte. Es erzählt, wie aus der Sicht Einzelner Geschehnisse erlebt wurden, die heute Teil der Geschichte des 20. Jahrhunderts sind – chronologisch, Tag für Tag, mit ständig wechselnden Schauplätzen und Perspektiven. Die für die *Chronik* verwendeten Aufzeichnungen sind durchdrungen von der eigenen unmittelbaren Beobachtung und Erfahrung. Sie entstanden jedoch nicht unabhängig von der öffentlich zugänglichen Information, sondern sind beeinflusst von Kriegsberichterstattung, Regierungsverlautbarungen, Propaganda und politischen Lügen, von Zensur und verlegerischer Selbstzensur. Die *Chronik* zeichnet Bilder verschiedener Bewusstseinslagen aus einer vergangenen Zeit. Politische Unwahrheiten, Täuschungen und historische Irrtümer werden nicht widerlegt, der Horizont der dargestellten Zeit wird nicht verlassen. Im Vordergrund steht die zeitnahe, subjektive Niederschrift von Berichten und Reflexionen.

Es mag vielleicht auch manchen Leserinnen und Lesern so ergehen, wie es uns bei der Zusammenstellung und Montage der Selbstzeugnisse erging. Die Verfasserinnen und Verfasser der Tagebücher, über die in vielen Fällen nur bekannt ist, was aus ihren Notizen hervorgeht, nehmen mehr und mehr Gestalt an: Aus Berichtenden werden Figuren. Ihre Einträge beschreiben eigene Erlebnisse. Es sind Nahaufnahmen, die eine Fülle unbekannter Details sichtbar machen und gleichzeitig die Ausschnitthaftigkeit der Beobachtung, die Begrenzung der eigenen Erfahrung, des eigenen Wissens und der individuellen Handlungsmöglichkeiten zeigen.

Wir stellen uns vor, wie damals die verordnete militärische Mobilmachung einherging mit einer alltäglichen und individuell erlebten: Die Wahrnehmung und das Gefühl, an großen, epochalen Ereignissen teilzunehmen, eine Art innerer Mobilmachung dürfte viele Menschen bewegt haben, ab Kriegsbeginn eigene Beobachtungen und Erlebnisse festzuhalten – sei es aus dem Bedürfnis rein privater Orientierung, sei es aus dem Bewusstsein eigener Zeitzeugenschaft heraus, das schemenhaft den möglichen Einfluss erlebter Gegenwart auf die Zukunft begriff. Wir wissen heute, dass der Kriegsbeginn Auslöser für das Entstehen einer regelrechten Schreibbewegung war. Es wurden nicht nur massenhaft Tagebücher angefangen, es entstanden angeblich allein im Monat August 1914 in Deutschland auch über eine Million Kriegsgedichte. Aber was besagt so eine Zahl? Sie sagt etwas aus, wenn sie in eine Relation zu anderen Zahlen gesetzt wird: Vier Millionen Männer wurden im August 1914 eingezogen. Bis Dezember 1914 hatte die deutsche Armee über 140 000 Tote.

Die Aufzeichnungen zu diesem Band der *Verborgenen Chronik* stammen von 37 Tagebuchautorinnen und -autoren. Sie kommen mit fast täglichen Einträgen oder auch sporadisch zu Wort. Sie treten irgendwann mit ihren Notizen in die Montage-Erzählung ein und geraten zu einem anderen Zeitpunkt wieder aus dem Blickfeld. Im Laufe der Kriegsmonate kommen neue Tagebuch schreibende Beiträger hinzu, während andere verschwinden – weil sie ihre Skizzen einstellten aus Gründen, die unbekannt sind, oder weil der Tod zum Abbruch der Aufzeichnungen führte oder weil die Einträge unsere Gesamtdarstellung nicht oder nur geringfügig bereichert hätten. Aus unserer Sicht bot es sich nach intensiver Lektüre an, die Aufzeichnungen zu den ersten Kriegsmonaten in einer literarischen Montage vorzustellen, die eine tägliche Chronik mit häufig wechselnden Schauplätzen ergeben sollte – auch und gerade, weil sie Lücken in den Ereignisfolgen zeigt und mit jedem Wechsel oder Schnitt die fragmentierende Erzählweise in Erinnerung bringt. Der entstehende Erzählraum der *Verborgenen Chronik* umfasst in seiner Gesamtdimension den Ersten Weltkrieg bis zu seinem Ende. Die stoffliche Fülle der auf drei Bände angelegten Edition beruht auf den von insgesamt 189 Autorinnen und

Autoren geschriebenen Tagebüchern, die uns der Herausgeber, das Deutsche Tagebucharchiv, großzügig zur Verfügung stellt.

Lisbeth Exner, Herbert Kapfer *München, Januar 2014*

Verborgene Chronik 1914

Der irre Zufall kann heute, kann morgen, kann jede Minute rufen, und alle, alle werden kommen. Der Not gehorchend – aber gehorchend. Anfangs werden sie heulen, da sie ihr bisschen Erdenglück zusammenbrechen sehen, – bald jedoch werden sie, wenn auch nicht mit ganz sauberer Unterwäsche, vom allgemeinen Taumel besessen sein und besinnungslos morden und ermordet werden.

Franz Pfemfert, Die Besessenen,
geschrieben am 27. Juli 1914

Montag, 27. Juli 1914

Josef Glaser, im Zug bei Zittau

Um 9 Uhr vormittags Telegramm erhalten folgenden Inhalts: »9. Korps mobil, sofort kommen.« Die Vorstandsmitglieder telefonisch verständigt. Von 11 bis 12 Uhr Vorstandssitzung. Kollege Röllig, Hildesheim, als Vertreter bestellt. Nach dem Essen in Uniform geworfen. Bei Herrn von Krosigk und Inspektor Rauch Abschiedsbesuche gemacht und in Fabrik die letzten Anordnungen getroffen. Um 2.15 Uhr in Begleitung von Irma mit dem Wagen zum Bahnhofe Belleben gefahren, dort von Kollegen Hartmann verabschiedet. Um 3.42 Uhr abgefahren über Halle, Leipzig, Dresden, Zittau nach Reichenberg. Auf den Stationen normales Leben.

Annemarie Pallat, Wannsee

Trübes Wetter und trübe Aussichten: Österreich mobilisiert. Abends bemerkte Ludwig eine kleine schmerzhafte Stelle am Fuß.

Gertrud Blanckenhorn, Kassel

Spannung stark, da Russland mobilisiert. Unser Kaiser aber wünscht den Frieden.

Dienstag, 28. Juli 1914

Josef Glaser, Schüttenitz (Österreich-Ungarn, Böhmen)

In Reichenberg eingetroffen. Einige Stunden geschlafen. Die Feldausrüstung in Ordnung gebracht, um 9.50 Uhr abgefahren. Reserveleutnant Hendrich vom 73. Infanterie-Regiment fährt bis Leitmeritz mit. Dort um 1.30 Uhr eingetroffen. In der Stadt herrscht reges Leben, vor allen öffentlichen Gebäuden stehen große Menschenmengen.

Zahlreiche Wagen mit Ausrüstungsgegenständen rollen durch die Straßen. In der Kaserne erfahre ich die Zuteilung zur 8. Kompanie. Mittels Wagen mein Gepäck abgeholt und nach Schüttenitz gefahren. Dort beim Fleischermeister Kubitschek Wohnung bezogen. Um 7 Uhr mit Reserveleutnant Liebisch nach Leitmeritz gefahren und im Hotel Schwane gegessen, das erste Essen seit 8 Uhr früh. An Stelle des Holzkoffers einen leichten Stoffkoffer gekauft, da unsere Verwendung in Serbien gesichert erscheint. In der Stadt noch bewegtes Leben. Nach 9 Uhr den Rückweg zu Fuß angetreten, dreiviertel Stunden Gehzeit. Sehr voluminöses Bett in geräumigem Zimmer.

Mittwoch, 29. Juli 1914

Annemarie Pallat, Wannsee

Der Fuß bessert sich, aber Ludwig muss ruhig liegen. Dabei werden die Zustände immer aufregender. Alles hängt davon ab, ob Russland sich einmischt. Es regnet Bindfäden. Nachmittags in Friedenau. Die Kriegserklärung Österreichs wird veröffentlicht und das Manifest Kaiser Franz Josephs an seine Völker.

Friedrich Link, Freiburg

Krank gemeldet bis 16. August, werde ich heute zum Dienst berufen wegen großen Telegrammverkehrs. Lage beginnt ernst zu werden.

Donnerstag, 30. Juli 1914

Josef Glaser, Schüttenitz (Österreich-Ungarn, Böhmen)

Nachmittag um 1.30 Uhr mit der Kompanie zur Schießstätte nach Trabschitz marschiert in zweieinhalb Stunden. Mannschaft schießt gut.

Friedrich Link, Freiburg

Tag und Nacht Dienst. Telegramme deuten auf Verschlimmerung der Lage hin.

Annemarie Pallat, Wannsee

Russland mobilisiert! Frau Sievers telefoniert, dass in Berlin Extrablätter ausgegeben seien mit der Nachricht, dass Deutschland auch mobilisiere. Aber die Nachricht wird öffentlich dementiert. Abends Jolles bei uns, der sich als Kriegskorrespondent melden oder sonst was Nützliches tun will. Später kamen noch Sievers in großer Aufregung. Ludwig arbeitet mit unerschütterlicher Ruhe an seinem Buch.

Freitag, 31. Juli 1914

Mädchen, Karlsruhe

Da Serbien eine unzureichende, unbefriedigende Note an Österreich sandte, wurde der Krieg zwischen Serbien und Österreich beschlossen. Serbien hat die Unterstützung Russlands zugesichert bekommen. Welch eine Verantwortung liegt jetzt auf dem russischen Staat! Österreich hat vollständig mobilisiert, die Truppen sollen Belgrad schon eingenommen haben. Die Friedensverhandlungen Englands hat Deutschland abgelehnt. Gestern war der junge Graf Geßler hier zu Tisch.

Elisabeth Schwarz, Heidelberg

Vor Erwartung und Neugierde hielt es kein Mensch daheim aus. So war alles auf den Straßen versammelt, wir selbst auf der bekannten Hauptstraße, als uns gegen Abend die »roten« Zettel verkündeten: Kriegszustand, noch keine Kriegserklärung!

Annemarie Pallat, Wannsee

Der Fuß wieder etwas schlechter: Es ist scheußlich, dass Ludwig so festsitzt. In Berlin morgens, als ich mit Peter dort war, um Geld zu holen, noch alles ruhig, nur Banken und Sparkassen voller Menschen. In den Warenhäusern wollen sie keine Lebensmittelvorräte mehr ausgeben. Nachmittags wird der Kriegszustand über Deutschland verhängt. Der Kaiser fährt durchs Brandenburger Tor ein und hält eine Ansprache. Schade, dass man nicht dabei war! Hier regelt man seine Finanzen und sucht sich Vorräte zu sichern. Ludwig arbeitet ruhig weiter.

Ernst Eberlein, Schweidnitz, Schlesien

Um 5½ Uhr nachmittags Verkündung des Kriegszustandes durch einen Offizier und vier Begleiter. Der Marktplatz hatte sich gefüllt. Nach Verlesung des ersten Teils brauste ein kräftiges Hurra durch die Luft, angestimmt durch einen alten weißbärtigen Herrn. Von wenigen Ausnahmen abgesehen, war das Stadtleben ein unverändertes. Oft drängte sich neugieriges Publikum zusammen, eifrig alle Möglichkeiten der Zukunft erörternd. Am Bahnhof reges Leben, die Sommerfrischler kehrten zurück, die eingezogenen Reservisten füllten die Straßen. Bei Zivilbevölkerung teilweise Freude, teilweise Betrübnis insbesondere beim besonnenen Publikum, das den Ernst der Situation mehr übersah. Bei den jungen Offizieren wider Erwarten viele ernste Gesichter und oft nur gezwungenes Lächeln.

Samstag, 1. August 1914

Josef Glaser, Schüttenitz (Österreich-Ungarn, Böhmen)

Um 9 Uhr am Marktplatz in Leitmeritz feierliche Einsegnung. Blauer Himmel, große Menschenmenge. Tscheche demonstriert durch Ruf: »Hoch Serbien!«, wird verprügelt. Nachmittags wimmelt es von Menschen in Schüttenitz, die die eingerückten Reservisten besuchen.

Mädchen, Karlsruhe

Hier ist schon alles gerüstet. Die Brücke bei Maxau ist von den hiesigen Dragonern bewacht. Man darf nur in Begleitung eines Soldaten die Brücke betreten. Heute hat sich Wilhelm als Kriegsfreiwilliger bei den Dragonern gestellt. Am zweiten Mobiltage muss er eintreten. Es ist kaum noch etwas zu bekommen. Die Preise sind gewaltig gestiegen, Mehl von 20 auf 35 Pfennig. Da ich erst fünfzehn Jahre alt bin, darf ich mich als Krankenhilfe noch nicht melden. Um aber nicht müßig zu Hause zu sitzen, will ich sehen, ob ich genommen werde, um im Ernstfalle den Soldaten Erfrischungen an der Bahn zu reichen. – Abends 6 Uhr. Der Krieg ist erklärt! Ich kann es nicht glauben, kann es mir nicht vorstellen ... was heißt es, Krieg ... Gott sei mit uns, wir Menschen können nichts mehr machen. Wilhelm kommt Montag in die Kaserne. Major Moser hat sich noch sehr nett und liebenswürdig mit ihm unterhalten und hat ihm gesagt, dass Graf Geßler den Wunsch hege, ihn in seinem Regiment als Fahnenjunker zu sehen. Er wird aber als Kriegsfreiwilliger eintreten. Gott schütze ihn. In der ganzen Stadt herrscht Begeisterung. Bei der Kriegsverkündigung sangen sie heute ›Deutschland, Deutschland über alles‹.

Annemarie Pallat, Wannsee

Gegen 7 Uhr wird die Mobilisierungs-Ordre hier an den Säulen angeschlagen. Also wirklich. Ich möchte nach Berlin, aber Peter hat keine besondere Lust. Wenn nur Ludwig nicht so festsäße. Jolles macht alles in Berlin mit.

Elisabeth Schwarz, Heidelberg

Ungeheure Begeisterung bei Alt und Jung! Arm und Reich reicht sich die Hand, spricht zusammen auf den Straßen. Alles ist eins in dem Gedanken: Zusammenhalten, was da kommen mag. Nun wird nichts mehr gearbeitet, alles macht Feierabend. Viele junge Männer sieht man eilends heimwärts laufen: »Ich muss mich morgen früh stellen«, heißt's. Überall die gleiche Begeisterung, alle freuen sich dreinzuschlagen.

Hilde Grapow, Kassel

Am Vorabend des Weltkrieges!?! steht heute auf den meisten Depeschen! So sieht Krieg aus, muss ich immer denken! Es ist viel, viel grässlicher, als man immer dachte und aus Büchern las.

Georg Becker, Alzey

Gegen 6 Uhr hörte ich im Kreiskrankenhaus zu Alzey, die Mobilmachung sei befohlen. Wir eilten auf den Roßmarkt, wo eine große Menge in dumpfem Schweigen harrte, denn noch war hier nichts angeschlagen, und nur Einzelne hatten die Nachricht mitgebracht. Nun erschien auch ein Schutzmann und klebte an die Litfaßsäule die Meldung, die alle wussten und die doch jeder sehen wollte. Die meisten waren erschüttert. Jeder, der nicht selbst mitmusste, hatte einen ihm Nahestehenden, der ins Feld sollte. Die zwei Bayern Hirtreither und der Provisor Godesbauer waren am meisten kriegsbegeistert. Sie fuhren noch am selben Abend nach München.

Meta Iggersheimer, Kolberg, Pommern

Tausende von Fremden ergriffen eiligst die Flucht, die Züge waren riesig überfüllt. Mich überkam ein eigenartig dumpfes Gefühl, ich konnte das Schwere noch nicht ganz fassen. Am Abend letztes Konzert, die Gäste kargten nicht mit Applaus.

Sonntag, 2. August 1914

Richard Walzer, Stuttgart

Sachen gepackt und abends Abschied gefeiert im Wilhelmsbau.

Hilde Grapow, Kassel

Hier ziehen immerzu die Truppen aus, alle laufen in feldgrauer Uniform herum. Man sieht schrecklich viel verweinte und ernste Gesichter. Kassel ist belebt wie nie. Nagelneue Autos flitzen herum, Pferde und Leiterwagen, Möbelwagen, alles wird herangeholt. Viele Soldaten sind riesig vergnügt, singen und freuen sich, dass wir Deutsche auch mal zeigen können, was wir können! Alles ist in Bewegung. Heute Morgen war ich bei Pfarrer Stein in der Kirche. Er sprach kurz und wunderhübsch über meinen Konfirmationsspruch: »Halte, was du hast, dass niemand deine Krone nehme.« Alle waren gerührt. Wunderhübsch war es!

Annemarie Pallat, Wannsee

Mich litt es nicht länger hier, ich musste nach Berlin. Peter enttäuscht mich sehr durch seinen Mangel an Begeisterung, er wollte nicht mit. Ich ging mit Frau Jolles und Jan, um ½ 11 Uhr Gottesdienst am Bismarck-Denkmal vor dem Reichstag. Um ½ 12 Uhr gingen wir die Linden entlang bis zum Schloss, sahen die Wache aufziehen und die kronprinzliche Familie anfahren. Fabelhaft war der Menschenandrang und die allgemeine Begeisterung. Um ½ 4 Uhr war ich wieder in Wannsee. Jolles telefoniert um ½ 9 Uhr, dass Japan den Krieg an Russland erklärt habe! Die Franzosen haben Nürnberg bombardiert per Aeroplan. Wilde Gerüchte überall.

Meta Iggersheimer, Kolberg, Pommern

Erster Mobilmachungstag wurde durch überall angeschlagene Zettel kundgegeben. Alles befand sich in furchtbarer Erregung. Ich wurde nicht mehr Herr meiner selbst, eine Unruhe überkam mich, die mir alles klare Denken verwehrte. In den Hafen fuhr ein Schleppdampfer herein, der in Kriegszeiten den Weg für feindliche Schiffe versperren muss. Eine Menge russische Spione wurde verhaftet und standrechtlich erschossen. In unserem Hause wohnte gleichfalls eine russische Dame, welche verdächtigt wurde, Bomben bei sich zu haben. Die Polizei hielt Haussuchung, fand aber zum Glück nichts Verdächtiges vor. Trotzdem war die Aufregung eine maßlose.

Montag, 3. August 1914

Paula Busse, Bensberg bei Köln

Seit gestern früh ist mein Herzallerliebster fort, um sich seinem Vaterland zur Verfügung zu stellen. Welche Tage und Nächte gingen dem Abschied voran, davon will ich schweigen. Wie viel kann das Menschenherz ertragen. Wir sind die Tage keinen Schritt voneinander gewichen, jede Minute wollte man zusammen sein. Er hat den Abschied wie ein Held getragen. Ein kleines Ringlein, das ich ihm schon als Braut einmal gegeben, habe ich ihm an einem goldenen Kettchen um den Hals gehängt, das soll ihn schützen. Mit heißen Tränen und Küssen habe ich es benetzt und an die Lippen gedrückt, vielleicht hat meine heiße Liebe die Macht, eine feindliche Kugel von ihm abzuwenden. Sein Vater und ich gaben ihm das Geleit zum Bahnhof. Ich ließ es mir nicht nehmen, ich musste den Säbel tragen, wie habe ich ihn verstohlen an den Mund gepresst. Wie stattlich sah mein Liebster aus. Ich hielt mich tapfer, nur als der Zug nicht mehr zu sehen, da verließ mich die mühsam bewahrte Fassung. Lieber, lieber Gott, gib uns ein Wiedersehen!

Clara und Josephine Bohn, Ingersheim, Elsaß-Lothringen
Es mussten viele militärpflichtige Männer und Jünglinge zum Heer einrücken und ihre Heimat verlassen. Der »letze Berg« wurde mit Kanonen und Soldaten besetzt. Man vermutete, der Feind rücke in das Münstertal ein.

Meta Iggersheimer, im Zug bei Berlin
Krieg mit Frankreich. Französische Truppen halten deutsche Ortschaften besetzt. Bomben werfende Flieger kommen seit gestern nach Baden und Bayern und versuchen unsere Bahnen zu zerstören. Frankreich hat damit den Angriff gegen uns eröffnet und den Kriegszustand erklärt. Unseres Reiches Sicherheit zwingt uns zur Gegenwehr. Der Kaiser hat die erforderlichen Befehle erteilt.

Hilde Grapow, Kassel
Heute Morgen kamen feine Depeschen. 1) Deutsche über die russische Grenze bei Thorn, 2) ein französischer Flieger heruntergeschossen, 3) Sprengung eines Tunnels bei Kochem verhindert, die zwei Leute erschossen. 4) König Peter von Serbien mit 20000 Mann von Österreichern gefangen genommen!!! 5) Kreuzer Augsburg im Hafen Libau (Russland) Minen gelegt, Hafen in Brand! 6) Russische Flotte im Hafen Libau vollständig vernichtet!!!!!! Das ist doch fein! Ich habe mich mächtig gefreut!

Georg Becker, Alzey
Der Montag begann mit einer Blinddarmoperation: ein Patient, der schon vor Wochen bei mir gewesen war und bisher keine Zeit zur Operation gehabt hatte. Jetzt schien es

ihm das Sicherste, sich den Bauch aufschneiden zu lassen. Dies ging noch an, da er wirklich nach meiner Ansicht nicht ausrücken konnte. Auch sonst fanden sich manche ein, die ein Zeugnis über früher im Krankenhaus durchgemachte Erkrankungen verlangten. Es wurde eine große Razzia abgehalten. Alles, was einigermaßen entlassen werden konnte, vor allem die Drückeberger wurden ausgewiesen. So konnte ich Dr. Drescher das Haus mit einem Bestand von zwanzig Patienten übergeben. Der Nachmittag war mit Packen ausgefüllt.

Dienstag, 4. August 1914

Oberst a. D., Schlesien

Wenn ich nicht solch alter Krüppel wäre, ginge ich auch mit. Leider kann ich mich in keiner Weise dem teuren Vaterlande nützlich machen.

Otto von der Meden, Liebemühl, Ostpreußen

Ich und meine Jungens Adolph und Friedrich haben uns sofort freiwillig zum Heeresdienst gemeldet. Adi meldete sich in Spandau beim Garde-Fußartillerie-Regiment und Friedel bei der Ersatz-Schwadron eines Regiments Jäger zu Pferde in Hannover. Ich kaufte sofort in Osterode als Militärkommission ca. 500 Pferde und 200 Ackerwagen zur Beförderung von allerhand Kriegsmaterial an. In zwei Tagen mussten die Pferde und Wagen ausgehoben sein. Ich konnte dem Generalkommando Allenstein melden, dass ich genügend Pferde angekauft hätte. Während des Ankaufsgeschäftes erhielt ich schon die Anfrage, ob ich für den erkrankten Hauptmann von Mandel die Führung der 6. Artillerie-Munitions-Kolonne übernehmen wollte. Ich willigte natürlich ein und musste am dritten Mobilmachungstage zwei Stunden nach beendigtem Pferdeankauf mit der Kolonne ausrücken. Sie bestand aus ca. 25 Munitionswagen mit Vorder- und Hinterprotze, 180 Kanonieren, 180 Pferden und zwei Offizieren. Alles nigelnagelneues Material. Jeder Rock, jede Hose, jeder Wagen, alles neu. Ich ließ aufsitzen, brachte ein Hurra auf unseren Kaiser und König aus, und fort ging es in den Krieg. Ganz so einfach war das nun allerdings nicht. Die Pferde, die an Kummetgeschirre nicht gewöhnt waren, sondern vom Lande her nur Brustblattgeschirre, wollten nicht anziehen. Schließlich ging es aber. Um 4 Uhr nachmittags verließen wir Osterode, und um 9 Uhr abends waren wir im ersten Quartier in dem kleinen Städtchen Liebemühl.

Annemarie Pallat, Wannsee

In Wannsee tragikomische Aufregung über 24 Autos mit russischem Gold und Spionen, die hier durchkommen sollen und aufgehalten werden müssen, am Rathaus große Absperrung der Chaussee. Ich fuhr per Rad nach Nikolassee zur Versammlung des Vaterländischen Frauenvereins, aber es war viel zu voll. In Berlin tritt der Reichstag zusammen, feine Thronrede des Kaisers, Einigkeit mit den Sozialdemokraten.

Gertrud Blanckenhorn, Kassel

Nun möchte ich nur irgendwo helfen, aber ich kann ja nicht fort, Papa will es nicht. Ich schäme mich so, nicht mitmachen zu können. Einzelschicksale gibt es nicht mehr, nur Deutschlands Geschick zu bedenken.

Milly Haake, Hamm

Die Deutschen drei russische Städte eingenommen. Hurra! Montag hat Russland den Krieg erklärt. Heute ist Notabiturium, und Donnerstag fährt Wilhelm nach Paderborn. Es wurde gesagt, dass bald der Landsturm aufgeboten wird. Dann muss Enzio auch mit, o Schreck. Und doch freu ich mich in einer Beziehung, denn ich glaube, dass er sehr tapfer sein wird. Montag Morgen habe ich ihn getroffen und bin mit ihm gegangen. Leider war Marianka auch dabei. Er erzählte, dass zwei Brüder von ihm mitmüssten. Was Gretchen wohl sagt, wenn ihr Paul wegmuss. Ich nenne ihn nur Enzio, weil ich finde, dass das der schönste Jungensname ist. Ich hab mal eine Geschichte gelesen von Bertha Josephson-Mercator: ›Unter Jerusalems Toren‹ heißt sie, doch ursprünglich ›Gott will es‹. Fein, o ganz wunderbar schön. Da hieß auch einer Enzio, und den mocht ich auch so gern leiden.

Mittwoch, 5. August 1914

Meta Iggersheimer, im Zug bei Lichtenfels

Die ganze Nacht im Zug verbracht! Morgens ½6 Uhr in Saalfeld, reizendes Thüringer Städtchen. Nachricht von einer russischen Niederlage. Siebzig Russen und zehn Franzosen wurden in unserem Zug verhaftet. Es herrscht überall die denkbar größte Begeisterung. Die Bahnhöfe sind bis spät in die Nacht mit Menschen dicht besetzt, welche den vorüberfahrenden Reservisten ein lautes »Hurra!« zurufen. Kurzer Aufenthalt in Probstzella und Lichtenfels. Erneuerung des Eisernen Kreuzes. Die Deutschen rücken in breiter Front in Belgien ein.

Georg Becker, Würzburg

Am vierten Mobilmachungs- und meinem Gestellungstag meldete ich mich um ½8 Uhr in der Kaserne des 2. Train-Bataillons. Ich erfuhr, dass die Kriegslazarettabteilung, der ich zugehöre, in der Turnhalle in der Huttenstraße sei. Um ½12 Uhr hatte man uns bestellt, um uns dem Generaloberarzt vorzustellen. Er war ein 67er, der schon im Krieg 70 mit gewesen, eine schöne charakteristische Soldatenerscheinung, von Henn aus Bodenheim. Die Mannschaft betrug neunzig Mann. Es stellte sich bald heraus, dass niemand recht Bescheid wusste und dass der Trainleutnant der Einzige war, der etwas von der Sache verstand. Das Einzige, was von ärztlichem Material vorhanden war, war ein großer zahnärztlicher Kasten. Verbandsmaterial, Instrumente, alles, hieß es, würden wir von den Feldlazaretten, die wir übernehmen müssten, bekommen. Die einzige von oben angeordnete ärztliche Funktion, das Impfen des ganzen Kriegslazarettpersonals, war nicht möglich.

Mädchen, Karlsruhe

Wilhelm ist schon in der Kaserne. Er kam gestern mit einem Bekannten, Herrn Holthusen, einem sehr netten Menschen, zum Essen. Die jungen Leute sind alle begeistert. Heute hat England den Krieg erklärt. Jetzt heißt es, bis zum Letzten aushalten. Das Volk steht auf, der Sturm bricht los. Gestern Nachmittag habe ich schon fest im Roten Kreuz geholfen. Wie schrecklich ist es, wenn man all das viele Verbandszeug sieht und weiß, dass man es braucht und dass die Verwundeten es nötig haben.

Paula Busse, Bensberg bei Köln

Gibt es einen Gott, so muss er uns seinen Schutz verleihen, denn ungerechter und grundloser ist wohl nie ein Krieg vom Zaun gebrochen worden. Ich war heute Morgen mit meiner Schwester in der Schlosskapelle in Bensberg zum allgemeinen Gebet. So viele Menschen hat unser kleines Kirchlein wohl noch nie beisammen gehabt. Herrliche Worte sprach unser Militärpfarrer, die ich wohl nie vergessen werde.

Gertrud Blanckenhorn, Kassel

Selbst ich brauche wieder Gott und schäme mich, ihn in glücklichen Zeiten abgestritten zu haben. Man hört nichts von den Grenzen. Wären doch erst einmal alle Truppen hinaus. Es dauert noch reichlich lange, finde ich. Wenn es nur bald zum Schlagen käme, dann sähe man doch einmal klar. Die Ungewissheit ist zum Umbringen.

Ernst Eberlein, Breslau, Schlesien

Übernachtet auf Strohsäcken, oft zwei Mann auf einem, gegen 2000 bis 3000 Mann in einem Saal. Welcher Staub! Welcher Geruch?!! Die Begeisterung stellt alle Widerwärtigkeiten in den Hintergrund. Früh um 8 Uhr Abmarsch nach Cawallen. Die militärische Tätigkeit bestand beim Arbeiterbataillon zunächst im Aufwerfen von Schanzen (9 m lang, 1 m hoch). In Cawallen jedes Haus voll Militär. Erste Abendmahlzeit bestand in einer Suppe und einer Scheibe Kommissbrot.

Jakob Krebs, Karlsruhe

Kürnbach, um 4 Uhr früh ein kurzer, aber schwerer Abschied, und fort geht's einer dunklen Zukunft entgegen. Eine stattliche Zahl, fast lauter Familienväter, fahren wir 5.27 Uhr in Flehingen ab. In Bretten ein kurzer Abschied von den nach Bruchsal und Mannheim einberufenen Kameraden. Unser Zug geht erst 7.48 Uhr weiter. Ein Zug mit jungen Reservisten aus München für Metz erregt große Begeisterung durch die Ausschmückung ihres Zuges, an jedem Wagen hängen Bierflasche und Rettich. Um 10 Uhr melden wir uns in der Gottsauer-Kaserne beim Feldartillerie-Regiment 50, werden nach längerem Herumstehen eingeteilt, erhalten Bürgerquartiere, empfangen unsere Ausrüstungsstücke und geben abends noch unsere Zivilkleider zur Post.

Clara und Josephine Bohn, Ingersheim, Elsaß-Lothringen

In vier Tagen mussten 900 Männer und Jünglinge fort. Da herrschte abends Ruhe im Dorf.

Donnerstag, 6. August 1914

Karl Groppe, bei Theux (Belgien)

Nachdem wir 4. August abends verladen waren, kamen wir morgens 7 Uhr in Malmedy, der deutschen Grenzstation, an. Die Fahrt war herrlich, überall große Begeisterung. Komische Vorträge wechselten mit vaterländischen Liedern ab. Auf allen Bahnhöfen erhielten wir Essen und Erfrischungen, Zigarren und Zigaretten, überall wurden wir mit Hochrufen empfangen. In Malmedy angekommen, wurde der zweite Halbzug des 1. Zuges der 2. Kompanie, zu der Karl Weber und ich gehörten, zur Bedeckung der Bagage kommandiert und folgte unmittelbar dem Bataillon. Um 9.45 Uhr überschritten wir mit einem kräftigen Hurra die belgische Grenze. Der erste Ort, den wir berührten, war der schöne Badeort Spa. Der Ort war noch ziemlich belebt. Leute anscheinend aller Nationen gingen spazieren, vielfach wurden wir deutsch angeredet. In Theux machten wir Halt und bekamen in einem Kloster Mittagessen. Die Leute waren erst schüchtern, aber nach und nach kamen sie aus den Häusern heraus. Wir unterhielten uns mit den Leuten, so gut es ging. Mancher von uns konnte Französisch, da war alle Schüchternheit verflogen. Nach längerem Halt ging's vorwärts. Bald jedoch mussten wir unfreiwillig Aufenthalt nehmen, eine steile Straße war durch gefällte Bäume und teergefüllte Gruben gesperrt und musste geräumt werden. Als wir glücklich alle Hindernisse beseitigt und einen Wagen mithilfe von vier Pferden hinaufgebracht hatten, erhielten wir aus dem Walde Feuer. Wir schickten gleich eine starke Patrouille vor, diese konnte jedoch nur noch eine fliehende Patrouille feststellen. – Bald stießen wir auf die große Bagage der 73., 72., 20. und 39. Diese kamen von Lüttich zurück, einige erzählten uns von dem ersten Gefecht der Unseren vor Lüttich am 4. und 5. August. Friedensstarke Infanterie-, Kavallerie- und Artillerie-Brigaden rückten in großen Eilmärschen auf die Festung Lüttich zu und dachten, dieselbe gleich im ersten Ansturm zu nehmen. Ehe sie sich's versahen, waren sie bei Nacht und Nebel herangekommen und erhielten plötzlich aus unmittelbarer Nähe Feuer. In der Dunkelheit konnten die Führer die Truppen nicht in der Hand behalten, und diese, durch die Plötzlichkeit des Angriffs verwirrt, beschossen sich teilweise gegenseitig und brachten sich empfindliche Verluste bei. Nach den Aussagen von Augenzeugen sollen mehr Deutsche durch deutsches als durch belgisches Blei erschossen sein, denn die Belgier hätten nicht gewagt, den Kopf aus den Schützengräben herauszustecken, sondern hätten in die Luft geschossen. Als es dann hell wurde, haben unsere Truppen tüchtig aufgeräumt und auch sehr viele Gefangene gemacht. Unsere Truppen hatten aber auch beträchtliche Verluste, und da sie keine Verstärkung erhalten konnten, mussten sie sich zurückziehen. Unser Bataillon hatte an Toten und Verwundeten sechs Offiziere und etwa fünfzig Mann. Empört waren die Unseren über die Falschheit der Belgier. Diese hatten, als die Unsrigen etwa auf 300 Schritt heran waren, die weiße Fahne gehisst, ein Zeichen, dass sie sich ergeben wollten. Als unsere aufstanden, um sie gefangen zu nehmen, fingen sie wieder an zu schießen. Da kannten unsere aber auch keine Rücksicht mehr und machten alles erbarmungslos nieder, ob Belgier die Waffen streckten oder nicht.

Freitag, 7. August 1914

Gertrud Blanckenhorn, Kassel

Lüttich von den Deutschen nach heftigem kurzem Angriff gestürmt, 3000 bis 4000 Belgier gefangen. Wer ist gefallen oder verwundet? Diese Ungewissheit ist schrecklich. Tante Anneles Einquartierungsleutnant sagt, gefallen kein Offizier, aber verwundet zum Beispiel Hauptmann Lignier und Pempel.

Hilde Grapow, Kassel

Endlich habe ich was gefunden, wo ich mich betätigen kann! Mutti und ich sind immer am Wilhelmshöher Bahnhof und verpflegen die durchreisenden Truppen. Das macht riesig viel Freude! Heute war ich den ganzen Morgen von 9 bis 2 Uhr dort. Die Soldaten bekommen immer Kaffee, Butterbrote usw. Wenn ein Zug einfährt, gehen die Damen an die Wagen: Eine hat einen Eimer mit Kaffee, die andere Tassen und Brötchen. Die Soldaten sind alle zu nett, freuen sich über alles und sind fast alle furchtbar fidel und lustig. Dann steigen sie zum Teil aus und bekommen auch Zigarren, Schokolade, Keks und Ansichtskarten. Über die Postkarten freuen sie sich immer besonders. Jeder will noch mal nach Hause schreiben. Die geschriebenen Karten nehmen wir dann wieder an zur Besorgung. Man kann morgens von 5 bis 9 Uhr, dann von 9 bis 2 Uhr, von 2 bis 6 Uhr und dann von abends bis Mitternacht kommen. Ein Fräulein Consbruch steht der Sache vor und ordnet alles an. Die Züge waren teilweise mit Laub geschmückt, und alle Wagen waren mit Kreide bemalt und beschrieben. Zum Beispiel: »Jeder Schuss ein Russ, jeder Stoß ein Franzos, jeder Tritt ein Brit. Alle Serben müssen sterben, und der Engländer darf nicht erben.« Dann stand dran: »¼ Liter Russenblut 30 Pfennige!« Grässlich! »Nikolaus, nimm dich in Acht, aus dir wird Leberwurst gemacht!«, »Speisenfolge: Franzosengulasch mit Zarenkompott!« und »Poincaré-Suppe, Russischer Salat, Englische Sauce«. Oft stand auch dran: »Nach Paris!« oder »Parole: Paris« und noch alle möglichen herrlichen Sachen. Ich habe mich mal schlapp gelacht!

Meta Iggersheimer, Amberg

Mein lieber Bruder ist voll glühender Begeisterung. Er meldete sich freiwillig, Mutter vergoss schon viele Tränen, es ist eben der einzige Sohn. Doch auch ich habe Kämpfe im Innern zu führen, die Schwesterliebe regt sich. – Montenegro erklärt an Österreich den Krieg.

Eugen Miller, im Zug nach Ludwigsburg
Um 16 Uhr noch gepackt, kurze Hosen angezogen. Großmutter ist da, von ihr noch 4 Mark erhalten. 17.04 Uhr Abfahrt nach Ludwigsburg. Albert begleitet mich. Bis Crailsheim gefahren. Dort von 18 bis 21.05 Uhr Aufenthalt. Während dieses Aufenthalts war ich zum ersten Mal Zeuge von der menschenfreundlichen, keinen Unterschied kennenden Tätigkeit des Roten Kreuzes. Es fuhren mehrere bayerische Militärzüge durch. Der eine fuhr unter Musik seiner beiden Kapellen in den Bahnhof ein und machte Halt. Da sah man junge bildhübsche Damen, die einen mit Körben voll Brot, die anderen mit hartgesottenen Eiern und Salz, den haltenden Kriegern ihre Gaben verteilen, so viel jeder wollte, ja überhaupt mitnehmen konnte. Andere Mädchen des Roten Kreuzes trugen zu zweien saubere Kübel voll süß dampfenden Kaffees und Tees. Jeder Krieger ließ sich seine Feldflasche von schöner Hand füllen und trank mit seinem Kochgeschirr, im Vaterland schon als kriegsbereiter Beschützer, das freundlich mundende Getränk. Ein Mädchen verteilte Zigarren aus einer Riesenschachtel, eine andere Ansichtspostkarten. Es ist und war ergreifend, wie ins Feld ziehende Krieger von ihren edlen deutschen Heldentöchtern noch freundliche Gaben auf den Weg bekamen. Herrlich, wie das schöne, an der ernsten Lage unseres Vaterlandes ebenso teilnehmende Geschlecht den doch nicht betrübten, sondern immer noch humorvollen Kriegern den Abschied erleichtern will, vielleicht aber auch erschwert. Als Dank gaben ihnen die Krieger die Versicherung, dass sie fest fürs Vaterland und seine Kleinode, die es birgt (besonders in seinen deutschen Frauen und Mädchen), kämpfen und den Franzosen das Fell gerben wollen. An den Wagen stehen die Worte mit Kreide: »Eilzug nach London über Moskau – Petersburg – Paris«. Dann »Auf Wiedersehen in Paris« und dergleichen. Kein Unterschied, keine Partei, alles hilft mit, Deutschland ist einig.

Friedrich Link, Festung Istein

Abmarsch nach Müllheim Bahnhof und Abfahrt nach Istein Festung. Abends Ankunft auf Feste. Feind bereits im Anmarsch. Gegen Abend schwerer Kanonendonner in Gegend Altkirch hörbar.

Karl Groppe, Theux (Belgien)

Kavalleriepatrouillen erzählten uns, dass sie vielfach in Dörfern und Wäldern von Zivilisten überfallen und angeschossen worden seien. Wir mussten deshalb die erste Nacht in Feindesland unter freiem Himmel mit aufgepflanztem Seitengewehr im Arm schlafen. Dass die Vorsicht zweckmäßig war, sahen wir bald ein, denn unsere Posten wurden öfter beschossen, ohne dass jedoch jemand verletzt war. Am Morgen ging's weiter nach Louveigné. Unterwegs wurden wir aus einem Gebüsch beschossen. Hier waren schon Spuren des Krieges zu sehen. Viele Häuser, aus denen auf unsere Truppen geschossen worden war, waren in Brand gesteckt, viele Gehöfte von den Einwohnern verlassen.

Samstag, 8. August 1914

Friedrich Link, Festung Istein

Alarm, französische Kavallerie im Anmarsch auf Feste. Großes Gefecht bei Mülhausen: furchtbares Gewehrfeuer, Kanonendonner, Sennheim brennt. Patrouille mit Oberleutnant Lessel nach Kembs und Blansingen. Gefecht, Artillerie 76 ziemliche Verluste, Franzosen in fluchtähnlichem Rückzug auf Belfort.

Ernst Eberlein, Breslau, Schlesien

Es regnete. Fingerdicker Lehm auf den Wegen nach der Arbeitsstätte. Vor Breslau (Hundsfeld) Tausende von Soldaten, an der Fortifikation arbeitend. Man sprach von russischen Patrouillen, die bis vor Breslau gekommen sein sollen.

Oberst a. D., Schlesien

Mich überfiel eine so furchtbare Angst und der Kummer, dass ich den lieben Herzensjungens noch nicht den 91. Psalm geschickt habe. Ich setzte mich sofort hin, um ihn abzuschreiben und jedem zu schicken. Er ist aber kaum vor dem ersten Zusammenstoß mit dem Feinde in L.s und P.s Hände gelangt. Umso betrübter bin ich, dass ich so lange gezögert habe. Überhaupt habe ich meine guten Ratschläge aus meiner Kriegserfahrung zu spät mitgeteilt. Wo habe ich gedacht, dass dies alles so schnell gehen würde. Der Psalm 91 gilt als Talisman in unserer Familie seit meinem Großvater, dem die Großmutter denselben mitgegeben hat, mit Erfolg. Da ich aber die Erfahrung an meinem lieben Bruder E. gemacht habe, dass dieser ihn nicht vor tödlicher Verwundung geschützt hat, so war ich etwas ungläubig geworden. Daher die törichte Verzögerung. Ich befinde mich in großer Sorge und Angst um meinen geliebten L. Der Herzensjunge hat einen sehr gefährlichen Auftrag, er hat die Aufklärung gegen Brüssel mit seiner Eskadron.

Karl Groppe, Louveigné (Belgien)

In Theux wurden wir in einem Fabrikgebäude einquartiert und konnten schön ausschlafen. Wir sollten Ruhetag haben, mussten jedoch mit den Reservisten der 74. wieder zurück nach Louveigné. Unterwegs begegneten uns 82. mit 600 belgischen Gefangenen. Die Belgier trugen schwarze Uniform, Wickelgamaschen und Käppi, Gewehr wie unsere 88. Von Ferne sahen wir schon, dass Louveigné brannte. Als wir hinkamen, bot sich uns ein schrecklicher Anblick. Die Häuser zusammengeschossen und ausgebrannt, die noch stehenden geplündert und überall entstellte Leichen. Als unsere Truppen von Lüttich zurückkamen, glaubten die Einwohner, wir wären geschlagen und müssten wieder aus dem Lande hinaus. Dies schien für sie ein günstiger Augenblick zur Rache. Schnell rotteten sie sich zusammen und fielen über unsere Nachzügler und Patrouillen her. Sie taten freundlich, gaben ihnen zu essen und zu trinken, nahmen sie in Quartier und schnitten ihnen im Schlaf den Hals ab und verübten sonstige Gräueltaten an ihnen. Einen hatten sie mit Händen und Füßen auf dem Fußboden festgenagelt, einen anderen mit Teer übergossen und lebendig verbrannt. Sogar die Frauen beteiligten sich an den Gräueltaten, sie warfen aus den Häusern Handgranaten. Eine reichte einem Husaren mit der Linken Wasser, mit der Rechten erschoss sie ihn. Wie wir nachher erfuhren, hatte der Pastor die Leute von der Kanzel aus aufgefordert, so zu handeln, und ein Graf, der in der Nähe wohnte, hatte sie bewaffnet. Durch diese Gräueltaten aufs höchste erbittert, verübten unsere Truppen, vor allen Dingen die Kavallerie, ein furchtbares Strafgericht. Die Häuser wurden in Brand gesteckt und jeder, der aus dem Hause hinauswollte, niedergeknallt. Wo Männer lebendig gefangen wurden, banden wir sie zu vieren zusammen und erschossen sie. Was an ess- und trinkbaren Gegenständen da war, gehörte uns. Wein, Sekt, Zigarren und Zigaretten waren die begehrtesten Artikel, mancher wechselte auch schnell seine Leibwäsche.

Sonntag, 9. August 1914

Meta Iggersheimer, Amberg

Der Kolonialkrieg beginnt. Aus Togo kommt die Nachricht, dass die Engländer Lome, die Hauptstadt Togos, besetzt haben.

Otto Gehrke, Truppentransport bei Berlin

Morgens ½4 Uhr Wecken. ½5 Uhr Abmarsch zum Bahnhof, ½9 Uhr Abfahrt Richtung Berlin. Wohin unbekannt. 45 Mann im Wagen, etwas eng, aber gemütlich. Wetter gut.

Jakob Krebs, Wittenheim, Elsaß-Lothringen

Gegen 12 Uhr kommen wir in Breisach an, werden ausgeladen und setzen uns gegen 2 Uhr in Marsch, denn es wird bekannt, dass bei Mülhausen schon ein Gefecht im Gange sei. Wir gehen über den Rhein, passieren Neubreisach, wo Drahtverhaue vor den Festungsanlagen errichtet werden, und gelangen auf schlechter Straße spätnachmittags bis Ensisheim, von wo man schon in südwestlicher Richtung Schrapnells krepieren sieht. Etwa 3 km südlich von Ensisheim gibt's Halt. Einwohner erzählen, dass französische Patrouillen am Vormittag da waren. In der Dämmerung fahren wir bis zum Südausgang von Wittenheim und fahren auf einem Stoppelacker zum Biwak auf, alle Leichten Munitionskolonnen der 28. Brigade halten hier. Von der Napoleon-Insel her wälzen sich dicke Rauchwolken, auch aus Mülhausen leuchten verschiedene Brände.

Richard Walzer, bei Aspach, Elsaß-Lothringen

Alarm nachts 2 Uhr. Abmarschiert auf die Höhe bei Hattstatt. Von 3 bis 7 Uhr morgens an der Landstraße gelegen und auf weitere Befehle gewartet. In der Ferne war die Entwicklung eines heftigen Kampfes zu hören. Abmarsch in der bereits enormen Augusthitze. Wir marschierten über Pfaffenheim, Rufach nach Isenheim. Überall erhielten wir zu trinken. Auf einer Wiese zwanzig Minuten Rast. Um ½11 Uhr kamen wir vollständig erschöpft auf einer Anhöhe vor Sennheim zu unserer Artillerie, die funkte, was möglich war. Hier pfiffen aber auch schon die ersten Infanteriekugeln um unsere Ohren herum, die allgemein Verwirrung in die in Marschkolonnen ankommenden Kompanien brachten. Wir schwärmten hierauf zwischen der Artillerie hindurch aus und nahmen ca. 200 m vor den Geschützen in einem Kornacker Stellung. Da wir hier das feindliche Infanteriefeuer zu stark zu fühlen bekamen, ging es nun gruppen- und sprungweise vor. Unterwegs fanden wir einen Graben mit ganz schmutzigem, lehmigem Wasser. Da sonst jedoch nichts mehr zum Trinken zu finden war, ging es raus in die Pfützen, die Feldflaschen wurden gefüllt. Weiter bis zu einem auf halber Höhe des Berges hinführenden Wegrand. Die feindliche Linie wurde nochmals unter heftiges Infanterie- und Artilleriefeuer genommen, worauf allgemeiner Sturm befohlen war. Die Franzosen zogen sich zurück in den Ort Sennheim. Eine Fabrik links von uns wurde von unserer Artillerie mit vier Schuss in Brand geschossen. Ungefähr eine Kompanie Franzosen, die sich in der Fabrik eingenistet hatte, musste in die Ortschaft flüchten, verfolgt von unserem auf 200 m einsetzenden Infanteriefeuer. Die meisten fielen. Hierauf wurde der linke Flügel vorgeschoben, und das Ganze ging im Sturm nach Sennheim rein. Hierbei erhielten wir eigenes Artilleriefeuer. Um 6 Uhr nachmittags war Sennheim vom Feinde frei. Die Kompanie sammelte sich, Verluste wurden festgestellt. Wir rasteten in einem Wirtschaftsgarten. Die Leute waren frech und unfreundlich.

Montag, 10. August 1914

Karl Groppe, Louveigné (Belgien)

Unser Bataillon umstellte Louveigné, ging von allen Seiten zugleich vor und nahm sämtliche männlichen Einwohner gefangen. Wir fanden noch 62 Mann, darunter die beiden Pfaffen. Im Pfarrhaus fanden wir ein blutiges Bett und deutsche Soldatenstiefel. Das Haus wurde sofort in Brand gesteckt, ebenfalls diejenigen, die verbarrikadiert waren. Zum Teil spielten sich erschütternde Szenen ab, vor allen

Dingen der Abschied der noch anwesenden Frauen von ihren Männern und die Angst und Not der Alten und Kinder waren rührend. Eine alte Frau von mindestens achtzig Jahren saß auf einem Klotz und knabberte an einer trockenen Brotrinde. Da dankte mancher im Stillen Gott, dass der Krieg nicht in unserer Heimat war. Nach und nach kam eine Kompanie Pioniere und vollendete das Zerstörungswerk. Alles, was noch da war, sprengten sie in die Luft, so dass der Ort vollkommen dem Erdboden gleich war. Ebenso wurde mit dem Grafen-Schloss verfahren. Der Graf selbst war entwischt, aber seine Pferde und einen Teil seines Rindviehs ließen wir mitgehen.

Jakob Krebs, Bruebach, Elsaß-Lothringen

Gegen Mitternacht setzt heftiges Gewehrfeuer ein, unsere Infanterie säubert Mülhausen von den Franzosen. Gegen 4 Uhr beginnt Artillerie zu feuern bis ½ 7 Uhr. Um 9 Uhr fahren wir ab über Kingersheim bis zum Rande der Stadt. Einzeln umherliegende Leichen (Grenadier-Regiment 109), auch Franzosen, zerschossene, teils noch brennende Häuser zeugen von den stattgefundenen Kämpfen. Auch ein Trupp Gefangener liegt hier. Der eine gibt einem unserer Unteroffiziere eine Art Dolmetscher – ein kleines Büchlein, das dem Franzmann bei dem Marsch durch Deutschland behilflich sein sollte, sich zu verständigen. Da bei den nächtlichen Kämpfen auch Zivilpersonen auf unsere Leute geschossen hatten, wurden bei der Durchfahrt durch Mülhausen die Waffen schussbereit gehalten, doch verlief alles ohne Zwischenfall. Im Stadtinnern gaben die Einwohner reichlich Liebesgaben. Wir fuhren über Didenheim bis Brunstatt, ließen die 28. Feldartillerie-Brigade und Füsilier-Regiment 40 an uns nach rückwärts vorbeiziehen und bezogen südlich Brunstatt auf einem hochgelegenen Grundstück mit noch anderen Kolonnen Biwak. Bald darauf erschienen ein feindlicher Flieger und auch eine feindliche Reiterpatrouille, die beschossen wurde. Um 8 Uhr wurde das Biwak abgebrochen, wir sollten nach Mülhausen zurück. Am Eingang von Brunstatt, beim Friedhof, erfahren wir, dass der Ort vom Feinde bereits besetzt, wir also abgeschnitten sind. Gleichzeitig setzt ein ganz rasendes Infanterieschnellfeuer ein, dem gleich Artilleriefeuer folgte. Wir machen kehrt und schlagen den Weg nach Bruebach ein. Eine Eskorte Jäger-Regiment zu Pferde Nr. 5 und die Biwakwache eines Infanterie-Bataillons decken unseren Rückzug. An einer Weggabel bleiben sie stehen und, kaum sind wir ein paar Hundert Meter von ihnen weg, da eröffnen sie Schnellfeuer. Auf den links von uns aufsteigenden Berg ist Artillerie aufgefahren und feuert, was die Rohre hergeben, so dass wir sicher glauben, im nächsten Augenblick komme der Feind aus dem Walde und mache uns den Garaus. Wir gelangen nach längerem Fahren durch den Wald auf einen Acker und fahren dort auf. Ein Infanterie-Unteroffizier mit 24 Mann, die sich uns angeschlossen haben, schwärmen sichernd aus, und wir selbst bleiben mit gezogenen Revolvern bei den Fahrzeugen.

Richard Walzer, an der Ill, Elsaß-Lothringen

Um 2 Uhr nachts bezogen wir Quartier in der Kirche und kochten darin ab, Kartoffeln und Kaffee. Morgens 6 Uhr abmarschiert nach Aspach. Wir kamen gegen 11 Uhr in den Weinbergen wieder ins Gefecht, wobei stellenweise mit dem Bajonett gekämpft werden musste. Wir mussten gegen heftiges Maschinengewehrfeuer anstürmen und hatten ziemliche Verluste.

Gertrud Blanckenhorn, Kassel

Sonntag auf Spaziergang nach Vöhler Bahnhof, dort Hilfe bei der Erfrischungsstelle. Gehe nun täglich 2 bis 7 Uhr hin, freue mich, dass ich etwas zu tun habe. Papa macht unnötige Schwierigkeiten, will kein bisschen unter dem Krieg leiden. Muss sich daran gewöhnen.

Dienstag, 11. August 1914

Otto Gehrke, Truppentransport

Fahrt wohin?

Paula Busse, Bensberg bei Köln

Morgen fahre ich nach Coblenz zu meinem Liebsten.

Max Schmidt, Truppentransport bei Berlin

Ich nahm früh um 7 Uhr Abschied von meiner Familie. Um 8.30 Uhr rückte die Gefechtsbagage vom Kasernenhof ab, nachdem noch ein dreifaches Hurra auf den obersten Kriegsherrn ausgebracht worden war. Stolz zu Ross ging es durch Berlin nach dem Hamburger Güterbahnhof. 10.44 Uhr! Ein Pfiff! Abfahrt zur Westgrenze!

Richard Piltz, Peltre, Elsaß-Lothringen

Ankunft Metz Ost 6 Uhr abends nach sechzigstündiger heißer Fahrt. Nach Abladen Marsch nach Crépy, 20 km vor Metz. Bereits viele Kriegsvorbereitungen: Abhauen von Bäumen, Drahthindernisse, Unterstände, Geschützdeckung, Feldlazarette etc. In Crépy im Schloss Schwierigkeiten mit Unterkunft. Wir zogen nach Peltre in Dunkelheit weiter und fanden schließlich nach vielen Mühen Quartier in der Schule. Wir Offiziere wurden nett aufgenommen von Landwehroffizieren Fußartillerie-Regiment 8, die uns in einem herrschaftlichen Hause anbei dem Nonnenkloster, den anderen Offizieren im Kloster Feldbettunterkunft verschafften.

Jakob Krebs, bei Mülhausen, Elsaß-Lothringen

In Mülhausen finden überall Haussuchungen statt. Infanterie-Trupps mit Polizisten durchziehen die Stadt. Ein Anschlag des Polizeipräsidenten verlangt Ablieferung aller Waffen bis abends 7 Uhr, alles Folgen der nächtlichen Schießerei, denn da sollen Zivilisten mit versteckt gebliebenen Franzosen mitgespielt haben. Im Laufe des heutigen Nachmittags hat sich ein Gefecht entwickelt, und wir müssen noch bei großer Hitze weiterfahren. Zahlreiche schlappe Grenadiere (Regiment 109) liegen am Straßenrand. Gegen Mitternacht beziehen wir Biwak.

Mittwoch, 12. August 1914

Paula Busse, Bensberg bei Köln

Nun habe ich meinen Liebsten doch nicht zu sehen bekommen. Unverrichteter Sache musste ich wieder heimkehren. Zu all dem Schweren, das ich zu tragen habe, kommt nun noch der peinigende Gedanke, ihm diesen Wunsch nicht erfüllt zu haben, ihn noch einmal zu besuchen. Aber es war nicht möglich. 5.06 Uhr sollte der Zug in Köln abgehen, und um 7 Uhr stand ich noch auf dem Perron, eingepfercht zwischen Soldaten und ausgewiesenen Fremdlingen. Da meine Kräfte nicht mehr ausreichten, um noch länger zu stehen, und noch drei Truppenzüge vorgelassen werden sollten, entschloss ich mich schweren Herzens, mein Billett zurückzugeben und nach Hause zurückzukehren. An diesem Vorwurf, den ich mir mache, dass ich nicht ausgeharrt habe, werde ich noch lange kranken. Ich habe heute den Tag im Bett gelegen, so elend fühlte ich mich. – Bei Lagarde, südlich von Dieuze am Rhein-Marne-Kanal, hat heute ein kleines Treffen stattgefunden, aus dem wir siegreich hervorgingen.

Meta Iggersheimer, Amberg

In der Nähe von Lunéville ein großer Sieg. Anny und ich und noch einige Mädchen schneiden im Kloster Kommiss für Brotsuppen, die die Armen täglich dort bekommen.

Josef Glaser, Schüttenitz (Österreich-Ungarn, Böhmen)

Früh nicht ausgerückt. Mittags Bataillonsinspektion übernommen. In verschiedenen Gasthäusern muss die Mannschaft zum Verlassen der Lokale aufgefordert werden. Alkoholverbot wäre angebracht.

Georg Becker, Zweibrücken

Wir fanden hier in dem Neubau der schönen König-Ludwig-Schule unter der Leitung der Frau Kommerzienrat Schwinn vom Roten Kreuz ein Lazarett eingerichtet. Der Mittwoch brachte etwas ernstere Stimmung. Abends um 8 Uhr war die ganze Garnison vor die Intendantur, die im Justizpalast untergebracht war, befohlen. Der General erschien, schritt unsere Reihen ab und ließ dann die Chefs, von uns nur den Generaloberarzt von Henn mit dem ihm vorgesetzten Generaloberarzt Ehehalt und dem Generalarzt Rapp, hereinkommen. Während wir noch herumstanden, kam ein Generalstabsoffizier, gab uns den Befehl, in die Häuser einzudringen und von den Bürgern Bett und Bettzeug zu requirieren. Gleichzeitig hatte er den Bürgermeister auffordern lassen, dies durch öffentliche Ausschallung bekannt zu machen. Es war am Nachmittag schon ein Verwundetentransport von Lagarde eingetroffen, etwa vierzig Mann, die von der Sanitätskolonne eingeholt und im Rot-Kreuz-Lazarett in der Turnhalle der Schule untergebracht worden waren. Offenbar erwartete man in der Nacht noch einen großen Transport von Verwundeten. Der Befehl war in großer Eile und Überstürzung gegeben. Man hatte nicht Zeit, sich zu verständigen, welche Straßen und Gegenden jede einzelne Gruppe übernehmen sollte. Interessant war die nächtliche Expedition. Ich ging in einer Straße von Haus zu Haus und bat um Bettzeug. Im Allgemeinen waren die Leute sehr bereit, Geringere mehr wie die Reichen. Andere, darunter Oberstabsarzt Geigel, führten den Befehl straffer aus, verlangten in höflicher, aber bestimmter Form auch von denen, die nichts geben wollten. Der aktive Assistenzarzt Dr. Müller war in seinem Element, er requirierte einen Wagen, der bald gefüllt war. Ich ließ meine Sachen auch hier aufladen, sie wurden nach dem Gymnasium gebracht. Während wir hier noch im Schweiße unsres Angesichts arbeiteten, kam eine Ordonnanz mit der Meldung, das Gymnasium sei für das 3. Korps, das 2. habe für die neue Schule genug gefasst, wir möchten an die Kommandantur zurückkommen. Hier trafen wir unsern Generaloberarzt, der ebenfalls hierher bestellt war. Niemand wusste, was los war. Schließlich erschien der Major des Generalstabs, er wurde befragt. »Halten Sie sich hier nicht auf, begeben Sie sich an den Ort Ihrer Wirksamkeit.« Nach diesen dunklen Worten verschwand er. Wir machten uns auf einen jeden Augenblick eintreffenden Truppentransport gefasst. Da bekamen wir die Nachricht, dass vor 8 Uhr des nächsten Morgens nichts zu erwarten sei. So endete dieser Tag, der schon um 4 Uhr begonnen hatte.

Donnerstag, 13. August 1914

Annemarie Pallat, Wannsee

Nachmittags im Rathaus Sitzung des Kriegs-Ausschusses des Vaterländischen Frauenvereins unter Vorsitz von Frau Wille. Ich meldete mich für die Kommission der Beratungsstelle an zwei Tagen der Woche. Man liest von schauderhaften Gräueltaten der Bevölkerung in Belgien. Sonst hört man wenig vom Kriegsschauplatz.

Karl Groppe, bei Huy (Belgien)

Wir hatten Ruhetag. Unser Kompanieführer Oberleutnant von Cramer-Möllenberg zog aber mit uns ins Feld und hielt Exerzieren. Da übten wir Griffe und Marsch, das hatten wir uns vorher nicht träumen lassen. Nachmittags sollten wir Bettruhe haben, aber es kam anders. Mittag 1 Uhr kam

Befehl, um 3 Uhr fertig zum Abmarsch. Nun ging's im Eilmarsch an die Maas zur Bedeckung der Kavallerie und Pioniere beim Pontonbrückenbau. Die Belgier hatten nämlich sämtliche Brücken, die über die Maas führten, in die Luft gesprengt.

Freitag, 14. August 1914

Freifrau von Wertheim, Coburg

Ein furchtbarer Zwiespalt martert mich von früh bis spät und von spät bis früh. Auf der einen Seite der Wunsch, der brennende Wunsch, dass ich es nicht zu erleben brauchte, Siegfried ins Feld rücken zu wissen, bei welchem Gedanken allein mir zumute ist, als müssten mir die Sinne schwinden. Auf der anderen Seite das Gefühl, dass Siegfried etwas unwiederbringlich Herrliches verliert, wenn er als Offizier in dieser begeisterten wunderbaren Zeit nie vor dem Feind gestanden, sondern fest an einem inneren Platz gesessen hat. Ich denke an die Rückkehr aus dem Feld!! Und er soll nur Zuschauer sein, wenn alle anderen stolz und selig sind? Und wenn er ins Feld zieht, käme er zurück??? Ich habe immer geglaubt, ich wäre nicht sehr patriotisch, ich wäre auch nicht weiter stolz, deutsch zu sein, und der Kaiser wäre mir gleichgültig. Meine Kinderchen, eure Mutter ist auf einmal glühend patriotisch geworden, sie ist stolz aufs Deutschsein und liebt den Kaiser! Aber meinen Mann kann ich nicht hergeben, ich kann es nicht, ich müsste wahnsinnig werden oder sterben, einen Mittelweg kann ich mir nicht denken. Könnt ihr mich begreifen? Könnt ihr den Zwiespalt verstehen? Später werdet ihr, wenn ihr dies lest, darüber nachdenken, ob ihr euch in meine Seele versetzen könntet! Denkt aber nicht über den Stil und die Schrift dieses Tagebuchs nach. Ich schreibe, wie es mir ums Herze ist, und kann nicht darüber grübeln, ob's schön klingt. Es wäre nicht ich, wenn ich packend oder sensationell schreiben würde. Ich kann nur so schreiben für euch. Von jetzt an will ich täglich die Erlebnisse des Tages eintragen. Vielleicht werdet auch ihr euch später an manches erinnern können, wenn ihr dies Buch lest.

Karl Groppe, bei Hermalle-sous-Huy (Belgien)

Wir wurden bei Hermalle auf Pontonkähnen übergesetzt. In einer halben Stunde war das ganze Bataillon rüber. Die Leute waren erstaunt über unser plötzliches Auftauchen, denn die belgischen Zeitungen hatten bloß immer von Siegen der Ihren geschrieben. Da glaubte die Bevölkerung, wir seien schon längst wieder in Deutschland. Bei Huy wurde eine richtige Brücke gebaut, auf der die Kavallerie und Bagage rüberkam. Unser Jäger-Bataillon 10 gehörte zur Aufklärungsdivision. Da waren wir stets vorn und hatten nur Kavallerie-Patrouillen vor uns. Wir mussten viel marschieren, immer kreuz und quer, hatten aber den Vorteil, dass wir noch überall Lebensmittel fanden. Kamen wir in einen Ort, wo wir länger Halt machten, dann nahmen wir den Bürgermeister oder den Pastor gefangen. Diese mussten dann mit uns ins Dorf und Lebensmittel requirieren und gleichzeitig den Leuten bekanntgeben, dass im Falle eines Angriffs auf uns oder auch nur eines Schusses der Geistliche oder Bürgermeister sofort erschossen und der Ort in Brand gesteckt würde. Hierdurch wurden die Einwohner eingeschüchtert und gaben von selbst raus, was sie übrig hatten.

Richard Piltz, Peltre, Elsaß-Lothringen

In Saint-Julien bei Metz in der Decke einer Gastwirtschaft Hunderte Gewehre gefunden. Seinen Gastwirt verhaftet. Weiteres nicht bekannt. Schon seit mehreren Tagen blüht der Kriegsklatsch. Bald soll das 5. Korps von den Russen völlig aufgerieben sein. Dann sollen wieder Belfort, Toul, Verdun gefallen sein. Schließlich soll Graf von Haeseler zum Kaiser gesagt haben: »Sonnabend sind wir in Paris, Majestät.«

Jakob Krebs, Didenheim, Elsaß-Lothringen
Es geht das Gerücht um, wir sollten nach Belgien kommen. Der Hauptmann stellt dies vor versammelter Mannschaft in Abrede, verlangt aber über die weiteren Unternehmungen strengstes Stillschweigen und droht Erschießen wegen Landesverrats an.

Samstag, 15. August 1914

Meta Iggersheimer, Amberg
Kriegserklärung Ägyptens an Deutschland. Schließung eines neuen Balkanbundes: Rumänien, Bulgarien, Türkei.

Hilde Grapow, Kassel
Jetzt wird der sogenannte heimliche Krieg geführt, man erfährt ungefähr nichts vom Kriegsschauplatz. Wir haben vier Gemeine, 83er, im Quartier, es sind zu nette Kerle! Sie müssen aber auch bald fort an die Front. Hoffentlich werden die grässlichen Belgier ordentlich verhauen. Die haben sich schlimmer als Wilde benommen, immer aus dem Hinterhalt geschossen, die Verwundeten schrecklich misshandelt und ermordet, einfach entsetzlich!

Oberst a. D., Schlesien
Die letzten Zeitungen bringen schreckliche Nachrichten über die Grausamkeiten, welche die rohe gemeine Bevölkerung von Belgien begeht. Das sind ja die reinen Bestien. Welche Angst befällt mich bei dem Gedanken, dass mein L. diesen gefahrvollen Auftrag hat, wo er tagelang ohne jede Verbindung mit seiner Truppe bleibt. Wenn er nur vorsichtig sein wollte und sich nicht zu weit hinausbewegt. Ich bin

in steter Angst um sein Leben und bin ganz benommen und krank davon. Wie leicht kann er hinterlistig erschossen werden oder sonst in die Hände dieser Bestien fallen, Gott stehe ihm bei. Die Bevölkerung ist jedenfalls aufgehetzt von der Regierung, wir haben also auch hier mit einem ganz gemeinen Feinde zu tun. Wenn nur unsere Führer mit der größten Strenge und Härte auftreten und alles massakrieren möchten, fangen und brennen, dann würden diese Bestien doch vielleicht zur Besinnung kommen. Auf andre Weise behandelt, wird es immer schlimmer. Das haben wir im Jahre 70 gesehen, dass die milde Behandlung des Volkes nur zu unserem Nachteil ausschlug. Denn die Proklamation König Wilhelms an das französische Volk, worin er sagte, dass er den Krieg nur gegen die Regierung führe, machte das Volk nur noch frecher. Darauf entstanden erst die Franktireur-Banden. Infolge dieser Proklamation erließ das General-Kommando einen Befehl, der uns vollständig die Hände band. Es ist oft genug vorgekommen, dass die Hunde vor Offizieren und Mannschaften ausgespuckt haben, ohne dass ihnen etwas getan wurde. Diese Milde führt selbstverständlich zu diesen Frechheiten. Geknechtet müssen die Hunde werden bis aufs Blut.

Ernst Eberlein, Breslau, Schlesien

Schanzarbeiten. Meldete mich freiwillig zur Infanterie. Viel Stimmung bestand nicht. Es machte sich eine Zurückhaltung bemerkbar. Viele drückten sich, weil ihnen die wenigen Tage schon das Soldatspielen verleidet hatten. Löhnung und Abmarsch.

Max Schmidt, Ville (Belgien)

Durch eine herrliche Landschaft marschierten wir nur vier Stunden nach Ville, einem kleinen, aber sauberen Dörfchen. Hier fand unser Feldpostamt Quartier im Maison Paulus. Firmenschild ›Feldpostamt des Gardekorps‹ und der Feldbriefkasten wurden aufgehängt, und schon ging der

Betrieb los. Ungezählte Postkarten nach der Heimat wurden eingeliefert, Postanweisungen aufgegeben und Zeitungen bestellt. Nur ankommende Post gab es nicht.

Sonntag, 16. August 1914

Meta Iggersheimer, Amberg

Der Kaiser verlässt Berlin, um den Oberbefehl über die Westarmee zu übernehmen.

Max Schmidt, Ochain (Belgien)

Da das Drängen nach Heimatpost immer stärker wurde, entschloss sich Dr. Lünsmann, einen Feldpostwagen und Meierhoff zurückzuschicken, um Post zu holen oder zum mindesten aufzuklären, auf welchem Wege uns regelmäßig Feldpost zugehen wird. Wir Zurückbleibenden marschierten um 8.15 Uhr weiter nach Belgien hinein. Zwar marschierten wir kaum 30 km, kamen aber doch erst abends um 7 Uhr in Ochain, einem kleinen belgischen Dörfchen, an. Wir hatten Mühe, Unterkunft zu finden. Dafür war aber der engere Stab sehr standesgemäß in einem Château einquartiert. Das hatten wir dann auch bald heraus, dass bei der Wahl der Unterkunft möglichst ein Château für die Großkopfen vorhanden sein müsste. Wie die nachgeordneten Stäbe unterkamen, war nicht mehr so wichtig.

Georg Becker, Zweibrücken

Nachdem ich am Abend mit dem Generaloberarzt von Henn und andern im Deutschen Haus lange zusammengesessen und seinen Erzählungen über seinen Vater, den Maler, der mit Thorvaldsen und den Nazarenern Beziehungen hatte, gelauscht hatte, wurde ich morgens um 5 Uhr durch den Ausrufer geweckt, der die freiwillige Sanitätskolonne des Roten Kreuzes zusammenrief. Gegen 6 Uhr sah man die

Wagen mit verwundeten Rothosen vorbeifahren. Ich begab mich daher auch in das Schulhaus. Es waren etwa vierzig Verwundete, alle von Lagarde. Sie hatten rote Hosen und das Käppi. Um den Hals trugen sie eine Blechmarke mit ihrem Namen und fast alle ein kleines metallenes Heiligenbild. Die meisten hatten Schusswunden, die bei Weichteilverletzungen an den Gliedern auffallend gut in Heilung begriffen waren. Doch fanden sich auch Knochenschüsse, zum Beispiel ein Oberschenkelbruch. Ein Gehirnschuss wurde trepaniert. Es wurde sonst möglichst konservativ verfahren. Wir benutzten den Saal und das Material des Roten Kreuzes. Die irgend Transportfähigen wurden in das gegenüberliegende Gefängnis gebracht, das auch als Lazarett von uns in den letzten Tagen ebenso wie die Turnhalle (Katholisches Vereinshaus) hergerichtet worden war. Es ließ sich nicht verkennen, dass alles noch sehr wenig klappte und dass wir ohne die freiwillige Vor- und Hilfsarbeit des Roten Kreuzes aufgeschmissen gewesen wären. Auch sonst hörte man manches, was eine mangelhafte ärztliche Organisation erschließen ließ. Erst heute sind die Instrumente für unser Lazarett gekommen. Verbandstoffe haben wir uns dadurch verschafft, dass wir in Apotheken und Drogerien alles, dessen man habhaft werden konnte, aufkauften. Am Abend wurden die im Gefängnis untergebrachten Franzosen vom Generalarzt Rapp übernommen und dem 3. Korps überwiesen, so dass jetzt Ärzte, die die Kranken nicht kennen, sie zu behandeln haben. Es zeigt sich an allen Enden, dass die Bestimmungen der Kriegssanitätsordnung sich in Wirklichkeit nicht durchführen lassen. Schlimm ist auch, dass dies grundlegende Buch von den leitenden Stellen (von Henn) nur schlecht gekannt ist.

Richard Piltz, Peltre, Elsaß-Lothringen

Dienst 6 bis 11 Uhr und ½ 3 bis 6 Uhr. Baumfällen bei Chesny-Nord, neunzigjährige Eichen. Im Ganzen fällten wir ca. achtzig Stück. Gewitter. Völlig durchnässt. Abends betrübliche Nachricht, dass wir früh Montag nach Chérisey, 9 km südlich Peltre, abzurücken hätten.

Mädchen, Karlsruhe

Es wird hier viel davon gesprochen, dass sich einige Damen des Roten Kreuzes den französischen gefangenen Offizieren gegenüber unpassend benommen hätten, geflirtet usw. Das ist sehr traurig, dass es unter den Deutschen noch Frauen gibt, die in so ernsten Zeiten an solchen Dingen Spaß finden und diese sogar mit Feinden des Landes treiben. Wilhelm ist jetzt schon längere Zeit im Dienste, dieser ist sehr stramm und anstrengend. Als Fahnenjunker muss er nun auch immer noch abends ins Kasino zum Essen. Überall wird jetzt eifrigst gestrickt, genäht oder sonstige Arbeiten für die Soldaten und Verwundeten gemacht. Jeder sucht zu helfen.

Montag, 17. August 1914

Meta Iggersheimer, Amberg

Schlacht bei Stallupönen. Die Deutschen machen über 3000 russische Gefangene.

Richard Piltz, Chérisey, Elsaß-Lothringen

5½ Uhr Abmarsch aus Peltre. Von Chesny aus, wo der 2. und 3. Zug zu uns stießen, marschierten wir kriegsmäßig mit Spitze. Im Schloss einquartiert. Mannschaft auf Boden, wir fünf Offiziere bezogen ein großes Zimmer mit vier Riesenbetten. Sofort nach Eintreffen im Schloss Chérisey musste Kompanie ausrücken. Mein Zug marschierte auf Straße Chérisey–Liéhon bis etwa 500 m von Kreuzung mit Straße Chérisey–Pluche. Dort mussten wir einen begonnenen Schützengraben fortsetzen. Das Schloss gehört angeblich einem alten Comte de Chérisey, dessen Sohn ist französischer Offizier. Der Comte hat sofort nach der Mobilisierung fluchtartig das Schloss verlassen. Möbel, Bilder usw. standen wild durcheinander. Der wundervolle Park sank unter den Streichen der Pionieräxte. Herrliche Bäume, bis 1 m stark. Ein trauriges Bild des Krieges! Die Verpflegung übernahm wieder Hohnberg. Den Umständen angemessen schlemmten wir. Ich gabelte noch eine Flasche Rotwein auf. Gegen Abend brachte uns ein Pionier zwei Rebhühner, die er auf dem Felde gehascht hatte. C'est la guerre.

Dienstag, 18. August 1914

Mädchen, Karlsruhe

Mlawa, ein Ort von etwa 10000 Einwohnern an der Eisenbahnlinie Soldau–Warschau, ist von den deutschen Truppen besetzt worden. Das Unterseeboot U 15 ist von einer Fahrt mehrerer Unterseeboote nach der englischen Küste nicht zurückgekehrt. Nach englischen Zeitungsberichten ist es im Kampf untergegangen.

Otto Gehrke, Rogery (Belgien)

Vormittag 7.15 Uhr Abmarsch über St. Vith, Richtung Belgien. Nachmittag 1.45 Uhr überschritten wir unter dreimal donnerndem Hurra und Absingen der Nationalhymne die Grenze bei Beho. Quartier in Rogery, 35 km. Wetter gut, sehr heiß. Liegen im Stall, müde.

Karl Groppe, bei Offus (Belgien)

Im Laufe des Vormittags waren noch die 4. Jäger, die Maschinengewehr-Abteilung Nr. 7, Feldartillerie-Regiment 26 und verschiedene Kavallerie-Regimenter eingetroffen. Gleich nach Mittag nahmen wir Gefechtstellung ein und erwarteten den Feind. Dieser hatte uns hier wohl nicht erwartet und kam vergnüglich auf der Höhe entlanggefahren. Der Vortrupp war ein Radfahrer-Bataillon direkt aus Paris. Wie die nahe genug heran waren, eröffneten sämtliche Maschinengewehre gleichzeitig das Feuer. Wie umgemäht stürzten die Radfahrer zu Boden. Da die Franzosen nicht angriffen, gingen wir vor. Der Feind ging jedoch schnell zurück, hinterließ 31 Tote, 18 Verwundete und 25 Gefangene. Auf unserer Seite war nur einer tot und drei verwundet.

Freifrau von Wertheim, Coburg

Muschi strickt fürs Rote Kreuz graue Strümpfe: Ob das Rote Kreuz sie je zu sehen kriegt? Der Eifer ist immer schnell erlahmt. O Muschichen, hättest du doch ein bisschen mehr Beharrlichkeit bei allem! Hans-Georg hat so viel, er kann stundenlang dasselbe tun. Abends betet ihr für den lieben Pappi und den deutschen Sieg und Muschi noch für alle Kriege der Welt, die bestehen und nicht bestehen, für den Balkan, für Mexiko.

Milly Haake, Hamm

Sieh dir dieses Sträußchen an, Tagebuch! Ist es nicht reizend? Ich bin ganz entzückt davon. Ich hoffe, dass dieses hübsche Blau nicht verloren geht. Treue predigen diese süßen Blumen. Kornblumen, die Lieblingsblumen unseres greisen Heldenkaisers, aus denen unsere süße Königin Luise einst für ihn einen Kranz flocht. Königin Luise, die edelste der deutschen Königinnen, dir gleich möchte ich werden. Ob es wohl jemals gelingt. Heute muss ich besonders daran denken, denn heute bin ich dem Kindesalter entschlüpft, bin in das lustige Backfischalter getreten. Lustig wohl, aber auch ernst, ernst für den, der das Leben nicht als ein Spiel ansieht, der es nicht verträumt oder verjubelt oder in finsterem Brüten verbringt. Nein, das will ich nicht. Gestern Abend bin ich ins Wäldchen gegangen. Es war schon ziemlich dunkel. Der Nachtwind flüsterte in den Wipfeln der Bäume und strich wie liebkosend um meinen Kopf. Es war so still und schön, und wieder überkam mich ein Sehnen, ein nie gestilltes Heimweh, Heimweh nach oben. Was nützt es, wenn die Seele sich in solchen Stunden emporschwingt zu Gott, gereinigt von allem Staub der Erde? Sie muss wieder hinab in das Getümmel der Welt. Auf einsamer Höhe kann sie nicht bleiben. Und doch, ein Rest von Seligkeit bleibt im Herzen zurück. Das hilft hinweg über viele, viele Stunden. Einst droben am Jüngsten Tag, wenn alles, alles offenbar wird, dann wird auch Enzio wissen, dass ich ihn liebe, und er wird mich lieben, denn alle Menschen werden einander lieben. Die Hoffnung wird erfüllt, der Glaube wird zur Wirklichkeit, aber die Liebe bleibt, bleibt ewiglich. Liebe! Gott ist ja selbst die Liebe.

Mittwoch, 19. August 1914

Mädchen, Karlsruhe

Bayrische und badische Truppen schlugen die bis 15 km nordwestlich von Schlettstadt vorgedrungene französische 55. Infanterie-Brigade, brachten ihr große Verluste bei und warfen sie über die Vogesen zurück. Japans Ultimatum an Deutschland.

Josef Glaser, Schüttenitz (Österreich-Ungarn, Böhmen)

Nachtübung am Trabschitzer Wald von 4.30 bis 12.30 Uhr, gemeinsam mit dem 1. Bataillon, ziemliches Durcheinander.

Richard Walzer, bei Dagsburg, Elsaß-Lothringen

Um 4 Uhr morgens Wecken, Kaffee und Abmarsch über Marlenheim in die Vogesen. Mittags 1 Uhr Essen an der Landstraße im Walde. Vor uns entwickelte sich ein heftiges Gefecht mit starkem Artilleriefeuer. Nun ging es im Eilmarsch weiter. Gegen 6 Uhr nachmittags marschierten wir durch Dagsburg an unserem Divisionskommandeur vorbei. Nach Aussage der zurückkommenden Verwundeten war vor uns ein schwerer Kampf. Wir hielten in einem Tale seitwärts der Straße an einem Bache vollständig erschöpft zum Übernachten. Unsere Feldküche lag ungefähr eine Stunde weit zurück. Mit Rücksicht auf unsere Müdigkeit verzichteten wir auf unsere Kost und legten uns durchnässt, wie wir waren, ins taunasse Gras. Mantel und Zeltbahn durften nicht benutzt werden.

Friedrich Link, Festung Istein

Mit einem Doppelposten nach Efringen auf Munitionswache am Bahnhof. Mittags furchtbares Gefecht bei Tagsdorf und Mülhausen. Abends bereits 51 gefangene Franzosen in Efringen, elf Verwundete mit drei Mann Bedeckung nach Lazarett Engemühle gebracht. Hier treffen auch gegen 11 Uhr nachts deutsche Verwundete vom Olga-Regiment Stuttgart ein, sehr schwere Verwundungen. Gefecht war fürchterlich: 1200 deutsche Landwehr und Reserve gegen 4200 französische Gebirgstruppen.

Karl Groppe, bei Ernage (Belgien)

Wie vorauszusehen war, trafen wir bei Perwez auf starke französische Truppenmassen. Da wir noch keine Unterstützung erhalten hatten, durften wir keinen Angriff wagen, sondern nahmen Gefechtstellung ein und verschanzten uns. Von den Franzosen sahen wir vorläufig nur Patrouillen. Diese wurden natürlich gleich unter Feuer genommen. Als wir dann nachmittags um 2 Uhr durch Infanterie-Regiment 78 verstärkt wurden, gingen wir zum Angriff über. Mittlerweile war auch etwas Artillerie angekommen und bombardierte die Franzosen. Diese erwiderten natürlich den Gruß und schickten auch Zuckerhüte herüber. Eine schöne Musik, wenn die Granaten und Schrapnells über uns hinwegsausten und schtbum explodierten und die Gewehrkugeln mit ihrem pfeifenden Ton dazwischenfuhren. Anfangs machte es mir so recht Spaß. Ich zündete mir eine Zigarette an und freute mich, wenn so'n Geschoss hinter uns einschlug und sich etliche Kameraden ängstlich duckten. Als das Gefecht so recht im Gange war und wir im vollen Vorgehen waren, kreuzte ein französisches Flugzeug über uns. Kaum war es gelandet, so erhielten wir das schönste Artilleriefeuer aus der linken Flanke, und schießen tut die französische Artillerie vorzüglich. Unser Bataillon lag am linken Flügel, hatte Befehl erhalten, nicht weiter vorzugehen, und lag gerade auf der Anhöhe, als wir von dem Feuer betroffen wurden. Um erfolgreich gegen die Artillerie mit der richtigen Front vorgehen zu können, hieß es: »In dem hinter uns liegenden Grund in Gruppenkolonnen sammeln, marsch, marsch!« Der Feind hatte dies jedenfalls vorausgesehen und überschüttete uns mit mörderischem Granatfeuer. Um die Deckung zu haben, ging's im Marsch-Marsch hinter zwei Strohdiemen. Ich war in der letzten Gruppe des 1. Zuges. Wir waren noch etwa 3 m von der Strohdieme entfernt, als ein Schrapnell direkt vor unserer Gruppe explodierte. Wie auf Kommando lagen die neun Mann am Boden. Erheben taten sich außer mir nur noch zwei, der Gruppenführer, Gefreiter Klaus, war sofort tot, fünf andere teils schwer, teils leichter verletzt. Schnell wurde wieder nach links ausgeschwärmt und auf die Artillerie vorgegangen. Das waren schwere Minuten, vor, hinter und zu beiden Seiten explodierten die Teufelsdinger, und wir konnten uns nicht wehren, denn die Artillerie stand zu weit hinter einem Gehölz. Wir bildeten nur ganz lose Schützenlinien. Dadurch hatten wir ziemlich wenig Verluste. Die 78er, die in dichten Linien herankamen, wurden mehr verletzt. Als wir fast auf Schussweite herangekommen waren, traf unsere 10er-Artillerie ein und nahm die feindliche unter wirksames Feuer. Diesem konnte der Feind nicht widerstehen, sondern ergriff das Hasenpanier und hinterließ uns wieder zahlreiche Gefangene. Beim weiteren Vorgehen trafen wir auf ein Forsthaus, welches von

Minen umlegt war. Dies wurde sofort gesprengt. Abends bezogen wir Biwak bei Ernage.

Donnerstag, 20. August 1914

Meta Iggersheimer, Amberg

Papst Pius X. verschied. Die Deutschen besetzen Brüssel. Große Schlacht und bedeutender Sieg bei Metz. Sieg bei Gumbinnen. Von allen Häusern wehen festlich die Fahnen. Mittags teilweise Sonnenfinsternis von ¼ 1 bis ½ 3 Uhr.

Mädchen, Karlsruhe

Unsere Truppen eroberten bei Tirlemont eine Feldbatterie, eine schwere Batterie, eine Fahne und machten 500 Gefangene. Unsere Kavallerie nahm den Feinden bei Perwez zwei Geschütze und zwei Maschinengewehre weg. Die kleinen Kreuzer Straßburg und Stralsund haben in den letzten Tagen einen Vorstoß nach der südlichen Nordsee ausgeführt. Hierbei sichtete Straßburg unter der englischen Küste zwei feindliche Unterseeboote, von denen sie eines auf größere Entfernung mit wenigen Schüssen zum Sinken brachte.

Richard Walzer, bei Dagsburg, Elsaß-Lothringen

Nachdem wir umgeschnallt mit dem Tornister auf dem Rücken vorschriftsmäßig geruht hatten, erhoben wir uns gegen 4 Uhr. Um 6 Uhr rückten wir weiter vor auf die nächste Anhöhe. Es tobte bereits wieder ein heißer Kampf. Hier verblieben wir gefechtsbereit. Gegen 10 Uhr gingen wir gruppenweise vor und schwärmten in die Stellung ein. Wir befanden uns an einem steilen Bergabhang zwischen hohen Felsen und erhielten sehr starkes Infanteriefeuer, was aber auch bestens erwidert wurde. Wir hatten die französische Kolonialtruppe gegenüber, eine Elitetruppe, was sich an unseren Verlusten sehr bemerkbar machte. Unsere Maschinengewehre nahmen im Tale rechts des Abhanges einen französischen Schützengraben unter Feuer, woraus Franzosen flüchteten. Die Flüchtlinge wurden auf 50 m unter Feuer genommen und hierbei 216 Gefangene gemacht. Beim weiteren Vorgehen fanden wir vier Offiziere tot. Hierauf stürmten wir den Abhang hinunter, ständig hinter Bäumen Deckung suchend. Unter heftigstem Infanteriefeuer wurde das Tal bis zu dem in der Mitte liegenden Hause durchquert und dahinter Schutz gesucht. Meine Gruppe hatte einen Toten und drei Verwundete, die wir im Hause unterbrachten. Von den Fenstern eröffneten wir sofort wieder das Feuer. Vom Anzünden des Hauses ließen wir trotz Befehl auf Bitten des alten Mannes, der sich noch darinnen befand, ab. Später wurde in einem Chausseegraben Stellung bezogen. Mit Einbruch der Dunkelheit überschritten wir das Tal ganz, stürmten noch den vor uns liegenden Seitenhügel und säuberten ihn vollständig. Späterhin zogen wir uns wieder auf die Anhöhe zurück. Gegen 10 Uhr nachts setzte plötzlich starkes Artilleriefeuer auf die Waldung ein, in der wir lagen, ohne uns Verluste beizubringen. Wir warfen uns vor Müdigkeit hin, wo wir standen.

Jakob Krebs, Niederweiler, Elsaß-Lothringen

Gleich nach 6 Uhr beginnt ab und zu Kanonendonner. Das Wetter ist klar. Flieger schwirren durch die Luft, wir bleiben angespannt halten. ¾ 11 Uhr, der Donner der Geschütze verstärkt sich immer mehr. Ein Bataillon Fußartillerie 14 mit Kolonne, das hinter uns biwakierte, rückt vor. Neben uns lagert Infanterie-Regiment 170 aus Offenburg. Um ½ 12 Uhr fahren auch wir bis vor Arzweiler und warten bis 4 Uhr. Auf den gegenüberliegenden Hängen jagen die Artillerie-Gespanne in toller Fahrt umher. Die Schlacht ist in vollem Gange. Fußartillerie-Regiment 14, die heute früh an uns vorbeifuhren, haben um 3 Uhr pro Geschütz schon achtzig Schuss verbraucht. Um 4 Uhr gehen wir nach Arzweiler und Jungweiler vor bis auf die Höhe. Hier steht Fußartillerie-Regiment 13 im Feuer. Einige Wagen um uns gehen zum Munitionsersatz nach vorn. Hinter uns wird der Fesselballon hergerichtet. Die ersten Verwundeten kommen zurück. Von ½ 7 Uhr an lässt der Geschützdonner etwas nach. Unsere Abteilung geht nach Schloss Oberweiler, wir folgen später. Zwischen mächtigen Tannen halten wir eine Zeit lang, rechts, links und vor uns feuern die 13. Fußartilleristen. In der Ferne sieht man das Aufblitzen der Einschläge. Gegen 8 Uhr verstummt das Feuer. Auf schlechten Waldwegen gehen wir dann vor, halten am Eingang vom Dorfe Niederweiler. Die Nacht verbringen wir im Schützengraben. Das 1. und 2. Badische Regiment 109 sollen schwer gelitten haben, dauernd werden Verwundete vorbeigetragen. Viele Offiziere sollen gefallen und verwundet sein.

Georg Becker, Bensdorf, Elsaß-Lothringen

Wir haben die Schrecken des Krieges in ihrer schrecklichsten Gestalt kennengelernt. Um 10 Uhr etwa, nachdem wir in allernächster Nähe Artillerie- und Gewehrfeuer gehört hatten, kamen die ersten Verwundeten. Die achtzehn Ärzte des Kriegslazaretts stürzten sich auf sie. Der Bahnhof war bald in einen Hauptverbandplatz verwandelt. Anfangs ging alles durcheinander, bald aber stellte sich bei der immer größer werdenden Menge eine bestimmte Ordnung ein. Man erkannte, dass es unmöglich sei, bei der Fülle der Verwundeten und den mangelhaften Hilfsmitteln mehr zu leisten, als durch einen Notverband den Weitertransport zu ermöglichen. Anfangs dirigierte man ernstere Verwundungen in das in Bensdorf errichtete Feldlazarett, das konnte aber bald auch nichts mehr aufnehmen. Die Überzeugung brach sich Bahn, dass man jedem die größte Wohltat erwies, wenn man ihn zum Weitertransport durch die Bahn geeignet bezeichnete. Das Risiko einer stundenlangen Bahnfahrt musste durch die Aussicht auf eine geordnete Spitalpflege aufgewogen werden. Es waren aber schwere Verletzungen darunter. Manche Regimenter sollen vollständig aufgerieben sein. Die Soldaten erzählten, dass von ihrer Kompanie alle Offiziere und die Mannschaften bis auf Vereinzelte gefallen seien. Gegen Abend ließ Stabsarzt Simon, der im 7. Feldlazarett mit Dr. Eisenlohr geholfen hatte, sagen, es möchte jemand zur Unterstützung kommen, weil sie so viel zu tun hätten. Ich folgte dem Ruf. Das Feldlazarett bestand aus einem Hof mit zwei Wohnhäusern, die von den Einwohnern verlassen worden waren. In zwei Zimmern wurde verbunden und operiert, die übrigen waren als Krankenzimmer eingerichtet. Ringsum lagen die Verwundeten auf Stroh, große Wagen mit Verwundeten gefüllt standen umher. Es war noch ein Oberarzt Vogel aus Bensheim und ein Stabsarzt in den Sälen tätig. Der Letztere, der sich auf Morphiuminjektionen und Narkose beschränkte, war besonders froh über mein Erscheinen. Im Wesentlichen war die Hilfeleistung dieselbe, nur dass mehr Material, vor allem Schienen vorhanden waren. Wir jodeten die Schusswunden und deckten sie mit steriler Verbandsgaze und etwas Watte, die mit Leukoplast befestigt wurden. Nur ganz schwere Fälle, Bauchschüsse mit Peritonealerscheinungen, wurden dabehalten.

Freitag, 21. August 1914

Mädchen, Karlsruhe

Unter Führung Seiner Königlichen Hoheit des Kronprinzen von Bayern haben Truppen aller deutschen Stämme gestern in Schlachten zwischen Metz und den Vogesen einen großen Sieg erkämpft. Der mit starken Kräften (acht Armeekorps) vordringende Feind wurde auf der ganzen Linie unter schweren Verlusten geworfen. Viele Tausend Gefangene und Geschütze sind ihm abgenommen. Der Gesamterfolg lässt sich noch nicht übersehen, da das Schlachtfeld einen größeren Raum einnimmt (Metz–Saarburg) als in den Kämpfen von 1870/71 und unsere ganze Armee in Anspruch nahm. Unsere Truppen, beseelt vom unaufhaltsamen Drang nach vorwärts, folgen dem Feind und setzen den Kampf auch heute fort.

Clara und Josephine Bohn, Ingersheim, Elsaß-Lothringen

Es wurde heftig auf dem »letzen Berg« geschossen. Morgens um 8 Uhr passierten fünf französische Patrouillen das Dorf. Am Mittag befanden sie sich wieder im Dorf. Gegen Abend um 5 Uhr hörte man einige Flintenschüsse. Ein deutscher und ein französischer Soldat haben aufeinander geschossen. Der Deutsche konnte über die Fecht fliehen, während der Franzose an der Rheingasse schwer verwundet liegen blieb. An allen Straßen werden Posten aufgestellt.

Jakob Krebs, bei Harzweiler, Elsaß-Lothringen

Um 5 Uhr früh gehe ich mit dem 4. Munitionswagen, dem ich zugeteilt bin, und dem 5. Wagen in die Stellung der westlich am Niederweiler stehenden Abteilung zum Munitionsersatz. Die Bewohner am Niederweiler verlassen mit dem Notwendigsten den Ort. In einer Mulde beim Ort steht geschlossen Infanterie-Regiment 109 zum Angriff bereit. Gegen 7 Uhr beginnt der Infanteriekampf, die Artillerie setzt ein, das vom Feinde stark besetzte Dorf Brudersdorf ist Ziel des Angriffs. Ein fürchterliches Getöse durchzittert die Luft. Die Kolonne geht vor, wir – weil leer – halten weiter. Gegen 10 Uhr kommen noch mehr leere Wagen, ihnen schließen wir uns zum Munitionsempfang beim Bahnhof Arzweiler an. Dort erhalte ich zwei erschöpfte Handpferde und schlage auf dem Rückweg einen Feldweg von Gunzweiler nach Niederweiler ein, treffe hier wieder meinen Wagen und gehe mit ihnen vor. Auf dem Felde zerstreut liegen die beim Sturm gefallenen Grenadiere. Brudersdorf, das wir durchfahren, ist stark zerschossen. Manche Häuser brennen noch. Verwundete Franzosen hinken umher. Gefallene liegen am Wegrand. Westlich von Harzweiler gelangen wir schließlich zu unserer Kolonne. Unsere Abteilung hat in der Zwischenzeit schwere Verluste gehabt. Von drei Seiten war sie beim Auffahren unter Feuer genommen worden, der Abteilungskommandeur Major Wulf fällt, der Führer der 1. Batterie Hauptmann Volmar verwundet, seine meisten Kanoniere tot oder verwundet.

Richard Walzer, bei Sankt Leon, Elsaß-Lothringen

Gegen Morgen wurden wir durch enormes Artilleriefeuer geweckt. Gegen 6 Uhr rückten wir vor und mussten bei heftigstem Infanteriefeuer das Tal überschreiten, um den dort liegenden Hügel zu erklimmen. Wir hatten zwei Stunden zu klettern, bis wir uns nach der Höhe durchgearbeitet hatten. Hier mussten wir sofort Stellung nehmen, da wir in ein fürchterliches Maschinengewehrfeuer gerieten. Wir hatten hierbei eine unverhältnismäßig starke Anzahl Verluste. Sprungweise arbeiteten wir uns vor, ständig feuernd, bis zur Kirche St. Leon, worin wir für kurze Zeit Schutz suchten. Inzwischen wurde der Ort St. Leon von unserer schweren Artillerie unter Feuer genommen. Nach einer halben Stunde drangen wir erneut vor in das noch ebenso starke Maschinengewehrfeuer, unterstützt von den Jägern 8. Ungefähr 30 m vor dem ersten Hause wurde gestürmt, worauf ein ziemlich erbitterter Straßenkampf folgte. Die meisten Häuser mussten einzeln geräumt werden. Gegen Mittag zogen sich die Franzosen unter starken Verlusten auf eine Anhöhe hinter St. Leon zurück. Auf der Anhöhe entwickelte sich nochmals ein starkes Gefecht, wobei die 132er mit eingriffen. Die Franzosen konnten über die Anhöhe zurückgeschlagen werden. Wir zogen uns nach der Kirche zurück und verzehrten rohe gelbe Rüben, die auf den Äckern zu finden waren. Gegen Abend gingen wir in den Wald vor und räumten auf. Die Toten wurden beerdigt.

Otto Gehrke, Héron (Belgien)

Erreichten nach schwerem Marsch Andenne, welches wegen hinterlistiger Angriffe der Bevölkerung auf unsere Truppen zerstört und der Plünderung preisgegeben war. Schon beim Einrücken stießen wir auf ca. zehn erschossene (standrechtlich) Einwohner, Männer, auch Frauen. Am selben Tage sollen noch 130 Personen erschossen werden. Überall begegneten wir rauchenden Trümmerhaufen und Leichen. Bevölkerung geflohen. Kein schöner Anblick. In der Vorstadt Rast, Häuser werden durchsucht. Abends 5.45 Uhr Ankunft in Héron, von wo ich die Ansicht unseres Quartiers nach Hause sandte. Im Fuß große Schmerzen. Tornister drückt sehr. 36 km. Donner von Namur zu hören.

Willy Straub, bei Tellancourt (Frankreich)

Es ging weiter der Grenze zu und überschritten dieselbe morgens ½5 Uhr. Der erste Ort hieß Aubange. Das Feuer der Artillerie war ganz in der Nähe. Es ging in einer Schlucht gedeckt nach Halanzy. Auch hier war unser Bleiben nicht lange, denn schon nach kurzer Rast ging's weiter nach Saint-Pancré. Hier das erste Bild totaler Verwüstung und Verzweiflung. Das ganze Dorf stand in Flammen. Es wurde von Zivilisten auf uns geschossen. Es kam der Befehl: Das Haus, von welchem geschossen wird, sei unweigerlich sofort in Brand zu stecken. Die Bewohner, die noch da sind, sind die reinsten Teufel und Franktireure. Es bot sich mir hier die erste Gelegenheit, den ersten Gegner zur Strecke zu bringen (auch Zivilisten). Es trug sich folgendermaßen zu: Ich wurde weggeschickt, um Wasser für unsere Pferde zu suchen, ging dann auch ganz vorsichtig den Berg hinab, dem Dorfe zu, weil ich wusste, dass aus jedem Haus geschossen wird. Gedeckt hinter einer Hecke sah ich, wie ein in den Zwanzigerjahren stehender Kerl aus der hintern Tür eines Hauses herausspähte, sein Gewehr angelegt und schoss. Erst nach einer Weile erkannte ich, dass am Berghang zwei Infanteristen abkochten. Ich meinen Karabiner herunterreißen, anlegen und schießen war das Werk eines Augenblicks. Ich traf ihn aber nur in die linke Hand. Er blieb eine Weile stehen und hielt Umschau. Da er mich nicht sehen konnte, erhob er sein Gewehr zum zweiten Mal. Ich das sehen und ebenfalls anlegen und genau zielen, traf ihn auch dann in die linke Brustseite. Er fiel um und, bis ich langsam hinkam, war er tot. Ich meldete den Vorfall und in zehn Minuten war das ganze Dorf ein Flammenmeer. Wir fuhren im Trab durch. Es fielen noch einige Schüsse, es wurde aber niemand getroffen. – Unser nächstes Ziel war Tellancourt. Wir biwakierten immer auf dem Felde. Hier hatte eine feste Schlacht stattgefunden, hauptsächlich die Württemberger mussten hier bluten. Die Franzmänner ließen alles im Stich. Viel Gepäck, Gewehre und Seitengewehre, tote Pferde, alles lag durcheinander und sah recht schauerlich aus. Die Toten mit verzerrten Gesichtern und zum Teil scheußlichen Wunden, Freund und Feind nebeneinander. Abends ging's neben einem Dörfchen ins Biwak, dessen Namen ich nicht lesen konnte. Es krachte ringsherum, und der ganze Boden zitterte von unsern Schweren. Als es Nacht wurde, bot sich uns ein schauerlich schönes Bild. Überall in der Runde, wo man nur hinblickte, sah man brennende Dörfer und Städte, aber es ist Krieg! Wir sind hier darauf angewiesen, uns selbst zu verpflegen, wie es geht. Von Rasieren ist keine Rede mehr, kaum ordentlich waschen.

Samstag, 22. August 1914

Erwin Schreyer, Berlin

Wir hatten keine Schule wegen des Sieges bei Metz. Abends gingen wir spazieren.

Milly Haake, Hamm

Hurra! Ein Hoch unsern braven Truppen, die in Brüssel einzogen, an der russischen Grenze einen Sieg errangen und die Schlacht bei Metz für uns entschieden. Entschieden? Nein, noch kämpfen sie in den Vogesen.

Mädchen, Karlsruhe

Die von unsern Truppen zwischen Metz und den Vogesen geschlagenen französischen Kräfte sind heute verfolgt worden. Der Rückzug der Franzosen artet in Flucht aus. Bisher sind mehr als 10000 Gefangene gemacht und mindestens fünfzig Geschütze erobert worden. Die Stärke der geschlagenen feindlichen Truppen ist auf mehr als acht Armeekorps festgestellt.

Josef Glaser, Truppentransport vor Prag

Vormittag fährt die in Pohorschan in Quartier gelegene Batterie reich mit Blumen geschmückt bei strömendem Regen zur Bahn. Um 6 Uhr steht das Bataillon am Südausgang von Schüttenitz, die Regimentsmusik spielt. Oberst von Maschke hält eine kurze Ansprache. Mit klingendem Spiel um 6.30 Uhr Abmarsch in der Richtung Bauschowitz. In Leitmeritz große Ovationen seitens der Bevölkerung, Blumenregen. Ankunft in Bauschowitz um 8.30 Uhr. Rast längs der Dorfstraße, Mannschaft singt nationale Lieder. Um 11.30 Uhr einwaggoniert, mit meinem Hauptmann ein Abteil zweiter Klasse bezogen. Offiziersdamen verabschieden sich. Um 12.30 Uhr Abfahrt in der Richtung Prag.

Ernst Eberlein, Breslau, Schlesien

Ein Maurer Meyer (lustiger Kerl): »Das verfluchte Schippen, ich möchte schon liebr glei gegen die Russa und ihnen die Köppe abschissn.« Der Mann hat recht. Diese Arbeit kommt einem zum Halse heraus.

Clara und Josephine Bohn, Ingersheim, Elsaß-Lothringen
Sämtliche Männer mussten sich heute mit Schanzarbeiten der Franzosen beschäftigen. Um 12 Uhr wurde von den Deutschen mit Kanonen in den Florimont geschossen. Die Franzosen nahmen von Ingersheim bis an das Forsthaus Stellung. An der Fecht bis Turckheim und gegen Logelbach brach ein Gefecht aus. Dabei gab es viele Tote und Verwundete. Viele derselben hätten noch gerettet werden können, aber bei der einbrechenden Nacht konnten sie nicht mehr gefunden werden. Die Verwundeten wurden im Spital und in der Fabrik von Herrn Geiger untergebracht. Viele Häuser wurden von den Kanonen- und Flintenschüssen beschädigt. Einem Knaben namens Baumann wurde durch einen Flintenschuss die Hand durchbohrt. Fünf Häuser wurden durch die Kanonenschüsse, welche die Deutschen von Colmar nach Ingersheim abschossen, völlig abgebrannt. So das Haus von Herrn Leibrand und Klee.

Jakob Krebs, Niederhof, Elsaß-Lothringen
Es ist trüb, ein Zeppelin kreist über uns. Im Laufe des Vormittags fahren wir die gestern hier erbeuteten feindlichen Geschütze, etwa dreißig, zurück, erhalten Ersatz von der 3. Abteilung. Bei der Neueinteilung komme ich zum 22. Munitionswagen (Führer Heidelberger und Hoffmann). Nachmittags fahren wir vor, über Weiher führt uns der Weg. Fast jedes Haus hat hier seine Treffer. Am Straßenrand liegt ein feindliches Fahrzeug neben dem andern. Munitionswagen mit Artillerie- und Infanteriemunition gefüllt liegen nebeneinander. Im Gelände zerstreut stehen Bagagewagen in großer Zahl, vielfach mit Formularpapier gefüllt, ein Bild grenzenloser Verwirrung. Kopflos muss der Feind gestern hier zurückgegangen sein.

Max Schmidt, bei Arsimont (Belgien)
Es wurde Nachmittag, bis wir Gewissheit hatten: Wir haben gesiegt, die Franzosen werden verfolgt. Es war uns doch

etwas eigenartig bei dem Gedanken zumute, dass wir in wenigen Stunden das erste Schlachtfeld betreten sollten, auf dem unsere Garde gekämpft und gesiegt hatte. Wir ritten durch Jemeppe. Der Pfarrer hatte beim Anmarsch unserer Truppen um Schonung seiner Kirche gebeten, was ihm auch zugesagt wurde. Als jedoch die Spitze der vortastenden Regimenter die Kirche erreichte, schossen ungefähr fünfzig Gewehre heraus. Die Kirche ließ man zwar unversehrt, die Schützen wurden jedoch herausgeholt und erschossen. Den Privathäusern, aus denen geschossen wurde, erging es schlechter. Sie wurden in Brand gesteckt. Nur langsam ging es vorwärts. Auf dem Schlachtfeld waren die Sanitätskompanien noch bemüht, die Verwundeten zu versorgen und die Toten zu begraben. So brach allmählich die Dunkelheit herein, als wir die Gefechtsstellung des 1. Garde-Fußartillerie-Regiments überholten und uns nun im Bereich der Artillerie-Verfolgungskämpfe befanden. Nicht lange und wir erreichten den hart umkämpften Ort Auvelais. Alle Häuser brannten lichterloh. Es war ein grausiger, aber auch ein phantastischer Anblick. Wir ritten durch die Straßen, an deren beiden Seiten die Flammen prasselten und das Gebälk ächzte, Mensch und Tier erregt und bis aufs äußerste angespannt. Und doch erreichten wir heil den Ausgang des Ortes.

Sonntag, 23. August 1914

Josef Glaser, Truppentransport bei Brünn (Österreich-Ungarn)

Bei Zuckerfabrik Böhmisch Brod erwacht. Auf den Stationen werden der Mannschaft Erfrischungen gereicht. In Kolin und Pardubitz kurze Rasten, Mittagsrast in Chotzen. Leutnant Trojan trifft dort seine Eltern. Im Adlergebirge stehen die Leute in großen Mengen längs der Bahndämme.

Das Wetter ist sonnig, dabei aber angenehm kühl. Das Heilrufen ermüdet auf die Dauer. Besonders herzlich der Empfang in Zwittau in Mähren.

Mädchen, Karlsruhe

Das Heer des Kronprinzen von Bayern erreichte große Erfolge. Hier in der Stadt alles geflaggt. Vor dem Schloss abends Siegesfeier. Morgen wird Wilhelm vereidigt. Der Dienst ist sehr anstrengend, von morgens 4 Uhr ab. Er hat sich schon ganz dran gewöhnt. Die Truppen, die unter Führung des Kronprinzen von Bayern am Freitag siegten, haben die Linie Lunéville–Blamont–Cirey überschritten. Das 21. Armeekorps zog heute in Lunéville ein. Außer zahlreichen Gefangenen und Feldzeichen hat der in und an den Vogesen vorgehende linke Flügel bereits 150 Geschütze erbeutet. Die Armee des deutschen Kronprinzen hat heute den Kampf und die Verfolgung vorwärts Longwy fortgesetzt. Die zu beiden Seiten von Neufchâteau vorgehende Armee des Herzogs Albrecht von Württemberg schlug heute eine über den Semois vorgedrungene französische Armee vollständig und befindet sich auf der Verfolgung. Zahlreiche Geschütze, Feldzeichen und Gefangene, darunter mehrere Generale, sind uns in die Hände gefallen. Westlich der Maas gehen unsere Truppen gegen Maubeuge vor. Eine vor ihrer Front auftretende englische Kavalleriebrigade ist geschlagen.

Richard Piltz, Orny, Elsaß-Lothringen

Wegen Schießens der Zivilbevölkerung auf unsere Truppen sollen folgende Orte völlig zerstört worden sein: Nomeny, Port-sur-Seille. Ruhetag, der erste seit eineinhalb Wochen. Um 10½ Uhr Feldgottesdienst für die 1. und 2. Landwehrpionier-Kompanie, auf dem Schlosshofe von Chérisey, abgehalten von Hauptmann Salomon. Er sprach recht gut. Im Schlosse trafen wir Hauptmann Flory vom 5. Landwehrinfanterie-Regiment 68 wieder, der während der Schlacht Gefechte aus nächster Nähe beobachtet hatte. Seine Truppe hatte 36 Stunden lang völlig gehungert. Mittagessen: Schweinekoteletts mit Mirabellenkompott.

Otto Gehrke, bei Namur (Belgien)

Kugeln pfeifen durch die Sträucher. Von Sonntagsruhe nichts zu spüren. 8 Uhr morgens werden zwei Zivilisten mit verbundenen Augen vorbeigeführt, wurden in unseren Schützenstellungen gefunden. Vor dem Werk befindliche Gehöfte werden von unserer Feldartillerie in Brand geschossen. Wir gewöhnen uns allmählich an das Getöse. 8.15 Uhr Sprengpatronen verfertigt. 8.45 Uhr Abrücken mit Sturmgepäck auf Namur. Als Drahtschneider zum Regiment 93. Liegen auf dem Feld, die Geschosse der Österreicher ziehen ihre Bahn über uns, richten im Fort schwere Verwüstung an, ab und zu kommt ein Splitter bis in unsere Reihen zurückgeflogen. Minenfelder im Fort explodieren. Liegen noch ungefähr 800 m vom Werk ab. 10 km von Namur überschreiten wir verlassene Stellungen der Belgier. Geschütze, Gewehre und Munition liegen in Menge umher. 7 km die erste Vorstadt, aus den Häusern wird geschossen, werden gesprengt und geplündert, bis auf die Mauern niedergebrannt. Einwohner (Frauen und Kinder) stürzen mit angstverzerrten Gesichtern aus den Häusern und flehen uns an, ihnen nichts zu tun. 2,5 km von der Stadt erhalten wir heftiges Geschützfeuer, flüchten hinter Hausmauern, Schrapnells gehen immer 150 m zu weit. Schlafen trotz des Geschützfeuers ein. Zivilisten, Belgier und Franzosen, werden gefangen vorbeigeführt. Weinkeller wird geleert und feste getrunken. ½7 Uhr abends Feuerpause. Gehöfte ringsum brennen. Tote aller Nationen gefunden. ½8 Uhr Abmarsch, 8 Uhr Ankunft im Quartier, schlossähnliches Gehöft.

Clara und Josephine Bohn, Ingersheim, Elsaß-Lothringen

Heute sollte das Patronatsfest unserer Gemeinde, das Fest des heiligen Bartholomäus, gefeiert werden. Aber es wurde den ganzen Tag kein Gottesdienst gehalten. Von ½8 Uhr morgens gingen fortwährend französische Truppen mit Maschinengewehren durch das Dorf. Man glaubte, dieser Tag werde noch schrecklicher als der vorhergehende, da schon früh geschossen wurde. Abends wurden viele Verwundete nach Münster transportiert. Gegen 7 Uhr gingen die Soldaten, die am Morgen nach Colmar zogen, wieder zurück. Es wurde befohlen, dass während der Nacht brennende Laternen herausgehängt werden müssen.

Georg Becker, Bensdorf, Elsaß-Lothringen

Ein friedlicher Sonntag ist vorüber. Zwar kamen immer noch viele Verwundete durch, doch konnten sie meist weiterbefördert werden. Ich wurde dem Feldlazarett Nr. 7 unter Stabsarzt Simon fürs Erste zugeteilt. Dort waren noch Prof. Schönborn, Assistenzarzt Mertler und Oberapotheker Geist tätig. Von der Umgegend hört man, dass noch viele Tote unbestattet auf dem Schlachtfeld liegen. In Liedersingen allein 1000, so dass der Bürgermeister weinend kam und Abhilfe erbat, weil sie sonst das kleine Nest verlassen müssten. Bisher hatte man die gefangenen Franzosen zum Gräberschaufeln mitgenommen, die waren aber weiterbefördert. In Bensdorf wurde bekannt gemacht durch Ausschallen, dass keiner den Ort verlassen dürfe und jeder zur Hilfeleistung verpflichtet sei. Am Abend hört man von der Eroberung von Lunéville, auch ein deutscher Verwundeter wird noch von dort gebracht und operiert (Beinschuss mit Urininfiltration). Schöner Abend im Lazarettgarten bei einer Flasche Rotwein, die Geigel uns requiriert hatte.

Montag, 24. August 1914

Jakob Krebs, bei Vacqueville (Frankreich)

Um 9 Uhr Abmarsch, ein warmer Tag. In endloser Kolonne schiebt sich alles vorwärts. Der zweite Ort, den wir passieren, ein kleines Dorf, ist völlig verbrannt. Als es gar nicht vorwärtsgehen will, biegen wir von der Straße ab, lassen einen mit Fahrzeugen völlig verstopften Ort links liegen. An feuernder Fußartillerie vorbei fahren wir, von einem Hang gedeckt, entlang auf eine Höhe, auf dieser entlang rechts ein lichter Birkenbestand, feindwärts links freies Gelände. Eine schöne Aussicht bietet sich uns da, überall Kampf, überall platzende Schrapnells. Am Hange vor uns eine unbespannte Infanteriebagage, die am Morgen hier in feindliches Feuer geriet, worauf die Leute die Pferde ausspannten und davongingen. Kaum habe ich das Bild richtig übersehen, da schlägt auch schon die erste feindliche Granate dicht bei der Kolonne ein, und im nächsten Moment geht ein Hagel von Artilleriegeschossen über uns. Einige Gespanne fahren ineinander, die hinter uns fahrenden machen kehrt und reißen aus. Was vor uns hält, lässt alles stehen und sucht Deckung in dem Birkenholz. Ich nehme mein Pferd, das ich leer mitführe, und gehe mit ihm etwa 15 bis 20 Schritte in den Wald und lege mich platt auf die Erde. Doch muss ich das Pferd schließlich laufen lassen, und es kehrt wieder zum Wagen zurück. Die meisten Leute liefen immer tiefer in den Wald und kamen daher immer wieder in das zulegende Feuer. Es ist 12 Uhr mittags und ich erlebe hier eine Spanne Zeit wie in meinem Leben noch nicht. Gruppe um Gruppe kommen die feindlichen Schrapnells und krepieren um mich und über mir. Eine etwa 4 m neben mir stehende Birke wird in 3 m Höhe getroffen, aber es ist ein Ausbläser, die Kugeln spritzen durch die Blätter, Holz und Rindenstücke fahren mir in den Rücken. 10 bis 12 m vor mir werden vier Birken in der Mitte abgerissen und der Boden aufgewühlt. Ich flehe Gott um Schutz und Beistand an, und er hat mein Flehen erhört. Nach einer kleinen Pause begann das Schießen von Neuem, um dann endlich ganz zu verstummen. Es sind zwei Pferde tot, Offizier Stellvertreter Weizfärber und Fahrer Heidelberger verwundet. Rasch werden die Fahrzeuge wieder in Ordnung gebracht. Ich übernehme die Pferde von Heidelberger, und wir fahren über Neuviller vor zu unserem Bataillon. Infanterie-Regiment 111 zieht vorbei, 5/14 marschiert neben uns auf, aus den vor uns liegenden Waldungen werden Verwundete getragen. Das Geschützfeuer ist furchtbar. Es ist 4 Uhr, feindliche Geschosse krepieren dauernd über dem Wald. Später wird es ruhiger. Badenweiler lassen wir links liegen und fahren, da das Gefecht verstummt ist, bis vor Vacqueville.

Otto Gehrke, Namur (Belgien)

Stadt heftig beschossen, müssen warten. Eier werden ausgeteilt, können trinken, bis wir genug haben. Herz Geburtstag. In den Taschen befindet sich jetzt alles Mögliche. Wetter schön. Löhnungsappell. 2 Uhr Fertigmachen, ¼3 Uhr Abmarsch. Eilmarsch durch Hohlwege und Dörfer. Tote liegen umher, stinken schon in der großen Hitze. Im Dorf stehen die Leute friedlich in der Tür. Besetzen verlassene Stellung. Schwere Artillerie beschießt das nur noch 700 m entfernte Fort. Müssen die Stellung wegen der zurückkommenden Splitter räumen und in Deckung gehen. 4 Uhr Parlamentär fährt ins Fort, welches sich ergibt. ½5 Uhr Abmarsch zum Fort, dasselbe stark befestigt, Drahthindernisse 30 m breit. Schweigend rücken wir um ¾5 Uhr mit aufgepflanztem Seitengewehr im Fort d'Emines ein. Besatzung steht im Graben, sehr gespannt, einigen stehen vor Furcht Tränen in den Augen. Wir haben sie als gute Kameraden begrüßt. Freuen sich, geben uns Tabak, Zigaretten und Schokolade. Alles kräftige Gestalten, Wallonen. Mit einigen kann man sich verständigen. Sind ungern in den Krieg gezogen. Fort stark zerschossen.

Paula Busse, Bensberg bei Köln

Die Siegesnachrichten jagen sich, der Jubel ist groß. Ist es nicht ein wunderbares Gefühl, sich deutsch zu fühlen und deutsch zu sein, wenn man von solchen Siegen hört.

Willy Straub, bei Longuyon (Frankreich)

Unser Weg führte uns durch die Stadt Longuyon, ca. 40000 Einwohner. Schon von Weitem sah man das kolossale Flammenmeer, konnte aber noch nicht recht unterscheiden, ob es die Stadt selbst war. Vor derselben angekommen, mussten wir halten. Die Infanterie erzählte, als sie morgens beim Ausrücken war, war alles ganz friedlich. Auch den Abend vorher wurden sie mit Wein und allem Möglichen bewirtet und beschenkt. Auf ein Trompetensignal hin wurde aus allen Häusern, Ställen, Kirchen und sonstigen Verstecken auf alles geschossen, was deutsch war. Der Pfarrer hatte in der Nacht Munition an die Bevölkerung in der Kirche verteilen lassen. Auch hatte er den Franzosen die Stellungen und den Aufenthalt verraten. Mit dem Anfang des Gewehrfeuers fing auch die französische Artillerie an zu schießen. Immer auf die Stadt. Unsere Infanterie wurde fast ganz vernichtet, und die Stadt selbst, welche im Tal liegt, war im Nu in Flammen. Sofort kam von den Anhöhen Verstärkung, und nun wurde alles, was sich zeigte, niedergeschossen oder -gestochen, und, was nicht schon brannte, wurde auf hohen Befehl angezündet. Wir mussten im stärksten Galopp durch die Stadt. Es war unheimlich, die hohen Häuser drohten von rechts und links einzustürzen. Aber erst im Innern der Stadt sah's aus! Tote Pferde, Soldaten, Fässer, Hausrat, alles zu einem Bündel, versperrten uns den Weg. Brennende Balken lagen kreuz und quer, und über alles mussten wir in schnellstem Tempo hinweg. Ich zog noch einen verwundeten Infanteristen unter einem brennenden Balken hervor und lud ihn auf. Endlich am Ende der Stadt konnten wir aufatmen. An uns und an den Pferden lief der Schweiß in Strömen herunter. Hier sahen wir auch das erste Feldlazarett. Ca. 200 Verwundete, auch einige Offiziere lagen da. Der größte Teil hatte Bauchschüsse von den Granatsplittern. Oben auf der Höhe sah es nicht minder aus. Es lagen da viele Tote und Verwundete, Franzosen, die sprachen kein Wort, Junge und Alte nebeneinander. Überall wurden sie zurückgeschlagen. Mehrmals schon hielten Offiziere an uns Ansprachen, dass wir siegreich vordringen und schon einige feindliche Batterien gänzlich zerstört hätten, was immer mit einem dreifachen Hurra beantwortet wurde.

Freifrau von Wertheim, Coburg

In den letzten Tagen sind viele Siege gewesen, zwei vom Kronprinzen von Bayern, einer von unserm Kronprinzen, dann einer an der russischen Grenze. Man muss ja Vertrauen zum endgültigen Sieg haben. Der heutige Sieg bezieht sich auf die Franzosen, auf Erbeutung von Geschützen und Gefangennahme von Generälen, auf Vorwärtsdrängen und Zurückschlagen der Franzosen. Hans-Georg kam von der Schule und erzählte: »Sie haben ein englisches Dampfschiff gefangen.« Was hört der Junge nur immer! Heute hat die Schule wieder angefangen. Ob ich eine Fahne kaufen soll und bei Siegen flaggen? Ich war in der Fahnen-Fabrik, sie soll 20 Mark kosten, aber es ist doch schön. Das Rote Kreuz hätte mehr von dem Geld, aber eine Fahne muss man eigentlich jetzt haben – oder siegen wir dann nicht mehr? Siegfried ist noch in Oppenheim, er schrieb heute, dass er noch 500 Mann zum Bataillon bekommen hätte und dass es nun 2000 Mann stark ist. Am Freitag erzählte Frau von Selle, Belfort solle unter Wasser gesetzt werden, ob das wahr ist? Wenn sie nur Frauen mit Kindern retten! Hoffentlich stellen sie erst die Bedingung: entweder ergeben oder – es ist so furchtbar auszudenken. Wie früh es jetzt schon abends wieder dunkel wird. Andere Jahre war es mir schrecklich. Das Jahr ist mir eigentlich alles gleich, mein Liebling. Ich esse auf dem Balkon im Halbdunkeln allein. Jetzt geht es noch, wo du in Sicherheit bist. Wenn du aber ausgerückt bist, dann kann ich überhaupt nicht mehr allein sein. Ach, all die herrlichen Sommerabende, die für nichts vergehen. Wie könnten wir die auf der Veranda genießen. Ich hab das Gefühl, als blieben wir nach dem Krieg nicht mehr hier. Wie hängt man doch an dem Haus und dem Garten!

Karl Groppe, bei Tournai (Belgien)

In einem Schlosspark schliefen wir zwischen Heu und Stroh unter freiem Himmel. Hier erfuhren wir von unseren Offizieren, dass wir nahe an der französischen Grenze waren, bei Espierres. Am Morgen wurden wir alarmiert und gingen im Eilmarsch erst einige Kilometer zurück und schlugen dann eine andere Richtung ein. Unterwegs erfuhren wir, dass die Engländer in Frankreich gelandet waren und bereits von unserer 1. Armee geschlagen seien. Wir sollten nun im Eilmarsch vorwärts und der englischen Armee den Rückzug abschneiden. Da man den Feind noch an demselben Tag zu treffen hoffte, wurde unser Munitionsbestand wieder auf 150 Patronen vervollständigt. Nahe an die Stadt Tournai herangekommen, erfuhren wir von unserer Kavallerie, dass die Stadt von Franzosen besetzt sei und schnell genommen werden müsste. Vereint mit Jäger 4 und Kavallerie-Patrouillen gingen wir gruppenweise in die Stadt und besetzten die Häuser. Letztere waren verriegelt, und wir mussten erst Tür und Fenster einschlagen, um reinzukommen. Die Franzosen saßen hinter Mauern, Hecken und Häusern und schossen auf uns. Viele saßen auf dem Boden, hatten die Dachziegel zur Seite geschoben und schossen von oben. Viele von uns wurden getroffen, meist durch Querschläger, denn die Franzosen waren alte Landwehrleute von dreißig bis vierzig Jahren und waren noch nicht im Gefecht gewesen. Sie waren besorgt um ihr eigenes Leben und schossen nur blindlings los, trafen dann gegen die Steinmauern. Die Geschosse prallten ab und verwundeten die Unseren meist an den Beinen. Wir nahmen die Franzosen jedoch besser aufs Korn. Wo einer getroffen wurde, war er meist tot, hatte entweder Kopf- oder Brustschuss. So ein Straßenkampf ist doch schrecklich und viel gefährlicher als offene Feldschlacht. In Letzterer sieht man doch wenigstens seinen Gegner und kann sich besser wehren. Wenn wir in die Häuser eindrangen, versteckten sich die Franzosen meist, und wir mussten sie aus Kellern, Heuböden, Ställen, Kleiderschränken und unter den Betten hervorholen. Teilweise ergaben sie sich gleich. Vielfach stießen wir jedoch auf energischen Widerstand, und manch einer von uns erhielt in dem Augenblick, wo er die Tür sprengte, einen Schuss oder Bajonettstich. Hierdurch wurden wir vorsichtig. Wenn einer die Tür öffnete, standen zwei mit fertig gemachtem Gewehr hinter ihm. Waren Franzosen in dem Zimmer, so knallte es auch schon in dem Augenblick, wo die Tür aufflog. Vielfach kam es zu schrecklichen Szenen, bei denen einem die Haare zu Berge standen. Öffne ich da mit einem Fußtritt die Tür zu einer Rumpelkammer, da fährt mir so'n Franzose mit der Mündung unter die Nase. Mein Hintermann war jedoch gut auf dem Posten und kam dem Franzosen zuvor. Ehe der sich's versah, hatte er einen Schuss durch den Kopf, dass das Gehirn an die Wand spritzte. Im ersten Augenblick hatte ich doch einen schweren Schreck bekommen. Ein Husar, der dem Franzosen die Waffe abnehmen wollte, bekam plötzlich einen Bajonettstich ins Hinterteil. Mein Hintermann, der mir das Leben gerettet hatte, schoss gleich durch die Türfüllung und hatte auch den zweiten, der sich hinter der Tür versteckt hatte, kampfunfähig gemacht. Dieser wurde für seine Heimtücke aus dem Fenster geworfen und brach sich das Genick. Viele trafen wir dabei, wie sie ihre Uniform mit Zivilkleidern vertauschten. Daraufhin wurden sämtliche Männer einer gründlichen Untersuchung unterzogen, und bei manchem fand man noch gestempelte Unterkleider oder Erkennungsmarke. Die französischen und alle anderen gefundenen Waffen wurden unbrauchbar gemacht, die Patronen ins Wasser geworfen. Das französische Geschoss ist ein Geschoss mit Kupfermantel. Wir fanden aber auch völkerrechtlich verbotene Geschosse, zum Beispiel Teilmantelgeschosse und solche mit abgefeilter Spitze. Auch eine Kiste sogenannter Dum-Dum-Geschosse, bei denen die obere Spitze ausgebohrt war. Die Einwohner hatten sich auch meist in ihren Häusern versteckt. Wenn wir sie hervorholten, gebärdeten sie sich wie toll, weinten und flehten um ihr Leben. Wir hatten Mühe, ihnen begreiflich zu machen, dass wir nur gegen Soldaten kämpften. Das Plündern war bei Todesstrafe verboten. Doch manche Flasche Sekt, Wein und Zigarren, Zigaretten, Wäsche und Lebensmittel wurden mitgenommen. Zwei Häuser (Tuchladen und Wirtschaft), aus denen geschossen wurde und die von ihren Eigentümern verlassen waren, wurden auf Befehl unseres Kompanieführers ausgeräumt. Jeder konnte sich Hemd, Unterhose, Strümpfe, Hand- und Taschentuch nehmen, musste dies jedoch gleich anziehen oder so wegstecken, dass nichts davon gesehen werden konnte. Unser Kochgeschirr und Lappen waren voll von Schokolade und Keksen. Limonade, Wein und Sekt wurden schnell getrunken, denn mitnehmen durften wir nichts. Inzwischen war die Vorstadt von Franzosen geräumt. Was nicht tot oder verwundet war, hatten wir gefangen. Die Haupttruppen waren aber wieder nach Frankreich entkommen. Von Einwohnern erfuhren wir, dass die Stadt von zwei Regimentern Infanterie und einer Kompanie Radfahrer besetzt gewesen war. Wir hatten dieselben mit zwei Jäger-Bataillonen, einer Batterie Artillerie und einigen Kavalleristen gestürmt, 120 Tote, zwanzig Verwundete und etwa 200 Gefangene gemacht. Unser Bataillon hatte acht Tote und etwa dreißig Verwundete. Die Bataillone sollten sich nicht unnötig aufhalten, sammelten sich und gingen gemeinsam mit 2. und 7. Jägern auf Frankreich zu. Unterwegs gesellte sich noch das 9. Bataillon dazu. Zur Besatzung der Stadt blieben noch zwei Züge zurück, bei diesen war auch ich. Einige Häuser, die noch stark besetzt waren und an die wir nicht recht rankommen konnten, wurden in Brand gesteckt und ausgeräuchert. Da Beweise da waren, dass die Bevölkerung auf uns geschossen hatte, wurde Tournai mit einer Strafe von zwei Millionen Francs belegt. Diese Summe sollte innerhalb fünf Stunden bezahlt werden. Die Banken waren gesperrt, da mussten die Einwohner diese Summe aufbringen. Bürgermeister und Polizisten liefen in der Stadt herum und schickten die Leute zum Rathaus, wo das Geld angenommen wurde. Tournai ist eine reiche, schöne Stadt mit wunderbaren Bauten und Anlagen. Die Bürger waren auch sehr opferwillig. Den ganzen Nachmittag und Abend war die reinste Völkerwanderung zum Rathaus. Dass ein Bürger mehrere hunderttausend Francs zeichnete, war keine Seltenheit. Ich musste den Bürgermeister auf einigen Gängen begleiten und war erstaunt über den Luxus in den Häusern. Ein Haus, dessen Besitzer schwer krank war, war inwendig vollständig von weißem Marmor, die Wände von großen Kristallspiegeln. Unser Quartier in Tournai hatten wir in den Nebengebäuden des Rathauses aufgeschlagen. Da schliefen wir auf denselben Matratzen, auf denen am Vorabend die Franzosen gelegen hatten. Nachts wurden sämtliche Mannschaften zu Wachen und Bedeckung eingeteilt. Ich war Patrouillenposten im Stadtpark. Nachts um 12 Uhr wurde das Geld in drei Automobile geladen und nach Deutschland gebracht. Die Gefangenen wurden ebenfalls in der Nacht verladen und per Bahn weiterbefördert.

Georg Becker, Bensdorf, Elsaß-Lothringen

Es kommt ein Sanitätstransportzug aus Landshut und Speyer an. Während wir ihn hier so nötig gebraucht hätten, hat er vier Tage untätig in der Nähe von Zabern gestanden. Ich mache auf einem solchen Sanitätswagen eine Fahrt nach Leiningen, wo das Sanitätsdepot ist, zusammen mit Oberapotheker Kerchensteiner. Das Sanitätsdepot ist in einem großen Schuppen am Bahnhof untergebracht. In großen Kisten sind hier Verbandstoffe, Schienen, Medikamente aufgestapelt. Ich treffe den Apotheker, mit dem ich 1906 als Einjähriger Arzt in München beim Operationskurs zusammen war. Außerdem ist ein Stabsapotheker, ein Nahrungsmittelchemiker aus Frankfurt, da. Beide wohnen in einem Eisenbahnwagen und sind seit acht Tagen sozusagen nicht aus den Kleidern gekommen. Man hört dieselben Klagen wie überall über die Etappenleitung. Die Vorräte waren durch Verträge sichergestellt, konnten aber nach der Mobilmachung nicht mehr befördert werden. Von manchen Sachen, die niemand haben will, sind große Vorräte da, andere viel verlangte wie Jodtinktur waren nicht vorgesehen. Von diesem Depot aus werden die Lazarette etc. mit Autos versorgt. Heute ist ein Auto zum Beispiel nach Lunéville abgegangen. – Vormittags kommt ein junger Mensch aufgeregt ins Lazarett. Er hat bei der Leichenbestattung geholfen, ist von einer Fliege gestochen worden und fürchtet sich vor Blutvergiftung. Die Fliegen sind eine schreckliche Plage der Verwundeten. Mit Laubästen wedeln sie, um sie zu vertreiben. Zwei Kranke mit Hirnschüssen sind von ihrem Leiden erlöst worden.

Clara und Josephine Bohn, Ingersheim,
Elsaß-Lothringen

Mehrere Männer von Ingersheim mussten Gräber auf einem Acker neben dem Friedhof machen. Es wurden darin 65 Deutsche und neunzehn Franzosen begraben. Alles, was sie bei sich hatten, bekamen sie mit ins Grab.

Dienstag, 25. August 1914

Ernst Eberlein, Breslau, Schlesien

Für die Befestigung Breslaus ist offenbar auch eine Überschwemmung des Vorgeländes mit in Rücksicht gezogen. Denn das Kommando führte zum Stauwehr in Hundsfelde, das instand gesetzt werden sollte: Gegen 2000 Säcke waren mit Sand zu füllen und in das Schützenwehr zu werfen. Die Arbeit war eine Abwechslung, die sonst fast nur im Aufwerfen der Schanze bestand (also schippen, schippen und nochmals schippen). Besonderes Interesse macht es, die zentnerschweren Säcke in die einzelnen zum Teil 10 bis 15 m tiefen Schotten zu werfen. Viele arbeiteten im Wasser, nicht ohne Gefahr.

Josef Glaser, Wysocko
(Österreich-Ungarn, Galizien)

In Krakau von 1 bis 2 Uhr nachts Rast, geschlafen. Kurze Rast in Tarnów, 150 russische Gefangene, meist Polen, gesehen. Von 10 bis 11 Uhr Rast in Rzeszów. Um 3 Uhr in Żurawica, der letzten Station vor Przemyśl, ausgestiegen. Dort Oberleutnant Karger anwesend. Auf einem Stoppelfeld in der Höhe des Bahnhofs menagiert. Soldaten und Arbeiterabteilungen legen Feldbefestigungen an. Um 5.30 Uhr abmarschbereit, halbe 8. Kompanie als Vorpatrouille, Leutnant Liebisch mit einem Schwarm als Spitze. Nach zwanzig Minuten eine breite, aber sehr staubige Straße erreicht. Links der Straße ist ein Fort und einige Drahthindernisse, sonst ist von der Festung nichts zu sehen. Unangenehm ist der starke Automobilverkehr. Gegen 9 Uhr halbe Stunde an der Bahnstraßenkreuzung bei Radymno gerastet. Hinter der Stadt orientiert. Straße schmäler, sandiger und staubiger. Mannschaft stark ermüdet, viele können nicht weiter und bleiben zurück. Auf einer Kriegsbrücke den San überschritten. Um 11.30 Uhr in Wysocko eingelangt. Die Mannschaft erhält schwarzen Kaffee und nächtigt im Hofe des dem Grafen Szamoiski gehörenden Schlosses. Der größte Teil der Offiziere schläft auf Polsterstühlen im Rittersaale.

Clara und Josephine Bohn, Ingersheim, Elsaß-Lothringen
Es war alles still und ruhig, aber gegen Mittag hörte man bei Sigolsheim die Kanonen donnern. Um 6 Uhr wurde das Haus von der Familie Herzog auf dem »letzen Berg« in Brand geschossen. Beim dritten Schuss ging es in Flammen auf. Wahrscheinlich haben die Deutschen Munition darin versteckt, damit, wenn die Franzosen hineinschießen, das Haus gleich in Flammen steht. Dasselbe brannte völlig ab. Die Franzosen nahmen heute Herrn Hauptlehrer Weck und Beigeordneten Siegel mit nach Gerardmer.

Georg Becker, Bensdorf, Elsaß-Lothringen
Nach Tisch besuchte ich mit Assistenzarzt Müller und Oberapotheker Kerchensteiner mit Müllers Diener das Schlachtfeld von Gebling. Wir gingen die Bahnstrecke entlang in der Richtung, aus der die Verwundeten zu uns gekommen waren. Am Tunnel bogen wir rechts ab an einem Weizenfeld vorbei hinauf nach dem Waldrand. In der Sonne wurde es uns ordentlich heiß. Die Landschaft sah so friedlich aus, nur hier und da umherliegende Ausrüstungsgegenstände erinnerten an die Schlacht. Dann kamen wir aber an frische Massengräber, langgestreckte Hügel mit einem hölzernen Kreuz und einem Eichenkranz. Große Berge Tornister, Uniformen etc. lagen da und wurden mit einem Wagen weggefahren. Deutsche und französische Gewehre lagen friedlich beieinander. Auf der Höhe bei Gebling sah man die Totengräber bei der Arbeit. Hier hatten die Franzosen riesige Verluste gehabt. Sie lagen in einem Schützengraben, Mann neben Mann mit durchbohrtem Schädel. Die Gesichter und Hände schwarz und aufgequollen, so dass sie wie Riesen erschienen. Die Leichen wurden von Zivilisten unter militärischem Kommando begraben, Deutsche und Franzosen gesondert. Bei der großen Menge und der

Dringlichkeit, fertig zu werden, nahm man sich nicht einmal die Mühe, den Franzosen die Erkennungsmarken abzunehmen. Auch eine große Menge französischer Gewehre blieben liegen, gefährlich genug bei der unfreundlichen Gesinnung der Bevölkerung. Eine Menge Frauen sammelten für sich, was ihnen von Kleidung, Schuhen wertvoll erschien. Das Ganze machte einen schaurigen Eindruck.

Karl Groppe, Bévillers (Frankreich)

Morgens 10 Uhr gingen wir mit einem kräftigen Hurra über die französische Grenze. In dem ersten französischen Ort Mouchin machten wir zum ersten Male Halt und hatten einen ergötzlichen Spaß. Als die Einwohner unser Gibraltar-Band sahen, hielten sie uns für Engländer, begrüßten uns durch laute Zurufe und brachten schnell Lebensmittel und Wein herbei. Doch was machten sie für lange Gesichter, als Ulanen bei uns Halt machten und wir ihnen Brot abgaben! Da sahen sie ihren Irrtum ein, und schnell waren sie verschwunden. Als wir nach kurzer Pause weitermarschiert waren, kam plötzlich unser Radfahrer Lübben und trieb drei Rothosen vor sich her. Er hatte dieselben in einer Ziegelei, wo er nach Pferd und Wagen suchte, gefunden. Einer von ihnen konnte Deutsch sprechen und erzählte uns, dass sie der Territorialarmee angehörten und schon im Mai zu einer Übung einberufen worden seien. Die Übung war immer wieder verlängert worden, und als sie immer mehr an die deutsche Grenze gekommen waren, hatten sie plötzlich scharfe Patronen bekommen. Gleichzeitig war ihnen mitgeteilt worden, Deutschland hätte an Frankreich den Krieg erklärt. Sie gaben uns zu verstehen, dass sie sich am meisten vor unserem Tatatatat-Maschinengewehr und dem Bajonett fürchteten, und freuten sich, dass sie gefangen waren. Denn nun hätten sie wenigstens die Aussicht, ihre Angehörigen wiederzusehen.

Mittwoch, 26. August 1914

Meta Iggersheimer, Amberg

Der kleine deutsche Kreuzer Magdeburg gerät im Finnischen Meerbusen auf Grund und wird in die Luft gesprengt. An der russisch-österreichischen Grenze beginnt in einer 400 km langen Schlachtlinie ein wütender Kampf. Die ersten Verwundeten kommen hier an.

Josef Glaser, Dachnów (Österreich-Ungarn, Galizien)

Um ¾ 6 Uhr ist das Bataillon zum Abmarsch gestellt, alle Nachzügler sind eingetroffen. Oberst von Reyl hält eine kurze Ansprache. Es marschiert sich gut, da zum Teil die Wiesen längs der Straße benutzt werden können. Nachher viel Staub und drückende Hitze. Nach einer kurzen Rast wird verlautbart, dass das 10. Korps bei Tomaschow mit den Russen im Kampfe steht und die 26. Landwehrdivision den Befehl erhalten hat, womöglich noch heute in den Kampf einzugreifen. Im Walde von 11 bis 12.30 Uhr Mittagsrast, Reissuppe mit Rindfleisch. Nach halbstündigem Marsch durch den Wald wieder auf freie Straße gekommen. Die Brunnen in den Ortschaften werden von den Leuten gestürmt. Häufiges Auftreten von Nasenbluten. Vor Oleszyce gerastet. Rechts der Straße lagert eine Train-Abteilung. Hier erfahren wir, dass in der Adria acht englische Kriegsschiffe vernichtet worden sind. In Oleszyce liegt viel Mannschaft, ein Signalturm ist sichtbar, und im Schlosse ist das Kommando der 4. Feldarmee einquartiert. Die Ermüdung zeigt sich in dem starken Auseinanderziehen der Kolonnenlänge. Um 8 Uhr in der Dunkelheit in Dachnów einmarschiert. Die Kompanie nächtigt in einem Gutshof. Stroh ist genügend vorhanden.

Mädchen, Karlsruhe

Das Generalquartier meldet: Eine dreitägige Schlacht bei Krasnik endete gestern mit einem völligen Siege unserer

Truppen. Die Russen wurden aus der ganzen, etwa 70 km breiten Front geworfen und traten fluchtartig den Rückzug gegen Lublin an. Bei Namur sind sämtliche Forts gefallen. Ebenso ist Longwy nach tapferer Gegenwehr genommen. Gegen den linken Flügel der Armee des deutschen Kronprinzen gingen aus Verdun und östlich starke Kräfte vor, die zurückgeschlagen sind. Das Oberelsaß ist bis auf unbedeutende Abteilungen westlich Colmar von den Franzosen geräumt.

Clara und Josephine Bohn, Ingersheim, Elsaß-Lothringen

Um ½ 3 Uhr bemerkt man drei französische Flieger.

Otto Gehrke, Namur (Belgien)

Bis zur Grenze ca. 40 km. Unsere Truppen fallen in Frankreich ein. Allerlei Gerüchte schwirren umher: Japan habe an uns den Krieg erklärt, Belfort sei gefallen und noch vieles mehr. Genaues bekommen wir nicht zu hören. Das Garde-Armeekorps rückt nach Russland ab. Werden ja sehen. Eben Exerzieren gehabt, das ja die Hauptsache ist. Unsere Truppen sollen nur noch 70 km vor Paris sein. Nur kein zu früher Jubel.

Karl Groppe, Beauvois-en-Cambrésis (Frankreich)

Um ½ 8 Uhr kamen wir auf dem Schlachtfelde an und sahen gerade, wie unsere Jäger, unterstützt durch die Artillerie und Maschinengewehre, die Engländer aus der ersten Stellung herauswarfen. Am liebsten wären wir auch gleich vorgegangen, wurden jedoch verurteilt, bis 11 Uhr in Deckung als Reserve zu bleiben. Trotz ausdrücklichen Befehls, nicht über die Höhe der ersten englischen Stellung vorzugehen, drangen die Unseren weiter vorwärts und warfen die Feinde auch aus der zweiten Stellung. Wir folgten auf etwa 400 bis 500 m, indem wir gruppenweise ausschwärmten und uns in Deckung wieder sammelten. Endlich, nachdem sich in der vorderen Schützenlinie schon Patronenmangel bemerkbar machte, wurden wir gruppenweise, jeder mit 300 bis 500 Patronen bepackt, eingesetzt. Unterwegs mussten wir an manchem toten und verwundeten Freund vorbei. Letztere forderten uns auf, die Engländer ja ordentlich zu verhauen. Wir versprachen es zähneknirschend. Eine gewisse Genugtuung war es für uns, dass wir mehr kampfunfähige Feinde als Freunde sahen. In der vorderen Schützenlinie angekommen, wurde uns zugerufen: »Visier 600. Unser Zug beschießt die vor uns liegende Höhe 100 m links und rechts von dem einzelnen Gehöft. Die deutliche Schützenlinie halblinks ist eine Scheinstellung des Feindes und wird nicht befeuert.« Nun hieß es: Augen auf und hingehalten, wo sich so'n englischer Halunke sehen lässt. Denn wir wollten doch möglichst viele Treffer haben. Das war aber nicht so einfach. Denn der Engländer bietet in einer vorzüglichen feldgrauen Uniform mit dem Rucksack aus grauem Segeltuch ein viel schlechteres Ziel als der Franzose in Blau und dem weithin scheinenden blanken Kochgeschirr auf dem Tornister. Wir hatten jedoch zwei Ferngläser in der Gruppe. Die wurden hin- und hergereicht, und jeder suchte sich seinen Feind. Während nun der eine schoss, beobachtete der andere die Wirkung des Schusses. Da haben wir uns oft gefreut, wenn ein Schuss saß. In unserer Linie wurden sehr wenige getroffen. Denn auch die Engländer schossen, ebenso wie ihre Verbündeten ziemlich hoch, so dass die Unterstützung mehr Verluste hatte als die vordere Schützenlinie. Um näher an den Feind zu kommen, gingen wir trotz Verbots, erhielten dann aber vom General Befehl, liegen zu bleiben und auf keinen Fall weiter vorzugehen. Wir sollten jedenfalls erst Unterstützung abwarten. Denn der Feind wollte, trotzdem wir auf 300 m herangekommen waren, nicht weichen. Als er dann nachmittags zwischen 2 und 3 Uhr durch französische Artillerie verstärkt wurde und uns diese unter wirksames

Feuer nahm, hielten wir es nicht länger aus. Unser Kompanieführer ließ das Signal »Seitengewehr gepflanzt auf« geben, und nun ging's vorwärts, trotz Infanterie- und Artilleriefeuer. Mancher Kamerad stürzte, und die Reihen fingen an, sich zu lichten, aber unaufhaltsam ging's vorwärts. Diesem Ansturm konnte der Feind nicht widerstehen. Langsam begann er zu weichen, erst Schritt für Schritt. Als wir ihm dann mit dem Bajonett aufs Fell rückten, hatte er auch Laufen gelernt. Von allen Seiten zog sich der Feind auf die Stadt Cambrai zurück. Hierdurch entstanden vor dem Ort dichte Kolonnen. Während nun unsere Artillerie die feindliche in Schach hielt, gaben unsere Maschinengewehre und wir Schnellfeuer auf die Kolonnen. Dies war ein Spaß, vor der Stadt sollen die Engländer nachher aber auch haufenweise gelegen haben. Bei diesem letzten Vorgehen sahen wir erst, mit welcher Übermacht wir kämpften. Denn während wir vier Jäger-Bataillons, drei Kavallerie- und ein Artillerie-Regiment waren, also etwa 6000 Mann, hatten wir nach Aussage englischer Verwundeter 29 Divisionen, also 20000 bis 25000 Mann gegen uns. Da wir nun wieder von der französischen Artillerie stark beschossen wurden, glaubten wir, der Feind hätte unsere Schwäche erkannt und würde uns wieder angreifen. Zu derselben Zeit trafen aber die Infanterie-Regimenter 66 und 140 ein und fassten den Feind an der linken Flanke. In der Hitze des Gefechts hatte mancher Verwundete nichts von dem Schuss gespürt. Erst als wir an der Bahnlinie Cambrai–Valenciennes Halt machten, legten wir ihnen den ersten Notverband an. Ein Kamerad, der einen Schulterschuss hatte, und ein anderer, der durch den linken Oberarm getroffen war, gaben noch mehrere Schüsse ab. Sie meinten, zum Verbinden wäre noch Zeit, wenn der Feind außer Schussweite sei. Ein anderer, Frank aus Reinhausen bei Göttingen, war durch eine Schrapnellkugel verwundet. Dieselbe war auf dem zweiten Waffenrockknopf abgerollt und hatte eine tiefe Fleischwunde auf der Brust verursacht. Trotz dieser Verletzung machte er den letzten Sturm mit. Einem anderen Kameraden von der 4. Kompanie riss eine Kugel drei Fingerspitzen der rechten Hand weg. Daumen und Zeigefinger blieben unverletzt. Der sagte nur: »Das sollt ihr büßen«, ließ sich von einem Kameraden verbinden und machte das Gefecht weiter mit. An der Bahnlinie angekommen, sahen wir zu unserem größten Erstaunen, dass wir nur etwa zwanzig Mann waren. Wir waren zu weit vorgestürmt, während unsere Truppen schon auf der hinter uns liegenden Anhöhe Halt gemacht hatten. Wir wollten uns nun erst mal etwas ausruhen und dann wieder zu unserem Bataillon zurückkehren. Einige Kameraden, die ebenfalls zu weit vorgestürmt waren, gesellten sich noch zu uns. Bei diesen war auch Robert Düker aus Bollensen. Wir reichten uns die Hand und freuten uns, dass wir aus diesem mörderischen Feuer mit heiler Haut davongekommen waren. Robert Düker meinte, bei Lüttich wär's scharf hergegangen, aber mit diesem Gefecht wär's doch nicht zu vergleichen. Während wir noch damit beschäftigt waren, unsere Verwundeten zu verbinden, erhielten wir plötzlich Gewehrfeuer von hinten. In dem Glauben, wir würden von eigenen Truppen beschossen, nahmen wir Deckung, stülpten den Tschako aufs Gewehr und winkten, damit sie uns an der Kopfbedeckung erkennen sollten. Das Schießen ließ jedoch nicht nach. Ein Kamerad, der sich auf Umwegen hinschleichen und Verbindung aufnehmen wollte, stürzte, nachdem er aus der Deckung heraus war, nieder. Wir sahen wohl, dass wir aus einer Weidenanpflanzung beschossen wurden, konnten aber trotz Fernglas nicht erkennen, was drin war. In dem festen Glauben, es wären eigene Truppen, ließen wir das Gebüsch unbefeuert. Nachdem wir noch einige Zeit in Deckung gelegen hatten, wurde es uns doch zu langweilig, und wir beschlossen, zu unseren Truppen zurückzukehren. Kaum waren wir jedoch aus der Deckung heraus, da pfiffen uns auch schon wieder die Kugeln um die Ohren, und klatsch, klatsch schlugen sie dicht bei uns in den Boden. In demselben Augenblick bewegte sich das Gebüsch, und heraus sprangen etwa 100 bis 200 Engländer und versuchten, in Richtung auf Cambrai zu entkommen. Wir begrüßten sie erst mal mit einem rasenden Schnellfeuer und konnten manchen Purzelbaum schießen sehen. Dann war unser erster Gedanke: Die müssen wir haben. Schnell machten wir links um, und nun ging's in marsch, marsch los, ihnen den Weg abzuschneiden. Inzwischen hatten die Engländer wieder Stellung genommen und überschütteten uns mit Blei. Wir nahmen hinter Haferstiegen Deckung und beantworteten das Feuer. Gerade habe ich abgeschossen und will einen neuen Streifen laden, da geht's klatsch, das Gewehr fliegt mir aus der Hand, und ich stürze zu Boden. Gleichzeitig spüre ich Schmerzen in der rechten Seite, und meine rechte Hand ist blutüberströmt. Schnell hole ich ein Verbandspäckchen aus der Tasche und verbinde die Hand, die nur einen Streifschuss bekommen hat. Ein Blick auf die Seite überzeugt mich, dass auch dieses nur eine ungefährliche, aber ziemlich große Fleischwunde ist. Dieselbe zu verbinden, bin ich jedoch nicht in der Lage. Da ich die Feinde noch ganz gut sehen kann, will ich versuchen, mich für den Schuss zu rächen. Mit großer Mühe und unter heftigen Schmerzen nehme ich mein Gewehr in die Hand. Aber, o weh, dasselbe ist unbrauchbar, eine Kugel hat das Visier abgerissen. Nun wird es mir auch klar, dass ich diesem Umstande mein Leben zu verdanken habe, denn meine Wunden rühren beide von Querschlägern her, nachher gefundene verbogene Bleistücke bestätigen dies. Da ich nun aber bestimmt nur einen Schuss bekommen habe, ist es nicht anders möglich als: Das feindliche Infanteriegeschoss ist gegen den Visierfuß meines Gewehrs gekommen, hat das Visier abgerissen, ist hierbei zersplittert, und einzelne Splitter haben mich verwundet. Wäre das Geschoss einige Zentimeter höher oder tiefer geflogen, so wäre es mir glatt durch den Leib gegangen, und ich hätte gleich mein Testament machen können. Vom Feinde aus musste unser Scharmützel auch beobachtet worden sein, denn auf einmal ging's schtscht, bum-bum, und wir wurden wieder mit Granaten und Schrapnells überschüttet. Abermals kriegten wir Respekt vor der französischen Artillerie. Denn gleich bei den ersten Schüssen stürzten einige der Unseren. Nun wurde natürlich aus der Gefangennahme nichts, und meine Kameraden mussten sich darauf beschränken, dem fliehenden Feinde noch einige Verluste beizubringen. Meine Lage hinter dem Haferhaufen wurde sehr kritisch, denn während ich vor dem Infanteriefeuer geschützt war, krepierten die Artilleriegeschosse in allernächster Nähe. Einige Male flogen sogar einige Splitter mit lautem, singendem Ton über mich rüber. Eins drückte einen Schrammen in meinen Absatz. Da wurde mir dann aber doch ein bisschen schwummerig zumute. Ich dachte: »Vorläufig haste an zwei Wunden genug!«, kroch in den Haferhaufen und wartete, bis der Tanz vorbei war. Hier hatte ich nun Gelegenheit, sämtliche Töne der Geschosse in allernächster Nähe zu hören, bum, tunk platzten die Granaten und Schrapnells, und klatsch schlugen die Splitter und Kugeln in den Boden ein. Ein nebenan liegendes Rübenfeld rauschte fortwährend wie bei einem Hagelschauer. Piff und päng kamen die Gewehrkugeln angeflogen. Dazwischen hörte man das Schießen der Unseren, in unregelmäßigen Zwischenräumen das Tak-tak des Gewehrfeuers und das regelmäßige, schnelle Tak-tak-tak der Maschinengewehre. Das Ganze übertönt von dem Donner der Geschütze, ein schaurig-schönes Konzert. Sobald die feindliche Artillerie zu schießen begonnen hatte, schickte unsere auch ordentlich Zuckerhüte rüber und hatte jene auch nach ungefähr zehn Minuten zum Schweigen gebracht. Nun konnten wir wieder frei atmen, und da die englische Infanterie inzwischen außer Schussweite gelangt war, kamen meine Kameraden zurück, um sich dem Bataillon, das sich in Richtung auf Beauvois gesammelt hatte, anzuschließen. Robert Düker hatte gesehen, wie ich stürzte, und kam nun auf dem

Rückwege schnell hergesprungen, um nach mir zu sehen. Er verband meine Hüftwunde und musste dann schnell der sich sammelnden Truppe nach. Wie ich auf den Beinen stand, konnte ich, aufs Gewehr gestützt, langsam weiterhumpeln und schloss mich den andern Leichtverwundeten an. Von den zwanzig, die wir vorher übermütig am Bahndamm gelegen hatten, waren kaum zehn mit heiler Haut davongekommen. Zwei mussten wir tot zurücklassen. Da Beauvois der nächste Ort für uns war, schlugen wir die Richtung nach dort ein und kamen hierbei über die Höhe, welche wir gestürmt und wo wir das mörderische Artilleriefeuer erhalten hatten. Hunderte von Toten und Verwundeten lagen auf dem Felde zerstreut, teilweise schrecklich verstümmelt. Wir waren schon bald an den Anblick gewöhnt und gingen gleichgültig vorüber. Aber einige Male schauderten wir doch und mussten uns abwenden. Es war zu schrecklich, was wir sahen. Einem war die Schädeldecke abgerissen, und das Gehirn lag auf dem Acker, einem anderen durch einen Granatsplitter der Leib aufgeschlitzt, dass die Eingeweide frei lagen. Von einem, der wahrscheinlich direkt von einer Granate getroffen war, sah man nur einzelne Gliedmaßen. Hier ein Arm, dort ein Bein und ringsum verbrannte Kleidung. Dazwischen schwer Verwundete, die jammerten und flehten. Der eine schreit um Wasser, ein anderer möchte verbunden sein, ein Dritter gibt uns gute Worte: Wir möchten ihm doch einen Schuss ins Herz geben, damit er seine Schmerzen los wird. Wir stehen ohnmächtig da, sind selber hilflos und können weiter nichts tun, als die Krankenträger, die das Feld nach Verwundeten absuchen, heranzuwinken. Unsere Behauptung, dass die französische Artillerie vorzüglich schießt, die Sprengwirkung ihrer Geschosse aber nichts taugt, wurde in diesem Gefecht mal wieder bewiesen. Denn bei unserem Rückmarsch fanden wir auf dem Schussfeld kolossal viele Blindgänger und Hohlbläser. Erstere sind Geschosse, die nicht geplatzt sind, Letztere haben ihren Inhalt nach vorn ausgeblasen, während der Geschossmantel noch unverletzt ist. Wäre die Sprengwirkung besser gewesen, so hätten wir wohl öfter mindestens die doppelten Verluste gehabt. Doch so hatte der Feind immer mehr Verluste als wir. So schnell wie möglich verlassen wir den Ort des Schreckens und begeben uns nach dem eingerichteten Verbandsplatz. Doch hier ist das Gejammer und Gestöhne noch viel schlimmer als auf dem Schlachtfelde. Mit Befriedigung erfüllt uns die Tatsache, dass fast doppelt so viele Feinde als Freunde verwundet sind. Der Donner der Geschütze wollte gar kein Ende nehmen. Den ganzen Tag und noch bei einbrechender Dunkelheit ging das Bum-bum und Tak-tak. Erst abends 9 Uhr verstummte das Feuer, und eine Radfahrerpatrouille erzählte uns, dass der Feind Cambrai geräumt habe und nun auf der Flucht sei. Bei diesem Gefecht hatten wir 800 Gefangene gemacht, einige Munitionswagen und die gesamte englische Bagage erbeutet. Da haben wir trotz Schmerzen gelacht, und ein Schwerverwundeter sagte: »Ich will mein Blut gern fürs Vaterland verspritzt haben, Hauptsache, dass wir weiter so siegen.« Da kein Feldlazarett eingerichtet war, wurden wir in Beauvois untergebracht. Tanzsäle, Schulen und Bürgerhäuser wurden zu Lazaretten eingerichtet, und die Verwundeten von den Einwohnern gepflegt. Ich kam mit noch 64 Kameraden in die Schule. Von den französischen Frauen und Jungfrauen wurden wir sehr gut gepflegt. Dieselben brachten uns Brot und Wein, wuschen und kochten für uns. Käse, Schinken, Speck, Marmelade und sonstige Sachen brauchten wir von der englischen Bagage. Vielfach ging die Fürsorge der Französinnen so weit, dass sie dem Schlafenden die Fliegen abwehrten.

Donnerstag, 27. August 1914

Mädchen, Karlsruhe

Das deutsche Westheer ist neun Tage nach Beginn seines Aufmarsches unter fortgesetzten siegreichen Kämpfen in französisches Gebiet von Cambrai bis zu den Südvogesen eingedrungen. Der Feind ist überall geschlagen und befindet sich im Rückzug. Die Armee des Generalobersten von Kluck hat die englische Armee bei Maubeuge geworfen und sie heute südwestlich von Maubeuge unter Umfassung erneut angegriffen. Die Armeen des Generalobersten von Bülow und des Generalobersten Freiherr von Hausen haben etwa acht Armeekorps französischer und belgischer Truppen zwischen Sambre, Namur und Maas in mehrtägigem Kampf vollständig geschlagen und verfolgen sie jetzt östlich Maubeuge vorbei. Der Angriff auf Maubeuge ist eingeleitet. Die Armee des Herzogs Albrecht von Württemberg hat den geschlagenen Feind über den Semois verfolgt und die Maas überschritten. Die Armee des Kronprinzen von Bayern ist bei der Verfolgung in Lothringen durch neue feindliche Kräfte aus der Position von Nancy und aus südlicher Richtung angegriffen worden. Sie hat den Angriff abgewiesen. Die Armee des Generalobersten von Heeringen setzt die Verfolgung in den Vogesen nach Süden fort. Das Elsaß ist vom Feinde geräumt.

Josef Glaser, Zielone (Russisch-Polen)

Nachts 1.30 Uhr Alarm. Die Kompanie marschiert als eine der ersten ab. Auf der Straße vor dem Dorfe sammelt sich das Regiment. Es ist empfindlich kalt. Es kommen Wagen mit Verwundeten, meist der Honved angehörend. Hinter dem Städtchen um 4.30 Uhr den ersten Kanonendonner gehört. Nach links abgebogen, zwei Flieger bemerkt, aber unbehelligt gelassen. Später Tornister abgelegt und die marschierende Mannschaft zurückgelassen, darunter Zugführer Meier von meinem Zuge. In raschem Tempo durch

Wald marschiert. Der Train kommt auf den sandigen, ausgefahrenen Wegen schlecht vorwärts. Auf einer Höhe ist eigene Artillerie zu sehen. Am Hange gerastet. Links von uns sammelt sich das 10. Regiment, in der Ferne ist ein Fesselballon sichtbar. Um 11.15 Uhr wird der hinter der Höhe liegende Grenzfluss Tanew überschritten. Da Kosaken gemeldet sind, wird anfangs stark gesichert im Walde marschiert. Nach Passieren eines ausgetrockneten Flussbettes kurze Rast, in der Nähe vorzügliches Quellwasser und das erste Soldatengrab. Ein rohes Holzkreuz trägt einen Zettel folgenden Inhaltes: »Im Kampfe gegen Kosaken starben den Heldentod fürs Vaterland Dragoner ...« Auf Feldwegen bei glühender Sonnenhitze weitermarschiert. Bis jetzt noch nichts zu essen bekommen. Die Mannschaft verzehrt Kohlrüben von den Feldern. Rechts des Dorfes liegen eine Menge Tornister. Im Walde hinter dem Dorfe den letzten Schluck des in Rzeszów erstandenen Schnapses getrunken. Von 4 bis 6 Uhr bei Łuszczacz gerastet. Da von Fahrküche nichts zu sehen ist, in kleinen Feldfeuern Kartoffeln geröstet. Nach einstündigem Marsche umgekehrt. Im Walde bereits dunkel. Zehn Minuten nach Verlassen des Waldes plötzlich Feuer erhalten. Die Kugeln pfeifen haarscharf über den Köpfen, ziemliche Verwirrung. Erst nach einigen Minuten gelingt es, das Feuer zum Einstellen zu bringen, ohne dass in der Finsternis die Situation geklärt ist. Durch Rufen mit den Nachbarabteilungen verständigt und die Verbände wieder hergestellt. Verwundete hört man nach der Sanität schreien. Hin und wieder beleuchtet eine elektrische Taschenlampe leblose Körper. Bei dem Meierhof Zielone, der als Verbandsplatz dient, stehen Brigadier Gössmann und Oberst von Reyl. In gedrückter Stimmung mitten durch Wald nach Zielone marschiert. Dort um 9.30 Uhr eingetroffen.

Hilde Grapow, Kassel

Namur und Longwy in unseren Händen! Hurra! Allerdings sieht es an der Ostgrenze nicht so angenehm aus. Aus Königsberg und der Gegend dort oben sollen schon eine Menge Flüchtlinge kommen. Hier sind 3000 Metzer in der alten Kaserne in der Westendstraße, Hedwigstraße und auf dem Philosophenweg. Es ist natürlich ein furchtbares Elend. Mutti ist morgens und abends dabei in der Westendstraße und gibt ihnen Frühstück und Abendbrot. Ich darf nicht mit, es sind ansteckende Krankheiten da. Täglich werden Kranke, Kinder und Babys von der Sanitätskolonne in die Krankenhäuser gebracht. Die Leute können einem leidtun. So Hals über Kopf mussten sie von zu Hause fort, manche Frauen mit vier, fünf, acht und sogar neun Kindern! Schrecklich!

Georg Becker, Bensdorf, Elsaß-Lothringen

Im Lazarett sind einige leichte Dysenterien. Gestern ist im Lazarett ein Typhus gestorben. Beim Nachhausegehen sah man die Matratze verbrennen: ein malerisches Bild, der neben der Flamme stehende Sanitäter.

Freitag, 28. August 1914

Ernst Eberlein, Breslau, Schlesien

Das Schussfeld der Geschütze war frei zu machen. An der Weide wurde Schilf geschnitten. Es war eine furchtbare Arbeit. Herrliche alte Bäume der Hundsfelder Chaussee, die viel Schatten gespendet hatten, dreißigjährige Akazien und Erlen, fielen der Axt zum Opfer. Es tat einem wehe, so viel zu zerstören. Welche Veränderungen schon in der Heimat, welche Bilder mag die Front bieten!

Josef Glaser, Janówka (Russisch-Polen)

Mit Hauptmann Ecker und den Kompanie-Kameraden in der offenen Strohkammer geschlafen. Um ½5 Uhr aufgestanden. Festgestellt, dass von meinem Zuge nur ein Mann fehlt. Es wird angenommen, dass die ersten Schüsse von einer Kosakenpatrouille abgefeuert worden sind, worauf in der Dunkelheit und ersten Verwirrung das 9. und 10. Regiment sich gegenseitig beschossen. Verluste des 9. Regiments: 25 Tote, darunter Hauptmann Hrasche der 5. Kompanie, und siebzig Verwundete. Reserveleutnant Leubner der 5. Kompanie Beinschuss, Fähnrich der Reserve Aul der 11. Kompanie Augenschuss. Als Frühstück etwas Konservenkaffee und einige rohe Eier genossen. Abmarsch um 6 Uhr, im Orte halbe Stunde gerastet. In einem sauberen Hause ein Glas warme Milch und einige Äpfel erhalten und gewaschen. Hinter der Ortschaft einen Sumpf einzeln abgefallen überschritten. Pioniere reißen ein Haus ein und verwenden die Balken zur Überbrückung des Sumpfes. Jenseits desselben sehr flottes Tempo bei drückender Hitze. Fliehende Landleute mit Vieh und Hausgerät kommen entgegen. Auf einer Anhöhe hinter dem Dorfe steht eigene Artillerie, Infanterie ist zum Gefechte entwickelt. Oberst von Reyl sprengt vorüber und ruft: »Es gilt die Ehre des Regiments, haltet euch wacker.« Das Regiment entwickelt sich. Meine Kompanie kommt zunächst in die Feuerlinie am rechten Flügel, dann als Geschützbedeckung in die Mitte. In einem Schützengraben eine Tafel Schokolade verzehrt und den Beginn des Tanzes erwartet. Es ist noch kein Schuss gefallen, da geht das Regiment wieder in Marschkolonne über und marschiert weiter. Ein Artillerist erzählt, dass das 11. Landwehr-Infanterie-Regiment gestern diese Höhe mit großer Bravour genommen hat. Russische Ausrüstungsgegenstände liegen umher, und das Interesse daran rüttelt die Leute aus ihrer Lethargie. Bei Antonówka die ersten toten Russen gesehen, von der Hitze aufgedunsen. Totes Vieh liegt umher. Zerschmetterte Gewehre, Haufen von

Patronenhülsen lassen auf einen harten Kampf deuten. Die Mannschaft verzehrt mit Gier das halbreife Obst, das längs der Dorfstraße zu erreichen ist. Hinter dem Dorfe steht eine Tonwarenfabrik mit angeschossenem Schornstein. Auf der Straße fünf Minuten unterhalb der Fabrik aus der rechten Flanke Artilleriefeuer erhalten. Zwei Kompanien, darunter die meine, gehen gegen die Höhe in der Richtung des Feuers vor. Auf der Höhe beim Dorfe schlagen die Schrapnells dicht vor uns ein, unangenehmes Gefühl, Stockung. Oberst von Maschke ruft: »2. Bataillon vorwärts.« Über Dąbrowa hinaus geht es in raschem Tempo weiter in der Direktion auf eine Windmühle hinter dem Dorfe Janówka. In einem tiefen Einschnitte Atempause gemacht, Schrapnells schlagen unmittelbar vor uns ein. Fähnrich Thomas bleibt vor Erschöpfung liegen. An verlassenen österreichischen Geschützprotzen vorüber in das Dorf Janówka eingedrungen. Kein Widerstand. In einem Hause drei österreichische Soldaten angetroffen, die gestern hier gekämpft hatten. Während des Sammelns bei der Windmühle schlagen neuerdings Schrapnells ein. In langer Schwarmlinie einen Wald durchstreift, starkes feindliches Gewehrfeuer, ohne dass der Feind sichtbar ist. Es ist bereits dunkel. Plötzlich ertönt lautes Hurra-Geschrei und gleichzeitig der Ruf: »Feuer einstellen, eigene Truppen.« Auf einer Waldlichtung sammelt sich das Regiment. Der Feuerschein eines brennenden Dorfes lässt auf einem Höhenrücken eine lange Truppenkolonne, fraglich ob Freund oder Feind, erkennen. Mit einigen russischen Gefangenen zurück nach Janówka, vor dem Dorfe von 8 bis 9 Uhr gerastet. Verluste sind nicht bekannt. Nach 9 Uhr gegen Komarów marschiert. Mannschaft ist auf das Äußerste erschöpft. Im Walde kann man sich eines unheimlichen Gefühls mit Rücksicht auf die Vorgänge der letzten Nacht nicht erwehren, umso mehr als nach einstündigem Vormarsch der Rückmarsch angetreten wird. Die Verbände vermischen sich, die Leute wanken nur noch. Auf drei Seiten steigen Feuersäulen, von brennenden

Dörfern herrührend, zum Himmel. Lichtsignale tauchen auf und verschwinden.

Otto Gehrke, Romerée (Belgien)

Abmarsch durch die Kolonnen des 11. Armeekorps, welches nach Russland befördert wird. Alle Augenblicke stoppt der Marsch. Durch Dinant, welches dasselbe Schicksal wie Andenne erlitten hat. Franzosen haben alles zurückgelassen. Unsere Artillerie hat dem Feind bös zugesetzt. Ganze Bespannungen und Bedienungen liegen zerfetzt umher. An anderer Stelle ist ein Felsblock von 2 m im Durchmesser zwei Pferden auf den Rücken gefallen, vollständig zerquetscht. Alle Ortschaften zerstört. Nach 13 km Marsch Rast, Mittagessen im Chausseegraben. Wetter trübe. Weiter geht's der Grenze zu, um ½4 Uhr über steile Höhen geht es schweißtriefend durch Wald weiter. An einem Kirchhofe haben blutige Kämpfe stattgefunden. An fünfzig tote Franzosen liegen umher, in den Graben und Dörfern liegen Pferdekadaver. In einem Garten liegen deutsche Soldaten begraben, Helme, Seitengewehre zieren das Grab. Ein sehr trauriges Bild, dazu ekelhafter Gestank.

Meta Iggersheimer, Amberg

In Odessa herrscht seit einer Woche Revolution. König Ludwig im Feld. Glänzender Siegeszug nach Frankreich.

Clara und Josephine Bohn, Ingersheim, Elsaß-Lothringen

Heute sind es schon acht Tage, dass die Franzosen hier sind. Um acht Uhr morgens hörte man in der Nähe von Sigolsheim Flintenschüsse. Die Leute waren gleich beängstigt. Um 9 Uhr kamen Kanonenschüsse von Colmar her. Alles flüchtete sich in den Keller. Fortwährend wurden die Häuser bombardiert. Gegen Mittag wurde das Haus von Herrn Scherrer in der Neugasse in Brand geschossen. Als es ruhig war, halfen die Leute mit dem Löschen. Frauen, Kinder und was nur helfen konnte, alle trugen Wasser, bis sie wieder durch das Schießen verhindert wurden. Eilends ging man in die Keller. Viele Häuser wurden durch die Beschießung beschädigt. In der Kirche wurde die Orgel total zerstört, die Knabenschule ebenfalls, so dass sie zum Schulunterricht untauglich ist, zum größten Vergnügen der Schulbuben. Das Haus von Albert Herrscher in der Kirchgasse, Schott neben der Knabenschule, Straub L. in der Neugasse, Jehl Adolf in der Hauptstraße, Klee V. und Bohn sind auch sehr beschädigt worden. Diese Häuser sind einstweilen fast unbewohnbar geworden. – Um ½6 Uhr rückten die Deutschen wieder in das Dorf ein. Angst durchfuhr die Leute, da man glaubte, dass nun abermals ein Gefecht stattfinden werde. Einige Franzosen, welche noch im Dorf waren, ergriffen die Flucht. Um 6 Uhr war schon ganz Ingersheim mit deutschen Soldaten besetzt. Die Häuser wurden durchsucht, ob sich noch Franzosen darin fänden.

Oberst a. D., Schlesien

Vormittags traf die erfreuliche Nachricht ein, dass Franzosen und Engländer bei Maubeuge geschlagen seien. Hoffentlich haben die Halunken von Engländer möglichst starke Verluste, von diesen Schweinehunden dürfte keiner entkommen. – Endlich abends 8 Uhr brachte G. freudestrahlend zwei Karten von unserem lieben P. Die Freude war übergroß, und alle Angst war vorüber. Aber was haben wir ausgestanden!

Samstag, 29. August 1914

Josef Glaser, Komarów (Russisch-Polen)

Ins Dorf Janówka zurückgezogen, neben einem Strohschober geschlafen. Um 6 Uhr erwacht, etwas dünnen Konservenkaffee getrunken. Die Kompanie zählt 182 Mann, siebzig sind als Marschmarode zurückgeblieben. Plötzlich ertönt Gewehrfeuer gegen 8 Uhr. Unsere Kompanie geht sofort in die Feuerlinie, mein Zug in das erste Treffen. In einem Kartoffelfelde das Feuer aufgenommen. Die Russen liegen 800 Schritt weit am Waldrand und bieten fast gar keine Ziele. Ich lasse nur sehr langsam schießen. Halbrechts versuchen die Russen, aus dem Walde vorzubrechen, werden aber von unserer Artillerie heftig beschossen und zurückgetrieben. Bei dem gegenseitigen Artilleriekampf gehen die Geschosse über unsere Köpfe. Eine feindliche Batterie ziemlich in unserer rechten Flanke beschießt die Schwarmlinie und richtet erheblichen Schaden an. Das Infanteriefeuer wird stärker, besonders unangenehm ist das Maschinengewehrfeuer. Reserven, die uns im Kartoffelfelde nicht liegen sehen, schließen uns von rückwärts an. Nervenaufpeitschend wirken die Aufschreie der Getroffenen und das Stöhnen und Wimmern der Verwundeten. Ein Schlag reißt mir die Kappe vom Kopfe, Blut rinnt ins Gesicht, Bewusstsein verloren. Beim Erwachen um ½6 Uhr Abend liegt ein Toter quer über mir. Eine russische Patrouille steht mit schussbereiten Gewehren vor mir und nimmt mir Säbel und Pistole ab, ehe an Widerstand zu denken ist. Zahlreiche Tote bedecken den Boden, nur starkes Geschützfeuer ist vernehmbar. Beim Wald sieht man mehr tote Russen liegen. Die russische Sanität scheint gut zu arbeiten. Im Walde rückt Infanterie vor, die einen guten Eindruck macht, sie sieht frischer und weniger abgehetzt aus wie die unsere. Ein Oberst richtet einige Fragen an mich, dann werde ich nach Komarów zum Verbandsplatz geführt. Der russische Arzt, der verbindet, stellt leichten Streifschuss am Kopf fest, der in acht Tagen geheilt sein kann. Ein Posten bringt mich zum General, der fragt, weshalb wir mit Dum-Dum schießen und die gefangenen Verwundeten schlecht behandeln. Ein Deutsch sprechender Offizier begleitet mich ins Pfarrhaus, wo ich mit Tee und Schinken bewirtet werde. Alle dort anwesenden Offiziere sind sehr zuvorkommend. Sie erzählen, dass unser Kaiser schwer erkrankt sei und kaum wieder genesen würde. In der Schule geschlafen mit Kadett Fanta vom 30. Landwehr-Infanterie-Regiment, einem Ingenieur. Meine Barschaft, 14 Kronen, hat ein Offizier in russisches Geld umgewechselt. Bei der Übergabe mein Taschenmesser abgegeben. Vor Tür und Fenster stehen Posten.

Carl Emil Werner, Freiburg

Hier wimmelt's von geflüchteten Elsässern. Den Elsässern scheint man manches Unrecht getan zu haben, indem man ihnen Hinterlist gegen unsere Truppen vorwarf, während tatsächlich französische Soldaten die Schuldigen waren. In den meisten Tornistern von Franzosen fanden sich auch Zivilkleider, die sie im geeigneten Moment anziehen, um hinterrücks auf unsere Truppen schießen zu können. Dass manche Gräuelerzählungen sich schließlich als übertrieben herausstellen, ist wohl etwas Selbstverständliches. Unser Freiburg ist so schön und friedlich, dass man fast nicht glauben kann, dass so Furchtbares vor sich geht.

Paula Busse, Bensberg bei Köln

Die Siegesnachrichten häufen sich, man kann sich schon gar keinen Tag mehr vorstellen, ohne dass eine Siegesnachricht einträfe. Heute kam folgendes Telegramm raus: Unsere Truppen in Ostpreußen unter Führung des Generaloberst von Hindenburg haben die russische Narew-Armee in Stärke von fünf Armeekorps und drei Kavallerie-Divisionen in dreitägiger Schlacht in der Gegend von Gilgenburg–Ortelsburg geschlagen und verfolgen sie über die Grenze. – Ein schöneres Geburtstagsgeschenk konnte Ingelein wohl nicht beschert werden, indem heute Morgen um 7 Uhr mein geliebter Mann auf zwei Tage zu uns kam. Nein, war das ein Jubel und eine Freude, vergessen alle Trübsal und Trauer, als ich wieder in seinen Armen lag. Wie alle, so drängt es ihn jetzt zur Front. Er hofft sehnsüchtig, bald von Coblenz abberufen zu werden, und mein armes Frauenherz dankt Gott täglich, dass er noch abseits jeder Gefahr ist. Walter sprach gestern einen Oberleutnant der Reserve, der die Belagerung Lüttichs mitgemacht hatte, und der Herr erzählte Walter, dass von den ca. 500 Offizieren des Regimentes Nr. 16 nur noch acht oder zehn leben, alle anderen sind tot. Die Stadt Löwen in Belgien, deren Einwohner die deutschen Truppen beschossen und die Verwundeten aufhängten, ist vom Erdboden verschwunden, Kinder und Frauen schonungslos niedergemacht. Ach, der Krieg ist doch entsetzlich und die furchtbaren Gräuel lassen eine so rechte Siegesfreude doch nicht aufkommen. Aber auch rührende Beispiele von Tapferkeit erzählte er. So zum Beispiel von einem sterbenden Offizier, der in Coblenz aus dem Waggon gehoben wurde und der von dem leitenden Arzt gefragt wurde, ob er noch ein Glas Sekt wünsche. Darauf erwiderte der Held: »Nein, dazu habe ich keine Zeit mehr, ich muss noch einmal die ›Wacht am Rhein‹ singen.« Wenige Minuten später war der tapfere Mann tot.

Adolph Mathaei, Cuxhaven

Nachmittags gegen vier Uhr saß ich wie gewöhnlich am Deich, als hintereinander zehn bis zwölf Schlepper von der See hereinkamen. Gewiss brachten sie Leichen und Gerettete aus dem Seegefecht! Abends wurden durch amtliche Depesche die trüben Gerüchte bestätigt: drei Kreuzer und ein Torpedoboot gesunken. Das war ein Dämpfer auf die Freude über die eben vorher gemeldeten Siege bei Saint-Quentin und Gilgenburg–Ortelsburg!

Otto Gehrke, Petit Doische (Belgien)

Romerée ein freundlicher Ort, ebenso die Leute. Bekommen Milch, bezahlen alles, trotzdem sie nichts annehmen wollen. ½9 Uhr vormittags müssen Einwohner das Dorf räumen, da Givet von unserer Artillerie beschossen werden soll. Feindliche Geschosse könnten einschlagen. 10 Uhr Alarm, ½12 Uhr wieder Einrücken, ¾12 Uhr Abmarsch dahin, wo wir gestern entlanggekommen sind. Dasselbe Bild und der ekelerregende Gestank wie gestern. Kaum, dass man atmen kann. Kommen an unsere Artilleriestellung, welche Givet beschießt. Müssen noch einen mächtigen Berg besteigen, in der Hitze eine unheimliche Arbeit. Liegen jetzt auf einer Wiese. Feinde erwidern das Feuer. Geschosse krepieren weit vor uns. Noch keine Gefahr. Nach kurzer Rast weiter. Fort liegt nur noch 3 km von uns. 7 Uhr Einrücken in Agimont. Abrücken des 2. Zuges um 8 Uhr mit Sturmgepäck. Überschreiten die Bahn, schleichen uns vorsichtig in der Dämmerung bis an das direkt an der französischen Grenze gelegene Petit Doische. 1 km von Givet. Werden im 1. Stock in einer Stube untergebracht, deren Fenster nach dem Werk zeigen. Acht Mann stark, halten abwechselnd am Fenster Wache. Unheimlich in solchem Haus. Wir kommen uns vor, als wenn wir in einer Falle sitzen. Die Leute sind noch anwesend, geben uns Kaffee. Nicht angenehm, wenn man nichts sehen kann, da sich auch noch dichter Nebel herabsenkt. 25 km.

Willy Straub, bei Louppy-sur-Loison (Frankreich)

Wir passierten Remoiville, Louppy. Letzteres ist Garnisonstadt, das heißt ein großes Kloster, noch ziemlich gut befestigt, diente als Kaserne. Ungefähr 2 km vorwärts an der Straße Louppy–Mouzay trafen wir auf 400 Gefangene mit einigen Offizieren. Noch 1 km weiter und wir wussten, was los war. Ein Regiment Rothosen hatte sich im Walde an der Straße gut versteckt. Es kam in Eile eine Batterie Pioniere (13). Die zwei ersten Kompanien ließen die Franzmänner ruhig durch. Erst, als die letzte kam, hissten die Franzmänner die weiße Fahne. Plötzlich jedoch, als alles scheinbar ruhig war, eröffneten die Franzosen ein mörderisches Maschinengewehrfeuer, und die armen Pioniere fielen wie die Halme unter der Sense. In schnellstem Lauf wurde Infanterie herangezogen. Nun ging's aber los. Im Hohlweg im Graben lagen die Roten Teufel haufenweise übereinander. Wir fuhren im Galopp drüber weg. Die Leichen bogen sich oft ganz, wenn die schweren Räder darüber weggingen. Als wir Halt machten, lagen wie gesät Gewehre, Seitengewehre, Tornister und sonst noch alles Mögliche und Unmögliche umher. Gefangene in größeren und kleineren Trupps standen umher. Ebenfalls lagen Verwundete zusammengetragen da. Zu essen gab's zur Abwechslung mal wieder nichts. Der Gegner wird schnell verfolgt und über die Maas gedrückt werden. 8 Uhr früh. – Jetzt ist's 2 Uhr mittags. Ich habe seitwärts, wo scheint's noch keiner hinkam, einen französischen General und noch zwei höhere Offiziere verwundet aufgefunden. Der General konnte gut Deutsch. Er bat mich um Wasser. Ich hatte noch zufällig Kaffee in meiner Feldflasche. Ich gab's ihm. Ich bekam dafür eine Schachtel französischer Zigarren. Ich wurde natürlich mit großem Hallo empfangen, und im Nu war auch die Kiste leer.

Georg Becker, Bensdorf, Elsaß-Lothringen

Ich sitze in dem Garten des leeren Lazaretts und lese Dumas ›Collier de la Reine‹. Der ganze Dumas steht in meinem Zimmer.

Sonntag, 30. August 1914

Mädchen, Karlsruhe

Bei den großen Kämpfen, in denen die russische Armee in Ostpreußen bei Tannenberg, Hohenstein und Ortelsburg geworfen wurde, sind nach vorläufiger Schätzung über 30000 Russen mit vielen hohen Offizieren in Gefangenschaft geraten.

Josef Glaser, vor Grubeschow (Russisch-Polen)

Gegen 8 Uhr mit etwa hundert Mann zu einem Kommando am Ausgang der Stadt gebracht, Tee und Brot erhalten. Oberleutnant Mischalek und Reserveleutnant Röckel, beide vom 10. Landwehr-Infanterie-Regiment, vorgefunden. Ersterer unverwundet, Letzterer, ein Warnsdorfer, hat einen Schuss durch die Schulter. Beim Weitertransport erhalten wir einen landesüblichen Wagen. Österreichische Artillerie schießt von Norden nach Süden, während wir gestern in umgekehrter Richtung angegriffen hatten. Nach wenigen Minuten aus dem Feuerbereiche gekommen. Gegend offener, viel Staub, große Hitze. In einer ausgesprochenen Judenstadt Tee und Brot eingekauft. Vielen Truppen und Munitionskolonnen begegnet. Leute sind gutmütig, werfen Obst in den Wagen. In einem Walde Wagen einer österreichischen Divisionssanitätsanstalt gesehen. Stimmung äußerst gedrückt, Sonne geht blutigrot unter.

Otto Gehrke, Agimont (Belgien)

Ziemlich kalt in der Nacht. Gegen Morgen trinken wir wieder Kaffee. Leute erzählen uns, dass sie von den Franzosen ausgeplündert sind. Den jungen Mädchen haben die das Gewehr auf die Brust gesetzt – und dann gib ihr Saures. 6 Uhr Rückkehr zur Bahnstrecke, gleich wieder umkehren, müssen Haus bis ½9 Uhr besetzt halten. ¾9 Uhr überschreiten wir zum ersten Mal die französische Grenze, heben dann nur 10 m von der Grenze entfernt einen Graben aus. Bekommen nach einiger Zeit Infanteriefeuer, ein vom Infanterie-Regiment 133 aufgestellter Unteroffiziersposten kommt in rasendem Lauf zurück in unsere Stellung, wobei die Geschosse denen um die Ohren und uns über die Köpfe fliegen. Da saust plötzlich eine feindliche Granate in unsere Nachtherberge und setzt dies Gehöft in Brand. Eine zweite schlägt grade in das Zimmer, in dem wir die Nacht zugebracht haben, reißt die Wand auf, das Bett, wo Baum gelegen hat. Wir drücken uns so tief wie möglich in den Graben. Unsere Artillerie bringt das französische Geschütz zum Schweigen. Es wird sehr heiß, bis 2 Uhr Ruhe, dann kommt Befehl zum Rückzuge. Unsere Artillerie soll das Dorf in Brand schießen. Sobald wir uns erheben, bekommen wir Infanteriefeuer. Um den Misthaufen kriechend, über Hecken stürzend, laufen wir einzeln über die Chaussee und verlassen das Dorf. Kugeln sausen uns um die Ohren. Ohne Verluste erreichen wir schwitzend den Bahndamm. Nach kurzem Aufenthalt und Marsch erreichen wir Agimont. Quartier in der Kirche.

Willy Straub, Murvaux (Frankreich)

Wir liegen an einem Steinbruch vor Dun. Direkt hinter der Stadt hatten sich die Franzmänner verschanzt. Mittags um 2 Uhr ging's los. Die Schrapnells und Granaten schlugen um uns ein, dass der Dreck nur so ins Gesicht spritzte. Wir immer vor, immer begleitet vom Geschützhagel. Auch unsere Gefechtsbatterie wird heftig beschossen. Ob und wie viel Verluste wir haben, kann ich nicht feststellen. Eine Menge Militär und Sanitätskolonnen fahren und marschieren hin und her. Soeben wurde eins meiner Pferde getroffen und versperrt den Weg. Natürlich ausspannen und abschirren. Bis das geschehen, ist meine Kolonne schon viel weiter, weil's im Galopp ging. Wir standen nun richtig im Feuer, und es ist nur den vielen Blindgängern zu verzeichnen, dass wir keine weiteren Verluste erlitten.

Jakob Krebs, bei Laronxe (Frankreich)

Gegen 6 Uhr rücken wir ab über Baccarat bis Ménil-Flin, biegen dort westwärts ab, durchfahren noch einen Ort und fahren auf einem Acker auf. Ein feindlicher Flieger kreist über uns und wirft Bomben. Die erste geht fehl, die zweite schlägt in die rechts von uns haltende 4/14, es sollen etwa vier Leute tot, fünf bis sechs zum Teil schwer verletzt und elf Pferde tot sein. Es waren dies die ersten Bomben, bisher wurden die Flieger weniger gefürchtet. Auch Pfeile hat ein

Flieger am Nachmittag abgeworfen, wodurch Leute und Pferde verletzt wurden. Es waren das etwa 15 cm lange zugespitzte Eisenstäbchen von Bleistiftstärke, deren unterer Teil rund ist, der obere kantig wie ein französisches Bajonett. Wir kochen ab und fahren in der Dämmerung zurück über Meurthe, am Bahnhof Saint-Clément, Laronxe vorbei und biwakieren mit anderen Abteilungen. Es ist ein schöner mondheller Abend.

Montag, 31. August 1914

Adolph Mathaei, Cuxhaven

Unbestätigte Nachrichten von neuen großen Erfolgen liefen schon vor Beginn der Schule herum, weswegen ich bei der Andacht singen ließ: ›Bis hierher hat mich Gott gebracht‹. Gegen Ende der ersten Stunde wurde die Schule geschlossen, nachdem die Militärbehörde amtliche Mitteilung gemacht hatte von den großen Früchten des Sieges bei Gilgenburg–Ortelsburg. Endlich wurde diesmal ziemlich allgemein geflaggt.

Josef Glaser, Grubeschow (Russisch-Polen)

Gegen 1 Uhr in einem Bauernhofe in einem Raume mit vier Frauen geschlafen. Als Frühstück Milch und Eierspeise genossen. Im Hof rotiert. In der Nähe lagern russische Truppen. Um 7 Uhr weitergefahren, miserable Straßen. Um 1 Uhr in Grubeschow eingetroffen, größere Stadt. Vor den ausgedehnten Kasernenanlagen auf zugiger Straße gehalten. Im Kasernenhofe Hauptmann Ecker der 7. Kompanie und Adjutant Oberleutnant Kehrer getroffen. Ersterer unverwundet, Letzterer hat Beinschuss erhalten. Reserveleutnant Unger marschiert an der Spitze eines Gefangenen-Transportes vorüber. Röckel begibt sich ins Spital, wohin ich ihn begleite. Spital überfüllt, jammervoller Anblick.

Mit Michalek und Fanta in einer Offizierswohnung untergebracht. Von drei russischen Offizieren, die nebenan lagern, freundlich aufgenommen und reichlich bewirtet. Die Nachricht, dass 24 000 Österreicher gefangen genommen worden sind, bedrückt uns sehr.

Erwin Schreyer, Berlin

Ich war zu Haus. Abends ging ich spazieren.

Militärzuginschriften:

1. Wat Nikolaus, du willst den Willem foppen. Na warte man, wir wer'n dir gleich verkloppen!
2. Russischer Generalstab
3. Vorsicht, Nikolaus, Gift!
4. Hier werden noch Kriegserklärungen angenommen!
5. Es trinkt der Mensch, es säuft das Pferd, in Russland ist es umgekehrt.
6. Namur–Moskau.
7. Dauerskat Berlin–Paris.
8. Neuste Siegesnachricht der Russen: Die Russen haben wutki eingenommen!
9. Jeder Schuss ein Russ, Jeder Stoß ein Franzos, Jeder Tritt ein Brit, Jeder Klaps ein Japs!
10. Kosakenpferde à 30 Rubel. Bestellungen werden hier angenommen.

Dienstag, 1. September 1914

Richard Piltz, Orny, Elsaß-Lothringen

Magen- und darmkrank. Krankensuppe. Abends bekam ich von Loni vier Briefe mit Kriegszeitungen, Berliner Lokalanzeiger. Ging um 8 Uhr ins Bett und las ›Der Reiter auf dem Regenbogen‹ von Georg Engel, ein Ullsteinbuch. In der Decke über meinem Kopf großes Rattengepolter.

Clara und Josephine Bohn,
Ingersheim, Elsaß-Lothringen

Außerhalb des Dorfs stand Landwehr mit Kanonen. Fortwährend hört man in der Ferne Kanonen donnern. Abends kamen 4000 Soldaten in Einquartierung. Unsere Scheune war mit einundzwanzig Mann besetzt.

Oberst a. D., Schlesien

Seit Tagen melden die Zeitungen, dass südlich Allenstein bei Neidenburg und Umgebung ein schwerer Kampf von mehreren Tagen gegen fünf russische Armeekorps stattfindet. Heut kommt die erstaunliche Nachricht, dass in diesen Kämpfen drei russische Armeekorps aufgerieben und 60 000 Gefangene gemacht seien. Da zwei kommandierende Generale mitgefangen sind, so ist anzunehmen, dass diese 60 000 Mann zwei Armeekorps vorstellen. Das ist ein Erfolg, wie er sich kaum wieder in der Weltgeschichte wiederholen kann. Es ist gradezu unfassbar, wie das möglich ist, und nur der Tapferkeit unsrer Preußen und der ausgezeichneten Führung des Generaloberst von Hindenburg zuzuschreiben. Der ausgezeichnete Plan, wie ich mir das denke, denn erfahren tut man nichts, beruhte jedenfalls darauf, die Russen weit in das Land hereinzulassen, sie außerdem an Feldbefestigungen anlaufen zu lassen und dann in das Seengebiet von Ortelsburg hinein zu werfen und zu vernichten.

Otto von der Meden, Gutstadt, Ostpreußen

Gleich nach der Schlacht fuhr ich mit einem Auto von Hohenstein hierher nach Wolka. Das Auto war ein in Stich gelassenes russisches, ganz in Ordnung, nur von einigen Gewehrkugeln getroffen. Wolka war ganz leer. Mit mir zugleich kamen aber einige der geflohenen Leute wieder an. Von Muttchen und Liselotte wusste ich nichts. Ich erfuhr nur, dass sie auf dem Wege nach Allenstein gesehen worden waren. Hier sah es nun wüst aus. Die Ställe waren alle leer, die Schweine zum Teil erschossen, zum Teil abgestochen lagen auf dem Hof zerstreut, die Schinken teilweise abgeschnitten. Die Möbel standen alle vor der Tür, die Schränke und Schubladen aufgebrochen, ihres Inhaltes beraubt. Sämtliche Akten, Briefe etc. auf dem Hof zerstreut usw. Das schöne Wappenfenster war weg. Nur die Bleieinfassung der Scheiben wurde auf dem Feld gefunden. Jammerschade. Tote fanden wir hier nicht mehr. Die waren von vor ein oder zwei Tagen hier einquartiert gewesenen Truppen bereits beerdigt. In den Stuben und im Stall lag noch das blutige Stroh, auf dem die armen Verwundeten gestorben waren. Es muss erst ein deutsches Lazarett gewesen sein. Das fiel in russische Hände, und so mögen Deutsche und Russen durch- und nebeneinander gelegen haben. Sie sind dann hier an der Brennerei und hinter den Ställen beerdigt worden.

Josef Glaser, bei Wladimir-Wolinsk (Russland)

Sehr gut bewirtet, seit sieben Tagen die erste Suppe gegessen. Beim Abschied erhält jeder von uns einen Teetopf. Um ½ 3 Uhr abgefahren. Am Wagen liegen ein verwundeter Leutnant und ein Fähnrich. Schlechte Straßen, viel Staub, unangenehme Fahrt. An Zuckerfabrik Strzyzów vorüber, die einen guten Eindruck macht ganz im Gegensatz zu den Rübenfeldern. Vielen Munitionskolonnen begegnet. Bei einbrechender Dunkelheit den Bug überschritten.

Mittwoch, 2. September 1914

Otto Gehrke, bei Rocroi (Frankreich)

4.30 Uhr Antreten, kurz vor 5 Uhr Abmarsch. 6 Uhr überschreiten wir die französische Grenze bei Vireux-Molhain, folgen dem Lauf der Maas stromaufwärts bis Fumay. Alle Ortschaften zerstört, Fumay teilweise. Eine Stunde Rast.

Sehr heiß, Tornister drückt barbarisch. Um ¾4 Uhr langten wir in Rocroi an, die Straße zog sich bergauf, bergab, immer im Zickzack zwischen Hochwald dahin. Sonne brennt in den Schluchten fürchterlich. Wir übersteigen die Ardennen, 40 km. 7.15 Uhr Löhnungsappell, im Anschluss Appell mit Gewehren und eisernen Portionen. Appelle ohne Zahl und Ende. Die Lust zum Kriegshandwerk wird uns damit ausgetrieben, denn wir werden schlimmer wie Schuljungen behandelt und nicht als Menschen, die eine Familie ernähren mussten. Wir tun trotzdem unsere Pflicht.

Mädchen, Karlsruhe

Die mittlere Heeresgruppe der Franzosen, etwa zehn Armeekorps, wurde gestern zwischen Reims und Verdun von unsern Truppen zurückgeworfen. Die Verfolgung wird heute fortgesetzt. Ein französischer Vorstoß aus Verdun wurde abgewiesen. Seine Majestät der Kaiser befand sich während des Gefechts bei der Armee des Kronprinzen und verblieb die Nacht inmitten der Truppen. Die einwöchige erbitterte Schlacht im Raume Zamość-Tyszowce führte gestern zum vollständigen Sieg der Armee Auffenberg, Scharen von Gefangenen und bisher 160 Geschütze wurden erbeutet. Die Russen befinden sich im Rückzug über den Bug. Auch bei der Armee Dankl, die nun Lublin angreift, sind ununterbrochen Erfolge zu verzeichnen. In Ostgalizien ist Lemberg noch in unserm Besitz. Gleichwohl ist dort die Lage gegenüber dem starken und überlegenen Vorstoß sehr schwierig.

Ernst Eberlein, Breslau, Schlesien

Große Freude. Die Auflösung der Arbeitskompanie ist da. Ich fuhr nach Breslau und rüstete mich neu aus.

Josef Glaser, Gefangenentransport bei Wladimir-Wolinsk (Russland)

Um 1 Uhr nachts in Wladimir-Wolinsk eingetroffen, über eine Stunde ohne Bedeckung kreuz und quer durch die Stadt gefahren, schließlich in einer Kaserne Unterkunft gesucht. Russische Offiziere bewirten uns mit Wurst und Kognak. Eine Patrouille bringt uns um ½2 Uhr ins Spital, wo wir auf Stroh schlafen. Röckel wieder vorgefunden. Russische Studentin der Medizin nimmt sich unser an und sorgt für Frühstück. Die Bevölkerung scheint uns wohlwollend gestimmt zu sein. Um 12 Uhr in einem polnischen Gasthause für 1 Rubel sehr gut gespeist. Um 4 Uhr mittels Wagen zur Bahn gebracht. Erst in zweiter, dann in dritter Klasse untergebracht.

Donnerstag, 3. September 1914

Ernst Eberlein, Breslau, Schlesien

Früh: »Freiwillige zur Infanterie vor!« Spieker, ich und wenige andere, die sich meldeten. Es war nicht erhebend, dass so viele nicht hervortraten.

Josef Glaser, Gefangenentransport in Brest-Litowsk (Russland)

Langsame Fahrt mit vielen Aufenthalten. Gegend eintönig. Schlechte Verpflegung, gedrückte Stimmung. Gegen 7 Uhr abends nach Brest-Litowsk gekommen. Astverhaue und Drahthindernisse gesehen. Scheinwerfer sind sichtbar. Verbinden der Wunden geschieht im Zug. Die Wagen äußerst unsauber. Es verbreitet sich die Nachricht, dass Lemberg gefallen ist. Das ununterbrochene Pfeifen der Lokomotiven und Hornsignale stören die Nachtruhe.

Richard Walzer, Saint-Benoît-la-Chipotte (Frankreich)

Patrouille von nachts 12 Uhr bis morgens 7 Uhr. Um 8 Uhr Vormittag Abmarsch auf die Höhe im Forêt Sainte-Barbe. Wir stießen hier mit den 171ern zusammen und marschierten in Marschkolonne in das feindliche Maschinengewehrfeuer hinein. Sofort ausgeschwärmt und ins Gefecht. Wir machten hierbei 320 Gefangene, hatten selbst aber ziemlich Verluste. Gegen 12 Uhr mittags wurde erneut angegriffen und die Höhe gestürmt. Um 2 Uhr gingen wir auf der Höhe gegen die Batterie bei Ménil vor. Wir wurden wieder angegriffen. Sprungweise gingen wir immer mehr vor und erstürmten gegen 4 Uhr nachmittags die steile Bergkuppe. Nach kurzer Ruhe erhielten wir plötzlich von allen Seiten Feuer. Wir waren auf unserer Höhe eingeschlossen. Die Höhe wurde sofort voll besetzt, wobei wir sahen, dass sich die Franzosen bis auf 20 m heraufgeschlichen hatten. Sie riefen uns »Ergeben!« zu, worauf wir annahmen, sie wollten sich ergeben. Wir sandten Gruppen vor, um die Kerls in Empfang zu nehmen. Da stellte sich erst heraus, dass die uns meinten, die sich ergeben sollen. Unsere Antwort waren Infanteriesalven. Was sich zeigte, wurde zusammengeschossen. Mit Einbruch der Dunkelheit Rückzug der Kompanie im Eilmarsch bis gegen Saint-Benoît. Hier erhielten wir Essen und biwakierten im Wald. Wir hatten heute elf Tote und 32 Verwundete in der Kompanie.

Georg Becker, Igney-Avricourt (Frankreich)

Französisch-Avricourt (Igney). Nachts war ein großer Teil von uns in einem verlassenen Hause einquartiert, nachdem es von der furchtbaren Verwüstung, die die Bayern hier angerichtet haben, gesäubert worden war. In Deutsch-Avricourt haben wir von der barbarischen Zerstörungswut der Franzosen gehört, wie sie ihren Unrat in Schmalztöpfe entleert haben und Ähnliches. Leider mussten wir sehen, dass die Deutschen zwar nicht ganz so schlimm gehaust, aber auch alles aus Schränken und Schubladen herausgerissen und vieles mutwillig zerstört hatten. Die Bayern, von deren Tapferkeit alles des Lobes voll war, sollen besonders schlimm gewesen sein. In zwölf Minuten kann man den Schienen entlang nach Deutsch-Avricourt hinüberkommen. Hier staut sich alles, Verwundetenzüge kommen von verschiedener Richtung. Nur Dr. Fischer, Oberarzt von der Transportabteilung und Freund von Prof. Schönborn, ist hier tätig mit einem Unterarzt. Er kann die Arbeit nicht bewältigen, und dabei sind im Ort das Kriegslazarett des 21. Korps und zehn Minuten weiter wir mit achtzehn Ärzten in öder Untätigkeit. Zwar müssen Verwundetenzüge, weil sie keine Einfahrt haben, oft stundenlang in unsrer Nähe halten, und die Insassen, die ganz schlecht auf Stroh gebettet sind, werden mit Kognakwasser, trockenem Kommissbrot, die Schwerstkranken mit Morphiuminjektionen erquickt. Hin-und-her-Telegrafieren bringt keine Klärung, nur soviel geht daraus hervor, dass wir nicht mehr, wie es vorübergehend in Bensdorf war, dem 21. Korps, sondern wieder dem 2. Bayrischen Korps zugehören. Nach langem Bohren, besonders von Schönborn, wird endlich nach einem Besuch des Generaloberarztes Ehehalt in Deutsch-Avricourt die Erlaubnis gegeben zu dem, was die Stunde fordert: in Deutsch-Avricourt ein Lazarett zu errichten.

Clara und Josephine Bohn, Ingersheim, Elsaß-Lothringen
Alle Fahrleute der umliegenden Ortschaften mussten mit ihren Fuhren nach Drei-Ähren, um Verwundete zu holen. Viele Männer davon wurden erschossen, da sie im Feuerregen standen. In der Nacht brannte es bei Leo Levy in der Hauptstraße, der Brand konnte aber sofort gelöscht werden.

Freitag, 4. September 1914

Friedrich Link, Festung Istein

Parole: Es lebe der Kronprinz! Auf Istein nichts Neues.

Richard Walzer, bei Ménil-sur-Belvitte (Frankreich)

Morgens 6 Uhr Vormarsch gegen gestrige Stellung. Wir gerieten bereits auf dem Marsche in feindliches Infanteriefeuer. Wir schwärmten in die Linie ein. Es ging sprungweise vor, die Höhe wurde mit Bajonett gestürmt. Auf der Höhe erhielten wir Artilleriestreufeuer und Maschinengewehrfeuer. Wir stürmten den Abhang hinunter und fanden verschiedene Wagen mit Weißbrot vor. Zuerst taten wir uns hiervon gütlich, und dann ging es weiter. Wir stürmten die zweite Anhöhe und kamen in eigenes Infanteriefeuer, was uns zwang, wieder zurückzugehen. Nach einer Stunde ging es wieder erneut vor bis zur Anhöhe, wo wir uns eingruben. Gegen Abend wurden wir von den 172ern abgelöst, da wir ins Tal sollten zur Feldküche. Mit Einbruch der Dunkelheit marschierten wir wieder nach der Stellung. Als wir am Bergabhang ankamen, kamen wir in Marschkolonne ins feindliche Feuer. Die 172er hatten sich den soeben gestürmten Bergrücken wieder von den Franzosen zurücknehmen lassen. Wir griffen sofort wieder mit ein und stürmten mit dem Bajonett erneut die Höhe. Sofortiges Eingraben. Wir hatten heute drei Tote und fünfzehn Verwundete in der Kompanie.

Samstag, 5. September 1914

Hilde Grapow, Kassel

Wir haben Reims ohne einen Schwertstreich besetzt! Herrlich! Außerdem 90000 unverwundete gefangene Russen! Ich möchte wissen, wo wir mit dem Volk hin sollen! Es ist grässlich, die alle ins Land zu kriegen, und füttern muss man sie auch noch.

Josef Glaser, Gefangenentransport bei Minsk (Russland)
Die Nacht durchgefahren. Um 6 Uhr früh warmes Wasser für Tee erhalten. Niemand kümmert sich um unsere Verpflegung. Wie am Vortage starke Leibschmerzen. Um 1.30 Uhr in Minsk angekommen, Bahnhof beflaggt. Gegen 5 Uhr zur Bahnrestauration geführt, wo wir in einer Vorhalle essen sollen, was wir ablehnen. Eine Stunde später im Wagen gespeist.

Friedrich Link, Festung Istein
Nachricht aus Efringen, dass Cilly mit Hannchen dort eingetroffen. Mittags 12 Uhr bekomme Patrouille nach Efringen und treffe meine Lieben am Bahnübergang: frohes Wiedersehen, große Freude über mein goldiges Hannchen.

Oberst a. D., Schlesien
Inzwischen ist die Nachricht eingetroffen, dass die Franzosen über die Marne zurückgeworfen sind. Die Armee von Bülow meldet als erste ihre Trophäen, die ganz großartig sind. Die Armeen des Kronprinzen Rupprecht und von Heeringen sind aufgehalten worden durch die in Verschanzungen liegenden Franzosen. Wahrscheinlich wird man ihnen Verstärkungen schicken oder die Flanke des Feindes bedrohen. Poincaré, der Präsident, ist mit seiner Bande bereits nach Bordeaux, also in den äußersten Winkel, geflüchtet, wohin Gambetta im Herbst 70 auch per Luftballon aus Paris entfloh und von Bordeaux aus uns noch viel zu schaffen machte. Dies beabsichtigt die jetzige Regierung auch zu tun, hoffentlich werden sie wenig Erfolg damit haben. Unsere Truppen gehen mit riesiger Schnelligkeit vor. Es wird kaum einige Tage dauern, dann werden wir erfahren, dass sie bereits vor Paris stehen.

Georg Becker, Deutsch-Avricourt, Elsaß-Lothringen

Wir haben wieder einmal etwas Ordentliches und Nutzbringendes geleistet. Es sind in der Villa Vögelin und im Schulhaus zwei Lazarette entstanden. Ich habe im Schulhaus meinen Platz. Fast ein ganzer Tag war nötig, den Wust und Unrat aus dem Haus herauszubringen. Wir haben Matratzen für dreißig Verwundete. Parterre haben wir zwei große, oben drei kleine Zimmer. Leider muss der Verbands- und Operationstisch in demselben Zimmer stehen, wo Kranke liegen. Wir nehmen die schweren, nicht transportablen Fälle auf. Es gelingt so, in einem Tag dem unhaltbaren Zustand auf dem Bahnhof ein Ende zu machen und den dortigen großen Verwundetensammelraum auf einmal ganz zu leeren. Die Verwundeten sind zum Teil schon acht Tage krank, doch haben wir auch frischere aus der Gegend Azerailles und Baccarat. Wir sind sehr konservativ und haben noch keine größere Operation gemacht. Besonders bei Kopfschüssen haben wir uns abwartend verhalten, im Gegensatz zur Gruppe Flesch, die eifrig trepaniert. Heute morgen hat uns der Pfarrer nach der großen Wellblechhalle am Bahnhof geführt, die gut zu einem Riesenlazarett eingerichtet werden könnte. Es sollen viele Ruhrfälle in der Front sein. Nachdem es gestern ziemlich ruhig war, setzte heute Nacht eine starke Kanonade ein, die den ganzen Tag anhielt. Mit Eisenlohr wohne ich in einem Haus, zu dem die Nachbarin die Schlüssel hatte. Die Frau war mit dem Kind geflüchtet, der Mann hatte an die Korridortür einen Zettel mit der Aufschrift gehängt: Alles steht zur Verfügung, bitte nichts zerschlagen, bin selbst im Krieg. Heute Nacht ist die Frau zurückgekehrt. Sie vermisst viele Töpfe und auch Hemden ihres Mannes, sie muss aber froh sein, dass sie so weggekommen ist, vor allem, dass die Franzosen nicht bei ihr eingedrungen sind. Der Pfarrer ist eine prachtvolle Erscheinung. Ohne ihn würde ein heilloses Wirrwarr bestehen, der Bürgermeister versagt vollständig. Er weist den Leuten Quartier an, steht in allen

Fragen mit Rat und Tat zur Seite. Er selbst hat die Totenbestattung übernommen. Mit einem kleinen leichten Wagen holt er die Leichen ab, kutschiert selbst und bestattet sie mit dem Totengräber ohne Unterschied der Konfession. Heute habe ich ein Telegramm von Vater, am 29. August aufgegeben, bekommen mit der Nachricht, dass Ludwig am 22. verwundet, am 25. gestorben ist. Das Telegramm war in Straßburg angehalten worden, weil der Strang für Private gesperrt war.

Richard Piltz, Chérisey, Elsaß-Lothringen

Zwei Ruhrverdächtige mussten mit Auto nach Metz geschafft werden. Viel Durchfall in der Kompanie. Ursache unter anderem frisches Obst. Mein Magen meldete sich auch schon wieder. Man sprach mit Bestimmtheit davon, dass der Kaiser in Metz sei. Reims soll ohne Schwertstrich genommen sein und am Tage vorher fünf Sperrforts, unter anderen Laon, La Fère. Nachmittag wurde der Mousson beschossen. Dieser Berg ist die höchste Erhebung der Gegend, kegelförmig mit burgartigen Aufbauten. Der Mousson erinnert an die Wartburg. Die Granaten sah man deutlich einschlagen. Bald brannten die Gebäude an verschiedenen Stellen. Der Artilleriekampf war nachmittags näher. Zwei deutsche Flieger flogen teilweise über den Wolken über uns weg.

Sonntag, 6. September 1914

Josef Glaser, Gefangenentransport bei Smolensk (Russland)

Die Nacht durchgefahren. Von 7 bis 8.30 Uhr Frühstück in Orscha, warmes Wasser erhalten. Gegend etwas interessanter. Die Dörfer bestehen aus mit Stroh gedeckten Hütten und machen einen sehr ärmlichen Eindruck. Dagegen sehen die Bahnhofsgebäude sehr gut aus. Die Wächterhäuschen sind aus Holz, stehen auf Steinsockeln und sind mit gelber Ölfarbe gestrichen. Von 1.30 bis 4.50 Uhr Aufenthalt in Smolensk. Eine Anzahl an blutiger Ruhr erkrankter Österreicher wird ins Spital gebracht.

Mädchen, Karlsruhe

Seine Majestät der Kaiser wohnte gestern den Angriffskämpfen um die Befestigung von Nancy bei. Von Maubeuge sind zwei Forts und deren Zwischenstellung gefallen. Das Artilleriefeuer konnte gegen die Stadt gerichtet werden. Sie brennt an verschiedenen Stellen.

Willy Straub, Foucaucourt (Frankreich)

Wir gehen ziemlich rasch vor, immer näher an Verdun heran. Verschiedene Dörfer durchzogen wir, so Clermont, einen Eisenbahnknotenpunkt, Auzéville, Froidos, Waly und zuletzt Foucaucourt. Hier halten wir. Von Biwak keine Rede. Jeder muss zusehen, wo er irgendwie und irgendwo unterkommt. Jetzt stellt sich heraus, was die Schlacht für Unheil angerichtet hat. Gegen 8 Uhr abends waren gegen 200 Verwundete hier im zerschossenen Dorf untergebracht, darunter auch Eugen Stammer (Bürstenmacher), habe mit ihm gesprochen. Dieses Mal waren es die 120., die ins Gefecht kamen. Es war scheint's eine der größten Schlachten in dieser Gegend. Stammer erzählte mir, sie hätten dreimal einen Graben gestürmt, wo sie dann endlich hineinkamen, war keine Maus mehr drin, dafür aber unzählige Verluste. Immer neue Verwundete hinken und werden an uns vorbeigetragen. Tote liegen wie gesät umher, oft bis zur Unkenntlichkeit zerschmettert und zerstückelt. Natürlich auch tote Franzmänner sahen wir genug. Ca. 100 Gefangene stehen mit einigen Offizieren in einem Garten. Einige davon sprechen ganz gut Deutsch. Ein Lothringer, welcher zur französischen Armee übergetreten ist, war auch dabei. Auf dem Felde ist Loch an Loch von Granateinschlägen. Alle Augenblicke sieht man Ausbläser. Die Dörfer sind alle verlassen. Nur einige alte Weiber sieht man, die heulend in einer Ecke hocken.

Montag, 7. September 1914

Clara und Josephine Bohn, Ingersheim, Elsaß-Lothringen
Immer derselbe Kanonendonner in der Nähe. Seit dem 5. September fährt die Kaysersberger Talbahn wieder. Man bemerkte Flieger. Da schönes Dörrwetter ist, mähen die Leute.

Paula Busse, Bensberg bei Köln
Walter war gestern wieder da, die Freude! Leider war ich gar nicht tapfer. Die schlaflosen Nächte machen wohl so mürbe, dass mir immer die Tränen kamen, als wir über meine Zukunft sprachen. Ich hatte das Gefühl, als ob er schon wüsste, ob er bald zur Front müsste. Auch sein Abschied war so feierlich. Er sagte, es stände uns wohl eine interessante Woche bevor, da unsere Zeppeline nach England abgingen und das Riesengeschoss in Calais, das wir ja nun auch erobert haben, aufgestellt würde. Ein Geschoss soll acht Zentner wiegen. Ich bemühe mich jetzt um Pensionäre, denn ich trage meine Hoffnung langsam zu Grabe, dass der Krieg im Oktober zu Ende wäre. Das Herz stand mir fast still, als Walter sagte, ich möchte ihm zu seinem Geburtstage, der am 18. Januar ist, bunte Taschentücher im Paket mitschicken. Es ist ja ein furchtbarer Gedanke, unsere armen Jungens im harten Winter draußen zu wissen. Im Ganzen sind es acht Staaten, die gegen uns kämpfen, all die kleinen Staaten mitgerechnet.

Josef Glaser, Gefangenentransport bei Moskau (Russland)

Regnerisches, unfreundliches Wetter. 1½ Rubel erhalten. Keine Gelegenheit sich zu verpflegen, nur einige Äpfel gegessen. Um 3.30 Uhr in Moskau eingetroffen, die Uhr eine Stunde vorgestellt. An der Stadtperipherie vorbeigefahren, von der Stadt nicht viel gesehen. Keine Verpflegung, kein Arzt für die Verwundeten. Eigenartiger Geburtstag, mit hungrigem Magen im Wagen geschlafen.

Willy Straub, bei Évres (Frankreich)

Heute Nacht mussten wir bald weg, schon um 12 Uhr war leises Wecken. Die Franzmänner sind etwas durchgebrochen. Wir kamen durch Évres, welches vollständig abgebrannt ist. Kein Häuschen ist mehr ganz. Hier machen wir Halt. Weiter durften wir im Augenblick nicht. Dasselbe mörderische Feuer ist im Gange wie gestern. Überall schlagen die Geschosse ein, und mächtige Dreckfontänen fliegen auf. Hier haben wir ein feines Weinlager entdeckt und ziemlich aufgepackt. Ah, wie das schmeckt, jeder so 'ne Pulle am Mund. Aber schon geht's wieder weiter. – 2 km vom Dorf halten wir wieder. Hier heulen die Granaten und hauen rechts und links ein, dass einem der Dreck um die Ohren spritzt. Ein Mann vom 4. Bataillon fiel soeben. Die 13. Feldartillerie wurde heute in der Früh im Biwak überfallen, hatten sehr viele Tote und Verwundete zu beklagen. Wieder brennen ringsum verschiedene Dörfer.

Max Schmidt, bei Brugny (Frankreich)

Wir arbeiten im Freien. Am Himmel sieht man die Schrapnellwölkchen der feindlichen Geschosse. Dumpf grollt der Geschützdonner weiter. An ein ruhiges Arbeiten ist kaum zu denken. Unsere Verluste sollen erheblich sein. Abends um 8 Uhr wird plötzlich alarmiert. Wir gehen 25 km nach Brugny zurück, wo wir auf freiem Felde Biwak beziehen.

Georg Becker, Deutsch-Avricourt, Elsaß-Lothringen

Ich machte eine Amputation bei einem durch die Knieeiterung schon sehr heruntergekommenen Verwundeten (Kaufmann, Fabrikarbeiter aus Solingen). Durch einen Schrapnellschuss vor acht Tagen war das Knie vorn breit eröffnet. Es ist die erste größere Operation unter den primitiven Verhältnissen des Feldes. Der Patient starb zwölf Stunden nach der Operation.

Richard Piltz, Chérisey, Elsaß-Lothringen

Nachts 1 Uhr wurden wir geweckt, da Busse auf der Feldwache, Höhe 245, starkes Gewehrfeuer und Maschinengewehre gehört hatte. Ich ging unter Bedeckung von zwei Wachmannschaften bei schönem ruhigen Mondscheinwetter die 2½ km hinaus. Fesselnder Anblick des brennenden Ortes Sainte-Geneviève links von Mousson. Starke Beschießung bis 3 Uhr. Kehrte ½4 Uhr zurück. Am Morgen trafen wir Giesecke von der 1. Landwehrpionier-Kompanie, der mit seiner Kompanie in Cheminot Zeuge der Kämpfe um Pont-à-Mousson gewesen war. Graf Zeppelin hatte die Kompanie begrüßt. Mittags kamen Offiziere des 68. Landwehr-Infanterie-Regiments wieder geschlossen zurück. Zwei Drittel des Regimentes sollen mindestens tot oder verwundet sein bei einem unverantwortlich rasenden, vergeblichen Sturm auf den Berg bei Sainte-Geneviève in vergangener Nacht. – Nachmittags Bad im Schloss in schmutziger Wanne. Nachher besuchte ich den Doktor in seiner Wohnung und rasierte mich seit fünf Tagen zum ersten Male. Beim Verlassen des Hauses verspürte ich einen Druck auf das Ohr und ein Geräusch, nicht stärker als das vom Zuschlagen einer Stubentür. Als ich mich umwandte, sah ich eine ungeheure Wolke schwärzlich gelb bis zur Höhe von einigen Hundert Metern aufsteigen. Wir waren nicht klar darüber, ob es eine eingeschlagene, feindliche, große Granate oder die Bombe eines Fliegers oder eine Explosion war. Wir vermuteten, dass die Entladung kaum 1 km von uns zwischen Feste Luitpold und Fort Wagner erfolgt sei. Der Irrtum in Bezug auf Entfernung stellte sich heraus, als wir nach 7 Uhr, eine Stunde hinterher, den dringenden Befehl erhielten, mit allen verfügbaren Mannschaften nach einem 3 km Luftlinie entfernten Gutshofe Notre Dame kurz vor Fleury zu marschieren. Es war ein Dynamitlager in die Luft geflogen. Im Eilmarsch gelangten wir bei Dunkelheit dort an. Wir sahen nur die schattenhaften Umrisse zerstörter Wirtschaftsgebäude und erfuhren, dass 10000 kg Dynamit in die Luft geflogen seien. Sechzehn Tote, grässlich verstümmelt, waren bereits geborgen. Wir ließen nur einen Wagen zurück und marschierten, da bei der Dunkelheit nichts zu machen war, zurück nach Chérisey.

Dienstag, 8. September 1914

Ernst Eberlein, Breslau, Schlesien

6.45 bis 7.45 Uhr Unterricht, 8 bis 11 Uhr Exerzieren, 2 bis 3 Uhr Unterricht, 3 bis 5 Uhr Exerzieren. Erst mit der Uniform kam man sich als richtiger Soldat vor. Stolz gingen wir einher. Ausgang gab es nicht, weil das Grüßen noch nicht stilgerecht war.

Friedrich Link, Festung Istein

Bataillon feldgrau. Abmarsch von Istein noch unbestimmt. Bei Thann größere Gefechte, Kanonendonner bis Istein hörbar, Landwehr im Gefecht.

Oberst a. D., Schlesien

Den Österreichern ist es bei Lemberg schlecht gegangen: wenn auch keine Niederlage, so doch aber Rückzug. Die Österreicher haben den großen Fehler bei der Mobilmachung gemacht, dass sie nicht wie bei uns alles bis zu 45 Jahren zu den Waffen riefen. Die Russen erdrücken sie mit ihrer

Übermacht. Die Nachricht, dass Maubeuge genommen ist, traf gestern ein, nicht weniger als 40 000 Gefangene. Leider wieder eine Last mehr für uns. Wenn es auch nicht angebracht ist, diese Schweinehunde zu töten, so müssten doch die Gefangenen in offener Feldschlacht aufhören. Den Bestien von Engländern dürfte kein Pardon gegeben werden. Das sind ja die Gemeinsten von allen.

Elisabeth Schwarz, Freiburg

In meinem Lazarett gibt's viel zu tun, bis all die 32 Kranken versorgt sind. Es sind einige da mit: Hitzschlägen, Magenkatarrh, Gelenkrheumatismus, Knochenbrüchen, Beinschüssen, Lungenkatarrhen usw. Die Leute sind durchweg nette Leute und dankbar für alles. Sie werden hier gut verpflegt, denn außer uns sind noch zwei Wärter da, und ausgezeichnet verköstigt.

Max Schmidt, bei Morains (Frankreich)

Geschützdonner weckt uns. Die Schlacht tobt unvermindert heftig weiter. Mittags marschieren wir wieder nach Bergères, wo wir bessere Nachrichten erhalten, andererseits aber unsere großen Verluste bestätigt hören. Abends rücken wir bis in die Gefechtszone vor und biwakieren auf dem Felde. Rings um unser Biwak am Petit Morin brannte es. Der Brandgeruch und der in der glühenden Hitze sich rasch entwickelnde Verwesungsgeruch wirkten betäubend. Rings um uns herum Tote und Verwundete sowie Tierkadaver.

Willy Straub, bei Évres (Frankreich)

Nach kaum dreistündiger Ruhe nachts 12 Uhr ging's wieder ab. Aber kaum 1 km hatten wir nach vorne geprescht, auf einmal Halt und standen geschlagene sechs Stunden auf demselben Fleck. Die Rothosen haben hier ein gutes Ziel, denn wir stehen auf einem Truppenübungsplatz. Hier kennen sie natürlich jedes Wäldchen. Das feindliche Feuer richtete kolossalen Schaden an. Was das Infanteriefeuer betrifft, ist das weniger gefährlich als Artilleriefeuer. Soeben hat uns ein feindlicher Flieger entdeckt, und schon kommen dicke Brocken mittenmang. Wir müssen etwas zurück, der Flieger kreist immer noch, lässt auch einige Zuckerhütchen fallen. Wir werden von der feindlichen Artillerie feste eingeseift, zum Teil mitten in die Kolonne. Einer flog hier, der andere dort hinaus. Jedes Gefährt ging in eine andere Richtung. Eine Granate schlug vor dem Wagen ein. Wir wurden ganz mit Dreck überzogen und bekamen einige Kratzer ab. Auch zwei Pferde wurden verwundet, Gott sei Dank nur leicht. Aber jetzt drauf, was die Gäule hergeben konnten. Nur weg von diesem »schönen« Plätzchen. Wo wir auch hinfuhren, überall wurden wir von Einschlägen begleitet. Auch ich bekam noch an der linken Hand einen kleinen Granatsplitter ab. Es dauerte einige Stunden, bis wir wieder zusammen waren. Es stellte sich heraus, dass nur wenige Mann leichtere Verletzungen davongetragen hatten. Die Feldartillerie hatte ziemliche Verluste, hauptsächlich an Pferden.

Jakob Krebs, bei Baccarat (Frankreich)

Früh gegen 4 Uhr beginnt ein sehr heftiges Artilleriefeuer, das gegen 6 Uhr nachlässt. Um ½11 Uhr bei Appell wird bekannt gegeben, dass unser Heerführer von Heeringen eine andere Verwendung erhalten hat, dass die 5. und 6. Armee gute Fortschritte machen und wir, das 14. Artillerie-Regiment (7. Armee), unsere Stellung behaupten. Gegen Abend, unser Wagen wollte gerade Heu holen und tränken, bekamen wir eine unliebsame Aufwartung. Es war von Artilleristen Wein in einem Keller der Stadt geholt worden, ein Mann unserer Kolonne wurde dabei auf frischer Tat ertappt. Der Abteilungsführer Hauptmann von Görer ließ nun die Kolonne antreten, und ein Donnerwetter ging über sie her. Zwei Stunden stehen wir in Reih und Glied, und in dieser Zeit wird unser Biwak nach Wein durchsucht, ein halbvolles Fässchen wird auch beim 9. Wagen gefunden. Was andere Formationen angestellt, wird nun alles natürlich auch auf die Kolonne abgewälzt. Zur Strafe müssen wir nun in der Nacht alle zwei Stunden antreten, und zwar um 9, 11, 2, 4 und 6 Uhr früh, jedes Mal zwanzig Minuten, fünf Minuten stillstehen, fünf Minuten rühren, dann stillstehen, rühren und nochmals stillstehen. Die Offiziere müssen das Kommando geben.

Richard Piltz, Chérisey, Elsaß-Lothringen

Um ½5 Uhr Abmarsch zur Unfallstelle. Das Dynamit war in einer Scheune eines großen Gutshofes untergebracht gewesen, dessen etwa 60 mal 40 m großer Hof von massiven Bruchsteingebäuden umgeben war. Das Dynamit war in den ersten Mobilmachungstagen dorthin gebracht und für Sprengungen von Gebäuden etc. bestimmt für den Fall, dass Metz angegriffen würde. Der Gutshof bot einen grauenhaften Anblick. Ein massives Gebäude von 60 m Länge mit 50 cm starken Bruchsteinmauern war bis auf die Grundmauern weggesackt. An einer Stelle gähnt ein trichterförmiges Loch von 20 m Durchmesser und 6,50 m Tiefe. Wir gruben im Laufe dieses Tages noch fünf Tote aus. Vom letzten fanden wir nur zwei zerstreut liegende, stark zersplitterte Füße bis zur Wade. Den Körper fanden wir nicht. Im Ganzen 21 Tote, zwanzig Landwehrleute und ein sechzehnjähriges Mädchen, das auf dem Felde in ca. 200 m Entfernung von einem Stein getroffen war. Außerdem zwei Leichtverletzte. Merkwürdig ist, dass eine Anzahl von Personen, die sich im Wohnhaus B aufhielten, mit dem Schrecken davonkamen, zum Beispiel die Frau des Pächters, zwei Telefonisten und ein alter Mann. Die Familie des Pächters und dessen Personal waren zur Zeit der Aufflammung auf dem Felde. Um 6.15 Uhr war die Wanduhr stehen geblieben. Etwa zwanzig Pferde, einen Bullen, drei Kälber gruben wir aus. Die Verstümmelungen waren grässlich. Eingeweide hingen heraus, halbe und viertel Pferde lagen herum, die Gliedmaßen waren vielfach gebrochen. Der Geruch von Mensch und Vieh waren entsetzlich bereits am ersten Tage infolge Hitze. Ein Kalb förderten wir unverletzt heraus. Es kamen viele Zuschauer, zum Beispiel ein General der Infanterie, der Kreisdirektor, der General der Pioniere, die ich herumzuführen hatte.

Mittwoch, 9. September 1914

Josef Glaser, Gefangenentransport bei Rjasan, Russland

Früh Regen, tagsüber schön. Größere Felder mit gutem Boden, ausgedehnte Weideflächen, zahlreiche Viehherden. Meist rot gestrichene Holzhäuser mit grünen Blechdächern. In Rjasan auf der Bahnrestauration an weiß gedeckter Tafel zu Mittag gespeist. Für 1 Rubel Suppe, Kotelett und Kaffee erhalten. Ab Moskau neuer Transportkommandant, anständiger und energischer. Täglich 75 oder 70 Kopeken gefasst. Hinter Rjasan die ersten Obstgärten gesehen. Armselige Dörfer. Von Unger 5 Rubel erhalten.

Richard Walzer, Truppentransport bei Weywertz, preußische Rheinprovinz

Um ½6 Uhr Wecken, um 8 Uhr Abmarsch über Lörchingen nach Heming. Am Bahnhof auf sechs Tage Brot empfangen. Wir sollen eine Bahnfahrt von acht bis zehn Tagen machen. Um 2 Uhr Abfahrt über Saarburg, Saarunion, Saargemünd, Saarbrücken, Gersweiler, Saarlouis, Karthaus, Trier, Gerolstein, Büllingen, Weywertz.

Adolph Mathaei, Cuxhaven

Nun ist es doch dahin gekommen, dass wir unsere letzten beiden Söhne, die achtzehnjährigen Zwillinge, für den Waffendienst hergeben! Wir hatten uns zunächst, obwohl die Brüder und auch Schwägerin M. sich lebhaft für sie ins Zeug legten, ihnen die Erlaubnis zur Meldung als Kriegsfreiwillige entschieden verweigert. Indessen ließ mich gerade die Größe der Siege bei Verdun, Reims und Maubeuge erwarten, dass zur vollen Ausnutzung unserer Erfolge doch noch der letzte Mann aufgeboten werden musste, und dann war es besser, der erzwungenen Einberufung durch freiwilligen Eintritt zuvorzukommen. Ausschlaggebend aber war, dass unser Adolf bei dem untätigen Zuhausesitzen mehr und mehr in Trübsinn verfiel, der sich bedrohlich steigerte, als er erfuhr, dass weitaus die meisten seiner Bundesbrüder im Felde stehen oder in der Ausbildung begriffen sind. Sie haben sich nun beide zur Untersuchung gestellt, wurden als tauglich befunden und werden in den allernächsten Tagen beim hiesigen Seebataillon als Kriegsfreiwillige eingestellt werden. Also fünf Söhne im Waffendienst fürs Vaterland! Andere beneiden uns, aber ahnen nicht, welche sorgenvolle Spannung das in sich schließt! Unsere Nachrichten über die Söhne reichen nun etwas weiter. Heini hat am 23. und 24. August die Schlacht bei Mons gegen die Engländer in der Reserve mitgemacht und am 24. im Artilleriefeuer gestanden. Er schrieb zweimal von Les Heez d'Hargnies aus, ca. 12 km südlich von Givet. Heute teilte uns Fräulein Jacoby noch eine Karte von ihm mit, die am 30. August geschrieben sein muss: Danach befand er sich nach weiteren anstrengenden Märschen 90 km von Paris entfernt. Oskar hat am 6. September von Wilhelmshaven aus geschrieben, ohne etwas von der bisherigen Fahrt des Panzerkreuzers Roon und seiner weiteren Bestimmung zu berichten.

Otto Gehrke, bei Normée (Frankreich)

Abmarsch über den Exerzierplatz Châlons, wo das Gefecht am vorigen Tage war. Ein furchtbares Bild. Deutsche und Franzosen bunt durcheinander. Rast, sitzen neben einem toten Sachsen, Kopfschuss. Beim Weitermarsch kommen wir durch einen Hohlweg, Franzosen liegen wie gesät, einem Franzosen die Schädeldecke abgerissen. Verlassene französische Batterie, deren Bedienung und Bespannung völlig zerrissen übereinandergeworfen sind. Als Reserve hinter einem Hügel. Vor uns (500 m) feindliche Geschosse krepierend. Überall knattert es. Feind geht zurück. Gehen vor durch ein Dorf, nehmen auf einer Höhe Mittag um ¾3 Uhr ein. Glühende Hitze. Weiter tobt die Schlacht. Sachsen große Verluste, von 250 Mann der einen Kompanie nur achtzig Mann übrig. ½6 Uhr plötzlicher Abmarsch in östlicher Richtung über Normée.

Max Schmidt, bei Bergères-lès-Vertus (Frankreich)
Der Geschützdonner hat noch zugenommen. Wir liegen kriegsmäßig auf dem Felde und erwarten den Ausgang der Schlacht, von der unser Vormarsch auf Paris abhängt. Um 5 Uhr heißt es: Fertig machen! Keine weiteren Nachrichten. Wie wir noch liegen, erscheinen zwei französische Flieger, die aus allen zur Verfügung stehenden Gewehren im Schnellfeuer beschossen werden. Die Flieger aber zu hoch für unser Infanteriefeuer. Hin und wieder gewaltige Explosionen. Es heißt, wir sprengen die Eisenbahn. Kaum aber sind die Flieger verschwunden, da kommt von der etwa 300 m von uns entfernt liegenden Gefechtsbagage der 2. Garde-Infanterie-Division die Nachricht, dass die Flieger acht Bomben geworfen haben, von denen sechs explodiert sind. Fünf Tote, drei Verwundete, 42 Pferde blieben zurück. Die Verwüstungen sind furchtbar. Gegen 6 Uhr gehen wir wieder zurück. Wir können nichts Positives erfahren.

Richard Piltz, Chérisey, Elsaß-Lothringen
Fortsetzung der Aufräumungsarbeiten im Gehöft Notre Dame. Sahen die Bagage einer Kavalleriedivision vorbeirücken, 1,5 km lang. Der Geruch der Leichen verstärkte sich so, dass sich bei mir und bei Pionieren unwillkürliches Erbrechen einstellte. Die Umgebung von Notre Dame war mit Trümmern aller Art in weitem Umkreis bedeckt. In 250 m Entfernung fand ich noch einen 4 m langen Balken mit

25 cm Durchmesser. Tote Ferkel und Kaninchen waren einige Hundert Meter weit fortgeschleudert.

Donnerstag, 10. September 1914

Josef Glaser, Truppentransport bei Rusajewka (Russland)
Raues Wetter. Rheumatismus und Blasenschmerzen. Von 1.15 bis 4.15 Uhr in Rusajewka Aufenthalt, in Bahnrestauration gegessen. Dunkler, fruchtbarer Boden. Schöne Farbschattierungen der Laubwälder, meist Birken. Großer Kontrast zwischen den armseligen Dörfern, fast nur aus Strohhütten bestehend, und den prächtigen Kirchen.

Meta Iggersheimer, Amberg
Großes Schweigen. Entscheidende schwere Kämpfe stehen bevor. Gott gebe uns einen glücklichen Ausgang. Ausgabe der 1- und 2-Mark-Papierscheine.

Max Schmidt, Taissy (Frankreich)
Die tollsten Gerüchte werden verbreitet. Wir marschieren weit, sehr weit zurück. Erst nachts um ½4 Uhr halten wir in Tours-sur-Marne und marschieren nach zweistündiger Ruhe um ½6 Uhr nicht vorwärts, sondern weiter zurück nach Taissy, wo wir abends 8 Uhr Unterkunft beim katholischen Pfarrer finden. Er ist gebürtiger Luxemburger, spricht gut Deutsch und bewirtet uns mit seiner Schwester mit Pommes frites und Bier sehr liebenswürdig. Aber Vorsicht ist geboten!

Jakob Krebs, bei Baccarat (Frankreich)
Um 5 Uhr früh fahren wir etwas zurück und nehmen auf einem Seitenweg Aufstellung. Es regnet ab und zu, und trotzdem fehlt es uns an Wasser. Vereinzelt Artilleriefeuer. Nach 12 Uhr beginnt vor uns eine Infanterie-Kapelle zu intonie-

ren, sie beginnt mit dem Choral ›Ein feste Burg ist unser Gott‹, wahrlich erhebend. Später müssen wir aus Bäumen, die wir fällen, einen Unterstand gegen eventuell einschlagende feindliche Geschosse bauen, kochen etwas ab und wollen uns, da es schon dunkel ist, gerade hinlegen, als der Befehl zum Anspannen kommt, und so stehen wir nun marschbereit.

Willy Straub, Pretz-en-Argonne (Frankreich)

Heute Nacht hörten wir unsererseits kolossales Artilleriefeuer. Mit dem Morgengrauen wussten wir, was los war. Ans Schießen ist man ja gewöhnt, auch wenn die Erde zittert. Wenn man müde ist, schläft man neben den Mörsern, und das will schon was heißen. Die Infanterie hatte nach unserm Feuerüberfall einen Sturmangriff gemacht: Nachts 2 Uhr aus dem Graben. Jetzt ist's 8 Uhr früh. Es kommen ganze Reihen Verwundeter retour, immer wieder neue. Man könnte meinen, es sei kein Mann mehr vorne. Auch ziemlich viel verwundete Offiziere kommen, die sagten, dass es vorne ganz toll aussieht. Ganze Berge von toten Franzosen und Deutschen sollen da liegen. Die Rothosen wollten sich ergeben, als unsre dicht davor waren. Es wurde aber kein Pardon gegeben. Alles, was von den Schlawinern erreichbar war, wurde niedergemacht. Das Dorf Pretz ist jetzt vollständig zusammengeschossen. Das Vieh ist alles verbrannt und liegt herum und stinkt zum Gotterbarmen. Das Schrecklichste sahen wir an der zusammengeschossenen Kirche. Es wurde nämlich ein Feldlazarett hier aufgeschlagen in der Kirche. Ein Leutnant und neun Mann vom Feld-Artillerie-Regiment 69 lagen verwundet drin. Eine Granate schlug ein, und die armen Kameraden mussten bei lebendigem Leib verbrennen. Sie sehen jammerwürdig aus. Dem Leutnant war ein Achselstück ins Fleisch eingebrannt. Soeben wird wieder ein neues Feldlazarett 20 m neben uns errichtet. Die Erde ringsherum ist total zertreten und voller Einschlaglöcher.

Mädchen, Karlsruhe

Die östlich Paris in der Verfolgung an und über die Marne vorgedrungenen Heeresteile sind aus Paris und zwischen Meaux und Montmirail von überlegenen Kräften angegriffen worden. Sie haben in schweren zweitägigen Kämpfen den Gegner aufgehalten und selbst Fortschritte gemacht. Als der Anmarsch neuer, starker feindlicher Kolonnen gemeldet wurde, ist ihr Flügel zurückgenommen worden. Der Feind folgte an keiner Stelle. Als Siegesbeute dieser Kämpfe sind bisher fünfzig Geschütze und einige Tausend Gefangene gemeldet. Die westlich Verdun kämpfenden Heeresteile befinden sich in fortschreitendem Kampfe. In Lothringen und den Vogesen ist die Lage unverändert. Auf dem östlichen Kriegsschauplatz haben die Kämpfe wieder begonnen. Seine Königliche Hoheit Prinz Joachim von Preußen ist gestern durch einen Schrapnellschuss verwundet worden. Die Kugel ging durch den rechten Oberschenkel, ohne den Knochen zu verletzen. Der Prinz war als Ordonnanzoffizier auf dem Gefechtsfelde tätig gewesen. Er ist in das nächstliegende Garnisonslazarett überführt worden. Der deutsche Kronprinz hat heute mit seiner Armee die befestigte Stellung südwestlich von Verdun genommen. Teile der Armee griffen die südlich von Verdun liegenden Sperrforts an, die Forts werden seit gestern von schwerer Artillerie beschossen. Generaloberst von Hindenburg hat mit dem Ostheer den linken Flügel der noch in Ostpreußen befindlichen russischen Armee geschlagen und sich dadurch den Zugang in den Rücken des Feindes geöffnet. Der Feind hat den Kampf aufgegeben und befindet sich in vollem Rückzug. Das Ostheer verfolgt ihn in nordöstlicher Richtung gegen den Njemen.

Freitag, 11. September 1914

Josef Glaser, Gefangenentransport in Samara (Russland)
Bei Sysran die Wolga erblickt, stattlicher Strom mit mehreren Armen. Bis Batraki längs der Wolga gefahren. Interessanter Umschlagplatz. Auf der Wolgabrücke gefahren, vierzehn Pfeiler. Fenster müssen geschlossen werden. Posten mit aufgepflanztem Bajonett steht im Wagen. Um 11.30 Uhr nachts in Samara angelangt. Wir hatten gehofft, hier zu bleiben. Um so größer ist die Enttäuschung, als wir hören, dass wir nach Omsk in Sibirien kommen. Zehn kranke Leute werden ins Spital gebracht.

Mädchen, Karlsruhe
Das 22. russische Armeekorps (Finnland) hat versucht, über Lyck in den Kampf in Ostpreußen einzugreifen. Es ist bei Lyck geschlagen worden.

Marie Peter, Lazarettzug bei Zabern, Elsaß-Lothringen
Abends luden wir in Zabern die Verwundeten ein, 400, darunter vierzig Franzosen. Um 7 Uhr fuhren wir fort. Wir hatten meist bayerische Landwehr, welche alle bei Münster verwundet wurden.

Georg Becker, Deutsch-Avricourt, Elsaß-Lothringen
Heute früh wurde uns ein ganzer Durchgangstransport für diesen Tag gemeldet, da alle Feldlazarette vorn evakuiert würden. Während wir im Bahnhof mit einer hohen Oberschenkelamputation beschäftigt waren, fuhr ein Hofzug mit dem König von Bayern ein, es kann also vorn nicht schlecht stehen. Der König will das Fort Manonviller besichtigen und soll heute hier wieder durchkommen.

Richard Piltz, Maizières-lès-Metz, Elsaß-Lothringen
Abmarsch nach dem 27 km entfernten Maizières um 6 Uhr früh. Ich ritt zum ersten Mal mein drittes Pferd, den Hu-

sar, das Hohnberg gegen den lahmen Mikosch in Peltre eingetauscht hatte. Husar ist gutartig, macht einen aber verrückt durch seinen Zappeltrab. Ich ritt deshalb allein über Chesny nach Peltre, um ihn eventuell wieder umzutauschen, vergebens. Als wir mit gezücktem Degen durch Metz ritten, begegneten wir Hauptmann Salomon. Hinter Metz Rast. Von da an führte ich die Kompanie. Marschwetter herrlich, nur ganz zuletzt bei Abtreten kalt und regnerisch.

Willy Straub, Pretz-en-Argonne (Frankreich)

Noch keine Veränderung, immer noch an derselben Stelle fest gebannt. Es wird allmählich langweilig.

Samstag, 12. September 1914

Jakob Krebs, Maizières-lès-Vic, Elsaß-Lothringen

Um 4 Uhr Wecken, um ½6 Uhr Anspannen. Der ganze Marsch geht heute sehr langsam vor sich, Kolonne reiht sich an Kolonne. Ab und zu Regenschauer. Bei Igney-Avricourt kommen wir auf deutschen Boden. Um 3 Uhr nachmittags geht's weiter, als wir dann den Rhein-Marne-Kanal passieren, hören wir aus weiter Ferne eine gewaltige Detonation und im Westen steigt eine ungeheure schwarze Rauchsäule gen Himmel. Über Hellocourt gelangen wir bis Maizières, wo wir notdürftig in einem Schuppen unterkommen. Der Ort ist mit Militär überfüllt, Truppen des XXI. Armeekorps ziehen auf der Straße nach Saarburg in endloser Kolonne dahin.

Willy Straub, bei Brizeaux (Frankreich)

Schnell fertig machen. Nun weiß man wenigstens, dass es wieder weitergeht. Aber – – – so ein Pech. Schon die ganze Nacht gingen die Truppen zurück, an uns vorbei. Um 7 Uhr früh konnten wir endlich fahren, und zu unserm Erstaunen mussten wir feststellen, dass wir den Krebsgang angeschlagen hatten. Immer noch konnten wir's nicht fassen. Was soll das bedeuten? Unser Major äußerte sich bloß, es sei keine Befürchtung vorhanden. Den richtigen Sachverhalt erfährt der gewöhnliche Sterbliche ja doch nicht. Aber jedenfalls steht das eine fest, dass, nachdem unser Armeekorps so furchtbar zusammengeschmolzen ist, es herausgezogen wurde, denn von dieser Seite war scheint's nicht richtig beizukommen. Wir fuhren zurück wieder über Pretz, Foucaucourt, Brizeaux und biwakierten an der Straße bei strömendem Regen.

Carl Emil Werner, Freiburg

Ich habe eine große Pause gemacht, da ich in der Hauptsache doch nur das hätte eintragen können, was in den Zeitungen stand, und das ist eigentlich nicht das, was ich möchte. Drüben in den Vogesen muss heftig gekämpft werden, denn seit mehreren Tagen hört man täglich schweres Geschützfeuer. Eine große Umgehung sei geplant, eine Einschließung der französischen Armee. Bei Épinal kommen unsere Truppen scheint's kaum vom Fleck. Die meisten Bekannten, von denen man hört, liegen wie Schwager Max in der Gegend von Baccarat. – Freiburg ist vor allem Lazarettstadt. Ca. 3800 Verwundete sind hier, und schon wieder werden beim Tivoli viele Baracken gebaut. Die Verwundeten sieht man auch auf Spaziergängen. Alle möglichen Gebäude außer den Kliniken sind Lazarette: die Schulen vor allem, Scheurers Möbelfabrik, die von Dannemann zum Lazarett eingerichtet wurde. Schön sollen es die Verwundeten in den Titiseehotels haben. Marthas Geburtstag gestern haben wir nur durch einen Spaziergang gefeiert. Man kommt sich promenierend in solcher Zeit geradezu frivol vor. Schön kreisten die Flieger am Abendhimmel.

Mädchen, Karlsruhe

Bis zum 11. September waren in Deutschland rund 220 000 Kriegsgefangene untergebracht. Franzosen: 1680 Offiziere, 86 700 Mann, Russen: 1830 Offiziere, 91 400 Mann, Belgier: 440 Offiziere, 30 200 Mann, Engländer: 160 Offiziere, 7350 Mann. Unter den Franzosen zwei Generale, unter den Russen zwei kommandierende und dreizehn andere Generale. Unter den Belgiern der Kommandant von Lüttich. Eine große Anzahl weiterer Kriegsgefangener befindet sich im Transport zu den Gefangenenlagern.

Josef Glaser, Gefangenentransport
bei Buguruslan (Russland)

Abfahrt um 2 Uhr nachts. Unfreundliches Wetter, eintönige Gegend, meist Steppe und Birkenwälder. In Pochwistnewo zu Mittag gegessen. Die Suppe ist überall gleich, rot aussehende Krautsuppe mit Rindfleisch und etwas Rahmzusatz. In Buguruslan wechselt ein österreichischer Zivilist Unger Geld, für 10 Kronen 4 Rubel. Hier ist die Nachricht verbreitet, dass bei einem Zugzusammenstoß zehn Österreicher getötet und viele verwundet worden sind.

Sonntag, 13. September 1914

Milly Haake, Hamm

Nun lass die Glocken von Turm zu Turm
durchs Land frohlocken im Jubelsturm,
des Flammenstoßes Geleucht facht an,
der Herr hat Großes an uns getan.
Ehre sei Gott in der Höhe!

Das werde ich jetzt jedes Mal schreiben, wenn ein Sieg da ist. Und diesmal ist es einer, über den wir uns besonders freuen, nämlich ein Sieg über die Russen. Zwei Tage hat die Schlacht gedauert. Die Russen sind vollständig geschlagen und aus Ostpreußen ausgetrieben worden. Hurra! Deutschland über alles. Ich muss aufhören, will nur eben schreiben, dass Wilhelm da ist.

Oberst a. D., Schlesien

Als wir heut früh zur Kirche gingen, war in P. bei Brucks (Buchdruckerei und Zeitung), wo die Telegramme stets aushängen, eine sehr erfreuliche neue Nachricht aus Preußen. Es waren die näheren Angaben über den Sieg über die Russen unter Rennenkampff. Es sind 10 000 Gefangene gemacht, viel Geschütze und Kriegsmaterial erbeutet. Die Russen in fluchtartigem Rückzuge. Aus der geringeren Zahl von Gefangenen schließe ich, dass man sie mehr totschießt. Was sollen wir mit den Massen machen, wir haben bereits über 200 000 Schweinehunde zu füttern. Ich sprach den hiesigen Stadtgutsbesitzer Rauhut, der als Vize-Wachtmeister der Landwache in Posen eingezogen ist und mir sagte, dass die Kosaken alle erschossen werden. Das wäre bereits von Anfang an so befohlen worden, was mich sehr befriedigt, wirklich eine vernünftige Maßregel. Vor allen Dingen müssten aber die Bestien von russischen Generalen erschossen werden, die den Truppen die Morde und Plünderungen befohlen haben.

Josef Glaser, Gefangenentransport bei Ufa (Russland)

Die Trümmer des Zugzusammenstoßes gesehen. Langsame Fahrt. Wetter kalt und unfreundlich. Gegend eintönig. Von 1 bis 3 Uhr in Rajewka Mittagsrast. In den Bahnrestaurationen meist nur Suppe für 30 Kopeken gegessen, die sonstige Verpflegung aus einer gemeinsamen Kasse bestritten. Auf allen größeren Stationen befinden sich Verkaufsstände, die Brot, Eier, gebratene Hühner und Enten feilhalten. Das Fleisch ist annehmbar, dagegen entspricht das äußerst schwammige Brot nicht unserem Geschmack.

Aus gemeinsamen Mitteln vier deutsche Bücher gekauft. Um 9.30 Uhr in Ufa angekommen. Sechs schwer verwundete Offiziere und vierzig ruhrkranke Soldaten zurückgelassen.

Montag, 14. September 1914

Clara und Josephine Bohn, Ingersheim, Elsaß-Lothringen

Bei Logelbach wurde ein Blindgänger gesprengt. Die Gräber wurden trotz der schlechten Witterung am Sonntag stark besucht. 69 Bayern und neunzehn französische Krieger sind neben dem Friedhof begraben. Die Gräber wurden von den Soldaten mit Blumen bepflanzt und geschmückt. An der Weinlust sind auch sechzehn Franzosen begraben. In den Reben und Wäldern findet man hie und da Soldatengräber. Kreuzerhöhung. Die Prozession nach Kintzheim fand nicht statt. Um 6 Uhr wurde eine feierliche Messe abgehalten. In der Nähe unserer Wiese sind zwei Soldatengräber. Wir schmückten sie mit Kranz und Blumen.

Mädchen, Karlsruhe

Am 13. September vormittags wurde S. M. Kleiner Kreuzer Hela zum Sinken gebracht. Fast die gesamte Besatzung ist gerettet. Im Westen finden am rechten Flügel schwere, bisher unentschiedene Kämpfe statt. Ein von den Franzosen versuchter Durchbruch wurde siegreich zurückgeschlagen. Sonst ist an keiner Stelle eine Entscheidung gefallen. Im Osten schreitet die Vernichtung der russischen 1. Armee fort. Die eigenen Verluste sind verhältnismäßig gering. Die Armee von Hindenburg ist mit starken Kräften bereits jenseits der Grenze. Das Gouvernement Suwałki wurde unter deutsche Verwaltung gestellt.

Meta Iggersheimer, Amberg

Aufstand in Indien. Die Kriegsbeute in Ostpreußen beträgt nach neuem Telegramm mindestens 150 Geschütze und 20000 bis 30000 Gefangene unverwundet.

Willy Straub, bei Exermont (Frankreich)

Wir marschierten bis Morgen ½3 Uhr. Bei dem Nest Exermont liegen wir gerade. Geschossen wird, aber in einiger Entfernung. Heute Morgen hat der Regen etwas nachgelassen. Gott sei Dank, geht's soeben wieder weiter, aber wie ich höre bloß 8 km. Vor dem Abmarsch werden sechzehn EK 2 verteilt. In erster Linie an Offiziere und an einen Kanonier der 2. Batterie. Wir fahren durch ein sehr schönes Tal. Schade, dass es schon dämmrig wird. Größere Städte sahen wir, deren Namen ich nicht ermitteln konnte. Habe soeben mal wieder eine Flasche Wein gekauft, tadellos. Wir haben an einem Bauernhof Halt gemacht und pennen wieder richtig aus, im Heu ist's warm. Die Gegend ist hier noch nicht verwüstet. Auch die Dörfer stehen noch und die Einwohner sind da. Seit langer Zeit sieht man mal wieder Zivilisten. Ein ungewohntes Bild, gleich ist der Humor aufgerüttelt.

Richard Piltz, Maizières-lès-Metz,
Elsaß-Lothringen

Den ganzen Tag Infanteriedienst bei scheußlichem Regenwetter.

Georg Becker, Mörchingen, Elsaß-Lothringen

Bei scheußlichem Regenwetter habe ich mich aus meinem unruhigen Quartier zu dem Johanniterpfarrer Käppel geflüchtet, der beim Postdirektor einquartiert ist, und die neuesten Zeitungen gelesen. Abends im Quartier bei einer Kerze Lessings ›Hamburgische Dramaturgie‹.

Dienstag, 15. September 1914

Jakob Krebs, bei Dieuze, Elsaß-Lothringen

Wir bleiben liegen, nach 12 Uhr hört man von Südwesten Kanonendonner. Aus der Saarbrücker Zeitung, die ich mir kaufe, ersehe ich, dass der Krieg noch lange nicht zu Ende ist. Der Feinde sind noch zu viele. So Gott will, ringen wir sie doch noch nieder. Es kommen immer noch Landwehrtruppen hierher, das ganze Nest steckt voll.

Mittwoch, 16. September 1914

Elisabeth Schwarz, Freiburg

Einige Sperrforts vor Verdun genommen. Die Serben bei Syrmien zurückgeschlagen. Heute war in unserm Turnsaal ein schönes Konzert. Einige Sänger und Schauspieler von hier hatten sich uns zur Verfügung gestellt und trugen zur Erheiterung bei. Es war sehr schön und erhebend und hat den Soldaten sehr gut gefallen. Gedicht-Vorträge wechselten mit Gesangs-Vorträgen und Vaterlands-Liedern. Mit Blumen hatten wir schön dekoriert, alles sah festlich aus. Die Soldaten waren vollzählig erschienen, sogar einige Schwerverwundete hatten sie in ihren Betten heruntergebracht. Am Ende wurde begeistert ›Deutschland‹ usw. gesungen, wobei sich alle, auch die an Stöcken und Krücken Gehenden, erhoben.

Josef Glaser, Gefangenentransport
bei Makuschino (Russland)

Sonnig. Befinden uns auf asiatischem Boden. Gegend eben, viel Getreide. In Makuschino von 10.30 bis 11.20 Uhr Mittagstation. Völlig appetitlos, wenig gegessen, trotzdem starken Durchfall. Von Luft Opiumtinktur erhalten, hilft wenig. Das Verbinden der Wunden besorgt ein Einjähriger Mediziner. Vielen Truppentransporten begegnet, eine Menge Soldaten spricht Deutsch. Zeitig niedergelegt. Abends ist schwach ein Komet sichtbar.

Donnerstag, 17. September 1914

Mädchen, Karlsruhe

In der Schlacht zwischen Oise und Maas ist die endgültige Entscheidung immer noch nicht gefallen, aber gewisse Anzeichen deuten darauf hin, dass die Widerstandskraft des Gegners zu erlahmen beginnt. Ein mit großer Bravour unternommener französischer Durchbruchsversuch auf dem äußersten rechten deutschen Flügel brach ohne besondere Anstrengung unserer Truppen schließlich in sich zusammen. Die Mitte der deutschen Armee gewinnt langsam, aber sicher Boden. Auf dem rechten Maasufer versuchte Ausfälle aus Verdun wurden mit Leichtigkeit zurückgewiesen.

Marie Kettler, im Zug (Belgien)

Langsam geht's von einer Station zur andern, denn unsere Sanitätswagen sind an einen Güterzug, der Hafer und Verbandszeug befördert, angehängt. Eine Viertelstunde fahren wir, ein bis sechs Stunden halten wir. Wir fahren die Nebenstrecke. Unser Mittagsmahl bestand aus Bouillon von Würfeln, gekochten Eiern, die wir das Stück für 10 Pfennig kauften, und zum Nachtisch Birnen, auch von den Belgiern gekauft. Aber welch traurigen Anblick bietet ein Haus, das von den Franzosen geplündert und zerstört ist. Alles Brauchbare und besonders Essbare haben sie mitgehen heißen, das andere unter die Füße getreten. Nur die Kruzifixe, die in jedem Zimmer hingen, waren ihnen doch zu heilig. – Ein Transport gefangener Franzosen von 1100 Mann mit Turkos und Engländern untermischt kommt marschiert.

Welch ein Anblick! Klein und schwächlich von Gestalt in mangelhafter Kleidung und Schuhzeug. Erst geht's auf eine große Wiese, ein Offizier gibt den Befehl, alle noch bei sich geführten Waffen abzugeben. Da haben doch die Engländer Haken aus Messing in ihre Mützen eingenäht gehabt, zum Bauchaufschlitzen gut verwendbar. Dann müssen sie sich entkleiden. Falls noch irgend ein scharfes Instrument gefunden wird, werden sie erschossen. Bei dem vorigen Transport sind doch wirklich Schlachtfeldschänder gefunden worden: Sie trugen noch Finger mit goldenen Ringen in ihren Taschen. Jetzt zum Abend kochen unsere Sanitätsleute im Bahnhofsgebäude Erbsensuppe und Rindfleisch (Konserven). Unser stunden- und aberstundenlanger Aufenthalt langt zu allem. Die Suppe schmeckt vorzüglich.

Josef Glaser, Gefangenentransport in Omsk (Russland)

Sonniger Tag, angenehm warm. Einige deutsche Kolonien gesehen, fallen sofort durch die sauberen Steinhäuser auf. Im allgemeinen macht Sibirien einen besseren Eindruck wie das europäische Russland. Körperliches Befinden noch immer schlecht. Um 6.30 Uhr abends nach Ortszeit in Omsk eingetroffen. Uhr um 2 Stunden 50 Minuten vorgestellt. Im Hilfsspital vier Opiumpulver erhalten.

Freitag, 18. September 1914

Eugen Miller, Ludwigsburg

Morgens revierkrank. Die Kriegsfreiwilligen schießen scharf auf dem Schießplatz Poppenweiler (zweieinhalb Stunden von Ludwigsburg). Heimwärts gefahren auf Leiterwagen. Letzte Woche kamen verwundete Pferde hier an, darunter auch französische. Furchtbar hat auch an diesen Tieren das Kriegselend gehaust: Ein Pferd war an der Hinterhand völlig durchschossen, Eiter lief am Ausgangspunkt der Kugel stinkend herunter. Ein anderes war ganz und gar abgemagert, nur noch Bein und Haut im vollsten Sinne. Daneben war der linke Hinterfuß doppelt so dick angeschwollen. An der Wand lehnten sie, fast konnte man aus ihren Augen ablesen, wie lieb es ihnen wäre, durch den Tod von ihren Schmerzen erlöst zu werden.

Josef Glaser, Gefangenentransport bei Omsk (Russland)

Abfahrt um 2.15 Uhr, als Endstation wird Tomsk angegeben. Ab Omsk ist die Bahn wieder zweigleisig, kommen rascher vorwärts.

Otto von der Meden, Myslowitz, Schlesien

Wir wurden an der galizischen Grenze bei Myslowitz nach einer dreitägigen Tag- und Nachtfahrt wieder ausgeladen. Diese Fahrt war eine große Erholung. Vier Wochen hatten wir im Freien gelegen, Tag und Nacht. Gott sei Dank nur wenig Regentage dabei. Da auf einmal drei Tage und Nächte in einem Kupee zweiter Klasse, ganz allein. Auf jedem Bahnhof, wo gehalten wurde, jubelnde Menschen, von denen die Angst vor den Russen genommen war. Mit Gewalt drängten sie einem alle möglichen Liebesgaben auf: Butterbrote, Zigarren, Kuchen, Obst, Wein, Schokolade usw. Ich habe schon mein ganzes Kupee voll, und von den Kerls hat sich mancher überfressen.

Marie Kettler, Anor (Frankreich)

Endlich an unserm vorläufigen Ziele Anor nach fast fünf Tagen angekommen. Gerade wurden wieder Verwundete in einen Zug geladen. Andauernd kommen die Autos mit Verwundeten angejagt und ebenso schnell ging's zurück. Wieder andere Autos beförderten Munition. Unser Gepäck wurde auf einen Planwagen geladen, und wir wurden von einem Hauptmann geleitet, in eine verlassene Villa eines Herrn von Berger gebracht, die erst von den Franzosen, dann von den Unsern grausam zugerichtet war. Wir schlafen zu sieben Schwestern in einem Zimmer, nebenan zu neunt. Nachdem wir alles etwas gesäubert, Betten und Matratzen bezogen haben, sicht's hübsch wohnlich aus. Bevor unser Fleisch und Suppe gar ist, schreiben erst alle Briefe und Tagebuch in dem großen Esssaal. Jetzt fragt unser Kolonnenführer, wer von Schwestern und Pflegerinnen bereit ist, im Feldlazarett zu pflegen. Ein Teil ist dort nötig, ein Teil wird hier bleiben, um sich um die zu transportierenden Verwundeten zu bemühen, und der dritte Teil wird in ein Etappen-Lazarett kommen.

Otto Gehrke, bei Moronvilliers (Frankreich)

Kaltes ungemütliches Wetter. Seit Tagen kein Wasser, Essen meistens kalt. Jetzt wünscht man sich mitunter schon das Ende. Täglich viel Verluste in diesem Hexenkessel. Nervös wird jeder bei dem dauernden Krachen. Den Tag über sitzen wir in unserem Unterstand, wobei uns jetzt schon die Füße frieren. Gegessen und getrunken haben wir heute noch nichts. Abends Abmarsch nach Moronvilliers durch Gehölz. Falle beinahe über einen toten Kameraden. 11 Uhr Ankunft. Auf einer früheren Wiese, jetzt völlig aufgeweichter Boden, erhalten wir Essen. In einer Scheune Quartier.

Samstag, 19. September 1914

Josef Glaser, Gefangenentransport bei Nowonikolajewsk (Russland)

Sonniger Tag. In Nowonikolajewsk von 7.30 bis 11.15 Uhr Aufenthalt. In einer Kaserne Suppe und Rindfleisch erhalten. Auf der Bahnrestauration beschwert sich ein russischer Stabsoffizier, dass wir nicht grüßen. Schönes Flussbild des Ob.

Otto Gehrke, bei Moronvilliers (Frankreich)

Gut geruht, in der Nacht fürchterlich geregnet. Hätten wir da im Unterstand gelegen. Jeder freut sich, im Trockenen zu sein. 11.45 Uhr Appell, gehe starker Magenkrämpfe halber nicht mit raus. 12.30 Uhr noch mal alles antreten. Ich wäre nicht krank, muss also mit raus. Eiserne Portionen sind wieder alle aufgefressen. Es wäre eine Lumperei, bei der guten Verpflegung, die wir im Hexenkessel genossen haben, auch noch die eisernen Portionen aufzufressen. Dabei haben wir für den Tag dort nur einen halben Trinkbecher Kaffee, eine halbe Portion kaltes Essen und ein Viertel, mitunter noch weniger Brot empfangen. Nur der Hauptmann hat hiervon nichts gemerkt, er schließt von sich auf andere. Der 3. Zug bekommt, da die Leute ihren Führer seiner Meinung nach belogen haben, acht Tage keine Abendsuppe. Dass die Leute überhaupt Hunger gehabt haben können, glaubt er nicht, er hatte ja immer zu essen.

Max Schmidt, Pontfaverger (Frankreich)

Allmählich beginnt sich ein regelmäßiger Postverkehr einzustellen. Mit einem von einer Kraftwagenkolonne geliehenen Lastkraftwagen holen wir von dem etwa 12 km entfernt gelegenen Warmeriville Heimatpost. Fast täglich wird die Feldpost bis dorthin in Kraftwagen von der Armee vorgebracht. Pontfaverger ist ein größeres sauberes Dorf. Die Einwohner sind teils scheu, teils aber sehr vertraut. Vorsicht ist geboten. Die Spionage nimmt von Tag zu Tag größeren Umfang an. Namentlich in der Nacht werden immer wieder verdächtige Franzosen und Französinnen festgenommen. Da es außerordentlich schwer ist, des Nachts die Bevölkerung zu überwachen, wird zu einer drastischen Maßnahme gegriffen: Bei Sonnenuntergang muss die gesamte Bevölkerung in die Kirche. Keiner ist ausgenommen, weder die Alten noch die Kinder. Der Krieg ist ein hartes Handwerk! Allmählich werden die Tage kürzer, auch die große Hitze hat nachgelassen. Nachts ist es schon recht kühl. Unsere Verpflegung ist merklich schlechter geworden. Über die Kriegslage sind wir im Unklaren. Aus den Heeresberichten ist nichts Erschöpfendes zu entnehmen.

Marie Kettler, Anor (Frankreich)

Wir haben die erste Nacht in Feindes-Betten und -Matratzen gut geschlafen, unsere verschiedenen Posten vor Garten und Haus haben uns gut bewacht. Aber wie merkwürdig ist's allen ums Herz: Da haust man hier im französischen Hause und verbraucht von den Vorräten, was wir bedürfen. Der französische Wein hat den meisten gut gemundet. Aber wie dankbar muss man sein, dass sich der Krieg bislang nur zum geringsten Teil auf deutschem Boden abspielt.

Sonntag, 20. September 1914

Josef Glaser, Tomsk (Russland)

Infolge Hautjuckens nicht geschlafen. Um 2 Uhr nachts in Tomsk eingetroffen. Um 7.30 Uhr auf Bahnhof Tomsk II auswaggoniert. Die schwer verwundeten Offiziere erhalten Wagen, die übrigen an der Spitze der Mannschaft durch die belebtesten Straßen der Stadt geführt. Trauriger Marsch, man merkt die Absicht, uns dem Volke zu zeigen. Das Stadtbild ist nicht unschön, auffallend viel Kirchen. Schlechte Straßen und unsaubere Plätze schwächen den guten Eindruck ab. In dem Hofe einer alten, mitten in der Stadt gelegenen Holzbarackenkaserne längere Zeit gestanden, dann an der Universität vorüber zur Artilleriekaserne, die zum Teil noch im Bau begriffen war. In einen großen Raum gebracht, wo gegen vierzig österreichische Offiziere, meist der bei Wolka Pukarszowska geschlagenen 15. Division angehörend, und drei reichsdeutsche Offiziere sich befinden. Besonders stark vertreten ist das 17. Feldkanonen-Regiment. Als Lager dienen Holzpritschen mit Strohmatten.

Das Essen wird in großen Waschschüsseln, die vorher beim Waschen verwendet worden sind, gereicht. Hauptmann Mittermeyer und Leutnant Luft, die im Spital zurückgeblieben waren, erscheinen auf der Bildfläche. Nachmittag werden gegen 150 verwundete und kranke Soldaten im selben Raume untergebracht. Sanitäre Verhältnisse miserabel. Aborte vernagelt. Vor den Fenstern Mistablage, in der die Schweine wühlen. Gegenüber der Kaserne ist ein Birkenwald, längs desselben in der Sonne angenehme Promenade. Eine Menge neugieriger Zivilisten belebt den Weg.

Jakob Krebs, bei Vandières (Frankreich)

Es ist Sonntag, man sieht aber bei uns nichts davon. Schon von 6 Uhr an gehen unsere Truppen vor. Wir bleiben im Notquartier in Alarmbereitschaft und satteln erst nachmittags ab. Gegen 3 Uhr heftiges Geschützfeuer vom Westen her.

Richard Walzer, bei Aizelles (Frankreich)

Wir kamen gegen die Engländer bei Aizelles ins Gefecht. Im Laufe des Tages kamen wir sprungweise vorgehend dicht an Aizelles heran, mussten jedoch gegen Abend wegen zu starkem Artillerie- und Maschinengewehrfeuer zurück bis an den Rand eines hinter uns liegenden Gehölzes. Wir gruben uns hier ein.

Richard Piltz, Maizières-lès-Metz, Elsaß-Lothringen

Den ganzen Tag wieder Truppenverschiebungen von Süd nach Nord. Ein schwarzes Pferd drohte zu sterben, wurde aber wieder besser. Wussten schon, dass Pferdeschlächter gerufen war.

Marie Kettler, Anor (Frankreich)

Wir zehn Schwestern und fünfzehn Sanitäter sind vorläufig hier beschäftigt, teils auf den Verbandsplätzen, wo alle Verwundeten, die mit Autos und allen möglichen Wagen heranbefördert werden, nochmals nach Möglichkeit verbunden werden. Und wir haben Bahnhofsdienst. Den ersten Tag waren wir von diesem Anblick ganz hin. Diese 500 bis 1000 Verwundeten heillos zugerichtet. Zerschossene Gesichter sahen ja wohl am schlimmsten aus. Zwei Offiziere sahen entsetzlich aus. Als ich zu einem sage: »Sie haben sich gut zerschießen lassen«, sagt er ganz kleinlaut: »Dazu sind wir ja da.« Aber eine Freude war uns doch zu helfen. Was für Kübel voll herrlichster Suppe und Kaffee haben wir verteilt. Gekocht wurde sie mitten im Ort, in einem Schlachtergeschäft, wo sich unsere Deutschen der Sache angenommen haben, zehn Mann sind täglich dabei beschäftigt. Was ist es nur für ein mächtiger Betrieb im Ort, manchmal steht Straße an Straße Wagen an Wagen, um Munition zu laden, und dann dieser rasend große Autoverkehr und die vielen Soldaten und Sanitätsleute.

Montag, 21. September 1914

Meta Iggersheimer, Amberg

Martin kam überraschend gestern Nachmittag 4 Uhr. Eine allseitige große Freude. Als jedoch die Trennungsstunde nahte, wo man doch gewiss nicht wusste, ob man sich einst wiedersieht, durchzogen mein Herz trübe Gedanken. Er sprach mit mir sehr im Vertrauen und sagte mir, dass er wahrscheinlich diese Woche noch hinaus in den Pulverdampf müsse. Freilich vergoss ich bittere Tränen, war aber immerhin standhaft. Besonders der Abschied wird mir unvergesslich bleiben. Ein herzhafter Kuss, ein inniger Händedruck, ein paar schöne Worte, in beider Augen Tränen, so standen wir uns gegenüber. Der Zug um 7 Uhr trug ihn fort. Möge Gottes Huld und Segen ihn begleiten, und sein Schutzengel in Not und Gefahr ihn umschweben.

Marie Kettler, Anor (Frankreich)

Heute nahmen wir gleich sieben Flaschen Rotwein aus unserm guten Weinkeller mit zur Bahn und warmes Zeug: Tücher, Herrenzeug, Kleiderröcke, unsere armen Leute zu wärmen. Ich habe für die Darmkranken ordentlich Rotweinsuppe gekocht und dann andauernd Opiumtropfen gegeben. Zwei Stunden gehörten zur Abfertigung eines Zuges. Wie sind die Menschen leicht erfreut: Für Schokolade und Zigaretten, auch Bonbons sind sie sehr empfänglich. In einem Abteil, wo unsere und Franzosen zusammen waren, sorgten sie sehr für einander. Das merkt man überhaupt immer, wie die Gesinnung gegen die Franzosen eine ganz andere ist wie gegen die Engländer. Denen wird nichts gegönnt, da heißt's nur immer: »Das sind Schweinehunde, müssen alle aufgehängt werden.« Aber auf die Franzosen, wenn die nicht zu essen haben, machen sie immer aufmerksam, und von einem französischen Sprachlehrer, der als Verwundeter dazwischen lag, sah ich, wie er unseren Zigaretten gab.

Georg Becker, Mörchingen, Elsaß-Lothringen

Noch immer warten wir, bei dem Regenwetter und Schmutz keine leichte Aufgabe. Heute früh machte ich mit Brenske und Hausknecht einen vierstündigen Marsch, und zwar besuchten wir Dalheim, das größtenteils zusammengeschossen ist zur Strafe für Schießen aus der Kirche auf unsere Truppen. Die kahlen Mauern der ausgebrannten Häuser sahen grausig aus. Besonders die Kirche, von der nur die Außenmauern und der Turm stehen. In einem Gebäude lagen die Gerippe der verbrannten Rinder. Der Herbstanfang ist mit der nassen Kälte ungemütlich. Ich habe im Zimmer beim Schreiben den Mantel um.

Josef Glaser, Tomsk (Russland)

Nachts stickige Luft, Brustschmerzen und Hautjucken, nicht geschlafen. Sonniger Tag. Promenade. Mittag im Restaurant Wien gut gegessen, nach dreitägiger Hungerkur stellt sich etwas Appetit ein. Verstimmend wirken die andauernden russischen Siegesmeldungen: Die Russen stehen vor Przemyśl. Die Serben haben Semlin genommen. Die Deutschen gehen in Frankreich zurück.

Dienstag, 22. September 1914

Richard Walzer, bei Aizelles (Frankreich)

Punkt 3 Uhr gingen wir aus unserer Stellung und kamen ziemlich weit ungehindert voran. Als wir jedoch entdeckt waren, setzte ein wahnsinniges Maschinengewehrfeuer ein. Nur kriechend konnten wir weiter vor kommen. Auf Punkt 10½ Uhr war der Sturm auf den Ort Aizelles festgesetzt, und dann ging es vor, immer sprungweise hinter jedem Grashalm Deckung suchend. Unter Bajonettkampf drangen wir ein in den Ort und waren nachmittags 5 Uhr durch. Der Ort war von den Engländern frei. Vor dem Orte gruben wir uns sofort ein. Die Ortschaft wurde von den Engländern mit Brandgranaten, unsere neue Stellung mit Schrapnells beschossen.

Otto Gehrke, bei Moronvilliers (Frankreich)

5 Uhr Abmarsch ins alte Quartier. Drei Viertel Brot, welches ich mir in den letzten Tagen, wo ich keinen Appetit hatte, gespart habe, ist mir in der Nacht aus dem Kochgeschirr geklaut worden. Die Mauserei ist überhaupt an der Tagesordnung. Hier in der Scheune zu hausen, wo einem die Pferde beinahe ihre Äpfel aufs Brot legen, ist nicht sehr anheimelnd. Wir sind alle wie ausgepumpt. Ein Drittel Brot pro Tag, dazu kleine Mittagsportion ist gänzlich unzureichend. Abends eine dünne Suppe aus Erbskonserven gibt auch kein Mark in die Knochen.

Josef Glaser, Tomsk (Russland)

Sonniger Tag. Morgenspaziergang zum Tomtal. Der Fluss ist zwischen hohen Ufern eingebettet, die mit Birken bestanden sind. Schöner Anblick. In einer Offiziersversammlung werden zwei Offiziere gewählt, die beim Kommandanten Beschwerde erheben sollen über die unwürdigen Verhältnisse. Um 9 Uhr nach dem neuen Quartier abmarschiert. Eine Holzvilla ›Datscha Carlowska‹, in einem eingefriedeten Birkenwäldchen gelegen, bildet unser neues Heim. Neue Kiewskerstraße 46, halbe Stunde von der inneren Stadt entfernt. Das Haus ist völlig leer, die Zimmer tapeziert, aber verwahrlost. Im Laufe des Nachmittags Holzpritschen und Matratzen erhalten. Um 6 Uhr in Hotel Russie gespeist. Schöner Speisesaal, gutes Essen. Großes Interesse der Damen für uns. Zurückgefahren durch dick und dünn, sind froh, als wir wieder aussteigen können. Der Durchfall hat nachgelassen, doch ein starker Katarrh hält noch an.

Mittwoch, 23. September 1914

Josef Glaser, Tomsk (Russland)

In der Nacht findet Hauptmann Mittermeyer eine Menge Wanzen. Anhaltend schönes Wetter. Die Zimmereinrichtung um einen großen Stuhl und einige Stühle, sogenannte »Stockerle«, vermehrt. Das zweifenstrige Zimmer, ungefähr 6 mal 9 m groß, liegt nach Osten, macht einen freundlichen Eindruck. Nur hat es den Nachteil, dass es als Durchgangszimmer zum Speiseraum dient. Einige Kameraden haben Läuse, eine Art Kleiderläuse, entdeckt. Mit Unger ein verstecktes Plätzchen im Garten aufgesucht, splitternackt ausgezogen und Kleider und Wäsche gründlich untersucht. Resultat eine große Laus. Die Lieferung des Mittags- und Abendessens übernimmt der Wirt von Hotel Russie für monatlich 18 Rubel. Die Bewachung ist nicht streng, der Besuch der Stadt ist gestattet.

Meta Iggersheimer, Amberg

Deutsche Unterseeboote schossen in der Nordsee drei englische Kreuzer in den Grund. Die Nachrichten vom westlichen Kriegsschauplatz sind gut. Die Deutschen weisen die Angriffe zurück und beherrschen das Gebiet zwischen Aisne und Maas vollständig. Die französische Armee meist in der Mitte auf dem gänzlichen Rückzuge. Völlige Ordnung herrscht in Belgien. Die Gesamtzahl aller Gefangenen übersteigt 300 000. Über 2000 Geschütze wurden erbeutet.

Richard Walzer, bei Aizelles (Frankreich)

Morgens 3 Uhr gingen wir erneut vor, ständig über freie Felder und Wiesen, wobei uns die englische Artillerie enorme Verluste zufügte. Wir drangen auf Sainte-Croix vor. Gegen Mittag kamen wir dermaßen in Infanteriefeuer, dass wir nicht mehr wagten, uns zu rühren. Wir mussten stundenlang im Infanteriefeuer liegen bleiben. Gegen Abend wurde uns die freudige Mitteilung zuteil, dass wir nach zweitägigem Fasten wieder mal was zu essen bekommen sollen. Bei Nacht wurde es uns vorgebracht.

Jakob Krebs, Fey-en-Haye (Frankreich)

Um 8 Uhr müssen wir anspannen, einzelne Wagen rücken ab, wir bleiben vorläufig stehen. Pont-à-Mousson ist vom Feinde besetzt. Aber von dorther kommt heute früh Infanteriefeuer. Infanterie-Regiment 110 und unsere Abteilung beobachten Pont-à-Mousson. Das Wetter hellt sich auf. Nach 10 Uhr rücken wir aber über Villers und Vilcey, von hier aus auf steilem, schlammigem Weg nach Fey-en-Haye. Leute vom Infanterie-Regiment 40 sollen an den steilsten Punkten drücken helfen. In Fey-en-Haye bleiben wir bis gegen 5 Uhr liegen. Die 3. Batterie, der wir zugeteilt sind, nimmt einige Hundert Meter vor dem Ort Aufstellung an dem Waldrand. Es kommen dauernd Verwundete hier an. Sie werden vorläufig in der Kirche untergebracht, später aber gleich wieder weiterbefördert. Kurz vor 5 Uhr kommen noch drei Wagen, die uns Brot und Fleisch bringen. Um 5 Uhr rücken wir in die Nähe der Batterie vor und bleiben am Waldrand halten. Ein harter Kampf muss hier getobt haben, Massengräber befinden sich hier, tote Franzosen liegen noch unbeerdigt umher. In der Richtung auf Toul zu sieht man in der Luft andauernd die Sprengpunkte krepierender Geschosse. Artilleriekampf den ganzen Tag. Mit Einbruch der Dunkelheit rücken wir mit den Pferden an den Ausgang des Orts und biwakieren im Freien. Die Nacht ist hell und bitter kalt.

Georg Becker, Mörchingen, Elsaß-Lothringen

Wir sind jetzt eineinhalb Wochen untätig in dieser kleinen Garnison. Wenn wir hier die ganzen Wochen des Krieges überblicken, so hat unsere Haupttätigkeit im Warten und Nichtstun bestanden. Nur die wenigen Tage in Bensdorf und einige in Avricourt waren durch Tätigkeit ausgefüllt. Wenn man sich auch sagt, dass bei der Unterordnung des Einzelnen in die große Organisation auch manches Unverständliche seinen Zweck hat und jetzt bei der großen Schlacht wir als Reserve zurückgehalten werden, um die Feldlazarette bei dem Vorgehen abzulösen, so kann man auch dieser Aussicht auf Tätigkeit nach den bisherigen Erfahrungen nicht mit großer Hoffnung entgegensehen. Inzwischen vertreibt man sich die Zeit mit Spazierengehen, Kegeln, Kartenspielen und Lesen. Für mich kommt besonders das Erste und Letzte in Betracht. Die Memoiren der Markgräfin von Bayreuth und Lessings ›Hamburgische Dramaturgie‹ beschäftigen mich.

Donnerstag, 24. September 1914

Jakob Krebs, Villers-sous-Prény (Frankreich)

Die Bespannung von Wagen 5, 6 und 19 geht vor, kommt aber wieder leer zurück. Von Zeit zu Zeit aus Richtung Toul heftiges Artilleriefeuer. Als von unserer Seite das Feuer aufhört, bestreuen die Franzmänner von Osten her, anscheinend einer Höhe über Pont-à-Mousson, das vor uns liegende Gelände. Es wird erzählt, wir sollten hier die Stellungen nur halten, nicht vorgehen, bis Verdun gefallen sei. Gegen 6 Uhr abends rücken die Batteriebespannungen und auch wir vor, bespannen unsere Fahrzeuge und gehen mit Einbruch der Dunkelheit wieder bis Villers zurück, wo wir gegen ½ 10 Uhr ankommen und Notquartier beziehen. Unsere Pferde stehen in einer Küche.

Richard Walzer, vor Sainte-Croix (Frankreich)

Morgens 3 Uhr Vordringen auf Sainte-Croix. Wir drangen gegen Mittag in die Ortschaft ein, konnten uns jedoch nicht darin halten und mussten ca. 500 m vor die Ortschaft zurück. Sofort setzte unsere Artillerie ein und nahm den Ort zwei Stunden unter Feuer. Um 2 Uhr mittags ging es erneut wieder vor. Die Ortschaft wurde im Sturm mit dem Bajonett genommen. Stellenweise erbitterte Hauskämpfe. Wir machten 400 Gefangene. Bei Nacht Schanzen vor der Ortschaft.

Georg Becker, Mörchingen, Elsaß-Lothringen

Seit drei Tagen ist das herrlichste Wetter. Während man vorher frierend im Zimmer saß, eingehüllt in Decke und Mantel, kann man sich wieder mit Lust in der Sonne ergehen. Heute früh war ich mit Massenbacher an dem lieblichen Walleringer See. Die Zeitung bringt Näheres über den gestern schon gemeldeten Erfolg des Unterseebootes 9. Dieses mit zwanzig Mann besetzte und von einem Zweiunddreißigjährigen kommandierte Boot hat die drei englischen Panzerkreuzer Aboukir, Hogne und Cressy, je über 12000 Tons, am 22. September zum Sinken gebracht, das erste früh um 6 Uhr, das zweite drei Minuten später, das dritte um 8 Uhr. Es ist den Verfolgern entkommen. Drei Viertel der Besatzung, ungefähr 1700 Mann, sind ertrunken.

Freitag, 25. September 1914

Josef Glaser, Tomsk (Russland)

Mit den reichsdeutschen Offizieren Hauptmann Wähler und Reserveleutnant Berger sowie Reserveleutnant Marson vom 35. Feldartillerie-Regiment ins Bad gefahren, Dampf und Brausebad. Nach genau fünf Wochen die Wäsche gewechselt. Neuer Transport eingetroffen, darunter Landsturmoffiziere, die bereits an der Front waren. Das Essen wird besser, nur zu wenig Zuspeisen. Einen ausführlichen Brief nach Hause geschrieben.

Oberst a. D., Schlesien

Wir erhielten von L. einen Brief vom 13. bei Soissons, wonach dort schwere Kämpfe stattfanden, die günstig für uns verlaufen sind. Heut Vormittag traf mit dem Postboten die größte Freude ein: Der erste Brief von P. aus Le Châtelet nordöstlich Reims, wo er das erste Mal im Kriege unter Dach war und Ruhetage hatte. Er hat auch sehr schwere Zeiten durchgemacht, seine sämtlichen Offiziere verloren: einer gefallen, zwei verwundet, einer vermisst und einer krank nach Hause. Ob er überhaupt einen Offizier bei der Eskadron hat, als Ersatz, schreibt er nicht. – Soeben abends 9 Uhr kommt vom lieben P. eine Karte vom 16. September ohne Ortsangabe, worin er mir den Empfang meiner einzigen Karte, die ich an ihn geschrieben habe, anzeigt. In dieser Karte habe ich ihm Nachricht davon gegeben, dass Stollwerk Köln ihm Schokolade und Gerold Zigaretten schicken sollen. Dies war die erste Nachricht, die P. von der Heimat erhielt. Hoffentlich kommen nun auch Schokolade und Zigaretten an. Ich habe heut seit Beginn des Feldzuges den dreißigsten Brief an P. abgesandt und eine Karte. Letztere ist alles, was er bis zum 16. erhalten hat. Übrigens habe ich gestern direkt an den Postminister Kraetke geschrieben und Beschwerde über diese Lodderei geführt.

Elisabeth Schwarz, Freiburg

Nun gibt es wieder Leben und Arbeit in Hülle und Fülle. Sieben Verwundete kamen heute Nachmittag an und siebzehn am Abend direkt vom Schlachtfeld Verdun–Toul. Sie waren alle recht erschöpft und matt. Am Nachmittag habe ich etwas Ergreifendes gesehen. Am Bahnhof kam unter militärischer Begleitung von ca. zwanzig Soldaten ein Leichenwagen an. Ein Eisenbahnwagen stand schon bereit, einen Sarg aufzunehmen, der gleich herausgehoben wurde und langsam im Wagen verschwand. Als die Türen sich schlossen, stellten sich die Soldaten auf und gaben drei Ehrensalven in die Luft ab. Alles war ernst und bewegt. Der Arme war sicher in einem hiesigen Lazarett gestorben.

Richard Walzer, Craonne (Frankreich)

Bei Anbruch des Tages erneutes Vordringen auf Craonne. Nachmittags 4 Uhr Sturm auf die Höhe von Craonne und mit Einbruch der Dunkelheit Einnahme des Ortes. Wir legten uns im Ort selbst auf den Straßen hin vor Müdigkeit, ungeachtet der Artilleriebeschießung. Wir hatten heute wieder erhebliche Verluste.

Jakob Krebs, Vilcey-sur-Trey (Frankreich)

Wir rücken wieder vor. Wagen 5, 6 und 19, die über Nacht draußen waren, kommen zurück. Die 3. Batterie hat über Nacht Stellung 1 km nordöstlich Fey bezogen. Wir fahren an einem Nordwaldrand hinter der Batteriestellung auf. Im Laufe des Vormittags ziehen die Bewohner von Fey nach

Norden ab, wie ich höre, soll der Ort unsererseits zusammengeschossen werden. Gestern Abend auf der Fahrt nach Villers sahen wir die Scheinwerfer von einem Metzer Fort nach Pont-à-Mousson spielen. Heute Vormittag senden die Fortgeschütze einige Geschosse dorthin, die Detonationen sind sehr stark. Weit entfernt, in Stellung Verdun starker Kanonendonner. Das Wetter ist schön, aber kalt, es weht ein scharfer Nordostwind. Gegen Abend erhalten wir Artilleriefeuer aus Richtung Pont-à-Mousson. Schließlich wird abgespannt und Notquartier in Vilcey-sur-Trey aufgesucht.

Samstag, 26. September 1914

Richard Walzer, bei Craonelle (Frankreich)

Nachdem die Artillerie die englische Stellung bis morgens 6 Uhr beschossen hatte, drangen wir wieder vor bis zum Walde bei Craonelle. Hier entwickelte sich ein scharfes Gefecht, wobei wir mehrere 100 m wegen zu starkem Artilleriefeuer zurückgingen. Wir lagen den ganzen Tag über im Artillerie- und Maschinengewehrfeuer und hatten entsetzliche Verluste.

Sonntag, 27. September

Richard Piltz, Maizières-lès-Metz, Elsaß-Lothringen

Fast den ganzen Tag Briefe geschrieben. Auf Bahn Metz–Diedenhofen wie schon acht Tage lang große Truppentransporte nach Norden zur Verstärkung des rechten Flügels.

Jakob Krebs, bei Vilcey-sur-Trey (Frankreich)

Um 8 Uhr spannen wir an, es ist wieder einmal Sonntag. Der Kampf ist schon in vollem Gange. Die Batterie Gölers geht zurück und nimmt Stellung nördlich Villers, wir fahren östlich dahinter auf. Die Batterie soll dann, wenn das Feuer nachlässt, ihre alte Stellung wieder beziehen, wir folgen. Bei einem seitlich der Straße Vilcey–Villers liegenden Gehöft nimmt Batterie und Kolonne Aufstellung. Hier wird nun unser Munitionswagen so weit geleert, dass wir die zwanzig Geschosskörbe, die heute früh in der Feuerstellung der Batterie liegen blieben, laden können. Zwei Unteroffiziere als Führer und ein weiterer Kanonier, so ziehen wir los, um unsern brenzligen Auftrag zu erledigen. Die Batterie folgt uns und bezieht ihre Stellung vom 25. Im Trabe geht's über die Höhe, doch als ich nach dem Kirchturme von Fey Ausschau halte, ist er verschwunden, Pioniere sollen ihn niedergelegt haben. Wir kommen gut durch, die feindlichen Geschosse gehen weiter westlich in den Wald. Gegen Abend biegen wir in eine Seitenstraße ein und verbringen hier die Nacht mit bespannten Fahrzeugen.

Richard Walzer, bei Craonelle (Frankreich)

Schweres Artilleriefeuer vom frühen Morgen an, das sich gegen Mittag zum Äußersten steigerte. Ich lag mit drei Mann meiner Gruppe in einem Granatloch. Wir waren körperlich dermaßen ermattet, dass wir uns um nichts mehr kümmerten, trotzdem die englischen schweren Granaten in nächster Nähe einschlugen und die Splitter um uns herumflogen. Wir lagen den ganzen Tag in dem Granatloch. Nach Einbruch der Dunkelheit bekamen wir den Befehl uns einzugraben. Die ganze Nacht wurde geschanzt. Zeitweilen heftiges Artilleriefeuer.

Georg Becker, Truppentransport bei Erdorf

Gestern ist der Befehl gekommen, dass wir um 7.25 Uhr früh verladen werden sollen. Das Gepäck ist schon gestern in den Zug gebracht und der Wagen versiegelt worden. Um ½7 Uhr verlasse ich das Haus Neu, in dem ich vierzehn Tage gewohnt habe. Wir bekommen einen guten Zweite-Klasse-Wagen. Diesmal läuft der Zug, in dem noch die Bäckerabteilung mitfährt, fast mit Schnellzugsgeschwindigkeit. In unserem bequemen Abteil fuhren wir wie bei einer Sommerreise durch das romantische Saar- und obere Moseltal. In Trier wurden wir sehr gut in einer Kaserne abgespeist und tranken eine Flasche Mosel. Leider war es bei der weiteren Fahrt durch die Eifel schon dunkel.

Josef Glaser, Tomsk (Russland)

Anfangs trübe, später sonnig. Rheumatismus macht sich wieder bemerkbar. Die Kameraden fahren zur Kirche. Mittag den ersten Wein getrunken. Nachmittag Spaziergang in die Stadt gemacht. Lebhafter Bummel auf der Poststraße. Das Aussehen der Straße sowie die Kleidung der Leute macht keinen asiatischen Eindruck. Das lebhafte Kokettieren mit der Weiblichkeit ruft in mir die Befürchtung wach, dass unsere Bewegungsfreiheit darunter leiden könne. Der Versuch, im Hotel Russie zu Abend zu essen, scheitert, da uns dort erklärt wird, dass wir nur in Begleitung eines russischen Offiziers das Hotel betreten dürfen. Missgestimmt in unser Quartier gefahren.

Montag, 28. September 1914

Clara und Josephine Bohn, Ingersheim, Elsaß-Lothringen

Dieses Jahr ist kein besonders gutes Weinjahr. Die meisten Reben sind umgelegt.

Hilde Grapow, Kassel

Jetzt erfährt man nur wenig Neues vom französischen Kriegsschauplatz. Es geht immer hin und her. Man glaubt, dass jetzt bald die Entscheidung kommen wird! Hoffentlich!! Die Engländer schimpfen! Es ist herrlich! Ein Unterseeboot von uns, U 9, hat neulich drei englische Panzerkreuzer zum Sinken gebracht! Es ist famos!!! Das haben sich die Engländer auch nicht träumen lassen! Das kommt davon, wenn man sich mit Deutschland einlässt! Zwischen Österreichern und Russen geht es bei Lemberg schon seit einiger Zeit hin und her. Die Österreicher können offenbar gegen eine riesige Übermacht nicht an. Sie haben es furchtbar schwer! Jetzt ist unser General von Hindenburg auf der Reise dorthin, nachdem er die Russen aus Ostpreußen ganz verjagt hat. Hoffentlich bringt der ordentlich Zug in die Sache! – Gestern ist Ludwig gekommen. Er war verwundet und lag in Saarburg, da hat ihn Erika (seine kriegsgetraute Frau) hergeholt. Er hatte einen Schuss ins Knie, einen in den Fuß, und den dritten Granatsplitter hat er in der Geldtasche gefunden! Er hat sie uns gezeigt. Ein ganz kleines Loch war in der Geldtasche. Der Granatsplitter hatte sich tief in ein 3-Mark-Stück gebohrt, und an der Kante eines 2-Mark-Stückes war er vorbeigegangen. Ludwig zeigte uns das Geld und den Granatsplitter, der viel kleiner ist, als ich dachte, aber ganz scharf und zackig. Es ist doch famos, dass der Splitter in das Geldstück gegangen ist, sonst hätte es womöglich einen Beckenschuss gegeben, was doch sehr schlimm ist! Es ist einfach herrlich! Ludwig konnte schon an Stock und Krücke ganz gut gehen. Es wird gewiss bald wieder gut sein! Erika war natürlich selig, dass Ludwig hier ist. Er möchte aber so bald wie möglich wieder hinaus wie alle Verwundeten, damit die anderen nicht ohne sie alles allein fertigmachen. Es ist wundervoll!

Otto Gehrke, bei Moronvilliers (Frankreich)

Feindliche Artillerie schoss andauernd. Füße ziemlich kalt. Mit Zeltbahn bedeckt, am Unterstand geschlafen. Wird mit einem Mal beim Essen gesagt, dass ich auf einem toten Kameraden sitze, welcher mit Reisern bedeckt. ½5 Uhr zurück zum Hexenkessel, hier ein atembeklemmender, penetranter Geruch, welcher sich schwer auf die Nerven legt. Unsere Artillerie schießt flott. 9 Uhr kommen feindliche Grüße. Liegen aneinandergekauert im Unterstand. Wetter windig, unbeständig und kalt. Essen schon wieder knapp. 11 Uhr zwei Infanterieleutnants begraben, sehr feierlich. Mir wurde sehr trüb um die Augen. Nachmittags Drahtsuchen im beschossenen Gelände, ein Unsinn.

Dienstag, 29. September 1914

Georg Becker, Truppentransport bei Landen (Belgien)

Morgens um ½7 Uhr erwacht man in Belgien. Die Backsteinbauten, die Fenster mit den Rollgardinen bis auf einen Spalt verhängt, die schwarzen Dächer bieten ein neues Bild. Eine Grube mit aufgehäuftem Schieferberg lässt das Industrieland ahnen. Auf der Karte sieht man, dass man direkt vor Lüttich ist. Langsam fährt man weiter in die Großstadt ein. Bayrische Soldaten haben die Wache an der Strecke, die Würzburger unter uns begrüßen ihre Landsleute. In der Morgensonne liegt die Stadt, hier und da fährt eine Elektrische, die an der Peripherie sind fast leer. Ein Vizefeldwebel erzählt uns, dass sie schon fünf Wochen hier sind. Im Bahnhof Lüttich allein seien 1800 Deutsche zur Bewachung. In der Stadt sei die Bevölkerung jetzt ruhig. Manche Geschäfte, besonders ein großes Kaufhaus, hätten viel zu tun, man könne dort jederzeit wechseln. Als wir im Hauptbahnhof Lüttich standen, sahen wir einen Zug, französischer Wagen mit erbeuteten englischen Geschützen, auf belgischen Schienen einfahren! Beim Weiterfahren sah man noch in der Stadt die großen Kohlengruben mit Kohlenwäscherei. Direkt hinter dem Bahnhof geht die Strecke steil aufwärts mit einer Steigung von 38:100. Von

Lüttich fahren wir nach kurzem, erfrischendem Aufenthalt über Montegnée, Remicourt, Waremme vorbei an Gingelon nach der Erfrischungsstation Landen (5.45 Uhr). Es war eine Massenabfütterung. In der Halle waren an diesem Tage 24 000 Portionen verabreicht worden.

Marie Kettler, Fourmies (Frankreich)

Zu fünf Schwestern nach Fourmies geschickt, drei für die Verbandsplätze, Schwester Philippine und ich ins Lazarett, wo bislang französische Damen und Schwestern gearbeitet haben. Aber der schlechten Verpflegung wegen und auch des Verständigens halber sind wir gerufen. O, diese Freude bei den Soldaten, sie klatschten in die Hände und riefen: »Gott sei Dank, deutsche Schwestern.« Augenblicklich sind's achtzig Kranke, nur zwei Franzosen. Es ist große Aufregung unter dem französischen Personal über uns, an allen Ecken stehen sie zusammen. Aber wir gehen im Verein mit unsern deutschen Ärzten sicher vor, und die Kranken sind glücklich.

Richard Walzer, bei Craonelle (Frankreich)

Stellung. Unsere ausgehobenen Gräben sind fast eingeebnet. Heute in aller Frühe erhielten wir eiserne Portionen vor, nachdem wir seit 25. früh nichts mehr gegessen hatten. Ich war vollständig erschöpft. Mit Einbruch der Dunkelheit wurde ich abgelöst und begab mich zurück zum Bataillon, um mich untersuchen zu lassen.

Jakob Krebs, bei Villers-sous-Prény (Frankreich)

Wir fahren mit Wagen 22 und 10 auf die Höhe, wir ziehen unsere Gespanne ins Dorf zurück und lösen die andern um 1 Uhr ab. Vor uns ziemlich ruhig, die rechts von uns stehende 2. Abteilung feuert lebhaft, auch von Westen her schweres Artilleriefeuer. Um 7 Uhr abends ziehen wir ins Dorf, müssen die Pferde aber unter freiem Himmel stehen lassen im Schulhof. Wir Fahrer ziehen auf Wache, zum ersten Male liegen wir wieder einmal auf einem Bett, allerdings mit Kleidern.

Mittwoch, 30. September 1914

Friedrich Link, Kirchen

Seit 20. September auf Festung nichts Neues, es wird etwas langweilig. Am 25. September komme ich zum Landsturm-Kommando nach Kirchen, wo zwei Bataillone elsässischer Landsturm zusammengesetzt werden. Diese wurden zum Teil von Franzosen eingezogen. Inzwischen sind täglich kleine Gefechte bei Waldighoffen, Bisel und Thann.

Richard Piltz, Maizières-lès-Metz, Elsaß-Lothringen

Technischer Dienst bei gutem Wetter. Am Nachmittag zugeschaut, wie auf dem Thyssenschen Schlackenberge Schlacke ausgegossen wurde. Es kamen meist vier große Kübel zu je 9 m^3 Inhalt, die nacheinander die glühende Masse den etwa 8 m hohen Abhang herunterschütteten. Großartiger, rot glühender »Wasserfall«. Wird die Schlacke nachts ausgegossen, so wird die ganze Gegend hell erleuchtet. Die Stellung in Maizières, die wir aufzubauen haben, bezweckt den Schutz des Bahnhofes und der Moselhütte. Das ca. 2 km lange, 8 m breite Drahthindernis zieht sich an den Bahndämmen der Moselhütte hin, überschreitet den einen, zieht sich über den Schlackenberg hinweg nach dem Bahnhof hinüber und umzieht diesen in großem Halbkreise. Hinter dem Riesendrahthindernis liegen verschiedentlich Schützengräben mit Verbindungsgräben, Unterschlupfen etc.

Max Schmidt, Truppentransport
bei Guignicourt (Frankreich)

Wir werden in Guignicourt verladen. Hier sehen wir zum ersten Mal wieder deutsche Eisenbahnen, deutsche Eisenbahnbeamte. Das mutet heimatlich an! Deutsche Rote-Kreuz-Schwestern, die die Verwundeten in einem Lazarettzuge betreuen! Bald nach der Verladung geht es ab.

Gertrud Blanckenhorn, Kassel

Als Helferin bei der Verbandstation Wilhelmshöhe. Leider ist der Betrieb unregelmäßig, trotzdem müssen wir immer zur Verfügung stehen. Alle fünf Tage zwölf Stunden Tag- und Nachtdienst zu je vier Helferinnen, zwischendurch werden wir durch Fernspruch geholt. Ich werde wohl kaum mehr Tagebuch schreiben. Das Geschichtliche behalte ich im Kopf und die Gefühle am besten auch.

Adolph Mathaei, Cuxhaven

Als unsere Spannung Heinis wegen den höchsten Grad erreicht hatte und uns auch schon in unseren Träumen die schrecklichsten Bilder quälten, kam von ihm endlich Nachricht, zwar betrübende, aber doch gnädige, die wir gegenüber den ernsteren Befürchtungen mit Dank gegen Gott hinnahmen. Heini war schon am 6. September, also wohl bei den plötzlich mit überlegenen Streitkräften ausgeführten Angriffen der Verbündeten an der Marne, durch einen Schuss in den rechten Oberarm verwundet worden und dann bei der Rückwärtsbewegung unserer Truppen in französische Kriegsgefangenschaft geraten. Dass er am 19., also fast vierzehn Tage nach der Verwundung, einen kurzen Brief hatte schreiben können, lässt uns hoffen, dass die Wunde gut heilt. Aber welche Entbehrungen und welche Langeweile mag er während einer langen Gefangenschaft noch durchzumachen haben! Er befindet sich in Forteresse de Blaye bei Bordeaux.

Carl Emil Werner, Freiburg

Das Geschäft, die Herrenabteilung natürlich vor allem, geht sehr lebhaft, und dabei fehlt so vieles, was man täglich verkaufen könnte. Wasserdichte Sachen und Wollsachen sind kaum zu bekommen, Regenhaut, Lederwesten, Strickwesten, Trikotagen aus Strickgarn, Leibbinden, Kniewärmer, Ohrenschützer, Schlauchmützen, Handschuhe sind zum Teil gar nicht, zum Teil ungenügend zu beschaffen. Alle Lieferanten sind scheint's von der Militärbehörde direkt in Anspruch genommen und lehnen Aufträge ab, teils auch aus Materialmangel, der natürlich immer größer wird. Schwer hält's auch mit Feldflaschen, Schlafsäcken etc. Eine riesige Korrespondenz täglich ohne greifbare Resultate. Im Personal haben wir alles beim Alten gelassen, nur die entstandenen Lücken bis jetzt nicht aufgefüllt. Martha versieht den Expedientenposten, Ida arbeitet sich für alle Fälle im Büro ein und ist in der Konfektion. – Die Kriegsanleihe hatte ein Zeichnungsergebnis von 4½ Milliarden! Heute habe ich auch die 1000 aus meinem Sparbuch abschreiben lassen, mit denen ich mich beteiligte. Vater nahm 5000, mehr traute er sich nicht wegen Idas Angelegenheiten. Und das Geschäft muss flüssige Mittel haben, wo jetzt alle wichtigen Artikel sofort gezahlt werden müssen. So allmählich bekommen wir doch alle anfänglich annullierten Waren herein. Unsere Reichsbank und alle Großbanken haben bis jetzt tadellos gearbeitet. Natürlich gibt es fast nur noch Papiergeld in der Kasse, da das Reich alles Gold zur Notendeckung und Zahlungen will. Wir haben noch einen eisernen Bestand von ca. 1400.

Donnerstag, 1. Oktober 1914

Jakob Krebs, Jaulny (Frankreich)

Die Nacht war kalt, morgens kommen Leute und Pferde als Ersatz. Ich tausche ein anderes Sattelpferd ein. Wir spannen um 12 Uhr an und bleiben bis 5 Uhr halten. Der Großherzog von Baden ist in Jaulny und begrüßt die einzelnen Truppenteile. An uns fährt er auf dem Marsch vorbei, der uns über Rembercourt, Onville, Arnaville, Novéant, Moselbrücke, Corny und Marly führt.

Richard Piltz, Maizières-lès-Metz, Elsaß-Lothringen
Vormittags technischer Dienst. Am Nachmittag Exerzieren. Wir erhielten das langersehnte Gehalt, so dass ich meine Schulden bezahlen konnte, die ich wegen Anschaffung meiner neuen Kriegsgarnitur gemacht hatte.

Freitag, 2. Oktober 1914

Clara und Josephine Bohn, Ingersheim, Elsaß-Lothringen
Unser Nachbar Schillinger Jerome erhielt die Trauernachricht, dass sein Sohn Felix den Heldentod fürs Vaterland gestorben ist. Er erlag einer schweren Verwundung in Hannover.

Elisabeth Schwarz, Freiburg
Der Kreuzer Karlsruhe hat sieben englische Dampfer versenkt. Schwere Niederlage der Serben in Südkroatien. Im Lazarett ist es eben ziemlich ruhig. Neue Verletzte sind nur wenige angekommen, wir haben zurzeit nur noch fünfzehn Leute. Dagegen sind wieder fünfzig neue Franzosen eingeliefert worden, die nun alle in unserm Gang »herumwuseln«. Die Franzosen sind teilweise traurige Gestalten, klein und zart, nur einige davon sind groß und breit gewachsen. Drei bis vier laufen auch mit amputierten Gliedmaßen rum, ein trauriger Anblick. Einige können ganz gut Deutsch, darunter ein Student aus Paris.

Paula Busse, Bensberg bei Köln
Die Schlachten stehen immer noch für uns zwar ganz günstig, aber die Feinde sind hartnäckig und tapfer. Frankreich weiß, dass es um sein Letztes kämpft! Walter ist nach drei

Tagen und drei Nächten Eisenbahnfahrt und drei Tagesmärschen in Vouziers angekommen. Abends kam eine Karte, recht traurigen Inhalts: So ist er denn mittendrin in der Schlacht. Seitdem sind nun schon sechs Tage vergangen, was kann da alles passiert sein! Es ist ja solch qualvoller Gedanke, ihn frieren, hungern und dursten zu wissen.

Richard Piltz, Maizières-lès-Metz, Elsaß-Lothringen

Früh musste ich die Kompanie auf einem vierstündigen Übungsmarsche führen. Zwischendurch machten wir ein einstündiges Gefecht. Ich spielte dabei Kompanieführer und Schiedsrichter. Ich zu Pferd.

Jakob Krebs, Peltre, Elsaß-Lothringen

Dem Vernehmen nach werden wir verladen, der eine sagt nach Belgien, der andere nach Russland, der Dritte nach dem Elsaß, wieder andere nach Paris – abwarten. Um 10 Uhr Löhnungsappell. Um 2 Uhr Antreten. Wir marschieren zum jenseitigen Ortsausgang, wo der Großherzog hinkommen soll. Der hohe Herr ist schon vorher da, und wir müssen einen großen Teil des Weges im Laufschritt zurücklegen. Der Großherzog dankt den Truppen für ihre Leistungen, ehrt die Gefallenen und spricht die Hoffnung aus, dass das Armeekorps sich weiter gut schlagen wird. Es werden je drei Hurras auf den Kaiser und den Großherzog ausgebracht. Dann werden die mit dem Eisernen Kreuz Dekorierten vorgestellt.

Georg Becker, Saint-Quentin (Frankreich)

Um 1 Uhr fahren wir in den Bahnhof Saint-Quentin. Ein prachtvolles Stadtbild bietet sich uns dar. Die Stadt wird beherrscht von der Kathedrale, einem edlen Frühgotikbau. Der Turmunterbau ist mit einem Barockabschluss in Höhe des Giebelsimses versehen. Adjutant Leuchs wird vorausgeschickt in die Stadt, Quartier zu machen. Die Bäckerkolonne, die mit uns im Zug war, musste wieder nach Cambrai zurück, sie war hier zu weit vorgerückt. Auch von uns schien niemand etwas zu wissen und uns niemand zu erwarten. Um 6 Uhr kam der Adjutant mit Quartierschein zurück. Ich bezog zusammen mit Herrn Müller eines in der Rue Charles Rogier 10. Der Empfang, der uns in dem Haus mit verschlossenen Läden zuteilwurde, war anfangs kühl und renitent. Bald waren die Bewohner, ein älteres Ehepaar mit einem erwachsenen Sohn, entgegenkommender, als sie sahen, dass wir gute Leute waren. Wir erhielten zwei ineinandergehende Zimmer und die Burschen wurden auf der Mansarde gut untergebracht. Am Abend saßen wir in einem kleinen Restaurant zusammen. Die Straßen ganz verlassen und ruhig.

Samstag, 3. Oktober 1914

Clara und Josephine Bohn, Ingersheim, Elsaß-Lothringen
Die Familie Eschbach Ignace erhielt ein Telegramm, dass ihr Sohn Étienne den Tod fürs Vaterland gestorben ist. Er starb im Lazarett zu Dresden am Starrkrampf, nachdem er in der Schlacht bei Lunéville schwer verwundet worden war. – Zu bemerken ist, dass die Waren bedeutend steigen: Zum Beispiel 1 Pfund Salz kostet 15 Pfennig, 1 Liter Petrol 30 Pfennig, ein Paket Zucker 1,75 Mark.

Freifrau von Wertheim, Coburg
Von Siegfried bekam ich einen ziemlich traurigen Brief, sein Bataillon ist von Oppenheim nach Alsheim und vier anderen Orten verlegt worden. Er hatte sich so auf den Termin gefreut, dass sein Dienheimer Rekrutendepot zu seinen Landwehrkompanien nach Oppenheim käme, und nun ist alles zerstreuter als vorher. Hier im Hause ist nichts Neues: Viel Ungehorsam, viel Widerspruch von den Großen, dazwischen viel Freude an ihnen und den Klei-

nen und immer, immer Sehnsucht nach dir, mein heißgeliebter Mann.

Josef Glaser, Tomsk (Russland)

Um 3 Uhr ausgezogen. Matratzen und Körbe in Wagen nachgefahren. Die Kaserne liegt in der Nähe des Bahnhofes Tomsk II und besteht aus einer großen Anzahl neuer, im Rohziegelbau gehaltener Gebäude. Die Ostfront wird von drei Offiziersgebäuden abgeschlossen, von denen das mittlere von uns bezogen wird. Im zweiten Stock untergebracht. Hauptmann Mittermeyer und Linke beziehen ein nach Westen gelegenes Zimmer. Luft hat für sich, Unger und mich ein Zimmer an der Ostseite gewählt. Die Zimmer waren noch nicht bezogen, sind tapeziert, gestrichen, mit guten Doppelfenstern versehen und befriedigen uns weit über alle Erwartung. Bequem gelegener, sauberer Abort ist vorhanden. Große, gute Öfen. Nach Osten Ausblick auf einen ausgedehnten Birkenwald. Gegen Abend erhalten wir Mannschaftsbetten, eiserne Winkeleisengestelle.

Sonntag, 4. Oktober 1914

Milly Haake, Hamm

Ja, wieder ein Sieg über die Russen nach zweitägigem Kampf bei Augustów. 2000 Gefangene. Jubeln kann ich nicht. Es liegt ein Druck auf mir. Heute Morgen war ich drüben auf dem Schützenhof. Muttel schickte mich hin mit einem Schüsselchen voll Apfelbrei und Eiweiß. Da liegt so ein armer Verwundeter. Er kann nichts vertragen. Ich wusste gar nicht, wo ich hin sollte. Ein Kellner zeigte mir ein Zimmer. Dahinein ging ich. Huh, es roch so schrecklich da, und dann lauter weiße Binden und allerlei Geräte. In der Mitte stand eine weiße Bahre. Niemand war zu finden. Da klang plötzlich von nebenan ein Schrei, durchdringend.

Ach, unsre armen Verwundeten. Ich möchte ihnen so gern etwas Liebes erweisen. Wir sind ihnen ja alle so dankbar. Ja, wir müssen ja siegen. O, ich kann mich begeistern für unsre Truppen, unsre tapfern Truppen. Hurra!

Hedwig Vogel, Berlin

Ereignisreiche Monate liegen hinter uns, seit ich zum letzten Male hier einschrieb. Jetzt haben wir nun Krieg mit sieben Staaten. Gott gebe uns den Sieg und ehrenvollen Frieden! Uns und unseren Kindern geht es, Gott sei Dank, gut. Aber es gibt viel Not in Berlin, die durch Arbeitslosigkeit hervorgerufen ist. Viele Arbeiter sind aus den Fabriken entlassen und finden keine Arbeit. Zum Glück sind die Lebensmittel nicht sonderlich teuer, dafür hat die militärische Verwaltung gesorgt. Heinz und Mechthild haben sehr gute Zensuren mit nach Hause gebracht. Ilse ist versetzt und auch Gertrauts Leistungen sind gut in der Schule. Sie schreibt und zeichnet sehr niedlich. Gotthard ist aller Liebling. Er singt mit Begeisterung: ›Heil dir im Siegerkranz, Herr*schaft* des Vaterlands‹ und ›Deutschland, Deutschland über alles‹.

Richard Piltz, Savonnières en Woëvre (Frankreich)

Weitermarsch, ich zu Pferd, über Dampvitoux, Saint-Benoît (Schloss), Vigneulles, Heudicourt, Chaillon, Savonnières. Im Ganzen etwa 50 km. Bei weiterem Vormarsch mehrten sich die Zeichen des Krieges. Vigneulles, ein Städtchen von schätzungsweise 5000 Einwohnern, machte einen grauenhaften Eindruck, da vier Fünftel eingeschossen und verbrannt.

Georg Becker, Nesle (Frankreich)

Unsere Aufgabe ist, das Feldlazarett 10 in der Kirche abzulösen. Die Kirche ist ein schöner romanischer Bau. In ihren kühlen drei Schiffen lagen 83 Kranke, die innerlich Kranken im Chor. Schrecklich sollte sich wieder der alte

Jammer unserer Organisation bei der Übernahme des Lazaretts zeigen. Wir kamen entsprechend der Vorschrift der Kriegssanitätsordnung mit vollkommen leeren Händen. Das Feldlazarett musste am nächsten Tag marschbereit sein. Es konnte mit dem Abrücken nicht warten, bis die Bestände aus dem Sanitätsdepot ergänzt waren. Sie nahmen alles mit, was sie konnten. Sogar die zweiten Decken wurden den Verwundeten vom Leibe genommen. So ließen sie uns die Kranken, ohne dass wir etwas Watte oder eine Binde hatten. Zum Glück hatte die Gruppe Simon entgegen dem Befehl des Generaloberarztes Ehehalt reichlich Material mitgenommen und konnte etwas abgeben. In vier Reihen lagen die größtenteils Schwerverwundeten in der Kirche auf den Matratzen. Mit übernommen wurden von uns vier französische Gefangene, die als Krankenträger tätig waren. So merkwürdig es einen anfangs berührte, diese frei herumgehen zu sehen, so nützlich zeigten sie sich, da sie sehr fleißig waren, ordentlich zugriffen und besonders bei der Pflege der vielen französischen Verwundeten sich unentbehrlich machten.

Montag, 5. Oktober 1914

Richard Piltz, Forêt d'Apremont (Frankreich)

Abmarsch zum Stabe des Regiments 19 der 5. Bayerischen Infanterie-Division, den wir im dichten Wald etwa 4 km östlich Saint-Mihiel um 10 Uhr fanden. Kamen unmittelbar an feuernden schweren 15-cm-Haubitzen vorbei. Wir stiegen deshalb ab. Zug Busse wird Infanterie-Regiment 7, Zug Rein 2. Infanterie-Regiment 19, ich mit meinem Halbzug, drei Unteroffiziere und 22 Mann, 1. Infanterie-Regiment 19 zugeteilt. In dem Wald Forêt d'Apremont, in dem die Stellungen der 5. Bayerischen Division sich befanden, war jetzt ununterbrochen Artilleriefeuer. Der Wald war durch starkes Unterholz ganz unübersichtlich. Die Schützen hatten sich in einzelnen Höhen tief eingegraben. Der Feind, nur wenige Hundert Meter nach vorn liegend, war nicht zu erkennen. Teilweise schätzte man Entfernung vom Feind auf nur 50 m. Die Pioniere wurden mit Handgranaten, je drei Sprengkörper auf einem Brett mit Handgriff, ausgestattet. Diese wurden im Depot unserer Kompanie, das in der Nähe des Regimentsstabes lag, angefertigt. Hauptmann Wehner, Kommandeur meines Infanterie-Regiments 19, erzählte mir, dass in vergangener Nacht sein Adjutant und ein Einjähriger, die in der Dunkelheit vor die eigene Front gekommen waren, vom eigenen Gewehrfeuer gefallen seien. Abends wollte ich zum Schützengraben der 3. Kompanie Infanterie-Regiment 19 vor, um die Nacht dort zu verbringen. Ich unterließ es nach längeren Erörterungen mit Hauptmann Wehner: 1. da ich kein Gewehr auftreiben konnte, 2. da befürchtet wurde, dass ich trotz kundiger Führung vor die eigenen Schützengräben geraten könnte, 3. weil Hauptmann Wehner und ein Kompanieführer mein beabsichtigtes Unterfangen als nutzlose Gefährdung meines Lebens bezeichneten.

Dienstag, 6. Oktober 1914

Josef Glaser, Tomsk (Russland)

Sonnig. Etwas die Umgebung abgelaufen. Gegen die Bahnhofstraße zu werden Erdhütten errichtet, wozu die Kriegsgefangenen verwendet werden. Von der Südseite der Kaserne genießt man einen schönen Blick auf die Stadt. Die Kirchenkuppeln glänzen im Sonnenschein. Die erhöht gelegene Universität fällt ins Auge. Der Schornstein einer Ziegelei mutet heimatlich an. Zehn Minuten südlich der Kaserne schlängelt sich in einem schmalen Tale ein kleiner Fluss dahin, an dessen Ufer eine kleine Wasserpumpstation liegt. Eine stattliche Viehherde zählt zu den täglichen Besuchern des Tales.

Marie Kettler, Fourmies (Frankreich)

Haben diese Tage schon viel erlebt, manches, was ich nicht den Blättern anvertrauen will. Es ist eben Kriegszeit, und das schließt eben zu viel Schweres in sich. Beerdigung von einem Verwundeten und einem Flecktyphus: Sie wurden ohne Sarg nur in dem weißen Leinentuch, was freilich mit Blumen besteckt war, beerdigt. Der Curé, Schwester Philippine, ich, zwei französische Schwestern, eine Gewehrabteilung von sechs Mann mit Unteroffizier und, wer von unsern Soldaten so weit gehen konnte, ging hinter diesem Leichenwagen her, ein Anblick zum Gotterbarmen. Auf dem Friedhof betete der Curé ein lateinisches Gebet. Unsere Soldaten sangen ›Morgenrot‹, dann ›Auferstehen, ja auferstehen‹ und dann ›Ich hatt' einen Kameraden‹. Der Curé forderte zu einem stillen Paternoster auf, und dann gingen alle sehr bewegt nach Haus, auch die schaulustige Menge Franzosen.

Jakob Krebs, bei Rumegies (Frankreich)

Um 5 Uhr früh werden wir in Mons (Bergen) ausgeladen. Auf dem Place Léopold vor dem Bahnhof fahren wir auf und werden gleich von Verkäufern aller Art umringt, ich erstehe eine Flasche Wein, zwei Kuchen und zwei Glas Milch. Mons scheint eine größere Stadt zu sein. Auf der Straße nach Valenciennes fahren wir weiter, an zahlreichen Kohlenzechen mit hohen Schutthalden vorbei. Die Gegend ist eben und dicht bevölkert. Längs der Straße hohe Ulmen und kanadische Pappeln. Kurz vor der Grenze biegen wir rechts ab und beziehen um ½ 2 Uhr Quartier in einem kleinen, sauberen belgischen Dorf. Kurz nach 3 Uhr wieder alarmiert, marschieren wir über Fresnes, Saint-Amand und beziehen gegen 11 Uhr Notquartier bei Rumegies.

Richard Piltz, Forêt d'Apremont (Frankreich)

Die ganze Nacht im Schützengraben periodisch wütendes Gewehrfeuer, das zeitweise zum Wechsel von Einzelschüssen abflaute. Darüber sausten nach allen Richtungen Granaten, ohne dass unsere Stellung von diesen belästigt wurde. Das Schlachtengeräusch war oft ohrenbetäubend, besonders da in dem dichten Wald das Aufschlagen der Geschosse auf dem Holze scharfe und helle Knalle erzeugte. Wetter klarte sich auf. Ging vorsichtig die Stellungen der drei Kompanien ab, nachdem mir mitgeteilt war, dass von 9 Uhr ab Bereitschaft zu allgemeinem Vorrücken zu halten sei. Der Tag verging mit Warten auf helleres Wetter bis 5½ Uhr, als Infanterie-Regiment 17 mit Angriff einsetzte. Nach scharfer Auseinandersetzung mit Oberst Drausnick vom Infanterie-Regiment 19 rückten auch wir vor. Ich befand mich beim Stabe des Infanterie-Regiments 19 bei Hauptmann Wehner und Adjutant Leutnant Rockstroh und rückte mit der 2. Kompanie vor, mit mir ein Unteroffizier und elf Pioniere. Mit uns die Fahne, Fahnenträger, vier Gefechtsordonnanzen für die Kompanie in vorderster Linie. Stab befand sich bei 2. Kompanie. Bei einsetzender Dunkelheit überschritten wir den Schützengraben und mussten durch das vor ihm liegende Dickicht ins Ungewisse vor. Bald erhielten wir aus großer Nähe scharfes Infanterie- und Maschinengewehrfeuer. Allgemeines Hinlegen. Man machte sich so klein wie möglich und ließ sich stundenlang beschießen. Meine Pioniere hatten ohne Erfolg verschiedene Handgranaten gegen ein Maschinengewehr geschleudert. Beim Vordringen wurde Unteroffizier Schlott erschossen, die Gefreiten Bock und Gade verwundet, Kaufhold desgleichen. Bei den Pionieren dieser Kompanie viel Verlust in Anbetracht dessen, dass sich nur ein Unteroffizier und elf Mann bei der 2. Kompanie befunden hatten. Die Situation im Dickicht war äußerst ungemütlich. Das Schießen des Feindes hörte nach und nach auf. Der Bataillonsstab zog sich nach eineinhalb Stunden einzeln nach der früheren Stellung zurück. Im Ganzen war es uns gelungen, etwa 150 m vorzudringen.

Mittwoch, 7. Oktober 1914

Josef Glaser, Tomsk (Russland)

Der Weg an der Ostfront der Kaserne dient als Offizierspromenade. Im Kasernenhofe herrscht meist ein reges Leben, da ununterbrochen Leute eingekleidet und abtransportiert werden. Den österreichischen Offizieren wird der Verkehr mit den russischen Damen verboten. Nach einem Gerücht sollen die Vereinigten Staaten von Nordamerika an Japan ein Ultimatum gerichtet haben.

Richard Piltz, Forêt d'Apremont (Frankreich)

Das Übernachten im engen Schützengraben bei unbedecktem Himmel und ohne Stroh war recht ungemütlich, dabei heftiges Granatfeuer. Ich hatte weder Umhang noch Waffe und Handmüffchen. Einige Grad kalt. Am Vormittag etwa ab 6 Uhr wurde der Angriff erwidert. Es gelang uns, weitere 100 m vorzudringen. Dann wieder Eingraben, was beim heftigen Gewehrfeuer der Franzosen schwierig war. Der Stab nistete sich etwa 100 m hinter der Schützenlinie ein. Am Nachmittag erhielten wir nicht nur Feuer von hinten, sondern auch heftiges Flankenfeuer, so dass wir immer auf dem Rücken liegen mussten. Erst im Laufe des Nachmittags warfen Pioniere einen Erdwall zu unserem Schutze auf, der abends wenigstens so weit gediehen war, dass wir ohne Gefahr schlafen konnten. Am Nachmittag schrieb ich an Loni auf dem Rücken liegend einen Brief, riskierte jedoch oft, dass mir die in die Luft erhobenen Hände abgeknipst wurden.

Donnerstag, 8. Oktober 1914

Josef Glaser, Tomsk (Russland)

Prächtiges Herbstwetter. Körperliches Befinden gut. Mit Luft den Fischmarkt besucht, für 30 Kopeken einen Hecht erstanden, abends gebacken. Nach russischen Zeitungen sollen die Russen 90 km vor Budapest stehen. Kaiser Franz Joseph hat sich an den Papst um Friedensvermittlung gewendet.

Elisabeth Schwarz, Freiburg

Heute haben Ella und ich einen kleinen Nachmittagsausflug unternommen. Die Nessellach war unser Ziel. Ein wunderbarer Herbsttag war's, goldene Sonne überall. Tiefer Frieden überall auf den Höhen, da, auf einmal hören wir deutlich ein dumpfes Dröhnen und noch eins und noch eins! Artilleriefeuer vom Elsaß herüber!! Eine lange Zeit konnte man das eintönige »Bumbum« hören, es machte einen grausamen Eindruck in dieser friedlichen Einsamkeit. – Die Belagerung von Antwerpen dauert an, schreitet gewaltig fort. Die Not in der Stadt ist groß, viele Leute flüchten nach Ostende. S 116 in den Grund gebohrt durch einen englischen Torpedo. England versucht, Portugal gegen Deutschland aufzuhetzen. Österreichische Siege im Osten. Die Flucht König Alberts aus Antwerpen. Düsseldorfer Luftschiffhalle sowie Hülle des Zeppelins durch Bomben beschädigt.

Richard Piltz, Forêt d'Apremont (Frankreich)

Unter dem schönen Sternenhimmel kreuzten die Granaten hin und her. Viele Sternschnuppen mit vielen guten Wünschen meinerseits für die Meinen daheim. Eine Schar Kraniche zog schreiend über uns hinweg. An Schlaf wenig zu denken. Im Laufe des Tages drang ich meist kriechend durchs Dickicht nach der Feuerlinie der 2. Kompanie vor. Wurde dabei sehr heftig beschossen. Trotzdem ich mich platt auf den Bauch legte, wurde ich mit mindestens zwanzig Schüssen beehrt, die zum Teil so dicht an meinem Kopf ins Gestrüpp sausten, dass ich nicht mehr gut hören konnte und Ohrenklingeln bekam. Vormittag ging ich auf kurze Zeit zur 5 km entfernten Kompanie und schrieb dort den Brief an Loni fertig. Am Nachmittag vertieften wir unser Stabslager noch tüchtig, um vor feindlichem Feuer sicher zu sein. Die vorn liegenden Kompanien hatten viele Verluste, besonders beim Vorbringen von Essen, Trinken und Munition. Der Feind, der zuerst meist zu hoch geschossen hatte, schoss sich bald unangenehm gut auf uns ein.

Jakob Krebs, bei Carvin (Frankreich)

Wir nähern uns immer mehr dem starken Kanonendonner. An Kohlenzechen und Arbeiterkolonien vorbei kommen wir bis Carvin und holen hinter dem Dorfe unsere Abteilung ein, die in Stellung geht. Hinter einem einzeln stehenden Haus fahren wir in Deckung. Nach uns kommt die 11. Abteilung und geht in Stellung. Unsere Abteilung feuert. Bei einem Stellungswechsel gerät die 5. Batterie in feindliches Feuer, sie soll zwei Tote und siebzehn Verwundete haben. Die 1. und 2. Batterie haben drei und zwei Tote, wir müssen morgen früh sechs Kanoniere abgeben. Unsere ganze Brigade steht hier. Unsere ganze Infanterie geht abends vor. Wir geben ziemlich Munition ab.

Georg Becker, Nesle (Frankreich)

Da die Kirche kalt und dunkel war, zogen wir am Dienstag in das Schulhaus über. In den sieben geräumigen Sälen des Parterres und einzelnen Zimmern des ersten Stocks fanden wir ausgiebig Platz. Der große Ecksaal am linken Flügel wurde als Operations- und Verbandsaal, zugleich als Apotheke eingerichtet. Ich wurde zum Ordinierenden der chirurgischen Station ernannt. Wir arbeiteten als richtiges Feldlazarett. In Autos oder auf Wagen wurden uns die frisch Verwundeten vom Truppenverbandplatz direkt zugeführt, so dass sie im Hof auf Stroh gebettet werden mussten und dort in der Sonne lagen, bis wir sie drannehmen konnten. Nur die schwersten Fälle konnten wir dabehalten. Bei manchen wurde nur ein Verband angelegt und sie zum Weitertransport an die Bahn gebracht. Infolge davon hatten wir viele Todesfälle, fünf bis sechs am Tage. Die Toten wurden hier alle eingesargt, ein Schreiner hatte den ganzen Tag zu tun, einfache Holzsärge zu verfertigen. Auch unsere Geistlichen bekamen jetzt viel Arbeit, nicht nur mit Beerdigen. Anfangs musste ich alle operativen Fälle der Gruppe Simon zuschicken. Schließlich bekamen wir auch ein Operationsbesteck und genügend Verbandsmaterial, so dass wir im Schulhaus operieren konnten. Die erste Operation war ein Hodenschuss mit Verletzung der Harnröhre und Urinverhaltung.

Freitag, 9. Oktober 1914

Milly Haake, Hamm

Der 9. Oktober ist ein Tag, den ich mit viel Ungeduld erwartet habe: Enzios Geburtstag und zugleich das erste Stiftungsfest meiner Liebe. Ich bin so glücklich heute. Mein lieber, süßer Enzio, der liebe Gott möge dich dieses Jahr auch so glücklich erhalten, denn ich glaube, dass du mit deinem Gretchen glücklich bist, sehr glücklich.

Oberst a. D., Schlesien

Heute ist eine Karte von unserem lieben L. eingetroffen vom 1. Oktober ohne Ortsangabe und ohne Stempel. Dieselbe lautet: »Liebe Eltern! Wir haben fast täglich Gefecht. Heute ist es der dreißigste Tag in diesem Kriege, dass wir im Feuer sind. Leider sind unsere Verluste doch bedeutend. Wir erfahren immer wieder den Tod von Bekannten. Gott wird weiter mit uns sein. Viele Grüße. Euer L.«

Eugen Miller, Ludwigsburg

Vierspännig ausgeritten, ich als zweiter Stangenreiter (ablösender), von 8 bis 11.30 Uhr nach Benningen. Vor Benningen Geländeübung, Karten lesen. Wir sehen Großingersheim, Pleidelsheim, Murr etc. Auf der anderen Seite das Neckartal, links Marbach, oben rechts von dem an einem Bergrücken hingelagerten kleinen Oberamtsstädtchen das (neue) Schillermuseum, ein schöner, prächtiger Bau. Dann weitergeritten durch Benningen über die mittelalterliche Neckarbrücke am Neckar entlang, unter der großen Eisenbahnbrücke hindurch nach Marbach, bergauf am Geburtshaus Schillers vorbei. Zu Kriegs- und Deutschlands größter Zeit muss ich als Soldat Deutschlands größten Denkers und Freiheitsdrängers Geburtsstätte von schweren Kriegswagen aus sehen. Aber vorbei an der Kirche, kein Verweilen, die Zeit ist so ernst, durch Marbach hinunter. Am Fuße des Berges, über uns das neue Schillermuseum, abgesessen und gewechselt. Ich reite. Jetzt schon 10.30 Uhr, daher im Trab durch Neckarweihingen. Um 11.30 Uhr eingerückt. Dann wieder wie sonst Stalldienst und nachmittags Dienst.

Richard Piltz, Forêt d'Apremont (Frankreich)

In der Früh wieder einige Grad kalt, die ich aber besser als bisher überstand, da ich mich mit Wollweste, Handmüffchen und Umhang ausgerüstet hatte. Ich hatte mich an das Geknatter der französischen Salven und Feuerangriffe so gewöhnt, dass ich eine Anzahl Stunden tief schlief, trotzdem man jeden Augenblick einen Durchbruch der vermutlich stärkeren feindlichen Kräfte befürchten musste. Lage dieselbe. Verluste fortgesetzt bedeutend. Dabei kein Vorwärtskommen.

Jakob Krebs, Lens (Frankreich)

Am Morgen dichter Nebel, unsere Batterien eröffnen das Feuer. Um 7 Uhr gehen einige Wagen zum Munitionsempfang. Da, gegen 10 Uhr, erscheint in der dunstigen Luft ein Flieger und umkreist unsere Stellung. Südlich von uns krepiert auch eine Bombe, doch wird dies anfangs nicht geglaubt. Bald darauf erscheinen zwei Flieger und im nächsten Augenblick schlagen bei uns und den Nachbarkolonnen an allen Ecken Bomben ein. Wir ziehen unsere Wagen auseinander. Da schlägt eine Bombe vor dem Haus ein, hinter dem wir standen. Durch unser Fertigmachen waren unsere Leute, die in dem Hause abkochten, davongeeilt, und nur einige Infanteristen befanden sich noch da. Von diesen war ein Mann, Neubrand-Mühlbach, tot, einer schwer und einer leicht verwundet. Wir fuhren noch weiter auseinander. Drei Bomben, die zwischen uns fielen, waren Blindgänger. Die ganze Bombenwerferei dauert bis nach 11 Uhr. Infanteriefeuer störte die Flieger nicht, erst als sie von unseren Haubitzen beschossen werden, verlegen sie ihr Tätigkeitsfeld und verfolgen die von Carvin nordwärts abziehende Kavallerie-Division. Teile derselben haben bei Carvin durch Bomben große Verluste erhalten. Nordwestlich von uns ab und zu starkes Artilleriefeuer, dann wieder Infanteriefeuer. Nach 4 Uhr kommt wieder ein Flieger, aber unsere Haubitzen nehmen ihn derart unter Feuer, dass er sein Heil in der Flucht sucht. Von der eminenten Gewalt einer Bombe konnte ich mich später an dem halb zerstörten Haus überzeugen, da waren Eisenbahnschienen an einem Gleis glatt durchschlagen. Leutnant Fürstgen übernimmt heute die Kolonne. Mit Einbruch der Dunkelheit rücken wir ab. Pont-à-Vendin, durch das wir dann kommen, ist arg zerschossen, besonders in der Nähe des Kanals. Überall glimmt noch das Feuer. Ein Zivilist liegt tot auf der Straße. Die Kanalbrücke ist bis auf ein Loch in der Fahrbahn noch erhalten. Auf der Liller Straße kommen wir nach Lens. Wir biwakieren auf einer Fohlenweide. Unsere Kanoniere sollen Heu holen, bringen aber Wein. Heu und Stroh ist nicht aufzutreiben. Von Süden her Artillerie- und Maschinengewehrfeuer.

Samstag, 10. Oktober 1914

Richard Piltz, Forêt d'Apremont (Frankreich)

In der Nacht weckte mich das Geräusch eines Luftschiffes. Es flog in großer Höhe und fuhr eine Schleife. Es war ein französisches Luftschiff. Lage dieselbe. Regenwetter. Ich hatte sämtliche mir unterstellten Pioniere herausgezogen und marschierte zum Kompaniedepot. Dort habe ich den Leuten, die schlecht verpflegt worden sind, Kaffee und Mittagessen geben lassen. Die Leute waren recht elend und missmutig, da sie seit Montagabend Tag und Nacht in gefährlicher Stellung im Schützengraben gelegen hatten. Auch hatten die Leute fast acht Tage lang keine Post. Am Nachmittag zog ich mit meinen Pionieren in die Stellungen zurück. Kurz nach meinem Eintreffen wurde die Schneise, die ich marschiert war, unter Granatfeuer genommen. Abends Hiobsbotschaft, dass Leutnant Lammers, Kompanieführer der 2. Kompanie, Schuss durch den Hals erhalten hätte. Kompanieführer wurde ein Vizefeldwebel.

Max Schmidt, Bapaume (Frankreich)

Am 3. Oktober marschierten wir nach Bapaume. Am Nordausgang des Städtchens beziehen wir Quartier in einem einfachen Landhäuschen. Wir Sekretäre wohnen im ersten Stock. Ich habe ein sauberes Zimmer, das einen Schrank, einen Waschtisch und ein Himmelbett enthält. Im Erdgeschoss ist unser Postannahmeraum, in dem auch die abgehende Post sortiert wird. Im Hinterhaus ist ein größerer Raum, in dem die ankommende Heimatpost sortiert wird. Das haben wir nun Gott sei Dank erreicht, dass wir täglich Post erhalten. Meierhoff fährt morgens in seinem Kraftwagen ab und kommt dann gegen 3 bis 4 Uhr nachmittags wieder an. Er könnte viel früher wieder zurück sein. Aber er ist nun einmal Hansdampf in allen Gassen und hat in Douai, wo er die Post in Empfang nimmt, so viel Bekanntschaften, dass er tatsächlich Mühe hat, rechtzeitig zurückzukommen.

Sonntag, 11. Oktober 1914

Josef Glaser, Tomsk (Russland)

Regen und Schnee. Die Kost aus der russischen Offiziersmesse sagt uns zu. – Russische Telegramme: Die Russen haben Lyck in Ostpreußen genommen. Ein Fort von Antwerpen ist gefallen, die Lage der Stadt ist ernst. Die Engländer landen Truppen in Belgien. Vor Reims wechselnder Erfolg. Deutsche Kavallerie steht vor Lille. In Lemberg herrscht große Not. Die Russen wollen eine innere Anleihe von 2,5 Milliarden Rubel aufnehmen.

Georg Becker, Nesle (Frankreich)

Große Freude bereitete die Kunde von dem Fall Antwerpens. Da der Kanonendonner zwei Tage danach aussetzte, hörte man Gerüchte von Friedensverhandlungen und Waffenstillstand. Umso fester setzte die Kanonade danach wieder ein. Manchmal hörte man nachts ein heftiges Gewehrfeuer ganz in der Nähe, offenbar direkt vor der Stadt. Neue Verwundete erhielten wir in den letzten Tagen nicht mehr, dagegen viele innerlich Kranke, so dass wir uns immer mehr zu einem medizinischen Lazarett entwickelten.

Jakob Krebs, bei Lens (Frankreich)

Gegen 2 Uhr früh ergeht Befehl zum Schirren. Um 5 Uhr spannen wir an und ziehen durch Lens hindurch. Hinter der Gendarmeriekaserne bleiben wir halten und gehen mit den Fahrzeugen etwas in Deckung. Infanterie-Regiment 109 geht vor und kehrt wieder zurück. Artillerie-Regiment 14 verteilt sich vor uns. Gegen ½ 11 Uhr heftiges Infanterie- und Artilleriefeuer nicht weit südwestlich von uns. Einige Verwundete vom Infanterie-Regiment 113 kommen zurück. Mit Einbruch der Dunkelheit müssen wir mit einem anderen Wagen Munition zur knapp 2 km vor uns stehenden 1. Batterie bringen. Wir geben Körbe ab und sind um ¾ 9 Uhr zurück.

Montag, 12. Oktober 1914

Josef Glaser, Tomsk (Russland)

Frost. Nachmittag in die Stadt gegangen. Nach einem konfiszierten Telegramm sollen Paris, Warschau und Iwangorod gefallen sein. Trotz starker Zweifel rufen diese Nachrichten gehobene Stimmung hervor. Optimisten hoffen, dass wir zu Weihnachten zu Hause sind. Ich kann mich diesen Hoffnungen nicht anschließen.

Richard Piltz, Forêt d'Apremont (Frankreich)

Heute wurde die Schneise, die sich 100 m hinter unserem Stabslager etwa gleichlaufend mit der Stellung von Infanterie-Regiment 19 hinzieht, öfter unter schweres Granatfeuer genommen. Genau 100 m hinter uns schlug eine schwere Granate in den Fernsprecherstand, tötete zwei und verwundete mehrere. Eine 60 cm starke Fichte wurde durch die Granate aus der Erde gerissen und 3 m seitwärts umgeworfen. Die beschossene Schneise war für uns ein wichtiger Verkehrsweg, auf dem die Feldwachen und Munitionswagen vorfuhren. Jeden Tag viele Verluste. Das 1. Bataillon Infanterie-Regiment 19 hatte vor vier Tagen noch etwa 350 Mann (Kompaniestärke 100, 70, 80). Verluste in diesen vier Tagen zehn Tote und 37 Verwundete = 47 = ein Siebtel, ohne dass ein Fortschritt zu verzeichnen wäre. Den Nachbarregimentern ging es nicht anders (Reserve-Infanterie-Regiment 4, Infanterie-Regiment 7, 14, 21). Das Erdwerk Bois Brûle ist in den letzten Wochen vier- oder fünfmal erfolglos gestürmt worden. Als ich mit einem Gefreiten zur Kompanie marschierte, begegnete ich Pionieren vom 27. Bataillon (Trier) und vom 16. Bataillon (Metz), die, wie es scheint, auch in den Todeswald versandt werden sollen.

Dienstag, 13. Oktober 1914

Jakob Krebs, Lens (Frankreich)

Um 5 Uhr früh bespannen wir wieder unsere Fahrzeuge und nehmen die gestern innegehabten Plätze ein. Es ist kalt und Regen droht. Von 7 Uhr an nordwestlich heftiges Artilleriefeuer. Gegen 10 Uhr fahren wir mit den Wagen in den Hof der Schule und stellen die Pferde wieder in den Turnsaal. Abends hebt heftiges Artillerie- und Infanteriefeuer an. Seit 3. Oktober erhalten wir heute die erste Post.

Mittwoch, 14. Oktober 1914

Josef Glaser, Tomsk (Russland)

Winterlandschaft. Nicht ausgegangen. – Russische Telegramme: In Westgalizien sammelt sich eine österreichische Armee. Die Lage des rechten Flügels der deutschen Armeen in Frankreich ist verzweifelt, die Deutschen graben sich ein. Südlich Gent zerstören die Deutschen die Brücken. Als Übersetzer der Telegramme fungiert der Fähnrich Gerl.

Jakob Krebs, Loos-en-Gohelle (Frankreich)

Angesichts der kritischen Lage machen wir unsere Pferde fertig, können aber bis Tagesanbruch liegen bleiben. Wir tränken vorerst unsere Pferde in einer zehn Minuten entfernten Fosse, da im neuen Stadtteil die ganze Wasserleitung zerstört ist. Nach unserer Rückkehr um ½9 Uhr müssen wir mit unserem Wagen der in Loos stehenden 2. Batterie Munition bringen. Auf dem Wege dorthin begegnet uns ein Transport von gefangenen Engländern in ganz kleidsamer grüngelber Uniform und breitrandigen Schirmmützen. Vor Loos liegen überall noch tote Franzosen herum. Loos, das schon zweimal von den Unseren genommen wurde, ist zum großen Teil zusammengeschossen. Ein übler Brandgeruch, durch die niedergehenden Regenschauer noch verstärkt, liegt über dem ganzen Dorf. Nach langem Hin und Her finden wir endlich unsere Batterie, geben Munition ab und übernehmen solche von dem seit dem 13. hier haltenden Wagen des Unteroffiziers Mayer, der dann zur Kolonne zurückfährt. Wir bringen die Pferde unter Dach und suchen Hafer und Heu zusammen. Es liegen noch Teile von Feld-Artillerie-Regiment 14, Füsilier-Regiment 40, Infanterie-Regiment 109, 110 und 111 hier. Ein am Nachmittag erscheinender Flieger wird stark beschossen. Gegen Abend kommt ein dem Feinde abgenommenes Panzerautomobil mit drehbarem Maschinengewehr durch und nimmt unsere Post mit. Ein von seiner Truppe abgekommener Dragoner (7. Kavallerie-Division) kommt zu uns. Kaum haben wir uns abends hingelegt, da geht auch schon ein feindlicher Angriff los. Artillerie feuert über uns hinweg, die Infanterie geht vor, Infanteriegeschosse pfeifen über die Dächer und schlagen auf diese auf. Wir spannen an. Nach und nach flaut das Feuer ab, unsere Leute legen sich hin.

Richard Piltz, Buxerulles (Frankreich)

Man scheint das Drücken auf die Stellungen der Franzosen im Côtes Lorraine, vier- bis fünfmaliger vergeblicher Sturm auf das Bois Brûle zum Beispiel, aufgegeben zu haben und sich zunächst darauf beschränken zu wollen, mit der 5. Bayerischen Division die bisherigen Stellungen zu halten. Das Bois Brûle, eine starke Vorstellung vor Fort Liouville, wird vorderhand tüchtig durch die 16. Pioniere mit einigen großen Minenwerfern beschossen. Die zur 5. Bayerischen Division gehörenden Infanterie-Regimenter werden nach und nach in die Dörfer am Ostabhange der Côtes Lorraine zurückgezogen, um sich neu zu rangieren und um die Truppen, die vier bis fünf Wochen ununterbrochen im Feuer gelegen haben, auszuruhen. Man scheint es wie im regelrechten Festungskriege so einrichten zu wollen, dass ein Drittel in vorderster Linie, ein Drittel in Bereitschaft, ein Drittel in Ruhe bleibt. Endlich scheint man, durch große Verluste belehrt, eingesehen zu haben, dass durch wüstes Draufgehen in dem dichten, stark befestigten Walde nichts mit einer Infanterie erreicht wird. Hoffentlich spricht nun auch mal die Artillerie ein kräftig Wörtlein. Diese scheint hier zu schwach zu sein, außerdem spricht man immer von Munitionsmangel (fehlender Salpeter). Früh ½8 Uhr ritt ich mit Täubrich zum früheren Kompaniedepot hinauf (8 km), wo ein Posten, Unteroffizier Lange, zurückgelassen war. Die Pferde stellten wir dort unter und gingen die Arbeiten von Pein und Busse ab, die sich zwischen Punkt 362 und dem Bois Brûle in tiefem Waldtal befinden. Ich erkundete dabei zu Fuß einen Weg vom Tal nach 362 und musste dabei eine Viertelstunde in tiefer Deckung gehen, da Geschosse von einem wütenden Feuerangriff der Franzosen in meiner Nähe sich mausig machten. Die in Bereitschaft liegende Infanterie baute sich in tiefem Waldtale mit Unterstützung der Pioniere splittersichere Lagerbauten. Nachdem Täubrich und ich bei der Feldküche der Maschinengewehr-Kompanie Reis mit Rindsherz gegessen hatten, ritt ich bei Regen den Ostabhang der Côtes Lorraine nach Buxerulles zurück. Seit eineinhalb Wochen kam das erste Wasser zu Waschzwecken an meinen Körper. Als ich nur mit Unterhose bekleidet dastand, schlugen Granaten schwerer feindlicher Geschütze vor das Südende von Buxerulles ein. Der Feldwebel kam angelaufen, um von mir den Befehl zum Ausrücken zu bekommen, was ich jedoch verweigerte. Unangenehm war, dass unser Zug gerade am Südhang des Dorfes lag und wir dort außerdem den Feldmineurwagen mit ca. 2500 Sprengkörpern stehen hatten. Ich kleidete mich sehr hastig an, es schlugen noch mehrere Granaten ein. Als ich auf die Straße kam, drängte alles fluchtartig aus dem Dorfe. Soldaten, Pferde, Dorfbewohner, ein furchtbares Tohuwabohu. Am weitesten war der Feldwebel mit dem Zahlmeister ausgerückt. Sie fand ich am Eingang des nächsten Dorfes, Buxières. Ich sammelte nun, rückwärts gehend, die ohne Gepäck und Gewehr in den Weinbergen verstreuten Pioniere und veranlasste diese mit harten Worten, ihr Gepäck, die Trainsoldaten, ihre Pferde zu holen. Ich musste mit gutem Beispiel vorangehen und selbst in die gefährdeten Viertel zurückkehren. In der einbrechenden Dunkelheit sammelte ich die Pioniere am Nordausgang des Dorfes. Nach und nach beruhigten sich die Geister, und man kehrte abends in die Quartiere zurück. Als ich die Pioniere veranlasste, ihr Gepäck zu holen, schlugen noch einige Granaten im Dorfe ein, in deren Steinhagel ich geriet, ohne Schaden zu nehmen. Im Ganzen wurden acht große Granaten in den Ort geschossen (15-cm-Granaten). Vermutlich galt die ganze Beschießung, die angeblich elf Tote forderte, nicht dem Ort, sondern der österreichischen 30-cm-Motorbatterie, die mit ihrer blinkenden Munition 100 bis 200 m vor dem Südrand des Dorfes an der Straße von Woinville lag. Seit heute haben wir im ersten Stock eines am Nordrand des Dorfes liegenden Weingutes ein neues Quartier bezogen. In der Stube unter uns stehen sechs Pferde, was nicht ausschließt, dass ein mit herrlichen Stichen ausgestatteter Prachtband der La Fontaine'schen Fabeln dort ausliegt. Unser Raum hat keine Fenster mehr, da in ihm bereits eine Granate wild gehaust hat. In der Decke sind große Löcher, die Wandschränke von Granatsplittern durchlöchert. Unser findiger Dekorateur, der Doktor, hat unseren Raum durch einen Bretterverschlag in zwei Teile geteilt. Im Vorraum liegt ein meterhoher wüster Haufen von Schriftstücken, zerbrochenen Möbeln, Uhren, Porzellan, selbst ein zerbrochenes Nachtgeschirr und ein Korsett fehlen nicht. Durch diesen Empfangsraum, in dem auch noch eine Kinderbadewanne mit ekliger Sauce steht, tritt man in unser Wohnzimmer mit Lagerstatt von Stroh. Den Tisch bildet ein umgestürzter Schrank.

Donnerstag, 15. Oktober 1914

Richard Walzer, Craonne (Frankreich)

Ab 5 Uhr morgens Artilleriefeuer. Gegen 11 Uhr enorme Steigerung des Feuers. Um ¾12 Uhr brachen aus der französischen Stellung Schwarze in der Stärke eines Bataillons hervor. Um an unseren Drahtverhau herankommen zu können, mussten sie die Anhöhe im Sturm herauf, vollständig ungedeckt über Wiesen. Wir verhielten uns trotz aller Erregung über den zu erwartenden Angriff zunächst vollkommen ruhig. Kein Schuss fiel. Als sie aber auf 50 m heran waren, prasselte ein Schnell- und Maschinengewehrfeuer los, das die erste Sturmreihe in ein paar Minuten niederlegte. Hierauf brach auch schon die zweite Linie über die Gefallenen hinweg. Auch sie wurden vom Feuer niedergemäht. Die dritte Linie, die vorkam, ging ca. 30 m vor, brach zum Teil zusammen im Feuer, der Rest floh zurück. Binnen kaum einer Stunde war ein Bataillon Turkos beinahe ganz aufgerieben. Es waren grauenhafte Bilder, Menschen anstürmen, in solchen Massen zusammenbrechen und am Boden im Blute wälzen zu sehen. Wir hatten nur drei Verwundete. Um 3 Uhr nachmittags setzte wieder starkes Artilleriefeuer ein, das erst gegen Abend sich verringerte. Um 9 Uhr abends bekamen wir Essen in die Stellung gebracht. Um ½10 Uhr rückte ich mit meiner Gruppe in ein Grabenstück vor der Stellung auf Horchposten. Viele vor der Stellung liegende Verwundete wurden zurückgebracht.

Georg Becker, Nesle (Frankreich)

Wir haben seit acht Tagen keine Frischverwundeten mehr bekommen, so dass ich endlich einmal dazu komme, die Fälle dabehalten und beobachten zu können. Es befriedigt dies viel mehr als die Wundversorgung und baldiger Abtransport, ohne dass man über das weitere Schicksal etwas erfährt. Gestern habe ich Frau Lucy Zentgraf einen Brief geschrieben. Ihr Mann Otto, der erst dieses Frühjahr Direktor eines großen Kölner Industrieunternehmens geworden war, ist als gemeiner Soldat freiwillig in der Kompanie seines Schwagers mitgezogen. Am 22. September hat er einen Bauchschuss bekommen und ist zwei Tage später gestorben.

Jakob Krebs, Loos-en-Gohelle (Frankreich)

Erst als um 1 Uhr nachts die Infanterie zurückkehrt, lege auch ich mich aufs Stroh. Vor 5 Uhr gehen wir mit der 2. Batterie, die mit vier Geschützen rückwärts Stellung nimmt, zurück. Unterwegs bleiben wir an einer Überfahrt mit unserem Wagen hängen und finden in der Dunkelheit nur schwer die Batterie. Sie bezieht Stellung östlich der Straße Lens nach Saint-Auguste zu. Wir versehen die Protzen mit Munition und nehmen bei der Staffel Aufstellung im freien Feld. Hier beerdigen wir auch zwei Tote vom Füsilier-Regiment 142, eine traurige Arbeit. Wagen 24 kommt auch noch, er bringt Post mit. Zwei im Laufe des Tages erscheinende Flieger sind bald durch Artilleriefeuer vertrieben. Als wir gegen 4 Uhr zum Tränken ziehen wollen, kommen einige Schrapnells, krepieren aber zu kurz. Mit Einbruch der Dunkelheit geht die Batterie wieder vor, wir zwei Wagen folgen. Wir durchfahren Loos, und die vier Geschütze gehen bei den heute zurückgebliebenen zwei Geschützen in Stellung. Wir ziehen in den Ort zurück und suchen uns Unterkunft, die wir für Pferde und Leute in einem leer stehenden Haus finden.

Freitag, 16. Oktober 1914

Hilde Grapow, Kassel

Antwerpen gefallen! Es ist herrlich!!! Endlich läuten die Glocken mal wieder einen Sieg! Die belgische Regierung ist nach Frankreich geflüchtet. Wir haben auch Gent und Lille besetzt. Na, es ist wundervoll!!!

Paula Busse, Bensberg bei Köln

4000 Gefangene wurden gemacht und viele Tausende entwaffnet und über die belgische Grenze getrieben, darunter viele Engländer. Die Kriegsbeute ist ziemlich hoch, trotzdem die Engländer wie Tiere gewütet und für 200 Millionen Lebensmittel vernichtet haben, trotz Verbot von belgischer Seite aus. Im Ganzen sind 20000 belgische Soldaten und 2000 Engländer auf holländischen Boden übergetreten, wo sie entwaffnet wurden. Die Kriegsbeute beträgt 500 Geschütze, eine Unmenge Munition, sehr viel Sanitätsmaterial, zahlreiche Kraftwagen, Lokomotiven, Waggons, 4 Millionen Kilogramm Getreide, viel Mehl, Kohlen, Flachs, für 10 Millionen Mark Wolle, Kupfer und Silber im Werte einer halben Million Mark, ein Panzereisenbahnzug, mehrere gefüllte Verpflegungszüge, große Viehbestände. Belgische und englische Schiffe befanden sich nicht mehr in Antwerpen. An 34 deutschen Dampfern waren die Maschinen unbrauchbar gemacht. – Walter hat sechs Tage im Lazarett gelegen, da er einen schweren Darmkatarrh hatte. Ich war glücklich, ihn dort zu wissen, nach drei Wochen einmal die Kleider vom Leibe und in einem Bett, gewaschen und gepflegt. Leider musste er Sonntag schon wieder zur Front zurück, unausgeheilt, wie er schrieb, aber er ist unentbehrlich. Nun liegt er wieder Nacht für Nacht auf der kalten Erde. Er ist nun seit fünf Wochen ohne Nachricht von mir. Er schreibt so ernst und traurig, von dem köstlichen Humor scheint nichts übrig geblieben zu sein. Wann, wann endlich wird Frieden werden, das fragen sie sich da draußen jeden Tag.

Richard Piltz, Forêt d'Apremont (Frankreich)

Am Vormittag ging ich die Stellungen der Pioniere ab, die teils auf die Feuerlinie verteilt waren, teils eine Lagerhütte für Oberstleutnant Danner zu bauen hatten. Mein Zug gehört nun zum 2. Bataillon. Ich hielt mich meist im Grunde des Tales auf, an dessen südlichem Hang die Stabsquartiere des Bataillons und die Bereitschaften untergebracht waren. Die französischen 15-cm-Granaten, die den nördlichen Hang des Tales bestrichen, wurden immer unverschämter, eine schlug nur 40 m von der Talsohle ein. Abends erfuhren wir von einem Artilleriebeobachtungsoffizier, dass die Geschütze, die uns etwa halbstündlich ihre Granatengrüße sandten, zwei nunmehr genau erkundete Küstengeschütze in 14 km Entfernung seien. Gegen sie soll die österreichische Motorbatterie kämpfen, die vor Buxerulles lag.

Samstag, 17. Oktober 1914

Jakob Krebs, Loos-en-Gohelle (Frankreich)

Am Morgen ruhig. Nachmittags satteln wir ab und putzen unsere Pferde durch. Mitten in der Arbeit werden wir gestört, Granaten sausen über die Dächer hin und krepieren nach der in der Nähe liegenden Fosse zu, deren eiserner Doppelturm als Beobachtung dient. Wir machen uns wieder marschbereit. Gegen Abend nehmen die Leute des nebenan liegenden 24. Wagens einen Franzosen in Uniform gefangen. Er war auf einem Heuboden versteckt. Der Gefreite Rudolf wollte Stroh holen, da hatte er auf einmal den Franzmann an den Beinen. Rudolf rief nach seinem Revolver, der Franzmann bat um Pardon und ließ sich willig gefangen nehmen. Er hatte noch Gewehr, Seitengewehr und gefüllte Patronentasche bei sich.

Marie Kettler, Fourmies (Frankreich)

Heute unser Lazarett geräumt. Wer nicht in die Heimatlazarette entlassen ist, kam nach Hirson. Wir haben sie in Lastautos hinbefördert, diese erst ganz mit Matratzen belegt, dann in das eine Typhen gepackt und in das andere meine schweren Lungenentzündungen, ganz in Decken gehüllt, und die anderen Kranken dazu. In Hirson wurden sie dann auf die verschiedenen Lazarette verteilt. Ich machte die Tour dann gleich noch einmal, um die letzten sieben hinüber zu kriegen, und da das leichtere Kranke waren, konnte ich so recht die Gegend im hübschen Herbstschmuck genießen, überall hügeliges Terrain, Wiesen und Wald abwechselnd.

Georg Becker, Nesle (Frankreich)

Gestern sind in sechs großen Automobilen fünfzig Typhus- und typhusverdächtige Kranke nach Saint-Quentin geholt worden. Tags zuvor waren schon Herren, darunter Kraus, da, um sich zu überzeugen, dass unser Schulhaus zu einem Seuchenlazarett nicht geeignet sei. Es scheint ein frischerer Wind in der Etappe der 2. Armee, zu der wir jetzt gehören, als in der 6. zu herrschen. Der konsultierende Internist der 6. Armee fand in der vorigen Woche hier alles befriedigend. Sehr angenehm wird hier empfunden, dass die Zeitungsneuigkeiten durch Anschlag bekannt gemacht werden. Gestern las man, dass in Antwerpen große wertvolle Vorräte erbeutet und im Osten acht russische Armeekorps geschlagen seien. Abends ging ich mit Hersheimer vor Cressy spazieren. Zum ersten Mal bekomme ich heute eine Armeezeitung zu Gesicht, die für die 2. Armee in Charleville gedruckt wird. Die dort beschriebenen Erfolge im Osten bei Warschau–Iwangorod verfolge ich abends mit Geipel auf der Karte, als wir gemütlich bei unsrer trüben Petroleumlampe zusammensitzen. (Lampen und Klosetts sind durchgängig viel schlechter wie bei uns. Die Öffnung in unserem Hausabort ist so klein, dass gutes Zielen notwendig ist.)

Josef Glaser, Tomsk (Russland)

Sonnig, Tauwetter. Vor- und Nachmittag in der Stadt gewesen. 40 Kronen für 10 Rubel auf einer Bank in der Millionenstraße, wo man übrigens gegen Abend Rindvieh umherlaufen sieht, gewechselt. – Nach russischen Telegrammen haben sich die Deutschen und Österreicher an der Weichsel und in Galizien in die Defensive begeben. Deutsche Unterseeboote haben englischen Kreuzer zum Sinken gebracht.

Carl Emil Werner, Freiburg

Allem Anschein nach kommen wir ältere Landsturmler ohne Ausbildung nicht so rasch dran, was mir geschäftlich sehr beruhigend ist. Da ich durch meine unglaubliche Neigung zu Erkältungen körperlich zu Felddienst ganz unfähig wäre, so bin ich auch in dieser Hinsicht darüber nicht unglücklich, so schofel man sich vorkommt, noch zu Hause zu sein.

Sonntag, 18. Oktober 1914

Elisabeth Schwarz, Freiburg

Ein englischer Kreuzer durch ein deutsches Unterseeboot in den Grund gebohrt. Bomben über Paris, zwanzig treffen. Die Deutschen dringen siegreich gegen Belfort vor. Unsere Truppen sind im Begriff, Warschau zu besetzen. Portugal mobilisiert. – Seit gestern bin ich nicht mehr im Lazarett. Auf dreimaliges Verlangen hin kam ich nachträglich noch zwei Tage zum Aushelfen. Da wir aber zurzeit nicht so sehr viel Patienten haben, bin ich nicht mehr durchaus nötig. Da viele Zimmer leer stehen, können die meinen auch anderweitig besorgt werden. Nun gibt's zu Hause viel zu tun, auch werden immer nebenbei Strümpfe gestrickt. Ohrenwärmer habe ich auch schon fortgeschickt, nun kommen Leibbinden an die Reihe. Seit einiger Zeit wurde es hier eingeführt, Liebesgaben den Truppen direkt ins Feld zu senden. Wir haben auch ein großes Paket gemacht mit Tabak, einer Kiste Zigarren, Schokolade, Socken, Westen usw. Diese Liebesgaben sind natürlich sehr beliebt, und jede Sendung wird mit ungeheurem Jubel im Feld empfangen. Gerührte Dankbriefe treffen von allen Seiten ein. Die hiesige Universität ist in ein Magazin umgewandelt. Das Rote Kreuz hat seine Sammelstelle dort errichtet, viele Leute sind beschäftigt mit Sortieren, Versenden usw. Es wird viel geschenkt, auch der Ärmste will etwas beisteuern. Die Kriegsanleihe brachte aufs erste Mal 4,5 Milliarden! Aus allen Schichten der Bevölkerung waren Zeichner dabei, Dienstmädchen gaben ihre letzten Sparpfennige. Heute und gestern hört man heftigen Kanonendonner, vor Belfort scheint etwas im Gang, auch gehen wieder Truppentransporte hier nach dem Süden.

Richard Piltz, Buxerulles (Frankreich)

Mittags kam die ersehnte Ablösung. Abmarsch von Forêt d'Apremont nach Buxerulles. Ich mache nun immer den Turnus der II/7 mit: Zwei Tage Ruhe in Buxerulles, wovon freilich etwa ein Tag auf die Ablösung und den Hin- und Rückmarsch von je 10 km entfallen. Zwei Tage Bereitschaft an der Talsohle, zwei Tage Feuerlinie. Todmüde kam ich abends auf rutschigen Wegen in Buxerulles an, nachdem ich vorher mit Täubrich im Pionierhauptdepot in Woinville vorgesprochen hatte. Dort gab's bei Hauptmann Schneider ein feines Glas Sherry und Kaffee. Während dieser eineinhalbstündigen Sitzung schlugen mehrere Granaten neben dem schlossartigen Hause, von französischer Feldartillerie stammend, im Garten ein, ohne zu krepieren. Die anwesenden Herren, unter anderen Vizefeldwebel Hartwig, scherten sich gar nicht darum. Sie sagten, es schlügen täglich etwa fünfzig ein, ohne dass nur eine einzige krepiere.

Georg Becker, Nesle (Frankreich)

In der schönen katholischen Kirche um 9 Uhr Gottesdienst für die katholischen, um 10 Uhr für die evangelischen Mannschaften. Käppel sprach vor einem bis auf den letzten Platz gefüllten Haus. Leider erwies er sich dem schwierigen Text: »Du sollst deinen Nächsten lieben wie dich selbst«, nicht gewachsen. So waren die mächtig durch das Gewölbe hallenden Choräle das Schönste. Danach traf ich drei Herren der in Roye stehenden Sanitätskompanie. Nach Tisch machte ich einen interessanten Radausflug mit Dr. Sommerfeld nach Roye. Wir fuhren auf zwei französischen Rädern. Der Weg führt über Rethonvillers, Carrépuis, das stark zerschossen ist, nach der schönen, großen, aber arg verwüsteten Stadt Roye (12 km). Es findet sich dort eine prächtige Kirche mit reichem romanischem Portal, im Übrigen ist sie frühgotisch. Das Dach ist zerschossen, der Turm teilweise beschädigt. Viele Häuser sind bis auf einige Mauern zerstört. Die erhaltenen sind ausgeraubt. In allen herrscht eine wüste Unordnung. Der Inhalt der Schränke und Kasten liegt auf dem Boden zerstreut. Als wir in einer Apotheke Umschau hielten, ohne in der Unordnung noch etwas Brauchbares zu finden, trafen wir Simon und Eisenlohr, die von Geist hierhergefahren worden waren. Sommerfeld und ich konnten nicht der Versuchung widerstehen, noch etwas über Roye hinauszufahren bis dicht an das nächste Dorf. Es begann gerade eine Kanonade. Zum ersten Mal hörten wir ganz aus der Nähe die lauten Detonationen und dazwischen das eigentümliche Surren der Granaten. Wir konnten das Aufblitzen der feuernden Geschütze sehen. Zu beiden Seiten der Chaussee waren gut gedeckte Schützengräben, in und um die sich zahlreiche französische Tornister, zerbrochene Gewehre, blaue Mützen fanden. Einige nahm ich mit. Wir mussten wegen der nahenden Dunkelheit den Rückzug antreten. In Roye trafen wir von Jan, Hersheimer und Hausknecht bei den Herren der Sanitätskompanie. Es gesellte sich noch der altbekannte Dr. Heichelheim dazu, ein Assistent Riegels, der in Frankfurt ansässig ist und als Bataillonsarzt bei dem Regiment 81 steht. Er erzählte, dass jeder Einzelne, der sich den Schützengräben nähert, von der französischen Artillerie unter Feuer genommen wird. Auch werde jeden Abend, wenn die Feldküchen vorfahren, ein Streufeuer auf die Straße losgelassen. Die Aufgabe der hier liegenden Truppen sei, bis zur Ankunft der von Norden kommenden, durch den Fall Antwerpens freigewordenen Truppen die Stellung zu halten. In den Schützengräben liege alle 30 m ein Infanterist. Wir sehen in Roye auch einen fünfzehnjährigen Knaben, der vom Jungdeutschlandbund oder Wehrverein hinausgeschickt ist und mit dem Rad Depeschen vermittelt. Er zeigte uns den väterlichen Ausweis, der die Zustimmung zu seiner Verwendung im Felde gibt. Auf dem Rückweg in Roye verlor Herr Sommerfeld eine Schraube an der Gabel des Vorderrades. Es gelang uns nicht, einen Ersatz zu finden. Schließlich fuhr er nach Zurücklassung des Rades mit Hersheimers Wagen, und ich trat um 6 ¼ Uhr allein die Rückfahrt an, natürlich ohne Laterne. Die Straßen sind ausgezeichnet. Weite Strecken sind mit hohen Pappeln bepflanzt, die außer ihrer buschigen Krone noch in der Mitte des Stammes eine fast ebenso starke buschige Verzweigung haben, wodurch die Allee zweistöckig aussieht. Als ich abends zu Hause anlangte, hörte ich, dass einer meiner Patienten Tetanus hat. Schon mehrmals hatte ich von den Herren der anderen Stationen gehört, dass sie Tetanusfälle hatten. Ich war froh, dass meine Station bisher davon verschont geblieben war. Zum ersten Mal haben wir in diesem Feldzug Gelegenheit Wunden längere Zeit zu beobachten. Ganz auffallend ist der Erfolg des konservativen Vorgehens. Große, stark verunreinigte Wunden selbst heilen oft überraschend. Bei manchen fanden sich Kleiderfetzen tief im Schusskanal mit starker Eiterung, durch Herausdrehen der Fremdkörper mit der Pinzette kam es in wenigen Tagen zur Heilung. Andererseits fehlt es nicht an unangenehmen Überraschungen bei Fällen, die man längst über alle Berge glaubte.

Montag, 19. Oktober 1914

Willy Straub, Lille (Frankreich)

Jetzt geht's durch das Tor in die Stadt Lille hinein. Kolossale Gräben ringsum. Wir fahren durch die sogenannte untere Stadt, die noch ziemlich ganz ist. Eine schöne, große, mit gut gepflasterten Straßen versehene Stadt. Einige Läden sind leer, auch hier und da ist ein Haus beschädigt. Man sieht wenig Leute herumstehen. Auf der anderen Seite fahren wir wieder zur Stadt hinaus und kommen in eine andere Vorstadt, Loos. Wir passieren einen großen Schlosspark und bleiben auch hier. Das Schloss gehört dem Erzbischof von Lille. Durch die schönen Anlagen wird einfach hindurchgefahren, ist ja alles egal.

Peter Weber, Niederkerschen (Luxemburg)

Morgens 9 Uhr Antreten, einen kleinen militärischen Spaziergang und Einteilen der Wache. Mittags ging ich mit dem Kamerad Weiler nach dem Schlachtfelde nach Longwy. Hier bot sich uns ein scheußliches Bild der Verwüstung dar. Es war kein Fleckchen Erde, das nicht von Granaten aufgewühlt war. In der Festung selbst war alles zerschossen. Es stand kein Haus mehr aufrecht. Nur schade, dass man nicht in die Festung hineindurfte. Auch in Longwy Tal waren einige Granaten verirrt. Der Berg zur Festung von Longwy bei Ville und Mont-Saint-Martin ist steil und das Holz war gefällt. Unten in Mont-Saint-Martin waren von den Deutschen Lastautos verbrannt worden mit Viktualien, da man sich hier verfahren hatte und den Franzosen diese Viktualien und Autos nicht in die Hände spielen wollte. Alles zu beschreiben, ist nicht möglich.

Dienstag, 20. Oktober 1914

Carl Emil Werner, Freiburg

Durch Philipp Walther hörte ich, dass das Rote Kreuz in Mülhausen noch viel Wolle gefunden hätte, und entschloss mich deshalb hinzufahren, da es mir nicht so ausgeschlossen schien, in dieser doch eine Zeit lang vom Verkehr abgeschnittenen Stadt noch Vorräte zu finden. Nachdem ich am Samstag keinen Ausweis bekommen hatte, ging ich Montag wieder aufs Bezirksamt, von wo ich aufs Garnisonskammeramt Nordkaserne verwiesen wurde. Da erhielt ich meinen Ausweis rasch mit Fotografie und verschiedenen Stempeln. 6.33 Uhr früh ging's los, am Billettschalter musste ich schon meinen Ausweis zeigen. Müllheim war zwei Stunden Aufenthalt, den ich zum Frühstücken benutzte. Dann ging's weiter, wieder Vorzeigen des Ausweises. In Neuenburg eine Stunde Aufenthalt: Revidieren der Pässe, ich musste nun aufs Rathaus marschieren mit zahllosen anderen und durch einen Stempel die Erlaubnis zur Weiterfahrt über den Rhein holen. Von Müllheim ab war die Bahn schon viel mehr bewacht als bei uns. Bei der Neuenburger Brücke war interessant, die Schützengräben, Unterstände, Drahtverhaue, gefällten Bäume (des freien Schießfeldes wegen) zu sehen. In einem Schützengraben stand ein rauchender Herd und dabei winkende Truppen. Dann kam eine eiserne, von uns gesprengte Brücke. Links und rechts lagen die wie Papier zerknüllten Eisenteile. Eine Holzbrücke ist vorläufig an ihre Stelle getreten. Übende Truppen sah man öfters. Bei Mülhausen selbst sieht man noch einen beschädigten Dachfirst. Nach nochmaligem Vorzeigen des Ausweises kam man hinein in die Stadt. Die sah schon kriegerischer aus als unser Freiburg. Die Hauptstraße dicht mit Wachposten besetzt in gar nicht großen Abständen (20 m). Mit Wagen fuhr ich zunächst zu einem Papa bekannten Geschäft, bekam dort ein Telegramm Papas mit genauer Adresse von Walther, ließ mir noch raten und zog, obwohl schon ½12 Uhr vorbei, los. Zuerst zu Moise Maas & fils, richtiger Judensohn und Judenmama, die mir erzählten, wie alles so teuer sei. Da kaufte ich nur 58 Paar Hosen und 175 Hemden, mehr hatten sie nicht zu annehmbaren Preisen. Es war ein kleiner alter Laden in winkliger Straße, man hätte gedacht ein Trödlergeschäft. Zwei andere hatten geschlossen, und ich zweifelte, dass es mir möglich werden sollte, nach Tisch alles zu erledigen und mir meinen Ausweis auf der Kommandantur im Hotel Central, das immer von Menschen umlagert war, abstempeln zu lassen. Ich aß im ›Union‹, in der Nähe war das Geschäft (Ullmann), ging gleich um 2 Uhr hin, kaufte Westen, bat, mir alles bis zur Rückkehr zu richten. Der Prokurist kannte mich, als früherer Reisender von Gradwohl & Weil. Er erbot sich, mir mit dem Ausweis zu helfen. Das war ein richtiges Engros-Geschäft. Ebenso Wahl, zu dem ich jetzt ging und bei dem ich 50 kg Wolle kaufte zu 6,50 Mark. Einige Dutzend Hosen nahm ich noch mit. Die zahlte ich gleich. Dann zu Ullmann. 3.25 Uhr hatte ich meinen Ausweis, während andere stundenlang darauf warten. 3.36 Uhr war ich im Zug, der etwas später erst abfuhr. Auffallend in Mülhausen war mir, wie alle Aufschriften noch französisch sind, wie man in den Geschäften französisch angesprochen wird, selbst im Restaurant von Zeitungsverkäufern. Die Rückfahrt ging flotter. In Bauzenheim war wieder die Ausweiskontrolle. ½7 Uhr war ich zurück, reichlich müde von der Hetze.

Josef Glaser, Tomsk (Russland)

Trüb, warm. Nicht ausgegangen. Einige Telegramme aus Österreich sind an Kameraden eingetroffen. Hie und da werden noch Läuse entdeckt.

Otto von der Meden, bei Warschau (Russisch-Polen)

Die russische Armee wurde nach Warschau zurückgeschlagen. Die Einnahme dieser Festung soll aber vor der Hand noch nicht glücken. Es fehlt an schwerer Artillerie.

Die Festungsgeschütze schießen viel weiter als unser mitgeführtes Artilleriematerial.

Richard Piltz, Buxerulles (Frankreich)

Leider nach einem Tag der Ruhe und des Schlendrians Abmarsch in die Stellung (10 km) auf rutschigen Wegen bei trübem Wetter. Die großen Minenwerfer schossen wieder tüchtig zum Bois Brûle. Die Geschosse wiegen 240 Pfund. Die Wirkung scheint aber nicht berühmt zu sein, trotz des furchtbaren Kraches, den sie schlagen.

Jakob Krebs, Lens (Frankreich)

Die Nacht verläuft ruhig. Vor 6 Uhr weckt uns der Wachtmeister der 2. Batterie, um 6.30 Uhr müssen wir marschbereit sein und so stehen bleiben. Um 9 Uhr soll allgemein Sturm sein. Kurz nach 9 Uhr hebt nördlich von uns Infanteriefeuer an, unsere Batterie fällt mit den übrigen ein. Die Geschosse gehen über uns, der Zweck ist uns anfangs nicht klar. Wir müssen zur Batterie vorfahren und halten beim letzten Hause in Deckung, da hebt auch bei uns heftiges Infanteriefeuer an. Die Geschosse pfeifen uns über die Köpfe. In diesem Augenblick müssen wir vorfahren und 24 Körbe abgeben. Schon schlagen die feindlichen Granaten, die anfangs bei der Infanterie krepieren, näher bei der Batterie ein. Da geht ein Schuss über uns hinweg und schlägt 200 m hinter uns ein. Im Trabe kehren wir in den Ort zurück. Das feindliche Artilleriefeuer wird immer stärker. Auf dem Rückweg nach Lens müssen wir über eine Anhöhe fahren. Da eine uns begegnende Patrouille vom Dragoner-Regiment 22 hier Feuer erhielt, so durchqueren wir die mehrere Hundert Meter lange Strecke im Galopp und kommen gut durch. Gegen 12 Uhr sind wir bei der Kolonne, müssen aber gleich darauf zum Munitionsempfang nach Annay. Nach langem Suchen finden wir endlich die Kolonne und erhalten Munition. Um ½6 Uhr kommen wir wieder zur Kolonne und beziehen für die Nacht Unterkunft in der Turnhalle. Es geht das Gerücht um, Amerika habe England den Krieg erklärt und dieses ziehe seine Truppen aus Frankreich zurück.

Willy Straub, Haubourdin (Frankreich)

Wecken war um 5 Uhr, es geht weiter. Schnell noch ein wenig Kaffee gekocht und dann los. Durch Loos hindurch. Es hängt hier alles aneinander. Wir hörten heute Nacht etwa um 1 Uhr feste schießen, gar nicht weit weg. Infanteriefeuer. Die Front ist hier scheint's ziemlich nahe. Wir kommen nach Haubourdin, ein nettes Städtchen. Ab und zu können wir englische Flieger beobachten. Es kommen hier viele Verwundete von der Front zurück.

Marie Kettler, Laon (Frankreich)

Sehr hübsch liegt Laon mit seiner Kathedrale, der eine Turm ist leider zerstört. Wir warten eben mal wieder. Ein Doppeldecker, kenntlich als Deutscher an den schwarzen Kreuzen drunter, lässt sich nieder. Jetzt sucht unser Zugführer einen Wagen. Es werden ja nicht nur Pferde requiriert, sondern, wie wir in Origny hörten, auch Wagen und Lokomotive, das wäre ihnen gestern passiert. Züge mit Kriegsfreiwilligen, anderer mit sächsischer Artillerie fährt an uns vorüber, und in der Ferne sehen wir viel Infanterie gehen. Alle hier durchkommenden Truppen kommen nach Saint-Quentin, um zum rechten Flügel zu stoßen. In den nächsten Tagen wird die entscheidende Schlacht erwartet. Gebe Gott, dass des Krieges bald ein Ende ist, dass das Blutvergießen aufhört. Wir hören heute, dass in Deutschland am 16. ein Bußtag angesetzt gewesen ist.

Marie Peter, Conflans (Frankreich)

Wir fuhren von Karlsruhe fort. Wir haben jetzt einen sehr schönen Zug. Wir Schwestern mit Frau Oberin und Ärzten haben einen Schlafwagen. Wir fuhren vorüber an Hagenau, Metz, der Mosel entlang. Der Tag war hell und klar, auf einer Seite Wald, auf der andern Seite Weinberge. Novéant, Chambley, Mars-la-Tour bis Conflans-Jarny. Unsre Soldaten begrüßen uns überall mit großer Freude. Alle kommen sie um Zigarren und Zeitungen, viele haben Hunger.

Mittwoch, 21. Oktober 1914

Richard Piltz, Forêt d'Apremont (Frankreich)

Ich wohne hier wieder mit den Offizieren der 8. Kompanie Infanterie-Regiment 7 zusammen, sehr nett. Kompanieführer Oberst Pohle, Offizierdiensttuer Schick und Böhm, Kompaniearzt. Pohle hat ein außerordentliches Geschick, unser Erdheim hübsch auszuschmücken. Vor unserer Hütte befindet sich ein netter Tisch mit Bank. Dahin führt, vom Talpfad aus einige Meter aufsteigend, eine breite Freitreppe, mit einem Efeulaubengang überdeckt. Daneben eine kleine Treppe mit der Aufschrift »Nur für Lieferanten«, während an der Freitreppe das Schild prangt: »Nur für Offiziere«. Einem unbefugten Durchgang an unserem Tisch vorzubeugen, dient das Schild: »Durchgang verboten! Achtung Fußangeln und Minen!« Eine Waschgelegenheit ist seitlich auch angebracht, doch fehlt das Wasser. Die Rückwand ist so nett mit Efeuranken aufgebaut, dass das Ganze als Altar beim Feldgottesdienst dienen könnte. In der Hütte selbst ist ein Öfchen, das in Buxerulles requiriert worden ist, aufgestellt. Ein mit Efeu umsponnener Lokus für Offiziere ist noch rühmend zu erwähnen. Abends saßen wir bei Stalllaternenbeleuchtung auf unserer Bank draußen bei Kakao und Weißwein.

Hermann Christian Kurz, Truppentransport bei Maubeuge (Frankreich)

»In Gruppen Kolonne zum Fassen!«, so erwache ich um 3 Uhr früh. Wir waren durch Aachen gesaust und wurden nun in Herbesthal verpflegt. 4.30 Uhr geht's weiter. Die Zahl der belgischen Züge vermehrt sich, alles Rotes Kreuz. Marschbereit, umgeschnallt, das Gewehr zwischen den Knien fahren wir in die Nacht dem Feind entgegen. »Cigarettes! Chocolat! Eine Mark zwee Groschen!«, so hören wir durch die auf Befehl geschlossenen Fenster. Halbwüchsige Burschen verkaufen alles Mögliche, während der Zug ganz langsam fuhr. Weiter. Es wird heller. Wir lesen französische Firmennamen, riesige Eisenwerke tauchen aus dem Nebel. Hin und wieder ein winziges Loch in den Fenstern, die ersten Zeichen! An den Arbeiterbuden vorbei blicken uns lauter verbissene Gesichter nach, unterbrochen von Wachen unseres Landsturmes, die uns von ihren originellen Buden freudig begrüßen. Über eine Brücke geht's, die mit Steinen und Sandsäcken verbarrikadiert ist, alles scharf bewacht. Da kommt die Maas wieder in Sicht, eine zerschossene Brücke! Von zwei Eisenbetonbögen ist einer durchgeschlagen. Eine gesprengte Eisenkonstruktionsbrücke, die massigen Schienen abgebrochen wie Strohhalme, umgespült von den dunklen Fluten. Schon wieder eine eiserne Brücke, fast vollständig im Wasser versunken. Ein zerschossenes Haus, wir staunen alle. Doch bald blickt keiner mehr hin, denn, ganze Dörfer verwüstet zu sehen, ist nichts Ungewohntes mehr. Dazwischen findet man aber auch ganze Reihen von Gebäuden, die vollständig unversehrt sind, je nachdem sich die Bewohner benahmen. Manche dagegen sind vollständig ausgebrannt oder dem Boden gleichgemacht. Laufgräben zeigen deutlich den Verlauf des Kampfes. Immerwährend begegnen uns Züge des Roten Kreuzes und Gefangenentransporte. Wir haben Lüttich passiert, ohne etwas von Befestigungen zu sehen, und auch in Namur blieb alles unserem Auge verborgen. Wir fassen hier Mittagssuppe und Brot. Auf dem großen Bahnhof rechts und links lange Züge mit unbrauchbaren Autos, Geschützen, auch ein zerschossenes Flugzeug befindet sich darunter. Bei der Ausfahrt aus Namur erblicken wir auf einem der Hügel ringsum in ziemlicher Entfernung eine deutsche Flagge, es war ein gefallenes Fort. Immer wieder zerschossene Häuser. Man kann in den Dörfern deutlich noch die Kampfesweise erkennen: Die Franzosen schossen aus der östlichen Einbruchseite so lange, bis der eine ganze Teil in Flammen aufging. Die anderen ergaben sich und blieben unversehrt. Die weißen Fahnen hängen jetzt noch. Nach Charleroi liegen fünf Wagen mit einer Lokomotive tief in die Erde gebohrt neben den Schienen. Die Bevölkerung misst uns begreiflicherweise mit feindseligen Blicken, aber Geschäfte wollen sie alle machen, und dann sind sie äußerst freundlich. Soeben lagen wir noch in Erquellines an der Grenze zwischen Belgien und Frankreich. Wir durften aussteigen und uns gute Schokolade und reichlich gewässerten Wein kaufen. Dann erfuhren wir, dass die Brücke über den Grenzfluss gesprengt sei. Neben dran hatten unsere braven Eisenbahner eine Notbrücke errichtet, über die wir langsam nach Frankreich fuhren. Nun liegen wir in Jeumont und können mit Ruhe die Schusswirkungen unserer Granaten in einer Fabrik beobachten. Alle Glasdächer sind durch den Luftdruck geplatzt. Bei der Weiterfahrt bricht langsam die Dunkelheit herein, und man kann die häufiger werdenden Verwüstungen nur mehr undeutlich erkennen. Wir kommen auf Maubeuge. Trotz der Dunkelheit kann man die tiefen Schatten in den Trichtern, die explodierende Granaten ausgeworfen, erkennen. Mir kommt in den Sinn: »In den öden Fensterhöhlen wohnt das Grauen« etc. Draußen die Schrecken des Schlachtfeldes, und immer sind wir quietschfidel. Von Langeweile keine Spur. Zigarettendrehen habe ich schon gelernt. In Maubeuge gibt's Reissuppe. Vom Zug aus müssen wir in der Dunkelheit zur Verpflegungsstation. Über Schienen, Balken, durch Löcher und Gräben. Am Zug entlang leistet mir meine Taschenlampe vorzügliche Dienste. Schwierig ist das Zurückfinden. Wer seine Wohnung hat, ruft aus: »4. Kompanie. Familie Lorenz.« So heißt unser Wagen. Auf diese Weise geht es verhältnismäßig rasch. Wir fahren mit ziemlicher Schnelligkeit. Alles schläft schon mit Gewehr in der Hand. Ich will jetzt auch ruhen. Die Maschine pfeift und der Zug hält, es pfeift wieder und langsam geht es weiter. Die Weichen müssen nämlich einzeln gestellt werden, da alle Drähte abgeschnitten sind.

Donnerstag, 22. Oktober 1914

Marie Peter, Mars-la-Tour (Frankreich)

Tag und Nacht hören wir den Donner der Kanonen. Der Ort auf der einen Seite der Bahn heißt Conflans, auf der andern Seite Jarny. Ein Offizier war so freundlich und zeigte die Panzergranaten. Heute sahen wir uns noch Conflans-Jarny an. Vor einem Hause standen zwei Leiterwagen mit Bürgern von Conflans-Jarny, die teils Verräter waren oder doch Deutschland schaden könnten. Sie werden nach Deutschland gebracht zum Arbeiten. Es war traurig anzusehen: Die armen Menschen, lieben sie doch auch ihr Vaterland wie wir Deutsche. In Conflans-Jarny luden wir nur wenige Verwundete ein. Wir durften auch die Schützengräben ansehen mit den eingegrabenen Kanonen. Auf der Höhe hört man sehr gut die Kanonen von Verdun. Wir brachten den Soldaten Schokolade, Brot und Zwieback. Abends 7 Uhr fuhren wir zurück nach Mars-la-Tour. Die Verwundeten kamen aus den Feldlazaretten, teils vom Schlachtfeld selbst. Alle waren sie glücklich, wieder einmal in ein Bett zu kommen. Alle lobten sie unsern Zug, wie gut und schön wir eingerichtet sind. Zu essen hatten die meisten die letzten Tage, seit sie verwundet waren, gehabt. Aber solang sie im Felde waren, sagten manche, wie sehr sie gehungert und gefroren hätten. Alle waren sie sehr begeistert. Alle wollen sie bald gesunden, um wieder hinausziehen zu können.

Willy Straub, bei Haubourdin (Frankreich)

Wieder geht's weiter, und zwar ist's gerade 9 Uhr, durch ein Dorf, das ganz verlassen ist. Die Straßen sind an einigen Stellen verbarrikadiert. Sind momentan in einem Schlosspark. Das Schloss muss der Größe nach sehr nett gewesen sein, ist aber ein Trümmerhaufen. Um den ganzen Garten herum laufen Schützengräben. Viele tote Engländer liegen hier herum. Auch einige Verwundete liegen noch dazwischen. Unsere Infanterie hat diesen Punkt gestern Abend im Sturm genommen. Leider hat auch der Tod auf unserer Seite reiche Ernte gehalten. Zwei englische Maschinengewehre mit viel Munition liegen noch da. Ich habe hier im Umkreis von knapp 100 m allein sechzig tote Englishmen gezählt. Einfach toll sieht's hier aus.

Otto Gehrke, bei Vaudesincourt (Frankreich)

Abends 7 Uhr plötzlich Antreten, Abmarsch Minenwerfer und zehn Minen, eineinhalb Stunden Marsch. Mit den Minen eine erstklassige Schinderei. Einige machen schlapp. Bei Vaudesincourt Stellung ausheben. Weil sich einige drückten, lässt Feldwebel Bl. den ganzen Trupp oben arbeiten mit umgehängtem Gewehr, zur Strafe. Solange hatten die Franzosen geschossen, nun hörten sie auf, Glück. Regenschauer, kalt.

Jakob Krebs, Lens (Frankreich)

Stallwache, Pferdepflege. Ich erhalte ein anderes Pferd, einen Bisser. Dreimal Appell, starkes Artilleriefeuer den ganzen Tag.

Richard Piltz, Forêt d'Apremont (Frankreich)

Zehnjähriger Hochzeitstag. Kompanie Pohle wurde durch Kompanie Traßl ersetzt, Zug Pein durch Zug Busse. Bei der Ablösung eine ganze Anzahl Tote und Verwundete, besonders an einer Schneise, wo ich mit Busse war, um einen Annäherungsweg zur Stellung zu erkunden. Abends mit Busse eine kleine Büchse Entenbraten geteilt. Kopfschmerzen bei großem Durst, nichts zu trinken. Recht trauriger Hochzeitstag.

Freitag, 23. Oktober 1914

Josef Glaser, Tomsk (Russland)

Windig. Den ganzen Tag nicht aus dem Zimmer gekommen. Gegen Mittag geht der erste Transport angeblich nach Krasnojarsk ab, darunter Hauptmann Mittermeyer, der den Offiziersdiener Fischer mitnimmt. Die deutschen Zivilisten haben eine Menge Nummern der ›Petrograder Zeitung‹, eines in deutscher Sprache geschriebenen, aber sonst russophilen Blattes, mitgebracht. Nach diesen ist die über 900 000 Mann starke österreichische Armee völlig zertrümmert. Die Widerstandskraft Österreichs wird nicht hoch eingeschätzt. Ausführlich ist die Einnahme von Antwerpen geschildert. In den russischen Verlustlisten fallen die vielen deutschen Namen auf.

Marie Kettler, Péronne (Frankreich)

Wir wohnen hier recht primitiv. Die ersten, die eingezogen sind, haben Bettstellen, wir nur noch Matratzen. Aber solange man noch doppelte hat, geht es prachtvoll. Decken haben wir selbst, Betttücher auch schon. Sich auf diese viel benutzten Matratzen zu legen, ist uns zu ekelig, dann ist Stroh noch appetitlicher. Unsere Koffer zusammengestellt, bilden unsere Tische. Heizung gibt es nur in der Küche, daher ist das unsere Wohnstube. Licht wenig oder gar nicht, daher gehören Kerzen auch schon zu unserm Hausrat. Hier brauchen wir glücklicherweise nicht selbst zu kochen. Das Essen ist zwar etwas knapp, und von diesem französischen Weißbrot mit schwarzem Kaffee kann man immerzu essen, und merkt's gar nicht. Da kauft man sich eben etwas dazu:

Milch, Butter. Wurst habe ich noch vom Stift, und Schokolade hat man ja auch genug, da sorgen die Lieben in der Heimat für.

Marie Peter, Straßburg, Elsaß-Lothringen

Von Mars-la-Tour bis Metz fuhren wir fast die ganze Nacht, ohne Licht, an den Fenstern zogen wir die Gardinen vor. Es war eine sehr unheimliche Fahrt. Das sind solche Zeiten, wo man wieder seinen Gott findet. Wir fuhren über Zabern bis Straßburg und luden aus.

Hermann Christian Kurz, Péronne (Frankreich)

Einige Zeit lagen wir in einem äußeren Bahnhof von Cambrai und hören von den schrecklichen Wirkungen der Fliegerbomben. Es ist schrecklich, wenn eine Stadt mit Krieg überzogen wird. Ein nie geahntes Leben spielt sich da ab. Man macht sich da zu Hause gar keinen Begriff. Am Bahnhof spielen zwei mächtige Scheinwerfer, die nach feindlichen Fliegern suchen, aber immer nur eigene finden. Es sind schaurig schöne Bilder, die solche Bahnhöfe bei Nacht bilden. Zwischen den dampfenden Maschinen, deren Rauch von den verschiedenfarbigen Bogenlampen feurig rot gefärbt wird. Große offene Gasflammen und Pechfackeln, das Heulen von Sirenen und Hupen, rennende Leute, scharfe Kommandos, am Himmel die irrenden Lichtkegel, alles die große Maschine gegen den Erbfeind. Wir fahren jetzt wieder, wohin, wissen wir nicht. Jetzt muss sich's bald entscheiden, wo wir hinkommen. Wir stehen schon wieder. Péronne 12.40 Uhr: Noch drei Stationen, dann müssen wir heraus. Wir fahren durch ein Wirrwarr von zerbrochenen Schienen, aufgerissenen Schwellen und anderen Trümmern. Noch 20 km zur Front. Zeitweise starker Kanonendonner. Wetter ist gut. Sonne bricht durch, alles packt. Seit gestern Abend nichts Offizielles zu essen. Neben uns eine Badeanstalt, drinnen ist ein Eisenbahnwagen, Stühle, Flaschen und anderer Hausrat. Auf die schwimmenden Flaschen wird mit Steinen geworfen. Vor uns ist eine Brücke gesprengt, sie ist noch nicht ganz wiederhergestellt. Vielleicht können wir darauf warten. Wir sind jetzt gerade hundert Stunden und dreißig Minuten im Zug. Die Fahrt war nicht so schrecklich, wie ich fürchtete, aber ich bin doch froh, wenn wir uns wieder dehnen können. Wir sind in Péronne-La Chapelette ausgestiegen und lagern jetzt am Bahnhof zum Empfang zweier Portionen. Laden und sichern! Keine Zeit mehr.

Richard Piltz, Forêt d'Apremont (Frankreich)

Vizefeldwebel Busse steckt unter großen Schwierigkeiten einen 500 m langen Annäherungsweg zur 7. Kompanie ab. Seit einigen Tagen ist der Abfall der Blätter so weit fortgeschritten, dass der Zugangsweg, der bergab führt, vom Feind eingesehen werden kann. Auf dem Zugang zur 7. Kompanie in den letzten Tagen etwa fünfzehn Tote und Verwundete. Ich hatte mit meinen Pionieren in vorderer Linie zu tun, wo die Gefahr sich in den letzten Tagen ebenfalls wesentlich vergrößert hat. Pionier Niemitz von meinem Zuge war erschossen. Wir begruben ihn mittags im Tale bei stillem Gebet.

Samstag, 24. Oktober 1914

Josef Glaser, Tomsk (Russland)

Heftiges Schneegestöber. Um ½11 Uhr behufs Geldbeschaffung zum Stationskommando gegangen. Umständliche Rechnungsgebarung eines alten Rechnungsoffiziers im Range eines Oberstleutnants, bekannt unter dem Namen »der alte Briefträger«. Die Kadettaspiranten sollen kein Geld erhalten. Aspirant Frisch wird vor Aufregung ohnmächtig, was zur Folge hat, dass er das Geld schließlich doch bekommt. Wir quittieren vom 7. September bis

1. November russischen Datums. Für die Matratze werden 3,50 Rubel, für Essen 5,60 abgezogen, so dass wir 31,10 Rubel bar ausgezahlt bekommen. Um ½ 3 Uhr sind wir glücklich im Besitze des Geldes. Zum letzten Mal die Stadt besucht, für zwei Tage Proviant besorgt. Abends fluchend und stöhnend den Reisekorb gepackt. Was nicht niet- und nagelfest ist, wird mitgenommen. Luft verstaut das gestohlene Beil im Koffer. Die Lampenteile werden aufgeteilt. Morgen 7 Uhr sollen wir am Bahnhofe gestellt sein.

Meta Iggersheimer, Amberg

»C'est la guerre«, so kam es heute von den Lippen der armen Flüchtlinge, die vorgestern und gestern in großer Anzahl nach den hiesigen Baracken kamen. Wir (Anny auch mit) machten einen Nachmittagsspaziergang zu der Infanteriekaserne, wo wir dann auch die Flüchtlinge sahen. Welch ein Anblick! Männer in ihren typisch blauen Leinenkitteln, Greise, Jünglinge, Kinder, Säuglinge, alte Mütter und weinende Frauen. Anny und ich sprachen mit ihnen, sie sind völlig trostlos. Sie baten uns innig um Seife, Brot, selbst das Notwendigste mangelt ihnen. Arme Geschöpfe!!! Wie jämmerlich weinte ein ganz kleines Würmchen auf dem Arm der Mutter, es wurde so von Hunger gequält. »Nous n'avons rien a manger«, war die ängstliche, verzweifelte Antwort der tieftraurigen Mutter, welche besserer Abstammung war. Ach, all die kleinen, frierenden Wesen, einige selbst ohne Eltern. Sie rührten wirklich das gute Herz der Deutschen, so dass wir ihnen versprachen, einiges zu bringen. Es wurde spät und kalt, dichter Nebel deckte die Erde. Die Speisung der französischen Soldaten konnten wir auch noch sehen. Wie gierig sie ihren Tee und Kommiss verzehrten! Eine alte »Madame« fragte uns auch, ob wir nicht glücklich seien? Doch wir antworteten ihr, auch uns bringt der Krieg viel Schweres. Drum tausendfachen Dank unseren tapferen Kriegern im Felde, die uns mit so starkem Arm schützen vor derartiger Not und fürchterlichstem Elend! Lob und Preis vor allem Gott, dem Lenker aller Geschicke!!! Sonniges Glück und Ruhe atmen noch unsere Gefilde!!

Richard Walzer, Saint-Quentin (Frankreich)

La Capelle Ankunft mittags 2 Uhr. Da die ganze Kompanie vor Müdigkeit lahm ging, wurden Quartiere mit Betten gesucht. Auch ich hatte bereits ein Zimmer mit Bett gefunden, um darin zum ersten Mal seit unserem Ausrücken auszuruhen. Aber es sollte anders kommen. Um 6 Uhr abends musste ich mich wegen Fußanschwellung zum Arzte begeben. Außerdem war meine Narbe von der Operation doppelt fingerdick aufgeschwollen. Befund des Arztes: Lazarett. Um 7 Uhr Abfahrt auf einem Leiterwagen mit noch sechs Leidensgenossen über Buironfosse, Guise, Homblières nach Saint-Quentin.

Hermann Christian Kurz, Flaucourt (Frankreich)

Früh 7 Uhr auf dem Heuboden. Gestern Abend nach anstrengendem Marsch hinter der Front angekommen. Wir konnten die Schrapnellwölkchen ganz genau beobachten. Nach der Begrüßung durch den Kommandeur wurden wir verteilt, wobei ich mit guten Freunden zusammenkam. Unterkunft erhielten wir in einem nahen Dörfchen Flaucourt in einem Bauernhof. Die Feldküche empfing uns mit heißem Tee, und dann ging's aufs Heu. Während wir am Tag furchtbar geschwitzt hatten, konnten wir jetzt fest frieren. Ich zog meinen Mantel an und vergrub mich ins Stroh, hier schlief ich dann großartig. Heute Morgen erhielten wir Erkennungsmarken und wurden in den Kriegsstammrollen aufgenommen. Jetzt suche ich Wasser zum Waschen zu bekommen.

Jakob Krebs, Lens (Frankreich)

Um ½7 Uhr stehe ich auf und besorge die Pferde, die andern schlafen etwas länger. Später satteln wir ab und putzen namentlich Bügel und Kandarenzeuge, denn diese Sachen sehen bös aus und sollen jetzt wieder blank gehalten werden. Von der anwesenden Infanterie erfahren wir, dass der Sturm am 20. missglückt ist. Die feindliche Infanterie schoss sehr gut, desgleichen auch die Artillerie. Unser Bataillon 110, das den Angriff ausführte, hatte 27 Tote und 67 Verwundete und kam nur 150 m vor. Vorläufig soll ein weiterer Sturmangriff unterbleiben. Am Abend geht ein Wagen zum Post- und Proviantempfang zur Kolonne und kehrt kurz vor 8 Uhr zurück. Wir sind gerade beim Verteilen der Postsachen, als ein starkes Infanterie- und Artilleriefeuer einsetzt. Schnell wird die Post wieder in den Sack geworfen und die Pferde angespannt. Allmählich legt sich das Feuer immer mehr nach Süden, und gegen 9 Uhr, als es wieder ruhig wird, spannen wir wieder ab. Jetzt können wir uns unserer Post erfreuen, sie fiel reichlich aus. Ich habe zum Beispiel drei Päckchen, Brief und Karte. Einer unserer Kanoniere (Schneck) erhielt Brief mit Bild von seinem Kinde. In der Aufregung vorhin warf er Bild und Brief ins Feuer, und das Kuvert und Bilderschoner hatte er noch in der Hand.

Willy Straub, bei Haubourdin (Frankreich)

Trotz des heftigsten Feuers hatte ich gut geschlafen. Unsere Sandhasen machen Sturmangriff, durch Artillerie unterstützt. Bin heute mit einem Unteroffizier vorgegangen bis in den zweiten Graben vorne. Habe mich mit einem Oberst unterhalten. Wie's erst hier aussieht, macht man sich gar keinen Begriff. Ein Graben lag voll toter Engländer und Schottländer, kein Einziger hatte eine Kugel. Alle waren mit Bajonetten durchstochen. An einem andern Platz hatten Granaten von uns eingeschlagen. Etlichen waren die Beine, andern der Kopf und halbe Rumpf abgerissen. Beine und Arme lagen zwischen toten Pferden herum, trostlos. Die Engländer sind noch gut gekleidet, aber die Schotten mit ihren karierten Röckchen bis an die Knie, keine Unterhosen, geschweige andere Hosen an. Da könnte man Bilder sehen. Man müsste eigentlich hie und da lachen, wenn es kein Schlachtfeld wäre. Du sollst auch deine Feinde nicht lächerlich machen. Es wurde hier mit Fliegern gearbeitet. Kunterbunt alles durcheinander, oft so dicht, dass man kaum ausweichen kann. Der Herr Oberst hat uns sehr weit herumgeführt und uns vieles erklärt und gezeigt. Nach vier Stunden kamen wir wieder bei den Unsern an. Wir sind spät noch vom Reserve-Regiment abgelöst worden. Die angekommenen Batterien fuhren sofort in unsere Stellungen. Die Leute sind noch ganz ängstlich und ducken sich bei jedem Abschuss oder Einschlag. Es sind ganz neue Geschütze, auch Feldhaubitzen, aber Modell 1913. Auch ein neues Infanterie-Regiment 224 kam vorbei.

Sonntag, 25. Oktober 1914

Marie Kettler, Péronne (Frankreich)

Heute haben wir den ersten Gottesdienst im Feindesland gehabt. In der reformierten Kirche hielt Pastor Meyer aus Rethem eine Predigt und die Abendmahlsfeier vorher Pastor Rieschel aus Norderney. Es war eine sehr ergreifende Feier, schon dass man die vielen Soldaten aus den verschiedenen Regimentern sah in allen Altern und alle so ergriffen.

Hermann Christian Kurz, Flaucourt (Frankreich)

Gestern Abend sind wir vom 1. Bataillon abmarschiert und nach einem Marsch durch vollständig zerschossene Dörfer in die Schützengräben eingeschoben worden. Kurz zuvor mussten wir an einem brennenden Haus vorbei, und unglücklicherweise stolperte einer. Sofort ging's los: Zui iss zui isss, päng, päng, zetsch, zetsch. Wie wir schnell in den Halbgraben verschwanden! Als es sich etwas beruhigt, ging's langsam weiter in die eigentlichen Gräben, immer auf den Knien. Schweißtriefend zwängten wir uns durch die verschiedenen Unterstände. Auf der Strecke verteilt kam ich in ein Loch neben »Klein«, der mich äußerst freundlich aufnahm. Bum suis tatsch sausten die ersten Granaten über uns, aber bald war's still, und ich konnte zu schanzen anfangen. Aber ich bin nicht fertig geworden, denn gegen Früh musste ich Posten stehen. Es ist schwerer, fetter, lehmiger Boden, der sich sehr gut aushöhlen lässt, aber wie Blei am Pickel hängt. Am Tag schläft, raucht und isst man und horcht dem Granatfeuer zu.

Richard Piltz, Buxerulles (Frankreich)

Tüchtig Briefe geschrieben, besonders lang an Loni. Am Nachmittag Kanonade in die Weinberge und Gärten. Sämtliche Offiziere und Soldaten flohen in den Keller. Nach halber Stunde tauchten wir wohlbehalten wieder auf. Abends kam Offizierdiensttuer Hohnberg von seinem sechswöchigen Abkommando zurück aus Briey. Es war dort von einem italienischen Arbeiter verraten worden, dass sich über dem oberen Eingang des etwa 800 m langen Tunnels drei tiefe Minenschächte befänden. Man fand diese 80 mal 80 cm breiten Schächte bis zu Tiefen von 22 m, teils mit Beton ausgemauert, teils mit Lehm und Steinen ausgefüllt. Die seitlichen Schächte hatten Seitenstollen von je 14 m Länge, 1 m Breite und 1,6 m Höhe. Die Enden der Seitenstollen waren durch Minenkammern erweitert. Es war sehr mühsam, alle diese Hohlräume zu entleeren. Minen fand man nicht.

Josef Glaser, Gefangenentransport
bei Tjaschin (Russland)

Um ¾5 Uhr aufgestanden. Luft findet seine Pistole, die er am Boden verborgen hat, nicht. Um 6 Uhr nach dem Bahnhof Tomsk II begeben, scharfer Wind. 13° Kälte. Das Gepäck mittels Wagen zur Bahn befördert. Bis 9 Uhr gewartet, dann in die Kaserne zurückgeschickt. Luft findet seine Pistole wieder. Um ½ 12 Uhr zur Bahn begeben. Höchste Zeit. Offiziersdiener Schmerz wird zurückgewiesen. Abfahrt 12.30 Uhr. Genau fünf Wochen in Tomsk gewesen. In einem Wagen vierter Klasse sind zwanzig Offiziere und fünf Einjährige untergebracht. Die Wagen lassen sich auf einfache Weise durch Aufklappen der Rücklehnen in Schlafwagen umwandeln, drei Etagen. Eigenartiger Abort: In den Fußboden eines kleinen Raums ist ein elliptisches Loch geschnitten. Beim Gebrauch ist eine gewisse Kunstfertigkeit nötig. Durch Wald gefahren, schöne Winterlandschaft. In Tjaschin längerer Aufenthalt. Als Reiseziel gilt Krasnojarsk. Doch glauben wir, dass es weiter nach Osten geht.

Montag, 26. Oktober 1914

Josef Glaser, Gefangenentransport (Russland)

–15° C. Täglich 75 Kopeken erhalten. Quodlibet gespielt. Bahn zweigleisig. Die Gegend wird welliger. Nadelbäume werden häufiger, sehen aber sehr kümmerlich aus. Es bildet sich ein Gesangsverein. Rechnungsleutnant Sonnenschein entpuppt sich als guter Tenor. Neben Heimatliedern ertönen auch Trutzgesänge wie ›Die Wacht am Rhein‹. Sonnenschein bringt einige Rosegger-Humoresken sehr gut zum Vortrag. Nach Herrichtung der Lager sieht es wie in einem Affenkäfige aus. Um das Öffnen der Fenster entbrennt ein Streit. Die Inhaber der obersten Etage erklären, dass es wie im Dampfbad ist. Unten ist es angenehm kühl.

Marie Kettler, Péronne (Frankreich)

Wir kommen eben von den Massengräbern derer, die in den hiesigen Lazaretten verstorben sind, schon dreihundert etwa. Deutsche und Franzosen liegen nebeneinander. Leider haben die Unsern bis auf wenige Ausnahmen nur

Nummern, während die Franzosen mehr Kreuze haben. Aber ganz abseits ist das Grab eines Engländers. Da meinte der Posten: »Was der nun wohl macht am Jüngsten Tag, wenn der so allein aus seiner Ecke kommt. Unsere kommen doch wenigstens alle zusammen.« Abends nahmen wir zu vier Schwestern an einer kleinen Abendmahlsfeier teil. Hier draußen erkennen wir noch mehr als daheim die Wahrheit des Wortes: »Ohne Mich könnt ihr nichts tun.« So freuten wir uns so sehr über die Abendmahlsfeier und über das Wort: »Gehet hin in Frieden!«

Hermann Christian Kurz, Flaucourt (Frankreich)

Von gestern auf heut regnet es. Es war eine furchtbare Sauerei. Mein Loch hatte ich günstig angelegt, so dass es trocken blieb. In den zwei Stunden Posten wird man genügend nass. Am Tag gutes Wetter. Am Abend schoss sich unsere Artillerie ein. Kalt und trüb, später etwas sonnig. Kaffee unter der Gruppe verteilt. Heute Morgen ist es so verdammt still, es liegt etwas in der Luft. Mittag rieselt's. Gegen 3 Uhr kommen sie langsam, aber unsere schwere Artillerie setzt ein und sie schweigen. Die Wirkung unserer Granaten ist schrecklich. Das bekannte Sausen, dann ein Schlag, dass es uns in den Gräben nur so hebt, und wenn man schnell hinüberschaut, sieht man die Wirkung. Die Trümmer fahren nur so in der Luft herum, manchmal spritzt der Dreck bis zu uns her, wir sind ja nur 400 m weg, und eine dicke schwarze, an den Rändern grüngelbe Wolke ballt sich an der Stelle. Mitunter hört man sie schreien, die Armen. Wenn der Wind von drüben kommt, riechen wir das Leichendüftel. Um 5 Uhr kommt das Erwartete. Innerhalb von vierzig Minuten werfen sie 63 Granaten herüber. Es waren viele Blindgänger darunter und die anderen platzten ungefähr 30 m hinter uns. Doch manchmal kamen sie kritisch nahe, dass es Steine hagelte. Wir lagen rauchend in unseren Unterständen und zählten sie, die, die danebengingen. Gar mancher wurde etwas nervös. Als dieser Regen aufhörte, waren wir alle froh. Abends war Ablösung. Trotzdem es ziemlich hell war, kamen wir unbemerkt zurück. Heute gutes Wetter, zeitweise sogar Sonne, alles trocknet rasch. Heute soll die Friedenskonferenz sein. Wir merken nichts davon. Wenn einer auch nur einen Augenblick den Kopf aus dem Graben streckt, knallen die Kerle sofort, als ob der Teufel los wäre. Gestern ist ein Korporal der französischen Pioniere gefangen worden, und durch ihn erfuhren wir, dass vor unserem Graben Minen gelegt sind. Aus diesem Grund erfolgte heute der Sturm nicht.

Jakob Krebs, Loos-en-Gohelle (Frankreich)

Über Nacht schießt die schwere Artillerie. Gleich nach 8 Uhr kommen schon wieder feindliche Geschosse in die vorm Dorf liegenden Stellungen, manche gehen ins Dorf. Wir lassen geschirrt, über Nacht hat es geregnet, ist aber morgens klar. Der Gegner hat offenbar in dem etwa 3 km vor uns liegenden Grenay gute Stellungen und auch Bahnverbindung von Arras und Calais her. Nachmittags erhält Infanterie Ersatz, Kriegsfreiwillige und Ersatzreservisten. Feindliche Flieger kreisen über uns, nach Mittag kommen auch wieder feindliche Artilleriegeschosse. Gegen 3 Uhr beginnt beim Füsilier-Regiment 111 ein Maschinengewehr zu hämmern. Die beiderseitigen Geschütze beginnen ziemlich heftig zu feuern, namentlich unsere 2. Batterie schleudert ganze Gruppen in die feindliche Stellung. Ab und zu pfeifen Infanteriegeschosse durch die Straßen und über die Dächer. Gegen 6 Uhr wird's ruhiger, wir fahren in Stellung und geben sechzehn Körbe Munition ab. Der Schrapnellwagen wird ganz geleert und geht zur Kolonne zurück. Wir müssen mit unsern wenigen Körben über Nacht in Loos bleiben. Am Abend wurde von unserer Infanterie ein Franzose gefangen. Er kam mit vier anderen auf der Straße gegen die Schützengräben. Auf 50 bis 60 m gab das Maschinengewehr Feuer, einer fiel, die andern rissen aus bis auf den Gefangenen, der sein Gewehr wegwarf und die Hände hochstreckte. Er erzählte, es sei ihnen gesagt worden, die Deutschen seien zurückgegangen, sie sollten nur nachsehen, ob auch alle fort seien. Daher auch die Harmlosigkeit, mit der der Trupp auf der Straße angezogen kam, der Gefangene hatte nicht einmal sein Gewehr geladen. Es sei ihnen ferner erzählt worden, die Deutschen brächten alle Gefangenen um. Einen ganzen Tag hatte der Mann noch nichts gegessen.

Richard Piltz, Forêt d'Apremont (Frankreich)

Arbeitete mit Infanteristen und Pionieren an Anmarschwegen zur vorderen Linie. Als ich gegen Abend an den linken Flügel der Stellung des 7. Regiments kam, sah ich den großen Minenwerfer der 16. Pioniere eine französische Waldstellung, die etwa 300 m entfernt lag, beschießen. Die Schüsse trafen vorzüglich. Nach jedem Treffer sprangen Franzosen aus den Löchern der Schützengräben heraus und wurden durch gute Schützen beschossen. Bei Besichtigung des großen Minenwerfers durch mich fiel die 2½ Zentner schwere Granate, anstatt 400 m weit fortzuschleudern, auf den acht Schritt von der Rohrmündung entfernten Bedienungsmannschaftsstand. Auf das Kommando des Bedienungsunteroffiziers stürzte alles in panikartiger Flucht davon. Fünfzehn Sekunden nach Verlassen des Standes platzte die Granate mit großem Getöse und Luftdruck. Trotzdem etwa hundert Mann sich in unmittelbarer Nähe des großen Minenwerfers aufgehalten hatten, war niemand verletzt. Ein Wunder in Anbetracht des gewaltigen Regens an Eisen, Holz und Steinen. Beim Abschuss stand ich fast unmittelbar neben dem Minenwerfer. Der bedienende Unteroffizier hatte mir soeben versichert, dass irgendwelche Unglücksfälle ausgeschlossen seien. Etwa dreißig Minen lagen neben dem Minenwerfer umher. Wären diese mit explodiert, so wären wir wohl zum großen Teil erledigt worden. Abends musste ich an dem Annäherungsweg zur vorderen Linie arbeiten lassen. Zu beschäftigen hatte ich etwa 160 Infanteristen unter Anleitung von dreißig Pionieren. Um 9 Uhr kam ich mit Unteroffizier Sannemann in ein plötzlich einsetzendes wütendes Kreuzfeuer. Wir hatten nicht die Zeit, den wenige Meter entfernten, wenn auch noch sehr flachen Schützengraben zu erreichen. Von vorn hatten wir Schutz durch eine kleinere Erdwulst, nach beiden Seiten aber nicht. Nachdem wir eine halbe Stunde buchstäblich unsere Nasen in den Dreck gesteckt hatten, um uns so klein wie möglich zu machen, ließ das Feuer nach. Wir hatten uns auf freier Berghöhe befunden.

Dienstag, 27. Oktober 1914

Josef Glaser, Gefangenentransport bei Krasnojarsk (Russland)

Um 8 Uhr früh in Krasnojarsk eingetroffen. Zum Aussteigen bereit, erhalten wir die Nachricht, dass wir nach Irkutsk kommen, was allgemein freudigst begrüßt wird. Abfahrt 1 Uhr. Anstelle von Infanteristen sind Kosaken als Begleitmannschaft getreten. Kurz hinter der Stadt führt eine schöne Brücke über den Jenissei, einen stattlichen, zwischen Hügelketten eingebetteten Fluss. Die Bergketten treten nahe an den Bahnkörper heran.

Meta Iggersheimer, Amberg

Wir konnten unser Versprechen einlösen, den Flüchtlingen Strümpfe, Unterrock, Mütze etc. bringen. Es wurde uns gestattet persönlich abzugeben, doch ist es mir ein bleibender Eindruck, mit welcher Gier und Wildheit eine Unmenge französischer Kinder sich auf uns losstürzten. Sie glichen zu deutlich »reißenden Tieren« hinter Stacheldraht. Die Liebesgaben wurden bei der Wache abgegeben. Franzosen begegneten uns in Mengen, wir würdigten sie einige Male keines Blickes. Selbst verwundete Turkos konnten wir staunend sehen. Die Uniform ist eigenartig, der Ausdruck grässlich. – Fortwährende Ruhmestaten des kleinen Kreuzers Emden. Er verursachte den Engländern einen Schaden von 18 Millionen. Auch wurde ein großer japanischer Dampfer von derselben Mannschaft in den Grund gebohrt. Ostende und Brügge sind seit längerer Zeit in unserem Besitz. Unsere Luftschiffe verdienen auch das größte Lob, sie haben sich tapfer gehalten und haben schon manch schönen Erfolg zu verzeichnen! Gott schütze uns fernerhin!!

Mittwoch, 28. Oktober 1914

Otto von der Meden, an der Pilicą (Russisch-Polen)

Es kam der Befehl zum Rückzug auf die schlesische Grenze.

Josef Glaser, Gefangenentransport bei Taischet (Russland)

Sonniger Tag. Gegend eben und waldig. Nadelholz überwiegt, teilweise urwaldartig. Mittag in Taischet von 2 bis 5 Uhr. Weniger Schnee. Mehreren russischen Truppentransporten begegnet. Gegen Abend Violinkonzert von Oberleutnant Preis und Einjährigem Nalas.

Willy Straub, bei Warneton (Frankreich)

Wir fuhren nachts weg und kamen durch mehrere Dörfer und Städtchen, deren Namen ich nicht erfahren konnte. Halten gerade wieder in einem Schlosspark und kochen ab. Wir müssen, wenn's geht, immer unter Deckung fahren wegen Fliegersicht. Bin bloß gespannt, wo's jetzt hingeht.

Jakob Krebs, Lens (Frankreich)

Unser Wagen fährt am Morgen mit sechs anderen Wagen zum Munitionsempfang, kommt aber leer zurück. Ich lasse in dieser Zeit meinen Schimmel im Notstand beschlagen. Feindliche Batterien beschießen die von Lens nach Grenay führende Bahnlinie. Geschosse schlagen bis in Höhe der Gendarmeriekaserne, auch die Wege nach Loos werden stark beschossen. Während ich im Turnsaal mein Tagebuch führe, spielen ein bis zwei Grammophone, fast möchte man die draußen platzenden Granaten vergessen. Nachmittags streut der Gegner die ganze Gegend ab, immer näher kommen die Geschosse, bis auf einmal einige Schüsse neben dem Schulhofe krepieren. Die Splitter durchschlagen die Fenster der Halle und fahren mit lautem Geräusch über das Glasdach hin. Gottlob kommen keine weiteren Geschosse mehr.

Peter Weber, Niederkerschen (Luxemburg)

Ein denkwürdiger Tag. Morgens 9 Uhr Antreten zum Einteilen der Wache. Der militärische Spaziergang fiel, da es anfing zu regnen, aus. Gegen 11 Uhr marschierte ich nach Petingen. Um ½1 Uhr ging die Reise zum Schlachtfelde. Wir gingen über Athus, Aubange, Halanzy, Musson. In Musson war alles zerstört, nur einige Häuser waren verschont geblieben. Sogar die Kirche war stark beschädigt. Am Helm des Turmes hatte ein Geschoss eingeschlagen und war an der anderen Seite ausgetreten, hatte das Mauerwerk unterhalb des Daches durchschlagen in einer Größe von ungefähr zwei bis drei Metern. Die herabfallenden Steine hatten das Dach der Seitenschiffe durchschlagen. Die Kirche war wegen Gefahr geschlossen. Von Musson aus ging es weiter über Baranzy nach dem eigentlichen Schlachtfelde. Baranzy war zerstört. Kein lebendes Wesen war zu sehen. Wir gingen dann rechts von der Straße auf die Anhöhe. Totenstille herrschte auf dieser Höhe. Ich bekam ein eigenartiges Gefühl, denn hier hatte mancher Tapfere sein Leben ausgehaucht. Hier waren, so weit man sehen konnte, frische Gräber aufgeworfen, auf welchen ein einfaches Kreuzchen stand. Wir gedachten in einem kurzen Gebete der gefallenen Kameraden und gingen dann an die entgegengesetzte Seite der Straße, wo wir auch einige Gräber fanden, anscheinend gefallener Franzosen. Jetzt ging's weiter über Cussigny, Gorcy. Auch hier schien ein hitziges Gefecht gewesen zu sein. Man sah verbrannte Häuser, zerschossene Fenster und Dächer. Auch konnte man sehen, wie die Kugeln an den Häusern abgeprallt waren. Von Gorcy ging es über Cosnes auf Romain zu. Auch in Romain ist alles zerstört. Kein Haus ist verschont geblieben. Wir kamen hier durch, als schon dunkel war, deshalb konnten wir nicht viel sehen. Aber es beschlich mich doch ein eigenartiges Gefühl: Kein Licht brannte, Totenstille. Es schien mir ein wohlhabendes Dorf gewesen zu sein. Von Romain gingen wir über Longwy hoch nach Mont-Saint-Martin, wo wir uns ein wenig stärkten. Nach kurzer Rast brachen wir wieder auf. Über Longlaville ging es weiter durch Rodange nach Petingen, wo ich mich von meinen Kameraden trennte, und kam gegen 10 Uhr in Niederkerschen an. Ich war sehr müde, denn wir hatten nach unserer Berechnung einen Marsch von 50 km hinter uns. Dieser Tag wird mir unvergesslich bleiben.

Donnerstag, 29. Oktober 1914

Hermann Christian Kurz, Herbécourt (Frankreich)

Heute erhielten wieder mehrere das Eiserne Kreuz. Wenige verdienen es, und viele, die es verdienen, bekommen es nicht. Abends Einteilung in Gruppen, wir hatten das Pech, in den 2. Zug zu kommen. Es geht in eine andere Stellung bei Herbécourt.

Jakob Krebs, Lens (Frankreich)

Die Nacht, in der ich Stallwache und Aufsicht habe, verläuft ruhig. Über Nacht leichter Frost, tags schön, ruhig. Appell und Stalldienst.

Richard Piltz, Forêt d'Apremont (Frankreich)

Mit meinen Pionieren Arbeiten in vorderer Linie ausgeführt.

Josef Glaser, Gefangenentransport bei Sima (Russland)

Mit Schnee gewaschen. Von 2.45 bis 5.30 Uhr Mittagsrast in Sima. Komische Bilder: Transportkommandant wird von einem Honvedkadetten rasiert. Gegen Abend Gesangsvorträge und Menagerievorstellung, wobei Sonnenschein als Tierbändiger fungiert.

Freitag, 30. Oktober 1914

Josef Glaser, Gefangenentransport bei Baikal (Russland)

Anfangs wenig Schnee, später Schneetreiben. Der Schmutz und die rauchige Luft verleiden den Aufenthalt im Wagen. Um 10.30 Uhr in einer Vorstation von Irkutsk eingetroffen. Große Bahnanlagen. In einer Offiziersmesse für 40 Kopeken gut gegessen, mehrere Offiziere eines anderen Transportes dort getroffen. Abfahrt um 5 Uhr. In Irkutsk nur kurze Zeit gehalten. Der reichsdeutsche Offiziersstellvertreter Rose und der Einjährige Seupetri bleiben hier im Spital zurück. Die Bahn geht knapp am Ufer eines breiten Flusses bis zum Baikalsee, der mit der Station Baikal um 9.30 Uhr abends erreicht wird. Im schwachen Mondschein sieht man die Anlegestation, und deutlich hört man das Rauschen des Sees. Wir bedauern, gerade zur Nachtzeit die interessante Strecke durchfahren zu müssen.

Hermann Christian Kurz, Herbécourt (Frankreich)

Wir kamen in einen neu angelegten Graben und mussten von 8 Uhr bis früh 6 Uhr schanzen, dann zurück in alte Gräben, in denen Unterstände sein sollten, aber keine waren. Trotzdem schliefen wir sofort. Um 8.40 Uhr hieß es vorgehen, die Franzosen wollen unsere Gräben nehmen. War nicht wahr. Jetzt liegen wir wieder in anderen Gräben ohne Unterstände, und es regnet. Wir müssen wieder schanzen. Ich erhielt die erste Post, von der Kompanie nachgeschickt, von Hellriegel. Wie schön haben es die in der Schule gegen uns da draußen im Kot und Dreck. In der Richtung gegen Becquincourt hören wir furchtbaren Kanonendonner. Er kommt auch zu uns, unsere Artillerie schießt. Heute Nacht sollen wir wieder schanzen. Wann kommen wir zur Ruhe? Im 2. Zug ist keine Einteilung, das sehe ich schon. Ich konnte mir ein schönes Loch machen, in dem habe ich jetzt wenigstens meine Ruhe. Eins möchte ich noch nachtragen: An diesem Tag hatte ich Glück und Unglück. Ich schüttelte gerade meine Zeltdecke aus und legte sie zusammen. Ich mag dabei mit dem Kopf etwas über den Wall gekommen sein, denn gerade an der Stelle war eine Schießscharte. Wie ich also so beschäftigt war, rutschte mir ein Zipfel der Decke aus, ich fing bückend danach, und pätsch schlug mir ein Schuss durch die Schießscharte in die rückwärtige Wand. Mehr Glück wie Verstand! Ich habe noch lange keine Sehnsucht nach einem Loch im Kopfe.

Willy Straub, bei Warneton (Frankreich)

Kaum lagen wir, mussten wir schon wieder auf und davon. Kamen durch Warneton. Ist bereits total zusammengeschossen. Kamen auf einen Hof, durften aber nicht abschirren. Platz ist auch keiner mehr. Es liegen neben Infanterie auch Dragoner und Husaren hier. Zu allem Übel regnet es auch noch ganz nett, so dass wir bis auf die Haut nass sind. Trotzdem müssen wir bei den Fahrzeugen bleiben. Habe mich aber in ein in der Nähe liegendes Haus verkrochen, um wenigstens meinen Mantel zu trocknen. Es ist etwas Großes hier im Gange. Nun hört's, Gott sei Dank, wieder auf mit Regnen. Es kracht auf allen Flanken, dass man schier sein eigenes Wort nicht mehr versteht. Pioniere brechen Eisenbahnschienen weg. Verwundete kommen in großer Zahl die Straße herunter.

Richard Piltz, Buxerulles (Frankreich)

Früh 7 Uhr Abmarsch zur Ruhe nach Buxerulles. Übliche Reinigung des Körpers, dann Essen, Mittagsschlaf und Zeitunglesen. Zum ersten Male nach vier Tagen die Langstiefel ausgezogen. Der Feldwebel teilte mir heimlich mit, dass für Oberleutnant Täubrich, Unteroffizier Huth und Pionier Wilke je ein Eisernes Kreuz eingelaufen sei. Der Doktor und ich beschlossen sofort feierliche Überreichung des Kreuzes an Täubrich, ferner die Abhaltung eines Festmahles. Leider wurde unsere Freude gestört, weil der Regimentsadjutant Täubrich bereits auf der Straße gratulierte. Die Ofenplatte war der Festtisch, auf dem das Eiserne Kreuz aufgestellt war. Festlich spiegelten sich in den wunderlich gezackten, lose aufgestellten Spiegelscheiben eine erst gestern aufgetriebene Petroleumlampe ohne Schirm und eine brennende Kerze. Ein Strauß frischer Herbstblumen, die ich eilig im Garten zusammengerafft hatte, erhöhte den Effekt. Zwei seitlich aufgestellte Gewehre umrahmten das Festarrangement. Nun ging's an das Festmahl. Eine Büchse Würstchen und eine Büchse Hummer für uns drei. Eine Büchse Entenbraten wurde dem Ritter von mir gestiftet. Die Krone des Festes bildeten drei Flaschen Sekt, bei deren Vertilgung zwei Artillerieoffiziere sich später beteiligten.

Karl Groppe, Goslar

Nachdem ich vom 3. September bis 22. Oktober als Verwundeter in der Heimat weilte, meldete ich mich in Goslar beim Ersatzbataillon. Mittags, als wir von einem Übungsmarsch von Harzburg zurückkehrten, erhielten wir den Befehl: Morgen Nacht, 1 Uhr Abfahrt.

Samstag, 31. Oktober 1914

Oberst a. D., Schlesien

Der heutige Tag war ein schrecklicher Tag, denn er brachte uns böse Nachricht. Ich war so zufrieden damit, dass den lieben Kindern die Schrecken des russischen Krieges erspart würden, und hoffte, dass sie bis zum Ende des Krieges in Frankreich bleiben könnten. Nun hat sich das plötzlich geändert, und mein lieber P. muss in dieses schreckliche dreckige Polen und Russland, wo kein ordentliches Unterkommen möglich ist, nur Läuse und grundlose, vernachlässigte Wege. Nach den Nachrichten, die der Oberförster Riedel von seinem Sohn Max erhalten hat, soll es ganz schrecklich dort sein. Er war vorher auch in Frankreich. Jetzt ist er verwundet, Kugel durch die Wade und Knochensplitterung, befindet sich in Königshütte. – Ich habe leider eine große Pause mit meinem Tagebuche gemacht. Hauptsächlich deshalb, weil ich keine Zeit dazu hatte, indem ich mich mit Jagd und anderen Dingen beschäftigte. Das Briefschreiben an die Kinder nahm viel Zeit in Anspruch und, wenn man mehrere Stunden als alter Krüppel draußen herumgelaufen ist, so hat man keine Lust, sich an den Schreibtisch zu setzen. Ich bedaure es sehr, dass ich in dieser langen Zeit die Eindrücke der Kriegsnachrichten nicht aufgeschrieben habe. Später verliert sich die richtige Wiedergabe dieser Empfindungen. Ich werde daher von jetzt ab wieder möglichst oft meine Aufzeichnungen machen, lasse dabei die linke Seite frei, um später die Briefe und Karten der lieben Jungens nachzutragen, sobald ich im Winter Zeit habe. Bisher war es noch leidlich warm, aber sehr regnerisch, fast täglich Regenschauer, ähnlich dem Aprilwetter. Heut Nacht war es kalt, früh nur 4° Réaumur, scharfer Ostwind auch über Tags.

Josef Glaser, Gefangenentransport bei Tanchoi (Russland)

Beim Erwachen um 6 Uhr früh den See erblickt. Die Bahn führt knapp am Seeufer dahin. Rechts treten die Berge fast an die Bahn heran, nur hin und wieder hat man einen Ausblick auf bewaldete Höhenzüge. Am jenseitigen Ufer fassen steile Wände den See ein, die zum Teil beschneit sind und fast an die Alpen erinnern. Die Bahn ist eingleisig, das zweite Gleis ist in Bau. In Wydrino um 8.45 Uhr die ersten Chinesen gesehen. Im See gewaschen und Steine gesammelt. Von 2.45 bis 5.50 Uhr Mittagsstation. Von dem beschneiten Ufer aus erschien der See tiefschwarz, die Berge am jenseitigen Ufer dunkelblau. Von Tanchoi an ist die Bahn zweigleisig im Betriebe. Ein kleiner Hund wird mitgenommen und Baikal getauft.

Otto Knopf, Jena

Bei dem Nachtgefecht bei Le Maisnil (Flandern bei Lille) vom 30. auf den 31. Oktober, wo leider keine Unterstützung durch Artillerie stattfand, erhielt Walther einen Streifschuss am Kopf.

Sonntag, 1. November 1914

Clara und Josephine Bohn, Ingersheim, Elsaß-Lothringen

Allerheiligen. Das Fest wurde heute traurig begangen. Viele Familien beweinten ihre auf dem Feld der Ehre gefallenen Angehörigen. Viele Freunde und Verwandte der hier beerdigten Soldaten besuchten die Massengräber.

Hermann Christian Kurz, Herbécourt (Frankreich)

Es geht auf den Winter zu. Man merkt's. Mondhelle Nacht und kalt wie noch nie. Ich hatte zwei mal zwei Stunden Posten, so lang ist's mir noch nie geworden, obwohl mir meine Pfeife ein wenig darüber hinweghalf. Wir haben jetzt zwar

Sonne, aber windig und kalt bleibt's. Im Holz liegen massenhaft französische Tornister, Mäntel und anderes Gelump herum. Ich mag und kann mich nicht damit abgeben, vielleicht ein anderes Mal. Die 4. Kompanie hat vergangene Nacht vier Tote und fünf Verwundete Verlust erlitten durch Schrapnells während des Schanzens. Furchtbare Wirkung haben unsere Gewehrgranaten, welche unsere Pioniere, die sich auf 300 m an den Feind herangegraben haben, schießen. Allgemeine Entfernung ist hier 900 m. Es knallt fast nicht stärker als ein Gewehrschuss, dann starkes Aufblitzen und ein Knall wie von einer Granate unserer Feldartillerie. Die Franzosen mögen meinen, wir wollen angreifen. Letzthin lag ich um 4.30 Uhr in meinem Loch und fror. Da dachte ich an den Teetisch zu Hause. Aber meine Lage ist frei gewählt, wenn es nicht sein kann, dann ist es eben nicht. Dass es kein Honiglecken, das wusste ich! Andere bereuen schon sehr, besonders ein Münchner Lehrer. Er träumt immer vom Café Stefanie und schilt sich einen Esel, sein behagliches Leben aufgegeben zu haben.

Josef Glaser, Gefangenentransport
bei Bada (Russland)

Sonniger Tag. Gegend hügelig, fast schneefrei. In Petrowskij von 9.50 bis 11.15 Uhr Aufenthalt. Unger findet zehn, Luft drei Läuse. Es wird graue Salbe gekauft. Nachts zwei Mann, die ausgetreten waren, verloren. Für die länger dienenden Unteroffiziere wird eine Sammlung eingeleitet, die über 11 Rubel ergibt. In einem Talkessel liegt ein Braunkohlebergwerk, die Kohle ähnelt der böhmischen, meist chinesische Arbeiter. Die Höhenzüge haben Mittelgebirgscharakter, kleine Ansiedlungen werden öfter sichtbar. Nachmittags konzertiert ein Zigeunerprimas. In Bada von 7 bis 8 Uhr Aufenthalt.

Montag, 2. November 1914

Josef Glaser, Gefangenentransport bei Tschita (Russland)

Sonniger Tag. Die Höhenzüge treten weiter zurück, die Felder werden größer, etwas Schnee. Der reichsdeutsche Offiziersstellvertreter Niderki übersetzt mit großem Eifer russische Telegramme. Nach diesen hat die Türkei am 18. Oktober an Russland den Krieg erklärt. Deutschland leiht der Türkei 50 Millionen Pfund. Die Türken beschlagnahmen russische Schiffe im Schwarzen Meere.

Oberst a. D., Schlesien

Der Kronprinz Rupprecht von Bayern hat einen prachtvollen Armeebefehl losgelassen. Vor einiger Zeit ging es durch die Zeitungen, dass der Kaiser den Kronprinzen besucht und dabei sich geäußert habe, er wünsche, dass die Bayern mal den Engländern gegenüberständen. Das scheint nach dem famosen Armeebefehl jetzt der Fall zu sein. Der Befehl lautet: »Soldaten der 6. Armee! Wir haben nun das Glück, auch die Engländer vor unserer Front zu haben, die Truppen jenes Volkes, dessen Neid seit Jahren an der Arbeit war, uns mit einem Ring von Feinden zu umgeben, um uns zu erdrosseln. Ihnen haben wir diesen blutigen ungeheuren Krieg vor allem zu verdanken. Darum, wenn es jetzt gegen diesen Feind geht, übt Vergeltung für die feindliche Hinterlist, für so viele schwere Opfer, zeigt ihnen, dass die Deutschen nicht so leicht aus der Weltgeschichte zu streichen sind, zeigt ihnen das durch deutsche Hiebe besonderer Art. Hier ist der Gegner, der der Wiederherstellung des Friedens am meisten im Wege steht. Drauf! Rupprecht.« Ich habe mich über diesen famosen Befehl sehr gefreut, denn er kommt dem Kronprinzen aus dem Herzen. Ganz Deutschland ist von bittrem Hass erfüllt gegen diese Halunken und gemeinen Schurken von Engländern, deren Bestreben stets darin bestanden hat, aus dem Unglück anderer Nutzen zu ziehen. Diese schurkische Nation müsste vernichtet werden und aus der Welt verschwinden, sonst wird keine Ruhe auf dieser Welt.

Hermann Christian Kurz, Herbécourt (Frankreich)
Vergangene Nacht musste die Hälfte unseres Zuges in eine neue Stellung zum Schanzen. Ich durfte zurückbleiben, hatte aber die ganzen Wachen zu übernehmen. Ich hatte von 7 bis 9 Uhr Posten, von 1 bis 3 Uhr Horchposten im Regen 200 m vor der Front, und von 5 bis 7 Uhr wieder Beobachtungsposten. Ich war froh, wie ich in meine Klappe kam. Zuvor beobachtete ich aber den Sonnenaufgang, der mich ganz hinriss. Es war ein wunderbares Schauspiel. Heute ist es zum ersten Mal etwas warm. Heute Abend werden wir abgelöst. Vier Tage sind doch ziemlich lang. Ich freue mich schon auf den Tee, den wir kochen. Heute lutschen wir Zuckerrüben vor Durst. Einige Schrapnells platzen gerade über uns, richten aber keinen Schaden an, dagegen schießen die Kerle verflixt genau. Ich glaube, sie sitzen auf Bäumen. Eine Kugel ging eine Handbreit neben einem Arbeitenden in die Wand. Zurzeit pfeffert unsere Artillerie wieder tüchtig in die feindlichen Gräben. Man hört es krachen, sausen, dann sieht man den Schmutz in der Luft herumfliegen und eine dicke Wolke aufsteigen. Jetzt erst knallt's, dass man aus dem Schlaf aufwacht, weil die Wände zittern.

Richard Piltz, Forêt d'Apremont (Frankreich)
Eine Granate verwundete etwa fünf Mann, eine andere zerfetzte zwei Mann derart, dass von ihnen nichts beerdigt werden konnte als ein paar Füße. Fleisch- und Kleidungsstücke hingen überall in den Bäumen herum. Es war ein großer Divisionsbefehl da: Ein Angriff ist geplant, wenn der Wind günstig ist. Man beabsichtigt, den Wald abzubrennen. Die 27er Pioniere sind mit Dorfspritzen ausgerüstet, die mit Petroleum die Bäume bespritzen sollen. Alsdann werden Apparate mit unter Druck stehendem Öl in Tätigkeit ge-

setzt. Man zweifelt allerdings am Erfolg, da kein Laub mehr auf den Bäumen und diese durch den Regen nass sind.

Dienstag, 3. November 1914

Hilde Grapow, Kassel

Jetzt ist die Türkei auf unsrer Seite! Famos! Sie haut sich schon sehr anständig zu Wasser und zu Lande mit Russen, Engländern usw. herum! Unsre beiden Kreuzer Breslau und Goeben, die schon manchem Engländer ein Schnippchen geschlagen und wundervolle Heldentaten geleistet haben, sind ja von der Türkei angekauft und rutschen jetzt unter türkischer Flagge herum. Es ist wirklich famos, was die beiden, ebenso die Emden und U 9 unter Weddigen (der jetzt auch sehr gefeiert wird!) alles leisten. Hoffentlich geht es mit unsrer famosen Flotte zu Luft und zu Wasser weiter tüchtig vorwärts! In Russland sind wir ja schon dicht vor Warschau gewesen. In Galizien zwischen Österreichern und Russen geht es immer so hin und her, eine größere Entscheidung ist noch nicht gefallen. In Frankreich sind wir gerade an Tuttis Geburtstag über die Aisne vorgedrungen! Famos! Jetzt geht es am schlimmsten in Nordfrankreich am Yser-Kanal zu. Alle unsre Tanzstundenjünglinge beinah, die Kriegsfreiwillige oder Fahnenjunker sind, sind nun schon raus oder gar schon im Gefecht gewesen! Die armen Kerls! Sie tun einem wirklich leid!

Paula Busse, Bensberg bei Köln

Die Kämpfe in Belgien sind furchtbar, ein wahres Blutbad soll dort herrschen. Die Deutschen kämpfen mit Todesverachtung und überwinden dank unserer modernsten Kriegsmittel jedes Hindernis. Leider machen uns die Überschwemmungen, die die Belgier durch Öffnen der Schleusen verursacht haben, viel Schwierigkeiten. Zu Entscheidungen ist es leider immer noch nicht gekommen. – Von Walter gestern Abend Brief. Er ist wieder einer großen Gefahr entronnen, als er sich aus einem gewissen Grund aus dem Schützengraben entfernen musste, flog ein bis zwei Meter von ihm eine Granate nieder, so dass er von dem heftigen Luftdruck umflog. Seltsam wird einem, liest man, in welcher Todesgefahr er geschwebt. Endlich hat er von mir zwei Briefe, wenn auch vom 29. September, erhalten, aber er hat doch mal einen Gruß von mir in Händen.

Josef Glaser, Gefangenentransport bei Manjur (China)

Sonniger Tag. Wellige Gegend, völlig schneefrei, ohne Baum und Strauch, mit eigenartigen Bergformen. In Olowjannaja von 7.30 bis 8.30 Uhr Aufenthalt. Der dortige Arzt spricht Deutsch, hat eine Wienerin zur Frau. Der reichsdeutsche Stabsarzt Dr. Wiese versäumt den Zug und bleibt zurück. Unter den Viehherden bemerkt man auch Kamele. In Borzja Suppe gegessen. Um 11 Uhr nachts in Manjur angekommen, befinden uns auf chinesischem Boden.

Georg Becker, Nesle (Frankreich)

Von allen Seiten hört man, dass wir bei Le Quesnoy eine üble Schlappe erlitten haben. Die 88er (Mainz) sollen geschlafen haben und dadurch vollkommen überrascht worden sein. Wir sollen große Verluste erlitten haben. Telegramme sind angeschlagen, die eine rege Tätigkeit der türkischen Flotte berichten. Endlich findet sich ein Freund für das isolierte Deutschland. Man raunt sich zu, dass eine türkische Armee unter Führung Liman von Sanders nach dem Suezkanal marschiere. – Der sächsische Hauptmann ist mit seinen Autos gekommen und hat alle innerlich Kranken mitgenommen nach Saint-Quentin. Acht verwundete Franzosen wurden mit anderen Autos geholt und in Ham der Kommandantur zur Verpflegung in einem französischen Lazarett unter einem französischen Arzt übergeben. Meine ganze Station besteht nun aus drei Mann:

Dem operierten Blinddarm, dem es übrigens sehr gut geht, dem Schmidt II, von dem ich mich wegen seiner interessanten Verwundung, Zerschmetterung des Oberarms mit gut erhaltener Handfunktion, noch nicht trennen konnte, und dem Franzosen Renard, der eine lebensbedrohliche Blutung zweimal gehabt hatte und noch nicht der Gefahr des Transportes ausgesetzt werden sollte. Unser Lazarett soll vorerst nicht mit Verwundeten belegt werden, sondern nur als Sammelstelle für die jetzt massenhaft auftretenden Darmkranken dienen. Da ich bei den übrigen Gruppen nur fünftes Rad am Wagen sein würde, ziehe ich es vor, statt mich versetzen zu lassen, mich im Seuchenlazarett nützlich zu machen. Trotz der großen und verlustreichen Kämpfe in unserer Nähe sind auch das Schloss und Hospiz nur wenig belegt worden, da der größte Teil gleich mit der Bahn befördert wurde. Der Bahntransportdienst funktioniert jetzt ausgezeichnet.

Karl Groppe, Bourgogne (Frankreich)

Trafen gegen Abend in Bazancourt ein. Die Brücken und Tunnels waren meistens gesprengt, jedoch von unsern braven Pionieren und Eisenbahnern wieder aufgebaut. In der ganzen Gegend gab's sehr viele Obstbäume, vielfach saß das Obst noch drauf. Die Felder sahen wüst aus. Die Frucht stand in Stiegen oder gar noch auf dem Halm, bestellt wurde auch nichts wieder. Die Ortschaften machen von ferne einen malerischen Eindruck, die Mauern von weißem Kalkstein mit Schiefer gedeckt. Von Bazancourt aus haben wir noch etwa zwei Stunden bis Bourgogne, den Standort unseres Reserve-Jäger-Bataillons Nr. 10, zu marschieren. In Fresne, wo wir durchkommen, sehe ich 91er. Ich frage laut: »Sind hier Schoninger dabei?« Aus allernächster Nähe tönt es: »Hier!«, und auf mich stürzen H. Göpel und Karl Reuleke, ein kurzer Händedruck, einige Worte und weiter geht's. H. Göpel begleitet mich noch eine kurze Strecke, von ihm erfahre ich auch, dass wir nur noch zwanzig Minuten zu tippeln brauchen. In Bourgogne, wo wir bei völliger Dunkelheit eintrafen, waren wir schnell im Massenquartier untergebracht. Unser Bataillon ist im Schützengraben. Der Ort ist voll von Soldaten aller Waffengattungen. Zivilisten wohnen auch noch hier. Diese machen einen schmutzigen Eindruck, auch die Häuser sind schlecht gebaut, baufällig und schmutzig. Man merkt nichts von der höheren Zivilisation der Franzosen. Die Haupthaustiere scheinen Kaninchen und Ratten zu sein, Letztere laufen selbst am Tage überall herum.

Hermann Christian Kurz, Herbécourt (Frankreich)

Die gestrige Ablösung hatte ihre Schwierigkeiten. Es war ganz heller Mondschein, und wir mussten ziemlich lang in den Laufgräben rutschen. Als wir endlich rausstiegen, bemerkten sie uns, und eine wüste Knallerei ging los. Einige Bohnen pfiffen uns verflixt nahe um die Ohren, trotzdem widerfuhr keinem von uns etwas. Ein lieber Kamerad meiner alten Kompanie hat durch eine Granate den Tod gefunden. Er stand in Neuburg neben mir im Glied, und ich konnte immer nicht begreifen, wie er als Bräutigam sich freiwillig stellen konnte. Auch drei andere Kameraden hat es erwischt. – Heute schwelgen wir in Genüssen. Zuerst unermessliche Liebesgaben an Unterkleidung und sehr viel erbeuteten französischen Tabak, Zigarren und Zigaretten, sogar etwas Schokolade. Mittags gab es Pichelsteiner, und dann jeder Mann eine Flasche Pschorrbräubier! Das Vergnügen! Dazu wunderbar warmen Sonnenschein, wir waren wie im Paradies.

Richard Piltz, Forêt d'Apremont (Frankreich)

Als am Nachmittag sich Täubrich gerade empfehlen wollte, fiel uns über unseren linken Flügel hinaus starkes Infanteriefeuer auf. Wir hörten sehr bald, dass die 3. Bayerischen Jäger, die ein Stück von uns stehen, improvisiert angegriffen und auch schon Boden gewonnen hätten. Bald hieß es, die 19er, die sich an unseren Flügel anlehnen, sind auch vorgegangen. Täubrich blieb deshalb. Bald kam auch der Angriffsbefehl für das 7. Regiment. Die Bereitschaftskompanie musste sich schleunigst fertig machen, desgleichen wir Pioniere mit zwei Zügen unter Busse und Pein. Ich blieb in Reserve mit etwa 34 erst vor einigen Tagen eingetroffenen Ersatzreservisten. Das Antreten der drei Züge und das Verteilen von Handgranaten war sehr schwierig, da heftiges Artilleriefeuer einsetzte, das unseren Talausgang tüchtig eindeckte. Der ganze Talgrund war mit schwarzem Granatqualm erfüllt. Der Abend brach an. Ich legte mich mit meinen Ersatzreservisten etwa 100 m hinter den Schützengräben in Reserve, musste dann aber auf Befehl mich der den vorgehenden Truppen nachrückenden 11. Kompanie anschließen. Als diese Befehl zum Zurückgehen erhielt, lag ich mit meinen Leuten wieder auf schmierigen Waldwegen auf dem Bauche in Deckung vor dem wütenden Gewehrfeuer. Die Artillerie war beiderseitig tätig, auch unsere großen Minenwerfer schossen ihre 2,5-Zentner-Minen auf sehr nahe Entfernungen.

Mittwoch, 4. November 1914

Richard Piltz, Forêt d'Apremont (Frankreich)

Die gesamte Division war im Kampfe. Großes unheimliches Getöse in der Finsternis. Später wurde die Nacht heller, da der Mond hinter den Wolken stand. Die in Ruhe befindlichen Kompanien und Zug Hohnberg kamen von Buxerulles. Um 12 Uhr nachts erhielt ich den Befehl, ebenso wie Busse mit der Hälfte der Ersatzreservisten (siebzehn), verstärkt durch Landwehrleute, vorzugehen, um die unterdessen etwa 200 m vorgerückte Kompanie einzugraben. Ich überschritt mit gemischten Gefühlen den Schützengraben und rückte in unbekanntes Gelände vor, um die neue Stellung zu prüfen, dabei eifrig bedacht, dass ich meine Leute zusammenhielt. Mit mir waren die Unteroffiziere Sannemann, Lange, Jurisch. Als wir durch den sogenannten alten französischen Schützengraben hindurchschritten, erhielten wir, da er noch teilweise von Franzosen besetzt war, Flankenfeuer. Das laute Schreien eines Verwundeten verursachte eine Panik. Alle meine Leute, außer den Unteroffizieren und denen, die in meiner unmittelbaren Nähe waren, stürzten Deckung suchend in den französischen Schützengraben und das Dickicht. Die Verbindung mit dem im Gänsemarsch vorausgehenden Busse war abgerissen. Meine etwa acht Getreuen mit rechter Ermahnung zurücklassend, suchte ich zunächst Busse allein im Gestrüpp, ohne Erfolg. Zurückkehrend stellte Busse sich ein. Nach gemeinsamer Beratung, auch mit zwei Kompanieführern, beschlossen wir, nach verschiedenen Richtungen uns auf die im unbekannten Dickicht liegenden Kompanien zu verteilen. Da ich meine Unteroffiziere nicht dazu bewegen vermochte, ihre kleine Deckung zu verlassen, um die verstreuten Leute zu sammeln, musste ich die unangenehme Aufgabe selbst auf mich nehmen. Wegen des Schlachtengetöses laut schreiend, stöberte ich meine Leute überall auf und sammelte sie, mit unsanften Worten ermahnend, zusammen. »Augen zu, bleiben, bis ich zurückkehre.« Ich ging nun allein gebückt und kriechend vor, bis ich den Abschnitt Infanterie, auf dem ich meine Pioniere ansetzen konnte, fand. Zurückkehrend fand ich meine Untertanen alle noch vor und führte sie kriechend bis 10 m vor die Stellung. Dort lagen, eng wie die Heringe, die Leute von drei verschiedenen Kompanien, ohne Führer. Stundenlang geduckt auf- und abgehend, gelang es mir, die Infanteristen zu bewegen, einzeln und abwechselnd zurückzuweichen und meine Pioniere in die so entstandenen Löcher zum Eingraben vorzulassen. Die Unteroffiziere unterstützten mich. Es war eine unangenehme Arbeit bei feindlichem Feuer von vorn, links und hinten. Wir glaubten während der ganzen Nacht, dass wir am äußersten linken Flügel der neuen Stellung seien und dass wir von ganz nahen französischen Schützen aus dem Gestrüpp heraus von hinten beschossen würden. Gegen Morgen versuchte ich, in einem halb eingedrückten, ½ m tiefen, übel riechenden Loch zu ruhen, ohne Erfolg. Kopfkissen ein Stein, mit dem ich wegen Kreuzfeuers hin- und herziehen musste. Als ich um 6 Uhr Busse prüfen wollte, wurde der letzte Teil des innerhalb unserer Stellung liegenden französischen Schützengrabens mit lautem Geschrei gestürmt. Die Lage war noch so unübersichtlich, dass ich glaubte, es seien französische Truppen, die uns umzingelt hätten. Beim Rücklauf zu meinen Pionieren überraschte mich ein dreiseitiges Gewehrfeuer, das plötzlich auf der ganzen Front entbrannte derartig, dass ich mich ungedeckt eine halbe Stunde lang mit der Nase in der Erde hinlegen musste. In der Nacht wurde vor mir Gefreiter Braunschweig erschossen. 15 m davon fing Busses Stellung an. Er hatte an einem anschließenden Flügel seine Hauptverluste: Unteroffizier Stärke, Unteroffizier Huth, wenige Tage vorher mit dem Eisernen Kreuz bedacht, Gefreiter Hahn usw. Bei Tagesanbruch sah ich viele Tote herumliegen.

Marie Kettler, Péronne (Frankreich)

Wir müssen die Schule räumen, weil alles Lazarett werden muss. Nun heißt es wieder packen. O, dies Stück Arbeit, wenn man nur einen großen Reisekoffer hätte, aber so hat man seinen Kriegskoffer, dann Handtasche, Henkelkorb, der als Futterkorb gut ist, und einen Eimer. Alles Gepäck wurde per Auto befördert, und wir wanderten zu Fuß in unser Kloster. Schade, dass wir nicht gleich in Arbeit gekommen sind, aber es müssen ja wohl sehr reichlich Schwestern draußen sein, und was irgend transportfähig ist, kommt gleich mit den Lazarettzügen in die Heimat. Und das ist ja auch das Beste, so gut können es die Verwundeten hier nicht haben. In den Hilfslazaretten, die in Hotels,

Schulen und, wer weiß wo, eingerichtet werden, fehlt es doch meist am Nötigsten. Hier angekommen, schmissen wir uns auf unsere Betten, wir alle zehn kamen gerade wieder zusammen in einen Saal, und bliesen Trübsal. Wir werden allmählich bei unserm Nichtstun nervös. Hernach rappelten wir uns zusammen und gingen zur Bibelstunde zu Pastor Meyer, Rethem. Da waren wir wieder munter.

Karl Groppe, Bourgogne (Frankreich)

Wir besehen uns Ort und Umgebung genauer. Bei klarem Wetter können wir die Kathedrale von Reims sehr schön sehen. Reims ist ungefähr 10 km entfernt. Die Straßen des Ortes sind alle mit deutschen Namen versehen. Unsere Feldgendarmen sorgen für Reinlichkeit der Straßen. Jeden Morgen müssen die französischen männlichen Einwohner kratzen, fegen und den Dreck aufs Feld fahren. In Bourgogne ist die Divisions-Feldpostexpedition aus der Heimat. Aus Richtung Reims kommt starker Kanonendonner. Heute scheinen die Franzosen die Ablösung bemerkt zu haben und verfolgen sie mit Artilleriefeuer. Einige schwere Granaten sausen in unseren Ort, eine zertrümmert die Kirche, eine andere schlägt in eine Scheune. Ein Artillerist ist tot, zwei verwundet und einige Pferde tot. Einige Geschosse sind dicht beim Dorfe eingeschlagen und haben Löcher von 1,5 m Tiefe und 4 bis 5 m Breite gerissen. Da in einigen Orten Typhus herrscht, wird uns das Wassertrinken verboten. Es wird deshalb sehr viel Kaffee und Tee gekocht.

Josef Glaser, Gefangenentransport bei Hailar (China)

Abfahrt aus Manjur 5.30 Uhr. Ein Hauptmann vom 4. Polnischen Schützen-Regiment ist an Stelle des vorigen getreten. Gegend ebener, sandig, Steppe, große Viehherden. Die Bewachung wird strenger. Längs der Bahnstrecke sind in kurzen Abständen steinerne Wachhäuser errichtet, in denen kleinere Abteilungen untergebracht sind. Die Bahnhöfe tragen russische und chinesische Aufschriften. Um

4 Uhr in Hailar angekommen. Suppe gegessen. In der Stadt ist Alkohol verkäuflich, wird in größeren Mengen beschafft. Eine Flasche Rum kostet 1½ Rubel, den selben Preis hat Kognak. Bei einigen Kameraden ruft der ungewohnte Alkoholgenuss sehr heitere Stimmung hervor, die schließlich in Radau ausartet.

Donnerstag, 5. November 1914

Josef Glaser, Gefangenentransport bei Boketu (China)
Abfahrt aus Hailar 12.30 Uhr nachts. Schöne Schneelandschaft. Die Berge treten nahe an die Bahn heran. Die Gegend ist bedeutend interessanter als die beiden Tage vorher. Die Bahnhofsgebäude sind zum Teil in chinesischem Stil gehalten. Sehr gut sehen die Drachen als Giebelverzierungen aus. Die in Zyklopenmauerwerk ausgeführten Wassertürme fallen ins Auge. Zwei Stationen vor Boketu einen langen Tunnel passiert, darauf große Schleife, starkes Gefälle. Das Gebirge ist stark gegliedert und nur vereinzelt mit Bäumen bestanden. In Boketu von 12.30 bis 4 Uhr Mittagsrast. Mit Beyer, Niderki und Unger einen Spaziergang nach dem beinahe eine halbe Stunde entfernten Basar gemacht. Die Geschäfte sind meist in chinesischen Händen. Sonderbare Kombination von Fleischer und Konditor, sehr gutes Gebäck. Die Verpflegung unserer Mannschaft ist viel reichlicher und besser als vorher. Der frühere Transportkommandant hat offensichtlich einen großen Teil der Verpflegungsgelder in die eigene Tasche wandern lassen. – Russische Telegramme: Die Deutschen gehen nach Kalisch zurück. Eine englisch-französische Flotte bombardiert die Dardanellen. Das italienische Kabinett hat demissioniert. Gefangene deutsche Zivilisten, die von Wladiwostok nach Irkutsk transportiert werden, wollen in ersterer Stadt gehört haben, dass 35 englische Schiffe im Ärmelkanal ver-

nichtet worden sind. Der Fall von Przemyśl bestätigt sich nicht.

Richard Piltz, Forêt d'Apremont (Frankreich)

Abends um 11 Uhr waren Busse und Hohnberg von ihrer Arbeit oben mit ziemlichem Radau in unsere Erdhütte gekommen, ohne dass ich etwas gemerkt habe: Ein Zeichen für meinen festen Schlaf, den ich seit Beginn des Feldzuges nicht hatte. Um 12 Uhr nachts unangenehme und doch wieder angenehme Unterbrechung durch den Schneider Callies aus Magdeburg, der von Buxerulles mit dem Brigadebefehl kam, dass sofort Vorschläge zu Eisernen Kreuzen einzureichen seien. Angenehme Unterbrechung, da ich mir sagen musste, dass bei Eintreffen der Kreuze wohl eines für mich abfallen würde. Sofort großer Kriegsrat zwischen Täubrich, der die letzten Nächte bei uns zugebracht hatte, und uns drei Zugführern. Nach langen, schwierigen Verhandlungen schlugen wir neun namentlich vor. Nachher verfiel ich wieder in tiefen Schlaf bis früh ½8 Uhr. So habe ich noch seit Jahren nicht geschlafen. Am Vormittag konnte ich mit meinen Leuten zu bequemem Dienst unten im Tale bleiben. Am Nachmittag überraschte mich die höchst angenehme Nachricht, dass die Verteilung der Truppen, die seit Dienstag durch den Angriff unterbrochen war, wieder eingeführt werden solle und dass II/7 mit Zug Piltz nach Buxerulles zur Ruhe marschieren solle. Mit wunden Füßen zog ich mit meinen Pionieren in Begleitung von Täubrich um 4 Uhr los. Bald fuhren Geschützmunitionswagen in Richtung Buxières an uns vorbei. Kurz entschlossen schwangen wir uns auf und fuhren drei Viertel des Weges. Fand wieder reichliche Post vor. Nachtragen muss ich noch, dass Täubrich und ich vor unserem Weggang aus dem Tal unserem Oberst Weißmüller vom 7. Regiment begegneten, der sich sehr anerkennend über die Leistung unserer Pioniere aussprach. Er habe sofort für unsere Kompanie Eiserne Kreuze beantragt. Auf mein linkes Knopfloch blickend sagte er: »Und Ihnen kann ich wohl gleich zum Eisernen Kreuz gratulieren.« Leider wird Oberst Weißmüller, ein sehr wohlwollender, netter Herr, mit der Führung eines anderen Regiments betraut. Sein Nachfolger ist Oberstleutnant Stengel, Generalstäbler.

Hermann Christian Kurz, bei Dompierre (Frankreich)

Schützengraben bei Dompierre. Die erste Nacht im Graben, ohne schanzen zu müssen. Gegen Morgen hörte es zu regnen auf, und wir konnten uns einrichten. Man lebt äußerst gemütlich, aber die Alpenjäger 400 m vor uns schießen verflixt gut. Vor einer Stunde kostete es einen wieder das Leben. Ein Kamerad, ein Einjährig Freiwilliger, war trotz Warnung unvorsichtig und ließ sich sehen, sofort hatte er von rechts nach links eine Kugel durch den Kopf, 3 m vor meinem Stand.

Freitag, 6. November 1914

Hermann Christian Kurz, bei Dompierre (Frankreich)

Heute Nacht musste ein neuer Verbindungsgraben geschaffen werden. Es wurde abwechselnd die ganze Nacht gearbeitet. Am Rande des Dorfes gruben sie ein Loch, und dann wurde der arme Kerl von gestern Morgen in einem weißen Tuch begraben, still im Dunkel der Nacht, nur zwei weiße Blumensträuße leuchteten über der Stätte. Ich hatte sechs Stunden Posten. Es war wieder verflixt kalt. Es herrschte starker Nebel, aber heller Mondschein. Am Morgen gab es ziemlich warmen Kaffee, das war eine Labsal. Dann kam die erste direkte Post. Zwei Karten von Ingolstadt, woraus ich entnehme, dass Mama mit Robertchen in Ingolstadt ist. Heute Abend schießt die französische Artillerie brenzlig nahe an unsere Gräben. Die Steine fliegen uns nur so um die Ohren. Soeben hören wir, dass die ganze englische Flotte geschlagen sei, um 6 Uhr ist auf der ganzen Front Hurra!

Georg Becker, Nesle (Frankreich)

Um 10 Uhr ritt ich auf einem der Röntgenwagenpferde mit Generaloberarzt Ehehalt und Oberarzt Lendes aus auf der Straße von Roye nach Rethonvillers, rechts ab nach Tilloy, über Cressy zurück über Billancourt. Wir waren gut zwei Stunden unterwegs. Am Nachmittag brachte Eisenlohr uns die Freudennachricht eines großen Seesiegs an der chilenischen Küste. Ich musste gleich an den Telegrafenkasten. Dort stand es: »Unser Kreuzergeschwader unter Spee hat an der chilenischen Küste das englische Kreuzergeschwader im Kampf geschlagen. Panzerkreuzer Mammoth gesunken, Panzerkreuzer Good Hope schwer beschädigt. Das dritte ist entkommen, doch beschädigt. Ein Hurra für unsere blauen Jungen!«

Peter Weber, Niederkerschen (Luxemburg)

Nachmittags wurde unter Führung des Herrn Leutnant Schneider ein Ausflug, sogenannter Übungsmarsch, nach der Festung Longwy gemacht. Ich war zwar schon zweimal nach diesem Schlachtfelde gereist, aber in die Festung selbst war ich noch nicht hineingekommen, und so war für mich dieser Marsch sehr willkommen. Mittags um 12 Uhr ging's vom Bahnhof Bascharage über Petingen, Rodingen, Athus, Aubange nach Longwy. Wir kamen unbehelligt in die Festung hinein. Aber was bot sich für ein Anblick dar. Das zu beschreiben ist unmöglich. So etwas muss man mit eigenen Augen gesehen haben. Kein einziges Haus war noch ganz. Ich möchte bald sagen, die Zerstörung Jerusalems kann nicht schlimmer gewesen sein. Auch die Kirche war von Granaten zerschossen. Nur der Predigtstuhl war noch unbeschädigt. Wir gingen zu dreien durch die ganze Festung. In den Kasematten, in welche die Franzosen die

Verwundeten geschleppt hatten, sah man große Blutlachen. Kein Lichtstrahl erhellte die Räume, und ein moderer Geruch kam uns aus allen Gemächern entgegen. Wir haben sämtliche Gemächer abgeleuchtet und abgesucht, ob noch irgend etwas zu finden wäre. Aber alles war leer, nur leere Flaschen und Strohsäcke.

Richard Piltz, Buxerulles (Frankreich)

Schrieb an Loni einen zwanzig Seiten langen Brief, für mich die schönste Freude während meines Ruhetages. Am Nachmittag sausten wieder Granaten über uns weg, schlugen aber 500 bis 1000 m von unserem Hause in den Weinberghängen ein. »Immer wenn Sie in Buxerulles sind, schießt man«, sagte der Doktor nicht zu Unrecht. Auch das 1½ km vor uns liegende Woinville wurde beschossen. Als ich abends noch Briefe und Karten schrieb, kam der Feldwebel mit den Worten aufs Zimmer: »Ich gratuliere, Herr Oberleutnant Piltz.« Vier Eiserne Kreuze waren angekommen, von denen Täubrich eines mir überreichte. Die anderen erhielten Vizefeldwebel Busse, Unteroffizier Sannemann und Gefreiter Mönchow. Wir hatten nun im Ganzen sieben Eiserne Kreuze in der Kompanie (Oberleutnant Täubrich, Unteroffizier Huth und Pionier Wilke. Von diesen fiel Huth leider Dienstagnacht.)

Karl Groppe, bei Brimont am Aisne-Marne-Kanal (Frankreich)

In der Nacht werden wir in Bourgogne wieder heftig von schwerer Artillerie beschossen. Die Pioniere ziehen raus wegen der großen Menge Sprengstoff, den sie mit sich führen. Wir haben zwei Stunden Exerzieren, zum Schluss Parademarsch. Dieser klappt noch vorzüglich. Nachmittags ist der schönste Dienst, Liebesgabenempfang. Ich war erstaunt über die vielen Sachen, die aus der Heimat gesandt und verteilt wurden. Jeder erhielt Zigarren, Zigaretten, Rauch- und Kautabak, Schokolade, Pfefferminz, Seife,

Handtücher, Pulswärmer, Unterzeug und Wäsche. Da wir in dem Ort auch waschen lassen können, ist jeder in der Lage, mindestens alle vierzehn Tage seine Leibwäsche zu wechseln. Bei einem Gespräch mit meinem Inspektionsführer stellt sich heraus, dass dieser beim Baron von Adelebsen Forstaufseher ist, Oberjäger Nack. Bei Einbruch der Dunkelheit rücken wir hinaus in die vordere Stellung. Wir haben etwa eineinhalb Stunden nach dort zu gehen. Der Weg führt an dem Ort Brimont, um das am 17. September so heftig gekämpft wurde, vorbei. Dann geht's durch das sogenannte Minenwäldchen. Das darf nicht betreten werden, angeblich weil Minen hineingelegt sind. Da uns hier aber eine scheußliche Verwesungsluft entgegenweht, bei der einem bald übel wird, liegen wahrscheinlich unbeerdigt gebliebene Leichen darin. Jenseits des Wäldchens liegt der große Flugplatz mit dem Fliegerschuppen, wo die Unseren bei dem ersten Vormarsch die große Beute an Flugzeugen und Zubehörteilen machten. Der Platz sieht böse aus, die Gebäude zerschossen und zum Teil eingestürzt, die Planken abgerissen. Vernichtete Flugzeuge liegen umher, als hätten sie nie Wert gehabt. Noch eine Viertelstunde Marsch, dann überschreiten wir den Aisne-Marne-Kanal, und wir haben unsere Stellung erreicht. Wir lösen ein Bataillon Reserve-Infanterie-Regiment 55 ab und bleiben in Reserve liegen. Die Schützengräben sehen wir vorläufig nicht. Jeder sieht zu, dass er Unterkunft in den Höhlen, die längs der Straße in den Wall eingebaut sind, findet.

Samstag, 7. November 1914

Meta Iggersheimer, Amberg

Die Türkei eröffnet die Feindseligkeiten gegen die Russen. Sie brachten den Russen zur See schon ziemliche Verluste bei. Die türkischen Streitmächte sind nicht zu unterschätzen. Wir stehen jetzt vor einer höchst bedeutungsvollen Balkankrise. Die wütenden Kämpfe an der Yser dauern stets mit der gleichen Macht fort. Es ist dies ein Völkerringen, wie es die Welt noch nie geschaut. Es ist dies der Existenzkampf der Verbündeten, unser Ziel Paris zu erreichen. Der Wunsch ging auch in Erfüllung, die Fühlung der Bayern mit Engländern. Sie werden mit ihnen in gutem Dialekt sprechen!!! Ein englischer Panzerkreuzer zum Sinken gebracht, zwei andere sind beschädigt. Bravo unsrer heldenhaften Flotte!

Josef Glaser, Gefangenentransport bei Harbin (China)

Um 4 Uhr früh in Harbin angekommen. Sonnig, mehr Schnee, empfindlich kalt. Großer moderner Bahnhof mit schöner Restauration. Dort zu Mittag gespeist. Die Stadt dürfen wir nicht besichtigen. Abfahrt 6.30 Uhr abends. – Russische Telegramme: Die Russen überschreiten den San und gehen südlich von Przemyśl vor. Der deutsche Kreuzer York ist in der Wesermündung auf eine Mine gestoßen und gesunken.

Karl Groppe, bei Brimont am Aisne-Marne-Kanal (Frankreich)

Aus allen Höhlen krochen verschlafene Gestalten, rieben sich die Augen und gingen dann nach unten zum Kanal, um sich zu waschen. Andere hatten schon Wasser von der Filtrierpumpe geholt, machten Feuer und kochten Kaffee. Da es sehr schönes Wetter war, hielt sich alles draußen auf. Da wurde gegessen, getrunken, geraucht und Karten gespielt. Andere Beschäftigung hatten wir kaum. Höchstens mal einige Stunden Wache oder Arbeit. Geht man auf der Straße entlang, so sieht man nur die kleinen Eingänge der Höhlen. Sieht man hinein, so glaubt man seinen Augen nicht trauen zu können, denn da entpuppt sich das kleine Loch als geräumige, schön wohnlich eingerichtete Höhle, die, durch Säcke oder Türen verschlossen, eine schöne warme Schlafstätte bietet. Gekocht wird den ganzen Tag, Bouillon, Tee, Kakao, Kaffee oder was man sonst zu kochen hat. Das Brennholz liefert der Flugplatz, am besten brennt das Holz von den Flugzeugen. Dies scheint eine Art ausländische Fichte zu sein. Etwa eine Stunde von unserer Stellung ist eine Zuckerfabrik, in der noch eine Unmenge Zucker lagert. Von hier holen wir gleich einige Zentner und können schönes Zuckerbrot essen und süßen Kaffee trinken. Ein Posten, der auf der Straße auf und ab geht, hat zu verhindern, dass mehrere Leute auf der Straße zusammen gehen oder stehen, da dies vielleicht vom Feinde gesehen werden kann. Kommt ein Flieger, so hat er dafür zu sorgen, dass jeder in der Höhle verschwindet. Um Letzterem die Aufklärung zu erschweren, ist alles schön verblendet. Der weiße Kreideboden ist mit Mutterboden bedeckt und die ganze Böschung mit Kiefern bepflanzt. Das Ganze gleicht einem versteckten Zigeunerlager. Beschossen werden wir fast den ganzen Tag, es sind dies jedoch meist verirrte Gewehrkugeln, die keinen Schaden anrichten. Hin und wieder schlagen auch Granaten und Schrapnells ein, diese sausen aber meistens über uns weg in die gegenüberliegende Böschung.

Georg Becker, Nesle (Frankreich)

Abends um 6 Uhr war im Palais de Justice in Saint-Quentin ein militärmedizinischer Vortragsabend. Drei Autos kamen unvermutet, um uns dazu abzuholen. Unter Vorsitz einer Exzellenz hatten sich ca. 200 Militärärzte versammelt. Plötzlich sah ich Oberarzt Schmehl von der Irrenanstalt Alzey. Zuletzt hatte ich ihn auf dem Obermarkt in Alzey gesehen, als die Mobilmachung bekannt gemacht wurde. Bleich und verängstigt stand er damals neben seiner bekümmerten Gattin. Jetzt hatte er einen Vollbart, sah rund und wohl aus. Der Vorschlag Krauss', im Schützengraben eine Schüssel mit Alkohol aufzustellen zur Händedesinfektion der

Truppen, rief allgemeine Heiterkeit hervor. Nach dem Vortrag gingen wir in den Frankfurter Hof am Rathausplatz. In dem Restaurant mit kleinen, weiß gedeckten Tischen konnte man sich in der Tat nach Frankfurt versetzt denken. Nur die Ordonnanzen, die die gebackene Leber brachten, erinnerten an den Krieg. Als wir uns kurz nach 9 Uhr in der Rue des Arbalétriers 16 im Kasino der Kraftwagenfahrer einfanden, wurden wir noch einmal gastlich festgehalten und mit Kaffee aus Riesentassen, kredenzt von den Portierstöchtern, bewirtet.

Jakob Krebs, Lens (Frankreich)

Um 7 Uhr fahren wir mit dem 12. Munitionswagen (Unteroffizier Meyer) zum Munitionsempfang nach Pont-à-Vendin, müssen da aber warten, bis die Bescheinigung des Kommandos, das in Wingles liegt, eingeholt ist. Aber nur der 12. Wagen erhält Einheitsgeschosse, wir erhalten nichts und kommen um ½ 6 Uhr zurück. Heidelberger, Kanonier Reiter und Scholl erhalten heute die badische silberne Verdienst-Medaille.

Hermann Christian Kurz, bei Dompierre (Frankreich)

Das war etwas! Unbeschreiblich! Punkt 6 Uhr hörten wir Hurra von allen Seiten und brüllten fest mit, um uns darauf sofort zu verkriechen, denn die Hölle war losgelassen. Es war schon dichter Nebel, und die Franzosen, glaubten wir, machten einen Sturmangriff. Das nun folgende Feuer spottet jeder Beschreibung. Die Kerls schossen in ihrer Angst wie die Teufel. Gleich drauf kam auch, wie erwartet, die Artillerie, und da wurde die Geschichte denn doch fad. Immer näher schlagen die Granaten ein. Plötzlich krachte es ganz nahe links von uns, jetzt rechts und da: ein Feuerstrom, Steine und Erde uns ins Gesicht, undurchdringlicher, erstickender Pulverqualm. Direkt 2 m hinter unserem Loch hatte eine Granate mit furchtbarem Krach eingeschlagen. Wir, Meerkamp und ich, wurden in unserem Unterstand klein wie die Mäuschen. (Ich sehe nicht mehr zum Schreiben.)

Sonntag, 8. November 1914

Hilde Grapow, Kassel

Gestern ist Tsingtau gefallen. Unsre schöne Festung! Aber es war vorauszusehen, dass sie gegen die Übermacht der Japaner auf die Dauer nicht ankommen konnten. Aber Prachtkerle sind unsre Deutschen da doch! Dass sie so lange die Festung bis zum Äußersten verteidigt haben! Wenn man bedenkt, dass sie sich ungefähr zehn Wochen gehalten haben, und die starke Festung Antwerpen ist in elf Tagen gefallen! Es ist doch herrlich, und in Tsingtau hat sich mal wieder deutsche Tapferkeit gezeigt! Die österreichische Festung Przemyśl ist (vor einiger Zeit schon) achtmal von den Russen gestürmt worden, aber sie haben sie doch nicht bekommen! Famos!

Georg Becker, Nesle (Frankreich)

Fünf Wochen in Nesle! Um ½ 5 Uhr Ritt mit Geist bis ½ 7 Uhr nach Cressy, Marché-Allouarde, Rethonvillers. Das Abendtelegramm meldet den Fall Tsingtaus!

Am 7. November fanden sich Gefangene in Deutschland:

	Offiziere	Mann
Franzosen	3138	188 618
Russen	3121	186 779
Belgier	537	34 907
Engländer	417	15 730
Summe		433 247 Köpfe

Hermann Christian Kurz, Dompierre (Frankreich)
Allmählich wurde die Artillerie ruhiger, und nur das Gewehrfeuer dauerte noch lange an. Als ich zufällig an das Korn meines Gewehres kam, fühlte ich etwas Scharfes wie Blech. Zuerst konnte ich es mir nicht erklären, bald merkte ich aber, dass mein Lauf vorne geschlitzt war. Später bei Licht fand ich auch im Lauf nahe beim Handschutz eine Dalle, dass man eine Fingerkuppe reinlegen kann. Mein armes Gewehr! Jetzt bekomme ich ein altes, schade drum. Man sieht, welch niedliche kleine Dingerchen solche Granatsplitter sind. In anderen Kompanien hat der Spaß leider wieder Verluste gekostet. Die Ablösung ging glatt vor sich, und wir kamen ins Dorf in eine Scheune, wo wir uns wie die Götter fühlten, obwohl es mitunter sehr nahe krachte. Ich schlief wunderbar. Am Morgen kochten wir wieder fest und schauten uns dann näher um, verstohlenerweise, hinten zu einem Loch in der Mauer raus. Überall stöberten wir herum und fanden die unglaublichsten Sachen, aber das meiste verschüttet, zerschossen oder halb verbrannt. Es muss ein reiches Dorf gewesen sein. Starke Vorräte an Leder, Stoffe und Eisenmaterial sind hier. Zu essen ist nichts mehr da, alles schon fort. Ich weiß nicht, waren die Franzosen schon vorher hier zum »Requirieren«, wahrscheinlich, denn ärger konnten die Russen kaum hausen. Das Dorf soll ja dreimal von beiden Seiten gestürmt und zurückerobert worden sein. Heute stand ich gerade freiwillig Wache, als die letzten Bewohner fortgeschafft wurden. Zwei steinalte Männlein und vierundzwanzig Frauen und Kinder mit einem Wägelchen, auf das sie alles Mögliche gepackt hatten. Es wirkte wie der Auszug aus Ägypten, furchtbar traurig. Die Leute durften froh sein, dass sie fortgeführt wurden, trotzdem waren einige sehr anmaßend. Man hat die Gesellschaft erst gestern in Kellerlöchern entdeckt. Zwei alte Klepper fand man noch und auch ein Kühlein, das sofort für den Major gemolken werden sollte, jedoch wo nichts ist, da hat der Kaiser das Recht verloren. Ein Gaul muss einen

Wagen mit Leder und Stoffen zurückschaffen. Es war einmal sehr viel Vieh hier, aber alles in den Ställen verbrannt. Ich kam heut und Meerkamp auch in ein Herrschaftshaus. Teppichbelegte Treppen, Lederstühle und Sessel, eingelegte Tische, wunderbare Vorhänge und Gobelins, feine eichene Bettstellen, aber alles verschüttet, durchlöchert, zerfetzt. Eingemachte Sachen sind alle verdorben, den Wein aus den Fässern trink ich nicht, und mit den unglaublich vielen Pomaden, Schminken und Mixturen kann man nichts anfangen. Von den vielen französischen Waffen und Ausrüstungsstücken würde ich manches gerne als Andenken mitnehmen, aber wie heimbringen? Einen feinen Apfelbaum haben wir entdeckt. Birnen sind unreif, hart und unglaublich sauer. Ein Kunstmaler skizziert soeben unseren Feldwebel.

Richard Piltz, Forêt d'Apremont (Frankreich)

Major Sonnemann, Kommandeur der 2. und 4. Kompanie Pionier-Bataillon 27, erhielt das Eiserne Kreuz 1. Klasse. Er hatte persönlich dem Angriff am Dienstag beigewohnt. Die beiden Kompanien hatten kolossale Verluste, angeblich weil sie das 19. Infanterie-Regiment bereits mit vorn wähnten. Die 2. Kompanie verlor 33 Mann, die 4. Kompanie hatte 62 Tote und Verwundete. Als ich am Nachmittag den großen Annäherungsweg zur 7. Kompanie hinunterging, setzte um 3.15 Uhr eine wahnsinnige Kanonade aus allen möglichen Kalibern ein. Beschossen wurde besonders der große Annäherungsweg und das Tal, in dem wir, Pionier-Bataillon 27 und Infanterie-Regiment 7, lagen. Während der Kanonade, die etwa bis 3.45 Uhr, also eine halbe Stunde dauerte, schlugen nach meiner Schätzung 2000 bis 3000 Granaten neben dem Annäherungsweg, in dem ich mich befand, ein. Luft war erfüllt von schwarzem Qualm, Steinen und Erde. Es war fürchterlich! Ein Stein traf mich auf meinen Lackstiefelschaft, ohne mir zu schaden. Ich rückte mit den Leuten im Annäherungsgraben nach unten, ohne dort bessere Verhältnisse anzutreffen. Ich glaubte, es sei von den Franzosen ein Angriff auf die vor uns liegende Kompanie geplant, und es sollte die Zuführung der Bereitschaft verhindert werden. Am Ende der Kanonade rückte ich im Laufschritt aus dem Annäherungsweg ins Tal, dabei bemerkend, dass nur zwei Granaten den Graben voll getroffen hatten. Das Innere des Grabens war aber mit vielen Eisen- und Steintrümmern übersät. Unten im Tal sah es auch wüst aus. Herausgerissene Bäume, Trümmer von Holz und Steinen bedeckten den ganzen Weg. Verluste schienen unten nicht zu sein, doch sollen drei Pioniere vom 27. Bataillon beim Essenholen getötet sein. Ich meldete mich bei Oberstleutnant Danner und ging dann nach unseren Erdhütten, in deren Nähe viele Granaten eingeschlagen waren. Nach einer Viertelstunde, kurz nach 4 Uhr, ging die Kanonade in gleicher Stärke von Neuem los. Bei uns, Täubrich, Hohnberg und mir, saß der achtzehnjährige Kriegsfreiwillige Wiese-Magdeburg. Dieser hatte sein Notexamen gemacht, wollte Offizier bei der Marine werden, wurde nicht angenommen und kam so als Freiwilliger zu den Pionieren. Fortgesetzt glaubten wir, dass unsere Erdhütte mit uns in Stücken aufflöge. Gott sei Dank wurde unser Talhang wenig bestrichen, sondern der jenseitige. Die Kanonade dauerte wieder etwa eine halbe Stunde bis um 4.30 Uhr (nachgeprüft durch meine Uhr). Nach zwölf Minuten, um 4.42 Uhr Fortsetzung des Granatfeuers in unverminderter Stärke. Eine Granate krepierte acht Schritt vor dem Eingang unserer Erdhütte. Hohnbergs vorzüglicher Bursche, Fuhrmeister aus Nienburg an der Saale, konnte nachher auf einem Ohr nicht hören. Unsere Erdhütte krachte fortgesetzt in allen Fugen. Es ergoss sich ein Regen aus Trümmern polternd auf unsere, mit dicker Erdschicht versehene Rundholzdecke. Vierzig Minuten lang bis 5.22 Uhr sausten ununterbrochen die Granaten heran, meist in Abständen von nur je zwei Sekunden. Von 5.22 bis 6.02 Uhr wurde zwar unser Tal von Granaten verschont. Die französische Artillerie beschoss aber mit unverminderter Heftigkeit die Annäherungswege oberhalb unseres Tales, wohl in der Annahme, dass nunmehr unser Ruhebataillon aus Buxerulles heran sein müsste. Wir hörten sehr bald, dass die Erdhütte des Bataillonsführers Major Eberhard durch Granaten zerstört sei. Major Eberhard tot, desgleichen sein Adjutant Leutnant Kern, mit dem ich erst vor einigen Stunden lustig geplaudert hatte, und Leutnant Meyer, der Artilleriebeobachtungsoffizier. In der Erdhütte des Oberstleutnant Danner hatte es auch gehaust. Er war von der Bank geschleudert, ohne Schaden zu nehmen. Sein Adjutant Rosenauer war dabei zweifach verwundet worden. Das Ungemütliche ist, dass unsere Artillerie sich völlig ausschweigt, angeblich wegen Munitionsmangels. Das wirkt geradezu entmutigend. Überhaupt ist unsere Lage ungemütlich im höchsten Grade. Die fortgesetzten großen Verluste! Dabei kein Ende abzusehen. Man braucht kein großer Rechenkünstler zu sein, um den Zeitpunkt berechnen zu können, an dem alles tot oder verwundet ist. Soeben, um 9 Uhr abends, müssen eine ganze Anzahl Pioniere, die den ganzen Tag geschanzt haben und die Kanonade oben haben über sich ergehen lassen, wieder hinauf, um die von den Granaten zerschossenen Teile der Schützengräben nachts wieder aufzubauen, die armen Kerle. Hohnberg muss nachher zur Kontrolle herauf. Nach meiner Schätzung müssen wir während der eindreiviertelstündigen Kanonade mit einigen Tausend Granaten beschossen sein, desgleichen unser 7. Regiment, die 27er Pioniere und wir. Ein unglaubliches und unheimliches Getöse. Was wird die Nacht, was der morgige Tag bringen?

Josef Glaser, Gefangenentransport
bei Shitouhezizhen (China)

Trüb, bergig. Hinter Shitouhezizhen treten die Berge nahe an die Bahn heran, die in großen Serpentinen aufwärts klimmt. Gebirge stark gegliedert, mit niedrigem Holz bestanden. Ab Harbin neuer Transportkommandant, ein

Hauptmann vom 2. Polnischen Schützen-Regiment, spricht Deutsch, ist aber sehr zurückhaltend. Täglich Truppentransporten und Zügen mit Feldbahnmaterial begegnet. – Russische Telegramme: An der chilenischen Küste in der Höhe von Valparaiso hat eine Seeschlacht stattgefunden, an der sich deutscherseits die Kreuzer Gneisenau, Scharnhorst, Dresden, Leipzig und Nürnberg beteiligten. Ein englischer Kreuzer gesunken, zwei schwer beschädigt, einer entkommen.

Montag, 9. November 1914

Josef Glaser, Gefangenentransport
in Nikolsk Ussurijsk (Russland)

Trüb, wärmer, bergig. Um 9.30 Uhr in Pogranitschnij angekommen. Kleines Städtchen mit breiten Straßen und sauberen Häusern, in einem Talkessel gelegen. Abgesondert liegt das Chinesenviertel, sieht bedeutend schlechter aus. Lebhafter Verkehr auf der Straße. In einem chinesischen Geschäft gelingt es uns nach langem Verhandeln, pro Mann eine Flasche Rum für 1½ Rubel zu erstehen. Einen guten Eindruck macht der etwas erhöht gelegene Bahnhof mit seiner als Wintergarten ausgebildeten Restauration. Hier erhält Niderki von einem Zivilisten eine deutsche Zeitung, den ›Ostasiatischen Lloyd‹. Abfahrt ¾3 Uhr. Niderki liest einige Artikel aus der Zeitung vor, die aus amerikanischer Quelle stammen, sehr zuversichtlich gehalten sind und verzagte Gemüter wieder aufrichten. Der Rückzug von Warschau–Iwangorod musste erfolgen, da die Russen sehr große Verstärkungen erhalten hatten, er geschah in vollster Ordnung. In Frankreich ist die Lage der Deutschen durchwegs gut. Die neutrale Haltung Italiens wird ausführlich sachlich begründet. In Südafrika herrscht Aufstand. – Um 9 Uhr abends in Nikolsk

Ussurijsk angekommen. Ein Teil begibt sich in die Stadt behufs Studiums der Nachtkaffees.

Marie Kettler, Péronne (Frankreich)

Draußen ist noch immer Stillstand, daher auch bei uns. In der Stadt wimmelt's von Militär, Ärzten, Schwestern, Postleuten. Alles erwartet eine große Schlacht. Man sagt, dies nebelige, kalte November-Wetter sei günstig für uns.

Paula Busse, Bensberg bei Köln

Die Freude, heute kamen zwei Karten und ein Brief vom Liebsten, viel schöne Nachrichten enthaltend. Er ist Offizier geworden und Kompanie-Chef, eine kolossale Auszeichnung, da sonst nur ein Hauptmann dieses Amt bekleiden kann. Nun ist er wieder im Lazarett wegen Rheumatismus und eines nervösen Kopfleidens willen. Dieses hat er, seit eine Granate über ihm platzte und einen neben ihm stehenden Soldaten im Rücken verwundete. So weiß ich ihn einige Tage wieder kugelsicher, denn gerade augenblicklich toben heftige Kämpfe um Sommepy, wo er liegt.

Annemarie Pallat, Wannsee

Der Petroleum-Mann kommt nicht. Im Rathaus, wo aber ausnahmsweise Fräulein von Flotow anwesend war, so dass ich wieder heimging. Marie von Hippel mit Eva kam um 12 und blieb bis 6 Uhr. Ihr Mann hat das Eiserne Kreuz bekommen, und sie las mir interessante Briefe von ihm vor.

Karl Groppe, Bourgogne (Frankreich)

Zur Abwechslung mussten wir mit auf Hasenjagd. Unsere Kompanie als Treiber, die Herren Offiziere als Schützen. Es wurde ein großer Kessel gebildet, und dann ging's los. Resultat: 26 Hasen, zwei Hühner. Wegen Mangel an Schützen und Jagdmunition sind mindestens eben so viele Hasen dem Tode entronnen. Es gibt hier eine Unmenge von diesem Wild. Bei dieser Jagd konnten wir auch das Leben und Treiben auf dem Felde beobachten. Französische Einwohner müssen unter militärischer Bewachung Rüben roden und einfinnen. Bei den Fruchtdiemen stehen Dreschmaschinen, meist mit Tretwerk, von einem Pferd in Gang gebracht. Unsere Feldgrauen sind dabei und dreschen die Frucht aus. Zivilisten müssen natürlich auch hierbei helfen.

Richard Piltz, Forêt d'Apremont (Frankreich)

Meine Pioniere in vorderster Linie voraus. Oben zwölf Tote und Verwundete. Zwei Hauptleute sterben an Schock.

Dienstag, 10. November 1914

Adolph Mathaei, Cuxhaven

Nach einem Brief vom 7. November hat Oskar mit einem Teil des Wilhelmshavener Geschwaders am 3. November den kühnen Morgenbesuch an der englischen Küste bei Yarmouth mitgemacht, freilich ohne einen Feind gesehen zu haben, während es einem andern Kreuzer auf der Rückfahrt glückte, durch Streuminen ein englisches Unterseeboot und zwei Barkassen zu vernichten. Bei der Rückfahrt sah er am Vormittag des 4. November die Trümmer der York und die Arbeiten zur Rettung der Verunglückten. Auf der York war auch der Fähnrich Dietsch, der mit Oskar als Kadett acht Wochen lang wegen Scharlachverdachts interniert war. Der hatte gerade bei der Abfahrt seine Freizeit gehabt und lag in seiner Koje. Als er die Wände der Kabine sich neigen sieht, zwängt er sich, nur mit Nachthemd bekleidet, durch das enge Rundfenster und lässt sich ins Wasser hinab. Schon schwimmt das Schiff mit dem Kiel nach oben. Er klettert bis zum Kiel hinauf und zieht von da an Tauen mehrere im Wasser schwimmende Leute hinauf. Ein anderer Fähnrich befindet sich im Innern des kieloben treibenden Schiffes, wird aber durch einen Stoß der sich noch drehenden Schiffsschraube, da er sich nahe dem Heck befindet, in das freie Wasser geschleudert, gelangt auf die Höhe des Kiels hinauf und wirft seine Schwimmweste noch einem fast Ertrinkenden zu, der sich so rettet. Wir alle waren doch sehr dankbar gestimmt, dass unser Oskar so glücklich davongekommen war! – Die Zwillinge, die ihre Mutter noch am 1. November in Wilhelmshaven besucht hatte, sollen nun mit ihrem Bataillon um Mitte des Monats nach Flandern abgehen! Gott schütze die lieben Jungen! Dolli hat sich dazu den Fuß verstaucht und hat schon seit mehreren Tagen keinen oder nur leichten Dienst machen können. Von Heini vor einiger Zeit noch ein Brief: Noch immer hatte er nichts von uns gehört, und auch jetzt wissen wir noch nicht, ob ihn irgendeine unserer Sendungen erreicht hat!

Georg Becker, Nesle (Frankreich)

Nachmittag fahre ich in einem Auto des Sanitätsdepots nach Ham. Ich muss, da auf dem Bock kein Platz mehr ist, hinten in dem Kasten sitzen auf einem Stuhl. In einem Laden finde ich ein Parfüm für Millys Geburtstag am 24. November und ein Paar Hausschuhe für die abgängigen. Wenn der Krieg, wie es jetzt den Anschein hat, noch lange dauert, muss man sehen, wie man die allmählich verbrauchte Garderobe ersetzt: Das Futter meines Waffenrockes, den ich tagtäglich trage, ist zerrissen, besonders an der rechten Außentasche, in der ich dauernd meinen Revolver trage. – Ein heute aufgenommener Kranker erzählte, sie seien vor einigen Tagen von einer Exzellenz besichtigt worden, als sie im Schützengraben lagen. Er habe ihnen gesagt, sie möchten sich nur gemütlich einrichten, wahrscheinlich würden sie an Weihnachten auch noch hier sein. Es herrscht vollkommene Ruhe. In den letzten Tagen hat man keine Kanonade gehört. – Der Zweck unserer Fahrt war, in einer Destillerie Alkohol zu suchen. Es waren noch 2000 Liter Spiritus vorhanden. Das Depot braucht jetzt große Mengen Seifenspiritus, da der Krauss'sche Vorschlag durchgeführt wird, dass in den Schützengräben Gelegenheit zur Händedesinfektion ist.

Willy Straub, bei Warneton (Frankreich)

Tag für Tag vergeht, ohne unsere Stellung zu wechseln. Die Batterie hat während der ganzen Zeit nur einmal ihre Stellung gewechselt, und zwar nur um 500 m. Wir liegen ungefähr 7 km südlich Ypern. Letztere Stadt wird von nicht weniger als 78 Batterien leichten und schweren Kalibers beschossen. Unsere Batterie beschoss acht Tage lang bloß den Bahnhof. Die Verbündeten wollten Munition ausladen. Die Stadt liegt natürlich in Trümmern. Haben einen Spaziergang gemacht nach Messines. An der Straße liegt unsere Beobachtungsstelle. Da erfuhren wir von Infanteristen, dass vorgestern eine kolossale Schlacht war. Wir sahen auf einem Haufen noch ungefähr siebzig Grenadiere liegen. Auch Messines ist ganz in Trümmer geschossen. In den Kellern lagen tote deutsche Infanteristen. Auch noch viele verwundete Kameraden sahen wir.

Richard Piltz, Forêt d'Apremont (Frankreich)

Artillerie streute überallhin ihre Geschosse. Das einzelne Geschütz am Annäherungswege wurde nebst Artillerieunterstand durch mehrere Granaten so unangenehm beschossen, dass das Geschütz und der Unterstand verlassen werden mussten. Man ist nirgends mehr sicher.

Josef Glaser, Spasskoje (Russland)

Sonniger Tag. Ein Transport, der einen Tag später aus Tomsk abgegangen ist, kommt an. Dr. Wiese und Schmerz sind dabei. Abfahrt um 9.30 Uhr in der Richtung Chabarowsk. Die Berge treten weiter zurück. Beiderseits der Bahn liegen größere Felder, auf denen zum Teil noch die Ernte steht. Um 5 Uhr in Spasskoje angelangt. Vergeblich nach dem auf der Eisenbahnkarte eingezeichneten Chanka-See ausgespäht. Am Bahnhofe erwartet uns ein Teil der Bewohnerschaft und eine Abteilung gelber Kosaken. Durch Schnee nach den fünf Minuten entfernt gelegenen Kasernen gegangen. Große Enttäuschung, als uns ein großer Raum im ersten Stock eines Gebäudes, in dem nichts als eine Menge Holzpritschen stehen, als Schlafraum ausgewiesen wird. Trübe Ahnungen beschleichen uns, als Luft unter einem Plakat vier Wanzen entdeckt. In einer Holzbaracke ist eine Offiziersmesse durch einen Armenier eingerichtet, der für 26 Rubel pro Monat das Mittag- und Abendessen liefert. In trüber Stimmung zur Ruhe begeben.

Mittwoch, 11. November 1914

Josef Glaser, Spasskoje (Russland)

Die Kasernen liegen östlich der Bahn in einem Talkessel, der nach Norden offen, nach den drei anderen Seiten von Hügeln und Bergketten eingeschlossen wird. Die Front wird von acht in Rohziegelbau gehaltenen einstöckigen Gebäuden gebildet, die über 100 m Länge einnehmen. Vor der Straße, die längs der Hauptfront führt, liegt in der Mitte die Garnisonskirche, beiderseits derselben eine Reihe von Offizierswohnungen, Zweifamilienhäuser mit Garten. Im Südosten fällt ein hohes Holzgebäude auf. Es ist dies die Luftschiffhalle, neben der noch eine Anzahl Flugzeugschuppen liegen. Eine große Menge Ziegelsteine, die an verschiedenen Stellen aufgeschichtet sind, zeigen, dass die großzügige Anlage noch nicht vollendet ist. Die Garnison besteht aus dem Sibirischen Infanterie-, dem 5. Artillerie-Regiment, dem 3. Sibirischen Sappeur-Bataillon, einer Abteilung Kosaken und einer Fliegerabteilung, im Ganzen gegen 10 000 Mann. – Im Zimmer einen Vogel entdeckt, der sich als Spechtart entpuppt. Nachmittag trifft der Transport

Eiles ein. Nach einem Gerücht soll Amerika an England den Krieg erklärt haben.

Max Schmidt, Menin (Belgien)

Es ging wieder nach Belgien hinein. Nach 30 km Marsch wurde in Menin Halt gemacht. Wir bezogen am Grande Place sehr gute Quartiere im Postgebäude. Der belgische Postdirektor und seine Frau machen uns das Leben so angenehm, wie es nur möglich ist. Unsere Post erhalten wir aus Lille, wohin Meierhoff täglich fährt. Es ist selbstverständlich, dass er aus Lille erst recht spät zurückkehrt. Wenn die Post dann ankommt, füllen sich die Räume nicht nur mit den Postabholern der einzelnen Truppenteile, sondern auch die Offiziere und Beamten des Generalkommandos finden sich einzeln ein, nehmen ihre Post in Empfang, machen es sich bequem und lesen die neu eingehenden Zeitungen. Spät, oft sehr spät kommen wir dann zum Essen. – Heute tritt die Garde ihren Angriff auf Ypern an. Der Sturm wird durch ein Artilleriefeuer eingeleitet, wie wir es noch nicht gehört haben. Ununterbrochen rollen die Geschützsalven, bis um 11 Uhr der Sturm beginnt.

Jakob Krebs, Lens (Frankreich)

Beim Löhnungsappell erhält jeder Mann 4,50 Mark Kontributionsgeld. Unsere Artillerie schießt bei Liévin etwas in Brand, deutlich sieht man die Flammen aufsteigen.

Richard Piltz, Forêt d'Apremont (Frankreich)

Früh um ½5 Uhr aufgestanden, da ich spätabends noch den Befehl erhielt, um 5.45 Uhr mit den bayerischen Pionieren abzurücken, um mir die Stelle für den Brigadestabsunterstand zeigen zu lassen, den wir zu bauen hatten. Bei Dunkelheit erreichten wir um 7 Uhr die betreffende Stelle am Rand einer zum Maastal verlaufenden Schlucht. Vizefeldwebel Pein mit einem Halbzug übernahm die Arbeit, der andere Halbzug rückte weiter zur

Ruhe nach Buxerulles. Ich folgte bald nach. Hörte in Buxerulles, dass eine Granate einen Ersatzreservisten von uns zerrissen habe. Dem Pionier, der neben ihm ging, hat es nicht geschadet. Abends Verteilung von Liebesgaben, die der Zahlmeister aus Maizières mitgebracht hatte. Ich verteilte die Gaben meiner Züge auf dem Boden bei kümmerlichem Kerzenlichte. Die Leute haben nachher gesagt, es sei wie Weihnachten gewesen. Im Ganzen hatte die Kompanie erhalten u. a. 180 Kopfschützer, 180 Handmüffchen, 60 Bauchbinden, 30 Taschentücher, 50 Paar Fußlappen, 30 Unterhosen, 120 Paar Strümpfe, 180 Hemden, 1000 Zigarren, 600 Zigaretten, drei große Eimer Marmelade, einige Hundert Stück Seife, Schokolade, Tabak, Lichte usw. Da vom Proviantamt vor einigen Tagen jeder Mann eine wollene Decke erhielt, so sind wir nunmehr einigermaßen für den Winter ausgestattet.

Donnerstag, 12. November 1914

Annemarie Pallat, Wannsee

Plättetag. Im Rathaus. Kein Petroleum zu kriegen. Alle in der Diele bei der Hängelampe gearbeitet.

Meta Iggersheimer, Amberg

Der namenlos tapfere Kreuzer Emden wurde am 9. November von englischen, französischen, japanischen und zwei australischen Dampfern aufs heftigste angegriffen und ging dann in Flammen auf. Das Ende war ein ebenso rühmliches. Nach tapferer Gegenwehr gelang es der vielfach überlegenen feindlichen Flotte, das Schiff zu vertilgen, das ihnen schon so viel Schaden gemacht. Mit aufrichtigem Bedauern hörte ich die trübe Nachricht. Ein letztes Hoch der heldenhaften Besatzung!!! Einen Kohlendampfer Königsberg verloren wir gleichfalls. Am Yser-Abschnitt gibt es gute Fortschritte. Diksmuide wurde erstürmt. 3500 Gefangene, 21 Maschinengewehre wurden erbeutet.

Josef Glaser, Spasskoje (Russland)

Sonnig, mild. Vormittag mit Einrichten der Wohnung beschäftigt. Beyer requiriert einen großen Wasserbehälter aus Nickel, der das Prunkstück der Wohnung bildet. Da ein russischer General erwartet wird, ist der Ausgang verboten. Nach dem Mittagessen tritt der uns unbekannte Stadtkommandant Oberstleutnant Eile in den Speiseraum und beschwert sich heftig, dass wir nicht grüßen, alles verlässt demonstrativ den Saal. Der Vogel entflogen.

Franz Xaver Hiendlmaier, Truppentransport bei Breslau, Schlesien

Abfahrt nach Russland, ca. 400 Mann: Ulm, Donauwörth, Nürnberg, Hof, Plauen, Görlitz, Breslau, Lublinitz, Czenstochau. 61 Stunden ununterbrochen im Eisenbahnwagen. Fahrt höchst begeistert. Wagen bemalen. Liebesgaben. Hübsche Mädels an Bahnhöfen. Abschiedsszenen. Gesang, Hurrarufe, Heiserkeit. Breslau kurzer Aufenthalt Brot und Wurst. Begegnung mit ca. dreißig jungen Dragonern, die auf der Fahrt nach neuen Pferden sind, eigene Pferde abgeschossen.

Otto von der Meden, Myslowitz, Schlesien

Der Marsch von Warschau zurück war die anstrengendste Periode des Feldzugs für mich. Unbeschreibliche Wege, Sümpfe über Sümpfe waren zu überwinden und dieses im regnerischen November in dunklen Nächten. Häufig mussten wir uns ganz neue Strecken durch die Wälder bahnen oder Knüppeldämme anlegen. Des öfteren mussten wir irgendwo im Walde bleiben, da Mensch und Tier erschöpft waren. Schließlich bin ich aber allerwärts doch durchgekommen ohne Verluste von Menschen und Wagen, aber Pferde sind vielleicht zehn Prozent umgekommen.

Karl Groppe, bei Brimont am Aisne-Marne-Kanal (Frankreich)

Mittags erhalten wir starkes Artilleriefeuer. Der Dreck fliegt uns um die Ohren. Die 55er, die vor uns liegen, haben einen Volltreffer: sechs Tote und zwei Verwundete.

Otto Gehrke, bei Rouvroy (Frankreich)

7 Uhr Wecken, 9 Uhr Antreten, Abholen von leeren Minenkörben. Beim gruppenweisen Überschreiten der letzten Höhe in 200 m Abstand bekommt unsere 3. Gruppe Artilleriefeuer. Vier Granaten schlagen ca. 20 m hinter mir ein. Da konnten wir aber laufen. Nach 200 m Lauf gingen wir im Schritt, da kam aber schon wieder eine Salve, genau über uns krepierten vier Schrapnells. Nieder, auf und vorwärts war alles eins. Ich war der Letzte im Trupp. Wie die Dinger platzten, hörte ich, wie die ganze Bleiladung so an 2 m hinter mir in den Dreck rasselte. Atemlos kamen wir in Deckung.

Hermann Christian Kurz, Flaucourt (Frankreich)

Horchposten. Nach Mitternacht kam der Mond und ein damisch kalter Wind. Wir klapperten wie die Kochlöffel. Alles wäre noch gut, wenn man wenigstens am Tag Ruhe hätte, aber wir müssen jetzt einen Laufgraben bauen und abwechselnd immer sechs Stunden schanzen. Das Essen langt nicht mehr und kommt immer eiskalt, da es eineinhalb Stunden weit herbeigeholt werden muss. Gerade bei der Kälte braucht man doch mehr.

Freitag, 13. November 1914

Paula Busse, Bensberg bei Köln

Meine Sonne ist untergegangen, mein heißgeliebter Mann weilt nicht mehr auf dieser Erde. Am 11. November um

½6 Uhr bekam ich ein Telegramm folgenden Inhalts: »Rethel, 10.11.1914 – Ihr Gemahl Off. St. Walter Busse 4/160 ist am 10.11.5.50 abs. hier gestorben. Beerdigung erfolgt auf dem hiesigen Friedhof. Seuchenlazarettchef Rethel.« So sind meine trüben Ahnungen Wahrheit geworden.

Richard Piltz, Forêt d'Apremont (Frankreich)

»Was werden mir die nächsten vier Tage bringen?« Das ist die bange Frage, die ich mir jedes Mal beim Weggang von Buxerulles vorlege. »Werde ich lebend wiederkehren?« Mein Zug rückte um 8 Uhr ab. Ich selbst ritt mit Täubrich und Riffelmacher durch die Schlucht, die sich durch die Mitte des Dorfes, an der Kompanie vorbei die Côtes Lorraine hinaufzieht zur Stellung (10 km). Weiter oben in der Schlucht wird das Winterlager für die »Garnison Buxerulles« angelegt. Nach Besichtigung der Arbeiten am Brigadekommandeurunterstand ging's in unsere »Schorschschlucht«. Vorbei ging's oben im Walde an der großen Lichtung am Straßenkreuz vor Höhe 362. Wohl fünfzig einzelne Soldatengräber, mit pietätvollen hölzernen Kreuzen versehen, zähle ich. Als wir vor fünfeinhalb Wochen bei unserem Einzuge dort vorbeikamen, waren es nur zwei Gräber. Drunten in unserer Schlucht, wo die Bereitschaftsbataillone von Infanterie-Regiment 7 und 19 und wir liegen, ist auch ein kleiner Begräbnisplatz, auf dem u. a. unsere Pioniere gebettet sind. Zwanzig Einzelgräber mögen es auch sein. Ansonsten finden sich überall am Wege verstreut Einzelgräber. Efeuranken und Steinfassungen zieren die Stätten.

Hermann Christian Kurz, Flaucourt (Frankreich)

Gestern Abend kam ich hungrig heim vom Schanzen und fand ein Paketchen mit Lebkuchen von Richard Beck. Ich freute mich furchtbar. Abends gab es eine schrecklich dünne und kalte Suppe mit ganz wenig Brot. Rettung in der Not waren acht Paketchen von zu Hause mit Wurst,

Zwetschgen und Schokolade. Nachts wieder Post und früh von 6 bis 12 Uhr Schanzen. Mittags hatte mir Meerkamp eine Suppe gemacht. So kann es nicht weitergehen, wenn das Essen nicht reichlicher wird. Dazu die viele Arbeit. Ich muss mir die Zeit zum Schreiben vom Schlaf abstehlen. Ich sehe kaum, doch möchte ich mein Tagebuch nicht vernachlässigen.

Georg Becker, Nesle (Frankreich)

Gestern am Martinstag war ich von Herrn von Jan zu einer Gans, die gleichzeitig seinen heutigen Geburtstag feiern sollte, in das Haus eingeladen, wo er mit Sommerfeld, Hausknecht und Hersheimer gewöhnlich sitzt. Außer diesen war noch Herr von Mittelstädt, der Pfarrer, erschienen. In einem netten Zimmer, dessen Wände Bilder zierten und das neben der Petroleumlampe auf der Mitte des runden Tisches durch zwei Kerzen vor dem Spiegel über dem Kamin erhellt war, war der Tisch weiß gedeckt. Die Gans war köstlich braun gebraten, bereitet von der Schwester des Quartierwirts. Der Gattin Jans wurde gemeinsam auf der Speisekarte geschrieben. Es gab eine Flasche deutschen Weißweins, eine Liebfrauenmilch. Dann Sekt und dann deutsches Flaschenbier.

Josef Glaser, Spasskoje (Russland)

Sonnig, Tauwetter. Der Kommandant Oberstleutnant von Duisburg, der perfekt Deutsch spricht, teilt uns mit, dass wir in acht bis vierzehn Tagen in die Nähe von Chabarowsk abgehen sollen. Um 11 Uhr kurze Inspizierung durch einen General. Nachmittag in der Stadt eingekauft. Die Geschäfte sind teils in russischen, teils in chinesischen Händen. Luft besorgt einen Abortbalken.

Sonntag, 14. November 1914

Franz Xaver Hiendlmaier, Czenstochau (Russisch-Polen)

Abends 7 Uhr in Czenstochau angekommen, ca. zwei Stunden im Wagen. Befehl Aussteigen, Marsch auf halsbrecherischer Straße nach dem Polizeigebäude. Ohne Abendbrot Schlafen auf Stroh, erste Läuse. Czenstochau große Stadt, Kloster, schöner Bahnhof, schlechte Straßen, eigener Typ von Häusern. Alles verdreckt, dreckige Juden und Geschäfte. Militär sorgt für Ordnung. Gesprengte Bahnbrücke vom Warschauer Rückzug.

Josef Glaser, Spasskoje (Russland)

Trüb, Tauwetter. Die Zugänge zur Stadt sind durch Posten gesperrt. Es gelingt mir und Luft, in der Nähe des Spitals durchzukommen. In der Höhe der Kaserne befindet sich in einem Neubau das Warenhaus von Kunst und Albers, gut, aber teuer. Ein Papiergeschäft, die beiden Konditoreien, die Apotheke sowie einige Wäschegeschäfte sind in russischen Händen, die Mehrzahl in chinesischen. In Letzteren fällt die Reichhaltigkeit und die große Anzahl von Handlungsgehilfen auf: In einem Geschäft, wo wir zwei haben würden, sind sechs tätig. Während die älteren Chinesen rasierten Vorderkopf und Zopf tragen, fehlt dieser häufig bei jüngeren Leuten. Die Kleidung besteht meist aus einer schwarzen oder dunkelblauen Jacke, einer ebensolchen bei den Knöcheln zusammengebundenen Hose, weißen Strümpfen und mit Ledersohle versehenen Tuchschuhen. Frauen sieht man fast gar nicht. Unter der Arbeiterbevölkerung bemerkt man eine Menge Koreaner, die durch ihre weiße Kleidung auffallen. Im Gegensatz zu den meist bartlosen Chinesen tragen diese einen herabhängenden Schnurrbart oder ganz schütteren Spitzbart. Die Straßen werden von Schweinen und Hühnern als Tummelplatz benützt.

Annemarie Pallat, Wannsee

Die neue Spirituslampe eingeweiht, verfrühtes Geburtstagsgeschenk. Leseabend bei Reifferscheids. Franck las erste Kriegsgedichte und Ludwig dann Hermann Bahr. Gespräch über ›Marsyas‹, sehr fein. Vormittags mit Rolf im Garten Blumenzwiebeln gelegt.

Karl Groppe, bei Brimont
am Aisne-Marne-Kanal (Frankreich)

Da das Reserve-Infanterie-Regiment Nr. 15 nach dem rechten Flügel kommt, bleiben wir einen Tag länger draußen und kommen in die vordere Linie. Haben uns in der Dunkelheit erst verlaufen und irren einige Stunden im Gelände umher. Endlich haben wir unsere Stellung rechts von der Windmühle erreicht. Das gute Leben ist jetzt vorbei. Von jeder Gruppe müssen die ganze Nacht vier Mann wachen. An Schlaf ist kein Gedanke, denn die Deckungen sind schlecht, und es ist empfindlich kalt. Da kann man vor Kälte nicht einschlafen. Wir liegen rechts von Reims, haben die Stadt mit der Kathedrale immer vor Augen. Die feindlichen Schützengräben sind etwa 500 m von unsern entfernt. Zwischen den beiden Stellungen liegen noch sehr viele unbeerdigt gebliebene Franzosen.

Hermann Christian Kurz, Flaucourt (Frankreich)

Heute Nacht regnete es ununterbrochen. Der Schmutz ist unbeschreiblich. Ich stand sieben Stunden fußtief im Wasser. Die Zelte weichen durch, und das Wasser läuft oben herein. Ich bin nass bis auf die Haut. Die Gräben sind ein Morast von Kot und Stroh. Ich schlafe kaum, entbehre ihn auch nicht. Meine Kameraden im Loch, noch vier, freuen sich mit mir auf Pakete, denn es fällt immer etwas für sie ab. Einer ist Kutscher, zwei Taglöhner. Wir leben im gleichen Schmutz. Bei Tag hat es zu regnen aufgehört, und ich sehe, dass ich am ganzen Körper von einer Kruste bedeckt bin. Eine merkwürdige Tatsache ist, dass seit gestern

Abend kein Schuss feindlicherseits gefallen ist. Es muss etwas nicht stimmen, dass die Kläffer aufhören zu knallen. Meine liebe gute Mutter schickt mir zwei Taschentücher! So ein Luxus! Jetzt kommt die Sonne, und in fünf Minuten regnet es wieder. Mama schreibt, sie will mich holen, wenn ich verwundet bin, aber so weit ist's noch nicht. Es erwischt zwar viele, aber Unkraut verdirbt nicht. Mein einer Lochkamerad hat einen Querschläger neben dem Aug bekommen. Es ist noch gut abgegangen, das Geschoss hatte nicht mehr die Kraft, durchzuschlagen. Leider kommt es oft vor, dass Posten von eigenen Leuten erschossen oder verwundet werden. Die Kerle haben immer Angst und schießen zu früh.

Sonntag, 15. November 1914

Hermann Christian Kurz, Flaucourt (Frankreich)

Wir sind zurück. Auf dem Weg hat es wieder einen erwischt. Durch unsere Scheune pfeift der Wind. Es hat heut Nacht zum ersten Mal gefroren, auf dem Dorfweiher ist ein Eisspiegel.

Jakob Krebs, Lens (Frankreich)

Erst leichter Frost, dann Schneegestöber und zuletzt ein abscheuliches Regenwetter. Wir drei Fahrer haben von 12 Uhr an Stallwache. Um 3 Uhr hält Kamerad Wiechert, Minenwerfer-Abteilung, von Beruf Prediger, einen wirklich erbauenden Gottesdienst ab. Kurz vor 7 Uhr ist in Richtung Vermelles wieder ein Angriff.

Franz Xaver Hiendlmaier, Krasawa (Russisch-Polen)

Morgens um 4 Uhr Aufstehen. Schnell verschwinden wir zu einem Juden, trinken Tee und essen Brot. Abmarsch nach der Front. Polnische Juden begleiten uns fast bis nach

Olsztyn, halten Waren feil wie Spiegel, Kämme, doch nichts zu essen oder zu trinken. Beschwerlicher Marsch durch Dreckwüsten, trocken und warm, Feldflaschen leer, tote Pferde. Bis an die Knöchel versinken wir im Sand. Lebensmittelwagen in beschwerlicher Fahrt begegnen uns. In einem dreckigen Sumpf füllen wir Feldflaschen, so unappetitlich es ist, der Durst zwingt uns. Wege von Deutschen gemacht, notdürftig und schlecht. Wälder, Sandwüsten, große Steine. Erste kurze Rast in einem elenden kleinen Dorf, ca. fünfzehn Hütten. So etwas in meinem Leben nicht gesehen, so armselig. Bagage stand in dessen Nähe mit ca. fünfzig Wagen. Dann Weitermarsch nach Olsztyn. Rechts davon Felsgruppe, drei hohe Felsberge mit Bäumen, ein deutscher Beobachtungsposten darauf. – Kurze Ansprache: Willkommen hieß uns Brigade-Kommandeur, Regiments-Kommandeur, Bataillons-Kommandeur. Zu Letzterem mussten wir noch ca. eine Stunde marschieren. In einem elenden Haus wohnt er in einer verlausten Stube mit noch fünfzehn Mann zusammen, ein selten sympathischer, liebenswürdiger Mann. Oberstleutnant Breysig erzählt uns, russische Infanterie schießt stets zu hoch, trifft schlecht, aber Granaten und Läuse gäbe es reichlich. Nachher marschieren wir, elend ermüdet schon, nach Krasawa und werden auf Kompanie verteilt.

Milly Haake, Hamm

Denk dir, Tagebuch, heute hat es geschneit, tüchtig sogar. Draußen in der Welt hat's sich wieder mal sehr verändert. Denk dir, Tsingtau ist von den Japanern genommen. All das Heldenblut umsonst geflossen im fernen Asien. All die Mühe und Arbeit, all der deutsche Fleiß umsonst. Es war eine so schöne, blühende Kolonie. Dann noch eine Trauerbotschaft. Die Emden ist gesunken. Unsere Emden, die Geißel der Verbündeten, ist wie ein Held untergegangen. Aber Grund zum Verzagen haben wir wahrhaftig nicht. Im Westen dringen wir unaufhaltsam vorwärts. Diksmuide ist wieder zum soundsovielten Male genommen. Auf den Dünen wird gekämpft. Arras und Ypern werden beschossen, und Verdun muss auch bald fallen. Im Osten waren die Russen mal wieder über der Grenze. Sie haben eben so viele Truppen, aber, Gott sei Dank, die Türken haben jetzt auch eingegriffen. Dann müssen die Russen mehr Truppen nach der Südgrenze schicken. Den großen Trumpf spiel' ich aber jetzt aus: 1800 Franzosen haben wir mal wieder. – Augenblicklich sind wir fleißig für Weihnachten. Jeder Soldat, jeder und jeder, soll ein Weihnachtspaket haben. Vatchen meint, die Truppen würden sich wohl auch einen Weihnachtsbaum verschaffen. Jedenfalls sollen sie Tannenzweige haben.

Montag, 16. November 1914

Hilde Grapow, Kassel

Jetzt hat unser Hindenburg mal wieder 28000 Russen gefangen genommen! Famos! Endlich hat sich die Schlacht in Polen zu unseren Gunsten gewendet. Der Gouverneur von Warschau soll gefangen sein! Fein! Im Westen geht es langsam, aber sicher vorwärts! Aber wie schrecklich viele Opfer kostet die große Schlacht in Belgien! Wir haben zwei schrecklich traurige Nachrichten bekommen: Rudi Dittrich und Sigfrid Windelband sind gefallen. Die arme Edith und die arme Gisela! Kaum verheiratet und nun schon beide Männer tot! Man kann es kaum glauben! Sigfrid war der Letzte der Offiziere in seinem Bataillon, er hat das Eiserne Kreuz bekommen und ist in Belgien gefallen. Rudi in Russland. Zu traurig!

Oberst a. D., Schlesien

Des Nachmittags telegrafierte L. aus Bentschen Geburtstagsglückwünsche für M. Das Telegramm lautet: »Herzliche Glückwünsche, Gott schütze Dich. Jetzt geht's gegen die Russen. L.« Also unser lieber L. hat sein gutes Quartier und das gute Unterkommen in Quesney verlassen müssen. Der arme L. kann mir leidtun, nun wird es schlimm werden in dem Sau-Russland. Es ist gut, dass er sich in Lille einen Pelz besorgt hat. Der arme P. wird schon sehr frieren, denn es ist jetzt unmöglich, ihm seinen großen Pelz und Fußsack zu schicken. Die Russen sind an der Weichsel vor Thorn geschlagen worden und haben wieder einen Haufen Gefangene verloren. Es sollen 28000 Mann sein. Gott sei gedankt, dass diese Lumpen wieder etwas Hiebe bekommen haben. In Ostpreußen hat man unter den meisten Gefangenen Japaner entdeckt. Das ist ja eine schöne Überraschung. Also haben diese gelben Lumpen Hilfe geschickt, solche Halunken.

Franz Xaver Hiendlmaier, Krasawa (Russisch-Polen)

1. Korporalschaft liegt im ersten Haus des Dorfs als Feldwache und schickt Patrouillen gegen den Feind. Es sind alles erprobte Landwehr-Krieger, bärtig, richtige Männer, mit Überlegung, Ruhe und Vatersinn. Kochen Kartoffel, Tee etc. und lassen uns mitessen. Auf der andern Seite der Straße einquartiert mit dem Auftrage, uns um 3 Uhr zur ersten Patrouille gegen Feind zu melden. – Häuser sind alle egal gebaut, nur Größen sind verschieden. Fenster fehlen, mehr als eines nicht zum Öffnen, Boden Sand, keine Bretter, Ofen mit offenem Feuer, stets mit Strohdach. Gärten nicht vorhanden, Brunnen zum Drehen. Aborte und dergleichen gibt es nicht. Derartige Bedürfnisse werden hinterm Haus oder hinter der Scheune erledigt. Unsere Soldaten bauen selbstverständlich Latrinen. Die Bevölkerung kennt so etwas nicht und bleibt ausnahmslos bei der Schweinerei. An jedem Haus steht eine Feuerleiter. Innen in Stube gewöhnlich zwei Betten, ebenfalls säuisch, und in einem Bett das junge Ehepaar, im zweiten die Alten, Kin-

der auf Stroh am Boden. Wände voll Heiligenbildern. Niemals, auch wenn Stube von Einquartierung überfüllt ist, geht ein Familienmitglied zur Ruhe, ohne vorher kniend Abendgebet verrichtet zu haben. – Feuertaufe. Nachmittags um 3 Uhr meldeten wir uns, ich mit meinem Freund Theo Forster, an der Feldwache. Ein Kamerad Lieber und noch einer, gingen los als Patrouille gegen Feind, ein Unteroffizier übernahm die Führung. Erst durch das Dorf, durch Wald, an einzelnen Häusern vorbei und ausgeschwärmt zu den Garde-Schützen im Schützengraben. Ließen diese rechts liegen und gingen vorsichtig vor und wollten 500 m weit vorne zwei schwer verwundete Kameraden von der vorhergehenden Feuertaufen-Patrouille holen, trotzdem wir gewarnt wurden, kamen aber nicht weiter. 200 m vor uns lagen die Verwundeten, die schon erfreut winkten, und einige 100 m weiter lagen Russen, die uns jämmerlich beschossen. Wir mussten sprungweise zurück. Es war richtiges gezieltes Salvenfeuer. Der Rückzug war sehr schwer, Kugeln pfiffen um unsere Köpfe. Teilweise kriechend erreichten wir endlich einen toten Winkel, in dem wir Atem holten. Es tat uns wirklich weh, diese beiden armen Kameraden ihrem Schicksal überlassen zu müssen. Während unserem Zurückgehen erwiderten wir das Feuer, und zwar dermaßen: Einer sprang, einer feuerte.

Karl Groppe, bei Brimont
am Aisne-Marne-Kanal (Frankreich)

In der Nacht bin ich auf Horchpatrouille. Es ist ziemlich dunkel, haben den Wind vom Feinde her. Plötzlich hören wir das regelmäßige Trabtrab anmarschierender Truppen. Unsere Nachbarpatrouille will deutlich eine feindliche Schützenlinie gesehen haben und zieht sich schleunigst zurück. Wir machen dem Zugführer Meldung, alles geht in Stellung. Leuchtkugeln werden abgeschossen, doch vorläufig ist nichts zu sehen. Nachher stellen wir fest, dass der Feind etwa 400 m voraus Drahtverhaue macht. Unsere

Artillerie vertreibt ihn hierbei. Wir werden von schwerer Artillerie und Minen beschossen. Ein Geschoss schlägt in eine Deckung. Glücklicherweise werden jedoch nur einige Mann verschüttet. Nur zwei tragen schwere Verletzungen davon.

Hermann Christian Kurz, Herbécourt (Frankreich)

Endlich hat man es eingesehen, dass die Leute es nicht aushalten, wenn es so weitergeht. Wir sollen jetzt immer nur zwei Tage in der Front, zwei Tage in der Unterstützung und zwei Tage im Hintergrund zubringen. Deshalb mussten wir bereits gestern Abend wieder aufbrechen nach Herbécourt, wo wir bei strömendem Regen ankamen. Nach langem Warten wurden wir endlich untergebracht in einer offenen Scheune. Während wir uns hier im Dunkeln notdürftig einrichteten, dachte ich an die, die draußen in dem Graben liegen, denn es goss so stark wie noch nie. Heute Abend müssen wir wieder dran glauben. Dringend notwendig wäre Beleuchtung. Der Marketender hat keine Kerzen mehr. Was man braucht, hat er nicht, und wenn er etwas hat, dann räumen es die Herrn Unteroffiziere beiseite. Butter haben wir leider nicht erwischt, aber einen Laib Kommiss, allerdings auf unrechtmäßige Weise, aber Mundraub. Der Hunger nagt halt, und es hilft sich jeder, wie er kann.

Richard Piltz, Forêt d'Apremont (Frankreich)

Vormittags regnete es Bindfäden. Der Talweg, der an unserem Lager vorüberführte, glich einem kleinen Bach. Entwässerungsarbeiten. Ließ Kanäle nach den großen Granatlöchern anlegen, um diese volllaufen zu lassen. Wieder vier Volltreffer in den großen Verbindungsweg, ein anderer traf die neue Stellung. Unteroffizier Wedan wurde durch neben ihm einschlagende Granate sehr leicht verletzt. Am Nachmittag zwischen 3 und 4 Uhr sehr heftige Kanonade in Richtung Saint-Mihiel. Vermutlich lag die 6. Bayerische Infanterie-Division im Gefecht. Unser Talausgang, den wir soeben durchschreiten wollten, wurde wieder heftig mit Schrapnells nach Höhe 362 zu beschossen. Die Wege sind bei diesem elenden Novemberwetter grundlos. Stiefel und der untere Teil des Mantels sind abends mit einer schweren, nassen Lehmschicht bedeckt. Abends saß ich mit Busse, Leutnant Traßl und Offizierdiensttuer Strößenreuther bei Tee mit Schnaps. Später bei Glühwein in rauchiger Erdhütte beim »Bäckerfeuer«. Es war recht gemütlich. Hätte man diese oft originellen Waldabende nicht, man würde vor Traurigkeit, Melancholie und Stumpfsinn vergehen. Der dienstliche Ärger ist bei dem Verkehr mit drei Bataillonskommandeuren und deren Adjutanten sowie mit zwölf Kompanieführern nicht gering. Alles verlangt Pioniere über Pioniere. Man muss zwischen den vielen Parteien hin und her balancieren wie ein Seiltänzer und darf es sich mit keinem verderben.

Dienstag, 17. November 1914

Annemarie Pallat, Wannsee

Die verfluchte Spirituslampe will nicht brennen! Der Strumpf ist kaputt, und der neue tut's nicht. Es scheint Frostwetter zu werden. Wir stellten die Wasserleitung im Garten ab.

Georg Becker, Tourcoing (Frankreich)

Gestern sind wir von Nesle abgefahren, mit einem kleinen Umweg über Tergnier, abends in Saint-Quentin angekommen, um 7 Uhr in Lille erwacht und um ½ 9 Uhr auf dem Bahnhof Tourcoing gelandet.

Richard Piltz, Buxerulles

Vormittag vor unserer Ablösung machte sich die Artillerie wieder unangenehm bemerkbar. Die 120er wurden wie täglich mit laut krachenden Schrapnells bedacht, wenige 100 m von uns entfernt. Ein Volltreffer traf den Schützengraben der über uns liegenden 10. Kompanie, tötete zwei und verwundete vier. Nachdem Hohnberg zu meiner Ablösung gekommen war, zog ich mit meinem Häuflein ab, fröhlich gestimmt, dass man wieder einmal aus dem elenden Waldtal herauskam. Hinter Höhe 362 erwartete mich mein Bursche Busch mit dem Pferde. Ich ritt zunächst zum Bauplatz des Brigadeunterstandes, wo Pein tätig war. Der bald hinzukommende Täubrich brachte mir die äußerst wichtige Nachricht, dass ich das »Tal des Todes« nicht wiedersehen werde, da nämlich heute früh ein Korpsbefehl eingelaufen sei, dass unsere ganze Kompanie mit Sack und Pack übermorgen in Richtung auf Metz abzurücken habe. Nach beinahe siebenwöchigem Aufenthalt im Forêt d'Apremont beginnt also für uns ein neuer Abschnitt des Krieges. Wo wird man uns hinschicken? Nach Toul, Belgien, England oder Russland?

Mittwoch, 18. November 1914

Karl Groppe, Bourgogne (Frankreich)

Heute ist Buß- und Bettag. Da haben wir Feldgottesdienst, den ersten, den ich mitmache. Eine feierliche Andacht, die Kanonen donnern, in der Luft surren feindliche Flieger und stören kurze Zeit unsern Gottesdienst.

Georg Becker, Tourcoing (Frankreich)

Bei einem Gang heute früh durch die Stadt bot sich ein reges Leben. Kinder eilten mit ihren Schulmappen zur Schule, Geschäftsleute gingen auf ihr Büro. Nur die vielen Soldaten erinnerten an den Krieg. Vor meinem Hause ging eine Elektrische vorbei. Ein großes Gedränge war vor einem Bäckerladen. Ein gut gekleideter Mann, der mit einem Laib herauskam, erzählte mir, dass von den neun Backöfen der Stadt sieben vom Militär belegt seien. Er habe zehn Kinder und erhalte nur einen Laib, es müsse nächstens eine Hungersnot entstehen. Der Vormittag wurde benutzt, um die Sehenswürdigkeiten anzusehen. Im Mittelpunkt der Stadt ist die Grande Place mit einer schönen gotischen Kirche. Das stattliche Rathaus ist so gebaut, dass es als Abschluss einer Straße von Weitem sichtbar ist. Im Übrigen vermisst man breite elegante Straßen, nur auf dem Weg nach Lille, der als breiter Boulevard angelegt ist, zeigt sich der Anfang einer prachtvollen Straße.

Hermann Christian Kurz, Herbécourt (Frankreich)

Ich liege in meinem Loch und friere ganz jämmerlich, kaum dass ich den Stift führen kann. Der Weg hierher war unbeschreiblich. In den sehr tiefen, aber ebenso engen Gräben hatte sich das Wasser angesammelt und einen Sumpf gebildet, in dem die Stiefel stecken blieben. Nahezu eine Stunde mussten wir uns hier durchquälen. Endlich in Stellung, fanden wir lauter eingefallene Unterstände, nur einzelne Löcher waren noch vorhanden. Dazu die Kälte. Sternenklarer Himmel und ein eisiger Wind. Während ich Posten stand, tanzte ich ununterbrochen von einem Fuß auf den anderen. Ich kann nicht mehr schreiben. – Die Sonne ist herausgekommen, alles tropft, aber es ist etwas wärmer. Ich denke an das warme Zimmer, wenn der Christbaum brennt: Wo werden wir da sein? Von zu Hause brachte jetzt schon die dritte Post nichts. Es stellte sich heraus, dass der Laufgraben von Herbécourt ganz unnötig ist, da der Weg von Dompierre viel näher und besser ist. Die viele schwere Arbeit umsonst, aber der Herr Major hat's angeordnet. Hacken zusammen. Zu Befehl! Das ist das Militär im Krieg wie im Frieden.

Franz Xaver Hiendlmaier, Krasawa (Russisch-Polen)

Nachts gingen zwei alte Kameraden (Landwehrleute, Ersatzreserve) und ich Patrouille, ob Dorf Siedlec vom Feinde frei. Es war halbwegs mondhell, aber eisig kalt. In Mäntel gehüllt, zwei Unterhosen und drei Hemden am Leibe, schlichen wir uns bis in das Dorf mit aufgepflanztem Seitengewehr. Einige nicht gezielte Kugeln schwirrten um uns. Nach sorgfältigem Horchen und Durchsuchen der ersten Häuser gingen wir schon frecher vor. Die nächsten Häuser waren ebenfalls leer. Ziemlich in der Mitte des Dorfs leuchtete ich mit Taschenlaterne von außen durch ein Fenster und sah mitten in der Stube einen ca. siebzigjährigen alten grauen Mann im Hemde stehen. Sonst war das ganze Dorf leer. Unser Auftrag war erledigt, wir gingen vorsichtig zurück. – Am Morgen, es war um 8 Uhr, ging unser 1. Zug ausgeschwärmt nach einem Felsberge rechts vom Dorf vor mit dem Auftrage, diesen Berg, der vom Feinde schwach besetzt, zu säubern und frei zu machen. Trotz heftigem Feuer von zwei Seiten gingen wir weiter. Am Berge angekommen, legten wir uns einige Minuten nieder, um zu beobachten, wo die Kerle stecken. Unser Zugführer Feldwebelleutnant Schlüter, neben dem ich lag, schickte mich als Seitenverstärkung nach rechts. Ich legte mich zwischen zwei Felsblöcke, schoss und wurde derart beschossen, dass außer Gewehrkugeln auch Steinsplitter um mich flogen. Nach links und vorne ging ich weiter. Meine Kameraden links von mir gingen wie ich mit Bajonett im Kugelgezisch weiter. Woher die Kugeln kamen, wussten wir nicht. Auf einmal Hurrarufe, die feindlichen Schützenlöcher waren in unmittelbarer Nähe. Im Sturm darauf, Russen sprangen aus dem Graben, hoben Hände hoch, und als Gefangene führten wir 38 Mann ab, darunter einen Verwundeten. Auf dem Rückwege wurden wir noch heftig beschossen, und zwar von der russischen Hauptstellung aus. Glücklicherweise hatten wir gar keine Verluste.

Josef Glaser, Spasskoje (Russland)

Sonnig, die Wege sind durch Posten gesperrt. Das Betreten der Stadt ist nur gegen Erlaubnisschein gestattet. Die neue Menage liefert früh heißen Kaffee mit einem Stück Bulki, Mittag Rindfleisch oder Braten und schwarzen Kaffee, abends warmes Essen und schwarzen Kaffee. Das Essen sagt uns sehr zu. Nachmittag mit Luft im Bad gewesen, Dampf- und Duschbad. Raehse wird abends beim Gange vom Speiseraum zur Wohnung von einem Kosaken mit der Knute geschlagen.

Annemarie Pallat, Wannsee

Herr Täuber kuriert die Spirituslampe durch Ausputzen und einen anderen Strumpf. Ludwig arbeitet sehr fleißig an den Korrekturen und ich an Romais Mantel. Abends war ich allein in der Philharmonie, um das Deutsche Requiem vom Ochs Chor zu hören. Es war ganz unbeschreiblich schön. Mit Täubers zu Fuß zurück.

Donnerstag, 19. November 1914

Paula Busse, Bensberg bei Köln

Bei Warschau wurden 28000 Russen gefangen, darunter der Gouverneur von Warschau. – Ein junger Apotheker telefonierte hier an, um Vater zu sprechen. Er hatte seit Wochen mit Walter im Schützengraben gelegen. Vater fuhr nach Köln und war mit dem Herrn zusammen. Derselbe war ganz ahnungslos, dass das Furchtbare inzwischen eingetreten. Er erzählte, dass Walter schon lange sehr elend ausgesehen habe und am 1. November plötzlich starkes Fieber bekommen habe und phantasiert hätte. Er hat ihn dann mit einem Kameraden zur Feldküche gebracht, und von da sei er ins Krankenhaus gebracht worden. Gestern erhielt ich einen Brief von einem Herrn aus dem Lazarett, der um Walters Revolver bat, da er keinen besitze. Seit diesem Brief glaube ich nun, dass mir mein Geliebter nie mehr zurückkehrt. Dürfte ich ihm doch folgen, welches Glück wäre das für mich.

Richard Piltz, Gorze, Elsaß-Lothringen

Abmarsch um 6.40 Uhr bei Dunkelheit. Schätzungsweise 6° C Kälte. Die Fenster vorbeifahrender Autos waren gefroren. Luft klar und ruhig. Marsch über Buxières, Heudicourt, Vigneulles, Saint-Benoît, Dampvitoux, Chambley, Gorze, im Ganzen 38 km. Als wir hinter Buxières waren, atmete alles befreit auf, da bis dahin die Hauptgefahrenzone für Granaten war. Auf der Straße bis Chambley begegneten wir vielen Proviant- und Munitionskolonnen. Die vielen Garben, die wir vor sieben Wochen auf dem Feldweg gesehen hatten, waren verschwunden. Sie dienen jetzt den Soldaten als Lagerstätte in den Erdhütten und Schützengräben. Erstaunlich ist, wie dünn bevölkert die französischen Ortschaften sind. Buxerulles hatte 183 Einwohner, während ich dreihundert geschätzt hatte. Vigneulles mit seinen netten zweistöckigen Häusern und dem monumentalen Postgebäude hatte ich auf 5000 Einwohner geschätzt, und es gab nur neunhundert. Je weiter wir uns von unseren Stellungen entfernten, um so mehr Einwohner, die ihrer friedlichen Beschäftigung nachgingen. Bei Dampvitoux wurde sogar gepflügt. Auch sah ich dort die ersten Hühner seit sieben Wochen. Saint-Benoît hat ein schönes Schloss mit Park. Dort sitzt das Kommando des 3. Bayerischen Korps. Bei Dampvitoux ritt ich etwas abseits und sah mir die Fliegerstation an. Ein Flugzeug war am Kopf witzig bemalt mit einem bunten Franzmann. Neben den Flugzeugzelten stand einem großen Feuerofen gleich ein Ballonabwehrgeschütz. Vor Chambley ritt ich voraus zum General der Pioniere, der dort sein Quartier hat. Dort traf ich beim Adjutanten Täubrich, der noch vor mir vorausgeritten war. Einen mir kredenzten Schnaps und eine Zigarre ließ ich mir wohl munden. Darauf Weitermarsch nach Gorze. Auf halbem Wege Überschreitung der deutsch-französischen Grenze. Kurz darauf begegnete mir eine deutsche, nette Frau mit zwei blondhaarigen Buben und wünschten mir laut deutsch »Guten Tag«. Ich hätte heulen mögen vor Freude. Im schön im Talgrunde gelegenen Gorze kamen wir gegen Abend gut unter. Da kein Militär weiter anwesend war, hatte jeder Mann sein Bett, zum ersten Mal seit sieben Wochen. Allseitig gehobene Stimmung. Mit Täubrich kam ich im Hotel zum Goldenen Löwen unter. In einem anderen, noch besseren Hotel saßen wir in geheiztem Zimmer und aßen eine Doppelportion Gebratenes, tranken tadellosen Kaffee und Bier. Leider störte unsere Festesfreude, dass wir am nächsten Tag nach Louvigny rücken sollten. Wir hatten unseren Einzug in Metz mit unseren mit Eisernen Kreuzen geschmückten Brüsten uns so schön gedacht. Bisher hatten wir noch nie Gelegenheit gehabt, unsere Kreuze zu tragen. Bald triumphierten aber unser Humor und unsere gute Laune wieder.

Hermann Christian Kurz, Herbécourt (Frankreich)

Es war so kalt, dass ich nicht schreiben konnte. Hell und klar blitzten in der Nacht die Sterne, und kalter Nordwest pfiff uns um die Ohren, als wir im Horchpostenloch saßen. Noch nie war die Zeit zur Ablösung so lang geworden. Endlich klapperten sie über den gefrorenen Boden heran, und wir konnten gehen. Unterdessen waren die Gewehrriemen am Boden angefroren und der ganze Schießprügel dick mit Reif überzogen. Mantel und Zelt natürlich ebenso. Jetzt noch eine Stunde Posten innen. Als ich in mein Loch kroch, war ich schon kalt. Trotzdem schlief ich ein. Aber das Erwachen. So ähnlich stell ich mir das Erwachen von den Toten vor. In jedem Bein, das man bewegt, hat man den Krampf. Aber die Pflicht ruft, der Posten will abgelöst sein, und bald sitzt man wieder draußen. Am Tag kam die Sonne nicht, bleiern liegt der Himmel über uns. Ein richtiger Wintertag.

Um 6 Uhr endlich hieß es, um 7 Uhr marschbereit! Alles kroch heraus und packte ein. Die Zeltdecken waren steif gefroren. Endlich war alles fertig. Da kam der Befehl: Alles schanzen, Gerät holen und Schießscharten verbessern. Die Verbitterung war schrecklich, und dass nichts geschah, ist klar. Wenn der Zugführer immer mit Einsperren und Anbinden droht, ist begreiflicherweise große Arbeitsfreude vorhanden. Auf steinhartem Boden stolperten wir vorwärts, und die halsbrecherische Springerei über die Gräben begann. Im Hohlweg hinterm Dorf kam dann alles zusammen, und unter gedämpftem Singen geht's heim. In der ganzen Gegend kein Licht, keine Kerze, nur die Taschenlampe. Schnell ein Nest gemacht und rein. Gut geschlafen haben wir nicht. Die Ratten liefen uns übers Gesicht und gefroren haben wir.

Jakob Krebs, Lens (Frankreich)

Ich lasse mich vom Stabsarzt nochmals untersuchen: Er meint, es sei ein alter Bronchialkatarrh, ich erhalte nochmals Solvent. Mittags setzt Schneegestöber ein, und bis zum Abend liegt eine starke Schneedecke. Beim 1-Uhr-Appell kommt ein starker Ersatztruppentransport aus Karlsruhe zur Verteilung, unser Wagen bekommt einen Kanonier, Albeitz, und einen Fahrer, Meyer, K. F. Beide sind Kriegsfreiwillige.

Josef Glaser, Spasskoje (Russland)

Trüb, kälter. Alle Offiziere erhalten auf den Namen lautende Erlaubnisscheine, die den Ausgang von 8 bis 5 Uhr gestatten. Von Duisburg teilt mit, dass die reichsdeutschen Offiziere strenger behandelt werden sollen. Bei einem Weitertransport kommen sie in erster Linie dran. Luft verbessert den Abortbalken wesentlich. Der Koch wird durch zwei ungarische Köche ersetzt.

Freitag, 20. November 1914

Franz Xaver Hiendlmaier, bei Krasawa (Russisch-Polen)

Morgens bekamen wir, Glaudke, Grätz und ich, den Auftrag, als stehender Posten in das inzwischen niedergebrannte Dorf Siedlec zu gehen und stehen zu bleiben, bis Ablösung kommt. Wir gingen vor in das Dorf, das heißt zur Brandstelle: Es waren ja nur mehr rauchende Trümmerhaufen, Schornsteine standen noch. Ca. 400 bis 700 m dahinter im Walde die Russen. Es war nicht angenehm. Wir stellten uns jeder für sich in Deckung. Ich stand in einem Schornstein und beobachtete. Endlich nach Stunden kam Ablösung. Wir waren ordentlich durchgefroren. Nun ging's zurück in kalten Unterstand. Im Dorfe hatten Russen einen Totenkopf in einen Schornstein gestellt, sah entsetzlich und zum Fürchten aus.

Josef Glaser, Spasskoje (Russland)

Kalt und windig. Wegen Halsschmerzen das Zimmer gehütet. Nachmittag 5 Uhr findet eine Offiziersversammlung statt mit Namensaufruf. Nach einer anonymen Anzeige soll ein Offizier entflohen sein, nach den Listen ist alles hier.

Hermann Christian Kurz, Herbécourt (Frankreich)

In aller Frühe ging ich mit Meerkamp auf die Suche und fand in einer Bauernstube noch ein Plätzchen. Am offenen Kamin brennt ein riesiges Feuer, aber man sieht doch noch den Hauch. Hier schreibe ich, in eine Ecke gekauert. Die Sonne kommt heraus, aber es taut noch nicht. Von der Zuckerfabrik holte ich einen Korb voll Kohlen, und es ist jetzt ganz gemütlich innen. Man hat wenigstens Licht, und das ist viel Wert. Post bekam ich nicht. Ich lese jetzt die Zeitungsausschnitte und denke an zu Haus. Wie wird es den Winter hindurch werden? Der Marketender ist wieder da, aber er hat wie immer nicht das, was man braucht. Kerzen nur für die Herrn Zugführer und Unteroffiziere, Zigarren teuer und schlecht.

Jakob Krebs, Lens (Frankreich)

Am Morgen hat es tüchtig gefroren, wir lassen unsere Pferde scharf beschlagen. Beim 1-Uhr-Appell wird bekannt gegeben, dass sich alles marschbereit halten soll, die erste Sektion muss sich bis zum Abend fertig machen. Beim 5-Uhr-Appell wird befohlen, dass die Tagebücher verschwinden müssen, damit sie nicht in Feindeshand fallen könnten, ich schicke das meine morgen nach Hause. Es muss sich alles marschbereit halten.

Karl Groppe, bei Brimont am Aisne-Marne-Kanal (Frankreich)

Am Abend rückte unser Zug auf die Feldwache. Auf einem geschützten Pfad ging's am Waldsaum entlang nach diesem vorgeschobenen Posten. Wir stehen direkt am Kanal, etwa 200 m vom Feind entfernt in einer kleinen Schlucht. Wegen der Nähe des Feindes und Mangel an Deckung musste nachts alles wachen. Unsere Gruppe steht Horchpatrouille. Werden stündlich abgelöst. Das ist jedes Mal eine schwere Stunde. Liegen in einem Granatloch hinter einem kleinen Busch zusammengekauert und frieren entsetzlich. Bewegen dürfen wir uns nicht, da uns sonst der Feind bemerkt. Dieser schießt fortwährend, zum Glück aber schwach. Die Kugeln pfeifen über uns weg. Von Reims her können wir die Glocken deutlich schlagen hören. Heute werden wir fast den ganzen Tag von schwerer Artillerie beschossen. Der Dreck fliegt uns nur immer so um die Ohren. Ich stehe mit meinem Freunde Arnold Wolbers, mit dem ich die Nacht auf Horchposten war, am vorderen Rande der Schlucht auf Posten. Er erzählt von seiner Heimat, seinem jungen Weibe und sehnt sich sehr nach Haus. Plötzlich schlagen dicht bei uns wieder Granaten ein, Steine fliegen uns an den Kopf. Mein Freund will in einer anderen Deckung mehr Schutz suchen. Gerade als er an mir vorüber will, schlägt wieder ein Geschoss ein. Betäubt fliege ich zurück und spüre Schmerzen am Kopf. Zum Glück bin ich jedoch unverletzt, habe nur einige Beulen. Ich springe schnell auf und sehe nach meinem Freunde Arnold. Er ist nach vornüber gefallen und liegt bewusstlos in seinem Blute. Das Gesicht ist von Pulverdampf geschwärzt. Die Augen blutunterlaufen, aus Mund und Schläfe rinnt das Blut. Ich öffne ihm die Koppel, Mantel und Rock. Er kommt wieder zu sich und verlangt Wasser. Nachdem ich ihm zu trinken gegeben habe, redet er noch vom Wiedersehen, dann verliert er die Besinnung. Nachdem das Feuer etwas nachgelassen hat, kommt der Arzt, und Krankenträger holen ihn weg. Sie legen ihm Notverband an und lassen ihn nach Bourgogne bringen. Insgesamt hat er 47 Wunden. Außer der Schläfenwunde und einem Beinbruch hat er nur leichte Verletzungen am rechten Bein und Gesäß.

Georg Becker, Tourcoing (Frankreich)

Wir haben gestern das Hospital in der Rue de Lille übernommen. Es hat hundert Betten, die Mehrzahl in einem großen hellen Saal, in dem die Betten in vier Reihen stehen. Außerdem ist noch ein kleinerer Saal mit Einzelkabinen vorhanden. Diese Holzverschläge ähnlich den Kabinen einer Badeanstalt nehmen viel Platz weg und sind so dunkel, dass man am Tag nur in den beiden äußeren Reihen, nachts in den inneren etwas sieht. Es ist ein guter Operationssaal und eine kleine Apotheke vorhanden. Die Verhältnisse sind bei Weitem die besten, in denen wir in diesem Krieg bisher gearbeitet haben. In dem Hospital wurden französische Damen des Roten Kreuzes bisher beschäftigt und hatten sich sehr verdient gemacht. Von oben war uns nahegelegt worden, mit ihnen weiter in Frieden zu arbeiten.

Samstag, 21. November 1914

Clara und Josephine Bohn, Ingersheim,
Elsaß-Lothringen

Jeden Tag hört man schon früh den Kanonendonner bald in Münster, bald im Markirchtal. Die Regimenter 99 und 171 hatten in den Gefechten bei Markirch große Verluste. In der Nacht fährt oft die Talbahn, um die Soldaten schneller in Stellung zu bringen. Die Leute deuten das für nichts Gutes. – In der Kirche fiel auf der linken Seite die Decke herunter. Vier Bänke wurden dadurch zerschlagen. Dieses Spätjahr hatten die Leute viel Arbeit, um die umgelegten Reben wieder in Ordnung zu bringen. Schon seit Anfang November gibt es kein Petroleum mehr. Die Leute gehen jede Woche zwei- bis dreimal nach Colmar, um Petroleum zu holen, manchmal leider vergebens. Es wurde verordnet, dass alle französischen Namen von den Türen weg müssen.

Karl Groppe, bei Brimont
am Aisne-Marne-Kanal (Frankreich)

Ich erfahre, dass Arnold Wolbers noch in der Nacht gestorben ist.

Richard Piltz, Louvigny, Elsaß-Lothringen

Vormittags gingen wir mit Oberst Adolph, einem alten Herren mit Monokel, grünem Jagdmantel und Jagdhund, die Stellung ab und fanden viel Arbeit vor. Am Nachmittag ging ich bereits mit meinen Unteroffizieren hinaus in die Stellung, um diese zu orientieren. Etwa 500 m vor Louvigny nach Süden zu waren Schützengräben in den letzten Tagen ausgehoben worden, die von uns mit Drahthindernissen und Unterständen versehen waren. Wir waren nicht wenig erstaunt, als wir mit einem Male einige Kilometer von uns nach Süden zu Geschütze aufdonnern, Artilleriegeschosse durch Luft sausen hörten und Schrapnells etwa 500 bis 800 m seitlich aufblitzen sahen. Wir glaubten, in Louvigny unsere Nerven aufpolieren zu können, und am ersten Tag unseres Aufenthaltes geht das Artilleriefeuer wieder los.

Hermann Christian Kurz, Herbécourt (Frankreich)

Nachmittag war Exerzieren. Eine unbeschreibliche Schweinerei! Nur dass des Gesetzes Wortlaut erfüllt ist. Man trieb uns auf dem löchrigen, vorher aufgeweichten und jetzt gefrorenen Boden herum. Abends ging's fort. Niemand wusste, ob in Unterstützung oder in Stellung. Wie eine Herde Hammel läuft man mit. Es ging links ab, also Stellung. Das Eis knirschte und blitzte an der Oberfläche. Aber die Hauptsache: Mit List und Schläue habe ich einen feinen Unterstand erwischt. 2 m im Boden, dick gedeckt mit viel Stroh innen und sage und schreibe mit einer Fensterscheibe. Gegen meine letzte Eiskammer ist dies ein Paradies.

Sonntag, 22. November 1914

Milly Haake, Hamm

Denk dir, Tagebuch, Wilhelm ist hier. Gestern Abend kommt Vater mit einem Telegramm herein und sagt: »Mutter und Wilhelm kommen heute Abend gegen 12 Uhr.« Gefreut haben wir uns riesig, denn unser Junge muss ja nächsten Samstag weg. Dann wird's ernst. Er kommt nach Frankreich. Darüber freue ich mich. Gestern Abend habe ich ihn nicht mehr gesehen. Heute Morgen habe ich ihn im Bett begrüßt. Er sah nicht gerade gut aus, das kommt vom Impfen. Aber nachher war er doch schön und stattlich. Nun ist er im Städtchen. Hab ich dir eigentlich schon erzählt, dass ich ein Gedicht für ihn gemacht habe. Ich weiß nicht recht, ob ich ihm das mitgeben soll. Es sind mache Knittelverse darunter.

Karl Groppe, Bourgogne (Frankreich)

Totensonntag. Wir begleiten Arnold Wolbers zur letzten Ruhe. Er wird mit Musik und militärischen Ehren beerdigt.

Montag, 23. November 1914

Josef Glaser, Spasskoje (Russland)

Tauwind, Zimmer geheizt. – Russische Telegramme: Bei Krakau ist eine Schlacht im Gange. Die Deutschen greifen in der Linie Thorn–Krakau an. In der Front sind vierzehn deutsche und vier bis sechs österreichische Korps in Aktion. Die Russen haben Dukla und Gorlice genommen. Das Gebiet am Yserkanal ist überschwemmt, bei Ypres starker Artilleriekampf. Der Kommandant der Hamidije droht, Konstantinopel zu bombardieren, wenn die deutschen Kommandanten nicht entfernt werden.

Max Schmidt, Menin (Belgien)

Als ein vorgeschobenes Postamt verlangt wird, bin ich dazu auserkoren. Seit 20. November fahre ich morgens um 8 Uhr bei grimmiger Kälte etwa 8 km weiter nach vorn bis Kœlberg, um den dort in Reservestellung liegenden Kampftruppen Gelegenheit zur Anlieferung von Postsendungen zu geben. In den ersten Nachmittagsstunden fahre ich dann zurück, meistens Verwundete mitnehmend, die dann schneller ins Lazarett kommen.

Marie Kettler, Péronne (Frankreich)

Unsere Kranken erzählten mir, wie sie in den Schützengräben den Engländern auf dreißig bis achtzig Metern gegenübergelegen hätten. Und selbst da spinnt sich so eine Art Freundschaft an. Sie werfen sich Zigarren hin- und herüber, allerdings auch Briefe mit den gröbsten Schimpfwörtern, und morgens wechseln sie die Zeitungen aus.

Aber dergleichen wäre jetzt verboten. Sie tun das ja freilich aus Langeweile. Denn, sowie auf der einen Seite sich was rührt, schießt der gegenüberliegende Feind. Und was mich furchtbar amüsiert hat, dass unsere Soldaten Kaninchen mit in den Schützengräben haben, natürlich nur zum Zeitvertreib. Es existiert das strenge Gebot, die Tierchen nicht zu schlachten, wenn die Soldaten manchmal noch so hungrig sind. Denn die Verpflegung dort ist sehr schwierig. Den ganzen Tag bekommen sie ja nichts, weil sich keiner rühren darf. Sie haben höchstens ein Stück Kommissbrot, wenn sie sich dasselbe am Abend vorher aufbewahrt haben. Denn abends wird warmes Essen herbeigeschafft, aber so sehr viel ist's auch nicht. Wie oft sagen unsere Kranken: »Ach, wenn dies schöne Essen doch an der Front wäre.« – Hier in der Etappe haben wir noch reichlich zu essen, Fleisch wird für jeden Kranken täglich 375 Gramm, für jeden Gesunden 250 Gramm geliefert. Bald hat man sich Fleisch und Bouillon zuwider gegessen. Aber jetzt können wir vielseitiger kochen. Wir haben so manche Liebesgaben an getrocknetem Obst, Makkaroni, Grieß, Zwetschgen, Kaffee und Kaffeezusatz bekommen, dass das Kochen eine Lust ist. Sogar Honig aus Schneverdingen ist da. Diese Woche koche ich, wir wechseln mit den Arbeiten.

Richard Piltz, Louvigny, Elsaß-Lothringen

Bedeckter Himmel und wenig Kälte. War den ganzen Tag von 6 bis 8 Uhr auf den Beinen. Vormittag mit Täubrich am äußersten rechten Flügel unserer Stellung auf Höhe 211 vor Cheminot. Sahen auf gegenüberliegender Höhe 242 patrouillierende Franzosen in 1,5 km Entfernung. Über Pont-à-Mousson hinaus nicht zu ferner Kanonendonner. Nachmittag besuchte ich zum ersten Male das Depot auf Bahnhof Louvigny. Sehr ermüdet langte ich gegen 6 Uhr in Täubrichs Wohnung an. Bald wurde ich durch die unangenehme Nachricht überrascht, dass wir nachts unter dem Schutze der halben 2. Kompanie den Moince-Bach an der Straße Éply–Cheminot durch eine Sperre aufzustauen hätten.

Dienstag, 24. November 1914

Hilde Grapow, Kassel

Als Erster aus unsrer Tanzstunde hat Dove das Eiserne Kreuz bekommen. Der muss was Famoses geleistet haben, denn die Kriegsfreiwilligen bekommen es nicht leicht. Man traut es ihm gar nicht zu, aber er ist fixer, als man denkt, und soll richtig kaltblütig sein. Jedenfalls finde ich es famos. Von denen, die in der Tanzstunde hospitiert haben, hat als Erster Wolf Schulte-Tigges das Eiserne Kreuz bekommen. Der war bei Belgien des Krieges Fahnenjunker, wurde bald Fahnenjunker-Unteroffizier, bekam dann das Eiserne Kreuz, wurde Fähnrich und ist nun zum Leutnant befördert! Das muss ein famoser Kerl sein! Vor einem halben Jahr noch auf der Schulbank und jetzt mit neunzehn Jahren Leutnant!

Richard Piltz, Louvigny, Elsaß-Lothringen

Trotz wiederholter Vorstellungen bei unserem halsstarrigen Oberst (Landwehr-Infanterie-Regiment 68, Adolph) dahingehend, dass Arbeiten, wie den Moince-Bach durch eine Sperre aufzustauen, nachts in der Dunkelheit nicht auszuführen seien, mussten wir um ½ 12 Uhr nachts fluchend abmarschieren. Täubrich und ich nahmen sechzehn Pioniere, die Hälfte der Kompanie Bleichert und zwei Wagen mit Eisenbahnschwellen mit. Anmarschweg 7 km. Die Nacht war sehr dunkel, da Bewölkung und bereits untergegangener Viertelmond. Von Cheminot aus mussten die Schwellen 1,5 km getragen werden. Infanterie wurde zur Sicherung auf das andere Ufer geschoben. Kurz vor der Brücke blieb ich Ahnungsloser in einem quer über die Straße gezogenen Stacheldraht hängen, schlug hin und fiel mit dem Gesicht auf einen zweiten Stacheldraht. Mehrere Stacheln spießten oder ritzten mich im Gesicht. Ich war froh, dass mein Auge heil war. Ich blutete anfänglich tüchtig. Am Moince-Bach, der deutsch-französischen Grenze, ergab sich das, was wir vorausgesagt hatten, nämlich, dass bei der Dunkelheit nichts zu machen sei. Nach dem Zurückziehen der Infanterie vom jenseitigen Ufer zogen wir zurück. Rückkehr ½3 Uhr nachts. Früh um 7 Uhr musste ich leider wieder heraus. Himmel bewölkt, Temperatur um 0° C herum. Ritt und ging die Stellungen ab. Hauptmann Eichapfel, Kompanieführer einer Landwehr-Kompanie Pionier-Bataillon 11, dem wir neuerdings in unserem Abschnitt IV in pioniertechnischer Beziehung unterstehen, nahm Täubrich in seinem Auto zu unserem rechten Flügel bei Cheminot (Höhe 211) mit. Dort wurden sie durch Schrapnells (etwa vierzig Stück) beschossen. Verluste keine.

Willy Straub, bei Warneton (Frankreich)

Wohnen hier wie in Erdhöhlen. Seit fünf Tagen ist's empfindlich kalt. Wir haben uns aus einer leeren Tonne einen sogenannten Ofen zusammengeschustert, gibt ganz schön warm. Meine Arbeit ist, jeden Tag mit einbrechender Dunkelheit nach Warneton zu reiten nach dem Bataillongeschäftszimmer und den Stand der Munition zu melden. Es sind hin und zurück 8 km. Unsere Infanterie hat hier einen schweren Stand. Rings um Ypern sind lauter Drahtverhaue und Wolfsgruben. Um jeden Graben wird hier gerungen. Es geht ja immer einen Schritt vorwärts, aber dieser Schritt kostet vielen Kameraden das Leben. Neben uns liegen Feldartillerie 38 (Stettin), sie kommen nach Russland. Die machten dumme Gesichter, als es ihnen heute gesagt wurde.

Josef Glaser, Spasskoje (Russland)

Sonnig, kalt. Von 9 bis 12 Uhr mit Luft und Sonnenschein einen Spaziergang auf die Höhe bei der Zementfabrik gemacht. Beschwerlicher Aufstieg auf dem mit jungen Eichen bestandenen Hang. Vom höchsten Punkt, den ein trigonometrisches Zeichen krönt, schöner Fernblick. Die geschlossenen Höhenzüge im Osten ähneln unserem Mittelgebirge. Nach Norden und teilweise Südwesten erstreckt sich Sumpfgebiet, in dem der Fluss Ussuri, ein Nebenfluss des Amur, ganz verschwindet. Das Stadtbild wird beherrscht von den Kasernenanlagen, aus denen sich die Luftschiffhalle und die Kirche scharf abheben.

Mittwoch, 25. November 1914

Jakob Krebs, Lens (Frankreich)

Feindliche Artillerie schießt heute wieder ab und zu nach Liévin.

Karl Groppe, bei Brimont
am Aisne-Marne-Kanal (Frankreich)

Die Franzosen schienen zu feiern, sie schießen den ganzen Tag nicht und haben großes Konzert bis Einbruch der Dunkelheit. Nachmittags fällt der erste Schnee. Nachts auf Horchpatrouille beobachte ich, wie von unserer Feldwache aus die feindlichen Schützengräben mit Wurfminen beschossen werden. In der mondhellen Nacht kann man dieselben deutlich fliegen sehen. Eine scheint ein Volltreffer gewesen zu sein, denn nach dem Einschlag ertönt ein vielstimmiges Schmerzensgeschrei.

Hermann Christian Kurz, Herbécourt (Frankreich)

Ich komme mit dem besten Willen nicht mehr zum Schreiben, und man weiß kaum, wie man den Tag schreibt. Zuerst mussten wir schanzen, und zwar bis um 2 Uhr. Als wir dann endlich zurückkamen, stopfte man uns in einen zerschossenen Stadel. Beim verglimmenden Schein meiner Taschenlampe eroberten wir uns ein Eck und gruben uns, so gut es ging, in das stinkige Stroh ein.

Willy Straub, bei Warneton (Frankreich)

Endlich kommt die Erlösung, endlich heißt's fertig machen. Wir dachten schon, wir werden hier eingebürgert. Aber wohin?

Josef Glaser, Spasskoje (Russland)

Trüb, wärmer. Vormittag mit dem Einjährigen Hoffmann in die Stadt gegangen. Nachmittag versammelt uns der russische Oberstleutnant und warnt uns vor dem Besuch von Privathäusern. – Russische Telegramme: Die Österreicher haben Neusandez geräumt und 2000 Gefangene verloren. Die Zivilbevölkerung verlässt Krakau. An der Weichsel und Warthe haben die Russen teilweise Erfolge. Kanada mobilisiert 50000 Mann.

Donnerstag, 26. November 1914

Oberst a. D., Schlesien

Heut Vormittag traf zu unserer Freude gute Nachricht von P. ein. Er hat eine Karte am 21. November einem Kranken mitgegeben, daher die schnelle Nachricht. Es ist so, wie ich es mir gedacht habe. Sie kämpfen bei Lodz seit drei Tagen. Bei dieser Kälte werden die braven Truppen viel gelitten haben. Da muss ich immer daran denken, dass unser lieber P. seinen sehnlichst erwünschten Pelz und Fußsack noch entbehren muss. Wie ich aus Ohlau erfahren habe, sind diese Sachen bereits abgegangen. Leider kommen sie zu den harten Tagen bei Lodz zu spät. Heute erhielten wir die erfreuliche Nachricht von einem großen Siege bei Lodz. Die Kämpfe haben also vom 19. bis 26. November gedauert und haben, dem lieben Gott sei es gedankt, mit einer völligen Niederlage dieser Saurussen geendet. Immer neue Kräfte haben sie uns entgegengeworfen. Mit dem Kanonenfutter gehen diese Lumpen durchaus nicht sparsam um. Aber unsere tapferen Leute haben ihre Not, um diese Saubande totzuschießen.

Friedrich Link, Hirzbach, Elsaß-Lothringen

Früh 7 Uhr Ausrücken, im Wald verschanzt sich jeder. Um ½1 Uhr graben wir mit den Franzosen zusammen. Keine Verluste, aber ein böses Geknalle.

Karl Groppe, bei Brimont
am Aisne-Marne-Kanal (Frankreich)

Nach Mitternacht werden wir wieder stark beschossen. Wir machen uns jedoch wenig daraus, sind schon daran gewöhnt. Den einzigen Respekt haben wir vor schwerer Artillerie und vor Wurfminen. Letztere haben ungeheure Explosionskraft. Da man die Minen aber durch die Luft kommen sieht und sie erst einige Sekunden nach dem Aufschlag explodieren, kann man ihnen fast aus dem Wege gehen.

Jakob Krebs, Lens (Frankreich)

Gewöhnlicher Dienst. In der Nacht müssen wir drei Fahrer in der Gendarmeriekaserne Wache schieben. Um 11 Uhr müssen wir den Fahrer Körner, der den Wachtmeister totschießen wollte, verhaften. Mit Gewalt muss ihm der Revolver entrissen werden.

Willy Straub, La Madelaine (Frankreich)

Bleiben den ganzen Tag hier. Machten einen Spaziergang nach Lille mit der Straßenbahn, es kostet für Militär nichts. Der Bahnhof ist total zusammengeschossen. Es soll heute noch weggehen, und zwar um 5 Uhr.

Freitag, 27. November 1914

Friedrich Link, Hirzbach, Elsaß-Lothringen

Früh 7 Uhr Ausrücken in alte Stellung. Die Franzosen kommen heute nicht! Sie musizieren in Largitzen zu unserm Ärger!

Hermann Christian Kurz, Flaucourt (Frankreich)

Heute kochten wir besonders fein. Nachdem wir uns mit Eiswasser gewaschen, gab es Erbsensuppe mit eingekochten Kartoffeln und geschnittenen Landjägern. Als Nachspeise Schokolade mit Rotwein und Zwieback. Nach zwei Stunden kommt jetzt das Essen der Feldküche und dann Tee. Ich glaube, das hält wieder einige Tage vor. Leider müssen wir wieder eine Stunde exerzieren. Zurzeit scheint die russische Kampflinie den Brennpunkt des Ganzen zu bilden. Wenn nur bei uns einmal eine Entscheidung fiele. Die Hauptgräben sind jetzt wie die Straßen ausgebaut, rechts und links Wasserrinnen, von Zeit zu Zeit Wasserlöcher. Die Franzosen sind viel weniger ängstlich mit dem Feuermachen. Man sieht am Tag deutlich den Rauch aus den Gräben aufsteigen, und nachts leuchtet immer Feuerschein. Heute ist es wieder wundermild gegen Mittag, ich sitze jetzt um 12 Uhr in der Sonne und schreibe endlich mal wieder. Ich hoffe, dass um 4 Uhr die Post Pakete bringt. Die Karte zur Bestätigung habe ich schon hergerichtet.

Samstag, 28. November 1914

Josef Glaser, Spasskoje (Russland)

Sonnig. Vormittag Zigarren eingekauft. – Russische Telegramme: Bei Krakau neigt sich das Übergewicht auf die russische Seite. Bei den Kämpfen um die Karpatenübergänge wurden ein österreichischer General, vierzig Offiziere und 3500 Mann gefangen genommen. Die Deutschen unter General Hindenburg haben gegen Lowicz das russische Zentrum durchbrochen, sind aber dabei in eine sehr schwierige Lage geraten.

Hermann Christian Kurz, Flaucourt (Frankreich)

In der Nacht regnete es. Wir hatten Horchposten. Als wir zurückkamen, sollte eine Patrouille ausgeschickt werden. Meerkamp und ich meldeten uns. Man sah und hörte nichts, dazu Regen und Schmutz. Zuletzt kam Mondschein, und es wurde auf uns geschossen. Da sollten wir feststellen, ob der Gegner seine Drahthindernisse durchschnitten habe. Sollten wir vielleicht die Drähte selbst untersuchen auf offenem Rübenfeld bei hellem Mondschein? Unmöglich. Wir entrannen mit Mühe den Kugeln unserer eigenen Leute. Als wir durch und durch nass und voll Kot zurückkamen, hatten wir Gestank von Dank. Warum nimmt man dazu nicht die Leute vom Eisernen Kreuz? Hierzu sind die Kriegsfreiwilligen gut genug, die Alten bleiben hinten. Einmal und nicht wieder. In der Nacht hatten wir noch viermal Alarm. An Schlaf war nicht zu denken. Am Tag soll man den schwimmenden Graben aufräumen. Ruhe gibt's nicht mehr.

Sonntag, 29. November 1914

Jakob Krebs, Lens (Frankreich)

Erster Advent. Um 9 Uhr treten wir zum Kirchgang an, der Gottesdienst ist in der Stadtkirche, ein Divisions-Prediger hält ihn ab, die katholischen Mannschaften kommen nach uns. Um 1 Uhr Postempfang, sonst frei.

Richard Piltz, Louvigny, Elsaß-Lothringen

Es war befohlen, dass Infanteristen und Pioniere nur bis Mittag arbeiten sollten, dann sollte Ruhe sein. Um ½5 Uhr früh wurden wir jedoch alarmiert, da man (durch Spione oder Gefangene?) herausbekommen hatte, dass ein Angriff der Franzosen in der Nacht vom Sonnabend bis Sonntag oder am Sonntage selbst bevorstehe. Um ½11 Uhr ziemlich lebhaftes Artilleriefeuer einer französischen Feldgeschützbatterie. Es wird, wie es scheint, die Stellung des II. Bataillons beschossen. Um 12 Uhr mittags lässt sich endlich einmal unsere Artillerie hören. Es gaben vermutlich zwei alte 9-cm-Geschütze, die bei Louvigny stehen, ein paar Schüsse ab. Als ich zum Essen ging, traf mich die Unglücksbotschaft, dass der meinem Zug angehörige Unteroffizier Jurisch bei der Beschießung der II/68 von einer Schrapnellkugel getötet sei. Kopfschuss. Das erste Opfer, solange wir in Louvigny sind, nicht nur von uns, sondern auch Landwehr-Infanterie-Regiment 68 eingeschlossen. Jurisch hatte bereits China und Südwest mitgemacht und kam vor vier Wochen mit der Ersatzreserve zu uns. Er war ein tüchtiger Unteroffizier, der bei II/68 die Wellblechunterstände einbaute. Nachdem von unseren Pionieren ein Holzsarg gefertigt war, begruben wir Jurisch in der Dämmerung um 5½ Uhr auf hiesigem Friedhof nach kurzen Worten eines Militärgeistlichen, des Obersten und Täubrichs. Tragisch ist, dass ein Bruder Jurischs in einem Landwehr-Bataillon im 6 km entfernten Cheminot liegt. Die beiden Brüder hatten sich acht Jahre nicht gesehen und wollten sich dieser Tage nun mal besuchen. Beim Begräbnis legte ich zum ersten Male mein Eisernes Kreuz an, eine traurige Veranlassung.

Montag, 30. November 1914

Willy Straub, Włocławek (Russisch-Polen)

Heute früh fuhren wir durch Thorn. Um 8 Uhr morgens waren wir in Alexandrowo und wurden ausgeladen, 2 km von der deutschen Grenze entfernt. Natürlich war das Wohin-Rätsel gelöst! Wir sind den ganzen Tag gefahren. Dörfer habe ich überhaupt keine gesehen, wenigstens keine zusammenhängenden. Abends 7 Uhr waren wir in Włocławek an der Weichsel. Einquartiert sind wir bei einem Bauern. Die Leute sind sehr freundlich. Gefangene Russen sahen wir auch schon, siebenhundert Stück transportierten sie soeben vorbei. Sie sind ähnlich wie die Engländer gekleidet. Nur die Kosaken haben eine große Pelzmütze auf.

Josef Glaser, Spasskoje (Russland)

Nachts Sturm. Vormittag den Wochenmarkt besucht, sehr primitiv. – Russische Telegramme: Bei Bochnia haben die Russen einen großen Erfolg errungen. 8000 Gefangene gemacht, dreißig Geschütze und zwanzig Maschinengewehre erobert. In den Karpaten unternehmen die Österreicher heftige Angriffe. Bei Lodz dauert der Kampf fort. Die Deutschen legen beiderseits des Njemen Befestigungen an. Aus Frankreich sind 120 Geschütze nach Danzig, 75 nach Krakau gebracht worden. In Breslau stehen 40000 Mann. In Frankreich ist die Lage unverändert. Ein englischer Dampfer auf dem Wege von Liverpool nach Havre ist von einem deutschen U-Boote versenkt worden. In Italien hat in Gegenwart des Generalstabschefs ein Ministerrat stattgefunden, nachdem der Zeitpunkt für ein Eingreifen Italiens für gekommen erachtet wird.

Milly Haake, Hamm

Gestern Abend war ich allein zu Haus. Ich saß im Erker. Die Sonne ging gerade unter. Ich dachte an den Jungen. Gestern Morgen ist er ausgerückt. Ob er das Abendrot wohl schon in Belgien glänzen sieht? Da kam eine Karte von ihm. In vollständiger Feldausrüstung war er darauf abgebildet. Einfach fein. –

Der Herr hat Großes
an uns getan.
Ehre sei Gott in der Höhe.

Ja, ihm sei Ehre, Lob und Dank. Mit seiner Hilfe ist es General von Mackensen gelungen, bei Lodz und Lowicz den Russen 40000 Mann, siebzig Geschütze, 156 Maschinengewehre, 160 Munitionswagen abzunehmen. Dabei haben sich unsere jungen Truppen glänzend bewährt.

Dienstag, 1. Dezember 1914

Paula Busse, Bensberg bei Köln

Heute erhielt ich einen Brief eines Herrn, der mir schrieb, dass mein Walter gleich nach der Einlieferung ins Krankenhaus sich schon so elend fühlte, dass er sich nur wenig äußerte. Bereits mehrere Tage vor seinem Tode war er vollständig bewusstlos, so dass er, ohne leiden zu müssen, sanft entschlafen ist. Die Todesursache war ganz schwerer Typhus, ohne hohes Fieber, da das Herz sehr schwach war. – Ich erhielt ein kleines Paket mit Walters Uhr, seinem Trauring, Toilettenartikel, meine Briefe und sonstige Kleinigkeiten.

Josef Glaser, Spasskoje (Russland)

Trüb. Wegen Schuhreparatur nicht ausgegangen. Mit der Ausarbeitung des Tagebuchs begonnen.

Willy Straub, Gąbin (Russisch-Polen)

Haben gut geschlafen. Um 7 Uhr ist Anspannen. Voraussichtlich einen großen Marsch. – Tatsächlich sind wir 51 km und zwar bis nach Gąbin gewandert und daselbst einquartiert. Nichts als Sandwüste, hin und wieder ein großer Hof, auch einige Seen haben wir passiert. Die Zivilisten sind hier noch alle da. Vom Krieg ist nicht viel zu sehen, hie und da ein Schützengraben. Man könnte meinen, der Krieg spiele sich bloß an der Hauptstraße ab.

Jakob Krebs, Lens (Frankreich)

Zwischen 4 und 5 Uhr Nachmittag starke Beschießung unserer Stellungen in Liévin, unsere Artillerie erwidert das Feuer.

Friedrich Link, bei Hirzbach, Elsaß-Lothringen

Sehr schlimmer Tag. Franzosen haben Schützengraben der 11. Kompanie über Nacht besetzt. Den ganzen Tag Gefecht. Wir stehen im Artilleriefeuer.

Otto Gehrke, bei Rouvroy (Frankreich)

Drei Unterstände bauen. Holz geschleppt. Regen und großer Mist. Mein Tagebuch aufgeweicht. Die Gräben ziehen sich im Boden hin wie ein Labyrinth, kilometerweise. Haben uns verlaufen.

Mittwoch, 2. Dezember 1914

Paula Busse, Bensberg bei Köln

Heute kam der Koffer von meinem toten Lieb – die Aufregungen werden nun wohl zu Ende für mich sein.

Josef Glaser, Spasskoje (Russland)

Sonnig, kalt. – Russische Telegramme: In den Karpaten sind in der Zeit vom 1. bis 15. November 6000 Offiziere und 50000 Mann gefangen genommen worden. Der Kampf bei Lodz dauert fort. Die Verluste der Deutschen sind sehr groß, die Kompanien haben meist nur sechzig bis achtzig Mann. Kaiser Wilhelm hat sich nach der Ostfront begeben. Der sächsische Kronprinz ist verwundet nach Dresden gebracht worden. Goltz Pascha wird dem Sultan zur Verfügung gestellt. In Somaliland hat ein Kampf zwischen Engländern und Derwischen stattgefunden.

Willy Straub, Sanniki (Russisch-Polen)

Unsere Wagen sinken bis an die Achsen ein. Man kann kaum gehen, eine Mords-Schinderei. Nur 11 km kamen wir heute vorwärts, und zwar bis Sanniki. Wir bleiben hier, wenigstens vorerst.

Karl Groppe, bei Brimont am Aisne-Marne-Kanal (Frankreich)

In der Nacht macht unsere Ablösungsmannschaft einen verwegenen Patrouillengang, bringt mehrere Gewehre, Seitengewehre und Tornister mit. Ist vom Feinde nicht bemerkt worden. Habe durch mein Kochgeschirr und Brotbeutel einen Schuss bekommen, wann und wo, weiß ich nicht.

Friedrich Link, bei Hirzbach, Elsaß-Lothringen

Gefecht dauert weiter. Wir versuchen durch Flankenfeuer beizukommen, misslingt.

Donnerstag, 3. Dezember 1914

Freifrau von Wertheim, Coburg

In den langen Wochen hab ich nichts geschrieben, weil ich nicht allein war, Mutter war hier. Nun will ich wieder täglich eintragen. Nun ist euer liebes süßes Pappichen also wahrhaftig eifrig im Krieg. Wie man diese Qualen der Angst und Sehnsucht überstehen soll, weiß ich nicht. Am 22. November, Sonntagnachmittag, ihr trugt gerade Lose herum für eure Ostpreußenlotterie, kam das Telegramm, dass er nach Metz käme, um sich da zu melden als Bataillonsführer im Regiment 71. Ich fuhr gleich in der Nacht noch nach Alsheim. Am Donnerstag fuhr unser Zug nach Mainz. Als wir aus dem Haus traten, stand die in Alsheim liegende Kompanie davor stramm in Reih und Glied. Hauptmann Kranfeld hielt eine Rede und schloss mit einem Hoch auf Siegfried. Er antwortete und endete mit einem Hoch auf den Kaiser. Wir gingen dann zur Bahn. Die Offiziere standen mit so ernstem Gruß, grüßten stumm vor dem Kupeefenster. Wie vielen war der Abschied von ihm schwer geworden. Wir fuhren bis Mainz, machten da noch einige Besorgungen und wohnten dann die letzte Nacht im Central-Hotel. Was für wehmütig selige glückliche Stunden haben wir noch zusammen gehabt, wie oft hab ich nachts im Halbschlaf gemerkt, wie er mich an sich drückte und mich küsste. So grausam kann und darf das Schicksal nicht sein, dass das die letzte Nacht gewesen wäre. O Gott, o Gott, lass ihn mir! Wie könnte ich weiterleben! Hätte ich keine Kinder, dann brauchte ich nicht weiterzuleben, aber so muss ich und könnte doch kaum. – Einen Brief hatte ich heute, in dem stand, dass sie schon in Schützengräben gelegen hätten. Siegfried scheint auch noch unsicher und der Gefahren ungewohnt. Es ist furchtbar. Schön ist nur, dass man sagen kann, er ist im Feld, denn in den jetzigen Zeiten wird jeder etwas von oben herab angesehen, der im Lande ist. Und das ist ein wunder Punkt bei mir, wenn jemand von ferne auf ihn irgendwie herabsehen könnte. Ich meine oft, er ist zu gutmütig und zu vertrauend, damit kommt draußen keiner durch. Ich hab so wenig Vertrauen, weil mir das Glück, ihn wiederzukriegen, zu herrlich, zu wunderbar vorkommt im Vergleich zu all denen, die ihren Mann verloren haben. Warum gerade ich, aber auch, warum gerade ich nicht?

Friedrich Link, bei Hirzbach, Elsaß-Lothringen

Gefecht dauert weiter, einzelne Tote, darunter mein früherer Schulfreund Heinemann aus St. Georgen. Unsere Artillerie befeuert von 8 bis 8.30 Uhr den ganzen Wald. Wir nehmen hinten im Walde eine Stellung ein. Noch keine Entscheidung, es ist sehr kritisch.

Richard Piltz, Louvigny, Elsaß-Lothringen

Täglich Beschießung der Stellung des II. Bataillons durch Schrapnells bei Tage. Da jedoch dort nur nachts gearbeitet wird, kein Erfolg.

Karl Groppe, bei Brimont am Aisne-Marne-Kanal (Frankreich)

In der Nacht bringen uns die Franzosen eine blau-weißrote Fahne und Zeitungen 150 m vor unsere Stellung.

Hermann Johanssen, bei Mszana Dolna (Österreich-Ungarn, Galizien)

Auf dem Bahnhof Mszana Dolna wurden wir verpflegt, österreichisches Kümmelbrot und Fleischkonserven. Eine Zeit lang lagerten wir auf einem Feld und ließen Regimenter von Infanterie, auch Artillerie und Kavallerie an uns vorüber. Unser Bataillon schloss sich dem Zug an. Es bezog zwei Stunden weiter noch einmal Quartier. Es standen nur einige Häuser zur Verfügung. Man musste sich daher etwas behelfen. Immer ein kleines Häuschen, ein oder zwei Korporalschaften, das ging ganz gut. In einer armen Hütte fanden wir unsere Unterkunft.

Josef Glaser, Spasskoje (Russland)

Sonnig. Vormittag am Turnen teilgenommen, das der deutsche Feldwebelleutnant Hoffmann leitet. Ein russischer Soldat, der ins Feld geht, ersucht uns um Ausstellung von Empfehlungsbriefen für den Fall seiner Gefangennahme. – Russische Telegramme: Bei Krakau und in den Karpaten ohne Veränderung. Die Österreicher haben im Laufe des Krieges 19000 Offiziere und 900000 Mann verloren. Bei Lodz dauert der Kampf fort. Arras und Soissons werden weiter bombardiert. In einem Paket findet sich ein Teil des ›Breslauer Generalanzeigers‹ vom 10. Oktober, der die Einnahme von Antwerpen bringt. Im Annoncenteil suchen die Zuckerfabriken Bernstadt Maschinisten, Maltsch Sattler und Gr. Mochbern Arbeiter, so dass ich daraus mit großer Sicherheit schließen kann, dass Helmsdorf gleichfalls arbeitet. Das Schachspiel hat große Verbreitung gefunden, es kommt ein Turnier in drei Gruppen zum Austrage.

Freitag, 4. Dezember 1914

Hermann Johanssen, an der Lososina (Österreich-Ungarn, Galizien)

Um 6 Uhr Alarm! Wir erfuhren es erst, als das Bataillon fast vollständig stand. Da galt es, sich zu sputen. Ohne Kaffee und zum Teil auch ohne Brot zogen wir dann los, hinein in die Karpaten. Immer bergauf, bergab. Ein eigenartiges Bild für uns sind die österreichischen Bagagewagen. Man wird lebhaft an die Zeit vor hundert Jahren erinnert. Kleine Wägelchen mit struppigen kleinen Pferden, die aber gut ziehen. Sehr wenig Vertrauen erweckend sahen manchmal die Führer dieser Fahrzeuge aus in ihren dicken, oft sehr schmutzigen Pelzen, meist Zivilisten. Alle möglichen Uniformen und Trachten sieht man da. Besonders schön sind die Ungarn in ihren Uniformen. An Ecken und neben den Wegen sieht man häufig die Österreicher ihre Fleischkonserven wärmen. Unendlich viel Volk drückt sich bei der Bagage umher. Das sind hier doch andere Bilder wie in Frankreich. In Galizien hätte man beinahe vergessen können, dass wir im Zeitalter der Automobile leben. – Sehr willkommen war die Mittagsrast gegen 3 Uhr. Noch willkommener war für uns alle die köstliche Erbsensuppe aus der Feldküche. In einer Arbeiterkaserne einer Petroleumfabrik glaubten wir schon für die Nacht gute Quartiere gefunden zu haben. Wir wurden aber leider von den 220ern herausgeschmissen (auf höheren Befehl) und mussten noch eine Stunde weitergehen bis nach Lososina.

Friedrich Link, bei Hirzbach, Elsaß-Lothringen

Es kommen vier Kompanien zu Hilfe. 5. Kompanie Württemberger Regiment 121 nimmt im Sturm den Schützengraben. Gegen Abend schweres Granat- und Schrapnellfeuer, wir ducken uns in Laufgräben. Nachts im Schützengraben.

Karl Groppe, bei Brimont am Aisne-Marne-Kanal (Frankreich)

25. Geburtstag. Sind gerade im Schützengraben. Von einer Feier muss ich absehen. Alkohol darf von den Kantinen nicht verkauft werden. Müssen noch kräftig an der Stellung und an den Laufgräben arbeiten. Treiben auch granatsichere Stollen in die Erde. Die meiste Arbeit erfordert die Feldwache. Da dies aus dem Kanal aufgeschütteter Boden ist, halten sich die Gräben nicht und müssen nach beiden Seiten abgemauert werden. Vor der Stellung machen wir große Draht- und Astverhaue.

Hermann Christian Kurz, Herbécourt (Frankreich)

Die Nacht war mondhell, und wir promenierten durch die Gräben. Es ist wirklich ein Spazieren gegenüber früher, wo wir durch den Morast kriechen mussten. Aus einem Gewirr von Lösch bedeckten, kanalisierten Straßen setzt sich jetzt die Grabenstadt zusammen. Ein Irrgang für den Laien, für uns ein vertrauter Pfad wie der Weg in die Stadt zu Hause. Man weiß jede Ecke, jeden auffallenden Pfahl, ja in der Dunkelheit erfasst und behält das Auge jeden Papierfetzen und größeren Erdbrocken.

Samstag, 5. Dezember 1914

Friedrich Link, bei Hirzbach, Elsaß-Lothringen

Seit sechs Tagen dauernd in Feuerstellung gestanden. 62 französische Gefangene, ein Kapitän.

Hermann Johanssen, bei Limanowa
(Österreich-Ungarn, Galizien)

In allen Dörfern, durch die wir kamen, waren ein paar Stunden vorher die Russen gewesen. Wir marschierten an unsrer Artillerie vorbei bis zu einer Anhöhe, auf welcher diese aufgefahren war. Hier blieben wir vorläufig als Reserve liegen. Vor uns im Tal schlugen sich schon unsere Kameraden tapfer. Die Russen waren zurückgegangen und hatten einige Tausend Gefangene in unseren Händen gelassen. – Nachmittags rückten wir auch ab. Die ersten Verwundeten kamen uns entgegen. Wie es hieß, sollten wir auf Vorposten ziehen. Es wurde schon dunkel. Wir gingen immer weiter vor. Auf einmal bekamen wir starkes Gewehrfeuer. »Rechts von der Straße alles hinlegen!« Die Kugeln sausten über uns weg. Auf einmal kommt der Befehl: »Alles langsam zurückgehen.« Alles schob sich zurück. Dabei entstand in der Dunkelheit ein ziemliches Durcheinander.

»Das Ganze Halt!«, wurde geblasen. Das Schießen stockte. Waren wir von eignen Truppen beschossen? Nein, schon flitzten wieder die Kugeln. Endlich kam wieder Ordnung in die Sache. Unsre Kompanie nahm auf einem Felde feste Stellung ein und verschanzte sich.

Franz Xaver Hiendlmaier, bei Krasawa (Russisch-Polen)

Früh 6 Uhr Abmarsch zum katholischen Gottesdienst. In einem Dorfe hinter Krasawa katholische Holzkirche, Feldpfarrer, ein polnischer Pfarrer, heilige Beichte und, trotzdem vorher Kaffee getrunken, heilige Kommunion. Kirche gefüllt mit selten andächtigen Kriegern, bärtig, Uniformen mitgenommen etc. Nachher zurück zur Linie. Tag ruhig, ab und zu Granaten.

Josef Glaser, Spasskoje (Russland)

Sonnig. Die Korrespondenz soll auf Karten und auf das Notwendigste beschränkt werden, da die Zensur mit Material überhäuft ist.

Sonntag, 6. Dezember 1914

Franz Xaver Hiendlmaier, bei Krasawa (Russisch-Polen)

Schwere Artillerie arbeitet. Regen und Schnee.

Hilde Grapow, Kassel

60000 Russen haben wir vor einigen Tagen mal wieder gefangen, diesmal unter dem General Mackensen. Alle paar Tage kommen immer ein paar Tausend Russen, die sich ergeben haben, heraus. Hoffentlich sind wir bald ganz mit ihnen fertig. – Neulich klingelte das Telefon: Gespräch aus Frankfurt! Da ist es Onkel Hermann, der doch eigentlich in

Saint-Quentin Nachrichten-Offizier ist. Er meldet sich mit Tante Lotte für den Abend an. Er musste nämlich dienstlich nach Köln, wo er sich mit Tante Lotte getroffen hat, Hannover und Berlin, alles per Auto, Tante Lotte konnte immer mitfahren. Abends um 10 Uhr kamen sie im feldgrauen Auto mit zwei Fahrern an. Nach dem Abendbrot holte Onkel Hermann eine Flasche Sekt vor: Wir sollten mal seinen allabendlichen Punsch versuchen! Da haben wir geschwelgt! Das war der erste requirierte Champagner, den ich getrunken habe. Onkel Hermann hat ihn nämlich in dem Haus, vielmehr der Villa, in der er in Saint-Quentin wohnt, gefunden. Noch nie hat mir Sekt so gut geschmeckt! Onkel Hermann, der natürlich auch das Eiserne Kreuz hat, erzählte eine ganze Menge. Es war ein riesig netter Abend.

Friedrich Link, bei Hirzbach, Elsaß-Lothringen

Morgens Schanzarbeiten, Drahtverhaue und Unterstände.

Jakob Krebs, Lens (Frankreich)

Flieger kreisen, dauernd beschossen in der Luft. ½8 Uhr, 1 und 5 Uhr Appell, um 3 Uhr Andacht, an der aber nur wenige Leute teilnehmen, alles läuft in die Stadt.

Montag, 7. Dezember 1914

Hilde Grapow, Kassel

Wir haben eine Anzahl sogenannter Fünfgabenpakete für die Soldaten zu Weihnachten gemacht. In jedes Paket kam fünferlei, warme und praktische Sachen, natürlich auch Honigkuchen und Schokolade, ein paar Kerzen und einen kleinen Wachsstock bekam jeder. Es machte natürlich großen Spaß.

Oberst a. D., Schlesien

Heut kommt die erfreuliche Nachricht, dass wir Lodz genommen und die Russen auf der ganzen Linie zurückgeworfen haben. Gott verleihe den Unsrigen fernerhin den Sieg. Von diesem ist der Verlauf des Krieges wesentlich beeinflusst, denn England und Frankreich rechneten mit voller Sicherheit auf ein siegreiches Vordringen der Russen. Moralisch ist also eine Niederlage der Russen auch für die Verbündeten von großem Einfluss. – Heut erhielten wir einen Brief von unserem lieben L. aus Włocławek, woselbst die 4. Kavallerie-Division stehen geblieben ist. Zu den Kämpfen bei Lodz hat man sie also nicht herangeholt, wahrscheinlich soll sie den Rücken und die Verbindung nach der Grenze frei halten. So geht es, Gott sei Dank, gut. Wo mag aber unser lieber P. heut sein. Die großen Kämpfe der letzten Tage hat er sicherlich mitgefochten. Gott erhalte ihn gesund. Die Engländer sollen stark an Typhus leiden, diesen Lumpen gönne ich diese Strafe Gottes. Den Hauptbandit General Rennenkampff, der die Verwüstung von Ostpreußen geleitet hat, hat sein Schicksal auch jetzt erreicht. Er ist wegen schlechter Führung verhaftet und soll vor ein Kriegsgericht gestellt werden. Es wird ihm vorgeworfen, dass er bei der beabsichtigten Einkreisung unserer Armee bei Lodz achtzehn Stunden zu spät gekommen sei und hiermit den Durchbruch der Deutschen verschuldet hat.

Josef Glaser, Spasskoje (Russland)

Neue Tageseinteilung: Gegen 8 Uhr wird aufgestanden, gewaschen und der Kaffee eingenommen. Von 9.30 bis 11 Uhr wird geturnt, danach eine Stunde längs der Kasernenfront spazieren gegangen. Das Mittagessen wird zwischen 12.30 bis 1 Uhr im Zimmer eingenommen. Nach demselben wird bis 3.30 Uhr gelesen oder geschrieben, worauf wieder ein Spaziergang, meist nach der Stadt, erfolgt. Nach dem zwischen 7 bis 7.30 Uhr erfolgten Abendessen wird gelesen oder geschrieben, um 11 Uhr zu Bett gegangen. – Unter der Mannschaft sind drei Fälle von Pockenerkrankung vorgekommen. Reserveleutnant Riedel von Riedenstein vom Dragoner-Regiment bringt eine holländische Zeitung ›Niederländischer Courier‹ vom 31. Oktober 1914, welche schreibt: Der Rückzug der Deutschen von Warschau erfolgte, weil die Russen große Verstärkungen erhalten hatten und die rückwärtigen Kommunikationen sich in sehr schlechtem Zustande befanden. Er geschah völlig ungeordnet. Ein österreichisches Korps hat bei Iwangorod im Kampfe gegen eine Übermacht 10 000 Russen gefangen genommen. Ein Teil der nach Ägypten gebrachten Inder ist fahnenflüchtig geworden, dreißig Mann wurden erschossen. Ägyptische Offiziere weigern sich, nach Malta abzugehen. Der Burenaufstand wird von de Wet geleitet, sie sollen von Botha geschlagen worden sein. Die Deutschen haben die Kongo-Truppen geschlagen und sind in portugiesisch Angola eingedrungen. – Russische Telegramme: Vor Krakau nichts Neues. Die äußere Verteidigungslinie von Przemyśl wurde von den Russen genommen. Der Kampf bei Lodz–Lowicz dauert an. In Warschau sind 4500 österreichische und deutsche Gefangene, mehrere Panzerautomobile und eine deutsche Fahne eingetroffen.

Franz Xaver Hiendlmaier, bei Krasawa (Russisch-Polen)

Weicher Schnee. Unterstand in Brand. Berichterstatter und Fotograf bei uns. Nachts Patrouille: Lindenberg mit Scheu und noch zwei Mann bringen fünfzehn Russen als Gefangene. Eisernes Kreuz.

Hermann Johanssen, bei Limanowa (Österreich-Ungarn, Galizien)

In diesem Graben ohne Ablösung zwei Tage und zwei Nächte. Leichter Regen trug besonders am ersten Tag nicht mehr zur Gemütlichkeit bei. Doch auch der Regen hörte einmal auf. Durch eifriges Schanzen suchte ich mich wach und vor allem warm zu halten. Wir hatten uns schon ganz gemütlich in unserm Graben eingerichtet. In die Erde war ein Sessel gebaut, in dem sich's ganz bequem sitzen ließ. Eine gute Brustwehr mit Schießscharte war schon vorher angelegt. Halb links vor uns hatten wir eine Anhöhe, die uns schon viel Blut gekostet hatte. Wir konnten gut beobachten, wie die Unsern zu stürmen suchten. Die Russen hatten sich gut verschanzt, außerdem verschiedene Maschinengewehre. Kompanien wurden aufgerieben. Wir konnten sehen, wie in Scharen die Verwundeten und Schwerverwundeten durch eine geschützte Schlucht zurückkehrten. Die Höhe konnte nicht gestürmt werden. Die armen Verwundeten, die kurz vor dem russischen Schützengraben fielen und von den Unsern nicht mit zurückgenommen werden konnten! – Am Nachmittag kam der sehr unerwartete Befehl, dass alles den Graben verlassen und sich im Dorf unten sammeln sollte. Kaum waren wir aus dem Graben heraus, als ein mächtiges Artilleriefeuer auf uns abgegeben wurde. Im Dorf hatte sich unser ganzes Bataillon gesammelt und setzte sich nun mit dem Major an der Spitze in Bewegung. Unsre ganze Stellung dort wurde scheinbar aufgegeben. Wir zogen längs eines Baches entlang. Streckenweise ging's im Laufschritt, denn wir wurden auf der ganzen Linie stark von Artillerie- und Infanteriefeuer verfolgt. Wir hatten manche Verluste. Auf Anordnung unseres Zugführers ging ein Teil über den Bach und dann durch eine Schlucht bergauf, immerzu verfolgt durch Artillerie- und Infanteriefeuer, was jetzt jedoch uns nicht viel mehr schadete. Doch waren wir ziemlich versprengt. Ich blieb mit zwei Mann zusammen. Wir irrten noch lange umher. Wir hofften, auf irgendwelche Truppen von uns zu stoßen. Die Dunkelheit gebot uns Halt. In einem Haus baten wir um Quartiere. Wir hatten zum Glück einen Dolmetscher, der Polnisch konnte, bei uns. Wir fanden zwei Frauen in einem nur spärlich erleuchteten Raum vor. Wir ließen uns ganz erschöpft vor Hunger und Müdigkeit nieder, froh, dort für die Nacht Ruhe zu finden. Kartoffeln wurden gekocht. Kaffee hatte ich auch noch in einer Dose. Dann brachten uns die Frauen Stroh.

Richard Piltz, Louvigny, Elsaß-Lothringen

Stand früh 6 Uhr auf, da mich Täubrich, der ein Auto benützte, zur Stellung der II. Batterie mitnehmen wollte. Was wir gefürchtet haben, ist eingetroffen: Der Regen der letzten Nacht hat die Schützengräben arg unter Wasser gesetzt, die bei Weitem noch nicht alle verkleideten Wände zum Einsturz gebracht etc. Major Barth, der bereits seit 3 Uhr morgens mit seinem Bataillon gearbeitet hatte, war ganz ungeduldig, wir natürlich auch. Einige Schützengräben standen bis zum Rand voll mit Wasser. Fuhr mit Täubrich und Oberstleutnant Leonhard zu Oberst Wolf. Fruchtlose Besprechung und stundenlanges Warten. Beim Nachmittagskaffee beschossen die Franzosen den südlichen Dorfrand mit Schrapnells. Nun geht der »Saustall« auch hier los.

Dienstag, 8. Dezember 1914

Richard Piltz, Louvigny, Elsaß-Lothringen

Abends musste ich mit Busse zu Oberst Wolf gehen. In kurzer Sitzung eröffnete er uns, dass ein halber Zug Pioniere unter Vizefeldwebel Pein nachts um ½2 Uhr sich Major Barth, II. Bataillon, zur Verfügung stellen solle. Ich habe mit halbem Zug Pioniere um 3 Uhr an der Moince-Mühle (4 km, französische Grenze), Busse mit halbem Zug Pioniere an der Straße Cheminot–Éply zu sein. Sprengmunition sei in großen Posten mitzunehmen. Anzug: Sturmanzug, das heißt Mütze, gerollter Mantel. Wir waren alle platt, alles deutete auf eine unangenehme nächtliche Unternehmung gegen Éply hin. Strengstes Geheimnis bis zum Wecken der Leute. Den Feldwebel zogen wir aber ins Vertrauen und verbrachten die Zeit bis 10 Uhr mit Besprechungen, Vorbereitungen der Sprengladungen etc. Ich versuchte zu schlafen, was aber misslang. Die aufgeregtesten Kriegsträume seit dem Forêt d'Apremont. Eine neue Serie Träume ließ mich dauernd in die Höhe schrecken und nach der Uhr sehen. Um 12 Uhr stand ich auf. Nach mannigfachen Vorbereitungen rückten ich und zwanzig Pioniere vom Südausgang von Louvigny ab. Nach 4 km überschritten wir bei der Moince-Mühle die Grenze. Der Rückzug der Franzosen hatte sich so schnell vollzogen, dass sie auch ihre Funksprechleitungen unzerschnitten zurückließen. Ich musste mit meinen Pionieren und einer Kompanie einen 100 m langen Schützengraben ausheben. Trotzdem sich die Infanterieoffiziere wenig für die Arbeit interessierten, konnte der Schützengraben um 7½ Uhr als fertig gelten. Vor dem Schützengraben hatte ich einen etwa 8 m breiten Streifen regelrecht umgraben lassen, um den frisch aufgeworfenen Graben nebst Umland als frisch gepflügten Acker erscheinen zu lassen. Um ½9 Uhr waren wir wieder in unserem Quartier, allseitig froh, dass die Sache so unblutig verlaufen war.

Karl Groppe, bei Brimont am Aisne-Marne-Kanal (Frankreich)

Es werden von unseren Fliegern frische, feindliche Truppen bei Reims gemeldet. Wir erwarten einen Angriff und müssen andauernd alarmbereit sein.

Hermann Christian Kurz, Flaucourt (Frankreich)

Heute schien es der richtige Rasttag zu werden. Früh zwei Paketchen. Dann kam die große Post und brachte einen ganzen Leiterwagen hochauf voll mit Paketchen, darunter auch zwei für mich. Da kam die Kunde: Um 4 Uhr marschbereit. Es sollte ein Erkundungsangriff stattfinden. Zur

Feier des Tages war die Musik da und spielte einige Stücke, manche tanzten im schuhtiefen Dreck herum. Wir marschierten nach Herbécourt und von da in die Gräben und lagen hier in den Laufgräben. Hier packte ich während des Artilleriefeuers meine vier Pakete aus, die ich noch vor Abmarsch erhalten. Alles geht rum, so auch diese Nacht. Die Wirkung der Minenwerfer ist schrecklich. Die Franzosen hört man deutlich schreien.

Marie Kettler, Péronne (Frankreich)

Diese Tage war's so unheimlich in der Stadt. Die Deutschen haben eine Verschwörung entdeckt. In Hirson soll sich ein französisches Regiment gebildet haben mit Offizieren an der Spitze. Daraufhin mussten sich am 5. alle von 1875 bis 1896 Geborenen hier vor der Infanterie-Kaserne stellen, und die Nacht drauf wurden gleich 1000 davon nach Deutschland abgeführt. Ein neuer Jammer für Frauen und Kinder. Die Frauen sind immer wieder hingelaufen und haben gefragt, wann die Männer zurückkämen, und da waren sie bereits, so wie sie waren, in Bäckerkleidung usw., fort. Die Kinder betteln einen immerfort auf der Straße an.

Franz Xaver Hiendlmaier, bei Krasawa
(Russisch-Polen)

Zweimal gegen Cholera geimpft, schmerzlich. Unheimlich dunkel. Nachtgefecht 7 bis 12 Uhr. Leuchtkugeln, Scheinwerfer. Unsre Artilleriebeobachtung auf einem Berge angesehen, sehr interessant, schwere Motorgeschütze.

Hermann Johanssen, bei Limanowa
(Österreich-Ungarn, Galizien)

Den ganzen Tag mussten wir suchen, bis wir auch nur das Regiment wiederhatten. Unterwegs hatten sich noch mehr uns angeschlossen. Wir meldeten uns noch am Abend bei einem Offizier, der uns der 11. Kompanie zuteilte.

Josef Glaser, Spasskoje (Russland)

Sonnig, geturnt. Ein Chinese wechselt österreichisches Geld gegen russisches ein, für 1 Krone 37½ Kopeken. – Russische Telegramme: Die Vorstöße der Österreicher vor Krakau sind abgewiesen worden. Die Österreicher sind in Belgrad eingezogen. Deutschland überschwemmt die neutralen Staaten mit Siegesmeldungen über große Erfolge bei Lowicz, wobei viel Gefangene gemacht und Train erbeutet worden ist. Diesen Gerüchten ist kein Glauben zu schenken. Man kann jetzt noch keine genauen Daten bringen, da noch weitergekämpft wird und Meldungen noch ausstehen. Kaiser Wilhelm richtete an General Mackensen, der den Durchbruch durch das russische Zentrum bei Lowicz vornahm, ein Handschreiben. Der König von England hatte mit dem König von Belgien eine Zusammenkunft in Flandern.

Mittwoch, 9. Dezember 1914

Elisabeth Schwarz, Freiburg

Heute war hier große Aufregung. Kurz vor 3 Uhr nachmittags hörte man das Surren eines Aeroplanes und gleich drauf heftiges Feuer einiger Maschinengewehre. Wir natürlich sofort ans Fenster: drei englische Flieger über der Stadt! Ein heftiges Feuer wurde nun auf sie gerichtet, fortwährend hörte man die Explosionen der Schrapnells in der Luft oder der abgeworfenen Bomben. Sofort wurden die Flieger von den unsern verfolgt und in die Flucht getrieben. Sie flogen in südwestlicher Richtung davon. Man sagt, einer sei abgeschossen worden, auch hätten die Bomben keinen Schaden angerichtet. Bis jetzt weiß man nichts Genaues. Noch lange hörte man das Schrapnellfeuer vom Flugplatz in die Luft donnern und sah die kleinen, bekannten Pulverdampfwölkchen am Himmel.

Hermann Christian Kurz, Flaucourt (Frankreich)
Zuerst leichter Regen und dann Schanzen: Stellung verbessern, Schussfeld säubern! Wir durften wieder den Kot wegräumen, den unsere Vorgänger ins Schussfeld geworfen hatten.

Donnerstag, 10. Dezember 1914

Josef Glaser, Spasskoje (Russland)
Sonnig, geturnt. – Russische Telegramme: Die Serben haben die geräumten Stellungen wieder genommen. In Ostpreußen gehen die Russen zum Angriff über. Aus Rotterdam wird gemeldet, dass täglich hundert Züge mit Kavallerie Lüttich in der Richtung nach Osten passieren. Die Soldaten erzählen, dass Paris gefallen und der Krieg im Westen zu Ende sei. Die Deutschen verwandeln Brüssel in eine Festung. Die italienische Deputiertenkammer erklärt sich mit dem Vorhaben der Regierung, das Bündnis mit Deutschland und Österreich zu lösen, einverstanden. Der Aufstand in Pretoria ist beendigt. Gerüchtweise verlautet, dass wir von Spasskoje wegkommen sollen.

Willy Straub, Sanniki (Russisch-Polen)
Hier können wir singen ›Russland, o wie süß‹. Einquartiert sind wir in einer großen Zuckerfabrik. Da lag Zucker mehrfach aufgeschichtet in mächtigen Hallen. Auch einige Hallen mit Säcken waren da. Unser Zahlmeister kam hier oft am Tage zweimal mit seiner Kolonne und hat aufgeladen. Wohin er den Zucker gebracht hat, weiß ich nicht. Jedenfalls war er da, und anderwärts, wenn man ihn haben wollte, war er nicht aufzufinden – komisch. In den Hallen mit losem Zucker lagen wir auf unsern Decken immer drauf. Die Pferde standen auf dem Zucker, und war eine Schande, dass so viel umkam. Bis heute verbrachten wir

hier. Der Ort selber gehörte diesem Fabrikanten, der nach Warschau geflohen ist. 36 Häuser sind abgebrannt, die Kirche steht noch. Sie ist voll von gefangenen Russen, auch einige Russinnen in Uniform sind darunter. Habe mir ein Paar feine Stiefel für Zigaretten eingetauscht.

Hermann Johanssen, bei Limanowa
(Österreich-Ungarn, Galizien)

Am Morgen hatten wir schwere Stunden in unsrer Stellung. Unser Graben war sehr vorgeschoben. Nach rechts fehlte die Verbindung mit den Unsern. Wir lagen platt auf dem Boden. Trotzdem pfiffen uns die Kugeln mächtig um die Ohren. Wir hatten ziemliche Verluste. Außerdem fehlte es an Führern. Auf unserm Flügel befand sich nur ein Unteroffizier, der aber nicht bestimmt aufzutreten und anzuordnen wusste. »Zugführer nach dem rechten Flügel kommen!«, »Ist kein Führer da?«, so ging es durch unsern Graben von rechts. Dann kam von der linken Seite: »Langsames Schützenfeuer!«, »Ist kein Unteroffizier auf dem rechten Flügel?«, »Von wie vielen Maschinengewehren werden wir beschossen?« Endlich wurde auch durchgesagt: »Feldwebel R. befindet sich im hinteren russischen Graben«, der zwanzig Meter hinter uns lag. Doch da konnte er uns nicht viel helfen. Ich übernahm daher, ihm von unsrer Lage Meldung zu machen. Ich kroch auf dem Bauch durch eine Ackerfurche, die mich ganz gut gegen das russische Maschinengewehr schützte. Das letzte Ende: ein Sprung. Ich war glücklich drüben. Dort traf ich den Oberleutnant von unsrer Maschinengewehrabteilung vor. Ihm machte ich Meldung. Er sah sofort die Gefahr unsrer Lage. Unsre Stellung war flankiert. Er ordnete an, einen Verbindungsgraben der beiden Schützengräben parallel zu der Stellung der Russen zu graben. Ich kroch zurück und meldete dem Unteroffizier und den Kameraden, was der Oberleutnant angeordnet. Auf der andern Seite hatten österreichische Kameraden, die als unsre Verstärkung in dem hintern Graben lagen, auf

Anordnung unsres Oberleutnants mit der Arbeit begonnen. Auch auf unsrer Seite machten wir uns ans Werk. Es war eine etwas gefährliche Arbeit, vor den Augen der Russen und im Schussbereich russischer Maschinengewehre einen Verbindungsgraben aufzuwerfen. Auf dem Bauch lag man. Zuerst wird etwas Erde aufgeworfen, damit man Deckung hat. Ich lag in der Mitte und hatte mit den Österreichern die Verbindung herzustellen. Mein österreichischer Kamerad, auf den ich zuarbeitete und der sehr fleißig geschanzt hatte, wurde, als er sich etwas zu weit vorbeugte, von einer Kugel getroffen. Wie leicht hätte auch mich eine Kugel treffen können! Er wimmerte noch eine Zeit lang. Seine Kameraden trugen ihn in einer Zeltbahn zurück, wo er bald starb. Armer Kamerad! Nach dieser Arbeit haben wir einen Verbindungsgraben von etwa zwei bis drei Metern zu unserm Maschinengewehr durchgestochen. Das Maschinengewehr hatte an seinem dortigen Platz schlechtes Schussfeld und sollte zurückgetragen werden. An einer Ecke unseres neu angelegten Schützengrabens ist es nachher aufgestellt worden. Am Nachmittag bekamen wir noch schwere Grüße von der Artillerie.

Erwin Schreyer, Berlin

Heute musste sich Papa einschreiben lassen beim Landsturm.

Richard Piltz, Louvigny, Elsaß-Lothringen

Musste um 9 Uhr zu Oberst Wolf kommen und erhielt den Auftrag, nach dem Preygehöft (5 km) zu reiten, von dort nach dem neu angelegten Schützengraben der Feldwache 1 an der Straße Cheminot–Éply zu gehen und ihn dort zu erwarten. Traf im Schützengraben einen jungen Artilleriebeobachtungsoffizier und beobachtete mit ihm die an drei verschiedenen Stellen bei Clémery, Port-sur-Seille etc. feuernden Geschütze. Herrlicher, klarer Blick auf das gefürchtete Sperrfort Mont Toulon, Sainte-Geneviève, den Mousson und Höhe 363. Schrapnells schossen öfter über uns, explodierten aber ½ km hinter uns. Als ich mit dem Oberst nachher die Stellung der Feldwache 1 und 2 abging, erschreckten uns öfter Schrapnells. Der etwas ängstliche Oberst lag immer mit unheimlicher Geschwindigkeit in der Ackerfurche, wie ein Hase. Ich alter Veteran konnte die Sache etwas ruhiger ansehen, zumal die Schrapnells etwa 500 m hinter uns platzten. Während unseres Rundganges sahen wir, wie Feldwache 3 sowie die alte Stellung von II/68 mit Schrapnells beschossen wurde. II/68 hatte einige Verwundete.

Freitag, 11. Dezember 1914

Siegfried Eggebrecht, Köln

Endlich, endlich ist mein sehnlichster Wunsch erfüllt! Wenn Frauen sich denken könnten, wie quälend das ist, in der Heimat zu sein »fern vom Schuss«. Da draußen, da ist die Welt, ist Leben, wird Geschichte gemacht, und man muss daheimsitzen!! Welche Monate liegen hinter mir!! Hilfsprediger in Magdeburg. Acht Tage nach feierlicher Einführung durch Pfarrer Rentz wieder nach Halberstadt. Ende August, weil es freigestellt wurde, als Pfarrer Garnisonsdienste zu tun. Unteroffizier bei der 13. Kompanie, später mit Unteroffizier Pfarrer Happig zusammen und dann mit Pfarrer Begrich aus der Nähe von Aschersleben. Dann zum Vizefeldwebel befördert. Krampfhafte Versuche hinauszukommen, aber nur wegen Schwierigkeiten von Seiten des Konsistoriums aufgegeben. Später auf Veranlassung Gertruds energischer den mir anfangs unsympathischen Weg als Feldgeistlicher ins Auge gefasst. – Schließlich wird das Wunderbare Ereignis! Der Abschied war schwer. Da packte es doch! Als ich mich etwas beruhigt, fragte der Mitreisende: »Fahren Sie ins Feld? Na, jede Kugel trifft ja nicht.« Da schämte man sich etwas. Die Harzberge standen hart und schwer unter grauem Winterhimmel. Bei Vienenburg ein fesselndes Bild: Auf der herabgelassenen Bahnschranke ein Äffchen sitzend, ein Bär faul auf dem Pflaster liegend. Im bunten Rock »sie« und »er« in einem phantastischen Kostüm, dem Zuge nachblickend. Südländischer Typ Zigeuner. Deutsche Kinder staunend dabei. Ein Friedensbild. Überhaupt: Wo ist der Krieg? Noch sehe ich ihn nicht! Früh geht die Sonne unter, und ein gelbliches Abendrot versucht, etwas Farbe in den eintönigen Himmel zu bringen. Je mehr wir nach Westen eilen, desto weniger kann ich etwas lesen. Das Gefühl, das mich wochenlang begleitete, ist zum Siedepunkt gestiegen: Ich könnte zu spät kommen, der Krieg könnte zu Ende sein!! Mir war es durchaus recht, wenn wir Paris nicht auf den ersten Anhieb eroberten. – Zum ersten Male zieht vor Köln ein befreiendes Gefühl in meine Brust: Hier ist Krieg! Im Dunkel der Nacht tasten drei mächtige Scheinwerfer den Himmel ab. Manchmal scheinen sie sich auf einen Punkt zu vereinigen, als hätten sie etwas entdeckt, dann rückten ihre Lichtstreifen wieder weiter auseinander, sich kreuzend, sich verschrägend. Das Herz schlägt mir. Über dunkle Brücken fährt ganz, ganz langsam der Zug. Undeutlich sieht man Lichter im dunklen Rheinstrom. Es ist einem feierlich zumut. Also, so ist der erste Eindruck vom Kriege! Auf den Bahnsteigen ein furchtbares Durcheinander! Hohe Kofferberge, eine drückende Menschenfülle. Durch das Gewühl hindurch gelange ich zum Ausgang. Man prüft genau meinen Schein, und ich muss mich eintragen, was ich mit sonderbaren Gefühlen tue. Dann links quer über den Platz. Undeutlich sehe ich vor mir etwas Dunkles in die Nacht emporragen: Die Türme des Domes. Am Hauptportal vorbei gelange ich in mein Hotel. Erich hatte vor Kurzem dort übernachtet. Ich berufe mich auf ihn: »Ja, der mit dem Eisernen Kreuz.«

Willy Straub, Kiernozia (Russisch-Polen)

Heute geht's weiter nach Kiernozia. Ein kleines Nest. Auch hier sind die Zivilisten noch alle da. Wir kamen zu einem Bauern, die alle arm sind. Kein Geld und nichts zu essen. Wir durften im Haus wohnen, wenn man von einem Haus sprechen darf, es war eher eine Lehmhütte. Der Bauer bezog eine Erdhöhle.

Hermann Johanssen, Limanowa
(Österreich-Ungarn, Galizien)

Trotz unserer Erfolge mussten wir in der Nacht auf der ganzen Linie zurückgehen. Uns fehlte Reserve und Verstärkung, und unsere Kraft war durch die Anstrengungen der letzten Tage sehr aufgebraucht. Auf der nächsten Höhe wurde Verteidigungsstellung eingenommen. Ich traf mit Stabsarzt Blümke zusammen. Er stand bei der Bahre eines Schwerverwundeten. Die Träger konnten nicht mehr weiter, und er suchte Ablösung. Die Verwundeten mussten zurückgetragen werden nach Limanowa. Er hat selbst mitgetragen. In Limanowa wurde in einigen Zimmern notdürftig ein Lager für die Verwundeten eingerichtet. Aber es fehlte am Nötigsten. Brüderlich wurde alles geteilt, was man an Esswaren bei sich hatte. Erst bekamen die Verwundeten, dann auch die Krankenträger. Wir alle hatten lange nichts mehr zu essen bekommen. Ich konnte etwas helfen. Stabsarzt Blümke hat in rührender Weise für die Verwundeten gesorgt. Er hatte nicht geruht, bis er fast alle in Limanowa untergebracht hatte, obwohl vom Oberst schon die Verwundeten aufgegeben waren.

Samstag, 12. Dezember 1914

Josef Glaser, Spasskoje (Russland)

Früh trüb, leichter Schneefall. Sieben Pockenfälle. Regimentsarzt impft die meisten Offiziere. – Russische Telegramme: Bei Krakau und Lowicz wird weitergekämpft. Die Serben haben bei ihrem siegreichen Vordringen 17000 Österreicher gefangen genommen, 27 Feldgeschütze und acht Haubitzen erobert. In dem Seegefecht bei den Falkland-Inseln sind die deutschen Kreuzer Gneisenau, Scharnhorst und Leipzig gesunken, zwei Kreuzer sind entkommen. Ein Teil der Mannschaft wurde gerettet. Der Schaden der Engländer ist gering. Der russische Oberstleutnant äußert Major Sofka gegenüber, dass bei Lodz sechs russische Korps geschlagen worden sind.

Paula Busse, Bensberg bei Köln

Nach lebhafter Verfolgung ist auch das Schiff Nürnberg zum Sinken gebracht worden. Admiral von Spee ist mit dem Schiffe Scharnhorst untergegangen. – Ein Vetter von Walter sandte uns eine Karte eines Arztes aus Rethel, worin dieser schrieb, dass alles versucht worden wäre, Walter zu retten. In der Heimat hätte er keine bessere Pflege haben können, da sie dort alles zur Verfügung hätten, was nur irgendwie in Betracht käme. Ein Hauptmann Huste, ein Vetter von Mutter Busse, hat dem Liebsten statt des einfachen Holzkreuzes ein schönes geschnitztes Kreuz setzen lassen, mit einem immergrünen Kranz geschmückt.

Richard Piltz, Louvigny, Elsaß-Lothringen

Unsere Artillerie schoss fleißig. Die französische Artillerie beschoss verschiedentlich Raucourt. Pioniere mussten wieder nachts bei Feldwache 1 und 2 arbeiten. Viel Regen bei sehr milder Witterung. Viel Not in den Schützengräben wegen Wassereindrangs.

Sonntag, 13. Dezember 1914

Milly Haake, Hamm

O, euch Tapferen dort draußen sei Ehre und Dank. Und zu ihnen gehört ja auch unser Junge, unser lieber Wilhelm. O, ich bin unsäglich stolz auf ihn. Der liebe Gott möge ihn behüten. Die letzte Karte war vom Mittwoch den 2. des Monats aus Thorn. Wer weiß, wo er jetzt ist. Muttel sagt, das schönste Weihnachtsgeschenk wäre für sie, wenn er schriebe. Ach, ja ich glaube, das wäre es für uns alle. Wir können ihm ja nicht etwas zu Weihnachten schicken, er bekommt ja keinen Gruß von daheim, weil wir seine Anschrift nicht haben.

Josef Glaser, Spasskoje (Russland)

Trüb. Luft bringt die Nachricht, dass nach Meldung einer polnischen Zeitung Warschau beschossen wird. Reichsdeutsche Offiziere haben aus China eine deutsche Zeitung erhalten, welche schreibt, Warschau wird mit 42er-Geschützen beschossen. Die Österreicher sind im Vormarsche von Krakau. Die Front ist Königsberg–Warschau–Lublin. Russische Telegramme: Der Kampf in Galizien und den Karpaten wird für die Russen schwierig infolge Kälte und Schnee. Erzherzog Friedrich wurde zum Feldmarschall ernannt. In Serbien wurde das 15. und 16. Korps bei Rudnik geschlagen und verlor 20000 Mann an Gefangenen nebst viel Kriegsmaterial. Nach einer Londoner Zeitung verloren im Laufe des Krieges die Engländer 98000, die Deutschen 65000 Tonnen. Englische Zeitungen erwägen den Gedanken, während der Weihnachtsfeiertage die Waffen ruhen zu lassen. Nachmittag unliebsamer Vorfall. In der Debatte über die Kriegsereignisse macht Unger die Äußerung: »Man muss sich fast schämen, Österreicher zu sein.« Leutnant Fürst bringt dies zur Anzeige, daraufhin erfolgt Protokollaufnahme. Nach schriftlicher Erklärung von Unger wird die Angelegenheit aus der Welt geschafft.

Friedrich Link, bei Hirzbach,
Elsaß-Lothringen

Wache auf Posten 4. Bei Thann gegen Abend Kanonendonner. Gegen Abend setzt ein fürchterlicher Regen ein.

Jakob Krebs, Lens (Frankreich)

Zweimal Appell. Abends muss unser Gespann die Protze mit zwölf Granatkörben zur 3. Batterie bringen. Wetter trüb und warm.

Richard Piltz, Louvigny, Elsaß-Lothringen

Um 9 Uhr rückte das ganze Regiment nach Süden, da vier auf Éply marschierende feindliche Kompanien gemeldet waren. Heftiges Artilleriefeuer auf Éply unsererseits. Um 1 Uhr etwa räumte der Feind Éply wieder. Als unsere Kompanien 68er in Éply eingerückt waren, wurde Éply französischerseits mit Schrapnells befeuert. Hierauf rückten die 68er wieder heraus. Die bisherigen Stellungen wurden gehalten. Verluste: zwei Tote, darunter ein älterer Feldwebelleutnant, und zwölf Verwundete. Wir Pioniere hielten uns hier nur in Bereitschaft. Heute vor fünf Wochen war die entsetzliche Kanonade im Walde von Apremont!

Siegfried Eggebrecht, im Zug
bei Jeumont (Frankreich)

Um 6 Uhr früh überschreiten wir die Grenze. Nebel liegt über dem Lande, es ist trüb. Von allen im Abteil wurde nun der Revolver geladen. Das Land sah im Morgennebel nicht übermäßig einladend aus. Der Zug fuhr auf der linken Seite des Bahnstranges. Dann tauchten die ersten zerschossenen Häuser auf, und in dem Nebel sah ich das erste Grab am Bahngeleise. Bei Goffontaine hielt der Zug lange auf freier Strecke. Man redete davon, dass der Aufenthalt noch lange dauern könnte, da bei Lüttich sich ein Eisenbahnunfall ereignet hätte. Ich setzte mich gerade im Zuge zurecht, um's nun mit dem Lesen zu versuchen, da kommt ins Abteil ein Oberleutnant, stellt sich vor. »Ach, Sie sind ein Feldgeistlicher? Sie könnten uns eigentlich einen Gottesdienst halten.« – Endlich Lüttich. Von den Forts sah man kaum etwas, trotzdem wir unmittelbar an ihnen vorbeifuhren. Hier und da punktierten Granatlöcher eine grüne Wiese. Langsam fährt der Zug über zerstörte und durch Holzunterbau wiederhergestellte Brücken. Die ersten provisorischen Schützengräben, zur Verteidigung eingerichtete Dörfer, ganze Straßenzüge niedergebrannter Häuser. In Namur auf dem Bahnhof werden wir verpflegt, von der Festung sieht man nicht viel. Die Maas grüßt mit wunderbar grünem Wasser, an den Kanälen gehen im Sonnenschein eines wie Spätherbst anmutenden Wintertages die Leute friedlich spazieren. Immer wieder durchbrausen die Hurras der Mannschaften den Zug. In Malonne gibt's Mittagessen: zweimal Braten, grüne Schoten, Kartoffel. Herrlich! Ein Waggon mit Zweiter-Klasse-Abteil wird noch herangeschoben, und ich erhalte mein besonderes Abteil, dem durch Stroh der kalte Fußboden genommen wird. Während die Dämmerung kommt, schlafe ich, aber man steht immer wieder auf, da man meint, man könnte etwas versäumen. Was Gertrud macht? Ich kann aber nichts weiter als dankbar sein, dass der Krieg nicht zu Ende ist, ehe ich an die Front komme! Um 8.45 Uhr überschreiten wir die französische Grenze bei Jeumont. Ganz, ganz langsam fährt der Zug über eine zerstörte Brücke, an der anscheinend noch gearbeitet wird. Entgleiste Lokomotiven und Wagen liegen unmittelbar an der Strecke. Das Abendessen dort war sehr mäßig. Wassersuppe mit hartem Fleisch. Aber vorzüglicher Rotwein. Schließlich beschweren wir uns und bekommen belegte Brote. Aber was bekommen die Mannschaften? Zum ersten Male kommt mir der Gedanke, dass es womöglich auch im Kriege unredliche Beamte gibt!

Montag, 14. Dezember 1914

Carl Emil Werner, Freiburg

Nur kurz soll mein heutiger Eintrag sein, vor allem um den Tag zu erwähnen, an dem es hierselbst durch den Krieg Verwundete gegeben hat. Gestern waren zum dritten Male in kurzen Abständen französische Flieger hier, die es mit ihren Bomben auf unsere Bahnhöfe, militärische Vorräte und die Aviatikwerke abgesehen hatten. – Die beiden ersten Male fielen die Bomben beim Güterbahnhof, Friedhof, ohne Menschen zu verletzen. Gestern galt es scheint's dem Hauptbahnhof. Schon um ½11 Uhr sah ich einen fremden Flieger über unserer Stadt ganz gemächlich und behaglich fliegen. Als ich zur Geschäftsöffnung zurückmusste, glaubte ich, er flöge wieder nach Belfort zurück und bedauerte das überhaupt nicht, da nicht bedeutend auf ihn geschossen war. Um 3 Uhr war wieder größere Aufregung, neugierige, nicht ängstliche Aufregung, und trotz der Warnungen in den Zeitungen wollte alles sehen, was es wieder gibt. Die Bomben trafen in den Colombi-Park und auf das Haus neben dem Vinzentiuskrankenhaus. Da stand ein Fräulein auf dem Dach, die wurde schwer verletzt, samt noch zwei Personen im Colombi-Park, einige auf dem Rotteckplatz. Ein junger Soldat erhielt eine Eingeweideverletzung und muss wohl sterben. Im Colombi-Park sieht man an Bäumen, und an den Mauern und am Becken des Brunnens die Wirkung der Eisenladung. – Das Geschäft ist seit Ende November mit Schluss des Weihnachtspaketversands für die Truppen furchtbar still, vom Weihnachtstrubel keine Rede, dazu das ständig warme Regenwetter. Dabei trifft jetzt immer die allzu großzügig bestellte Ware, viel habe ich ja annulliert, ein: Kniewärmer, Leibbinden, Pulswärmer, Trikotage etc. etc., Kopfschläuche. Von manchem werden wir noch viele Jahre verkaufen.

Siegfried Eggebrecht, Chauny (Frankreich)

Um 2 Uhr nachts hält der Zug in Saint-Quentin. Der Transport geht in einer anderen Richtung weiter. Ich muss also mir Quartier suchen, das ich von Leuten der Kommandantur im Bahnhofsgebäude selbst angewiesen bekomme. Ganz in der Nähe des Bahnhofs finde ich meinen Burschen munter bei meinem Pferd. Der Zug, der mich weiterbringen soll, wurde um 8 Uhr erwartet. Ich traue mich aber nicht weiter vom Bahnhof, trotzdem man mir sagte, er wäre erst um ½12 Uhr zu erwarten. Es ist nebliges, trübes Wetter. Dieses Stillliegen gefällt mir gar nicht. Endlich bringt mich mein Zug langsam Chauny näher.

Max Schmidt, Douai (Frankreich)

Douai ist eine Stadt von 30000 Einwohnern, in der es sich im Frieden sicherlich gut leben lässt. Wir bezogen am 28. November das Postamt, in dem wir unsere Diensträume aufschlugen, während das Feldpostpersonal in benachbarten Häusern Unterkunft fand. Dr. Lünsmann und wir Sekretäre wohnen im verlassenen Hause einer Generalswitwe. Wir haben dort jeder ein Schlafzimmer, ein gemeinsames Esszimmer, in dem wir abends gewöhnlich zusammen sitzen, trinken oder spielen. Wir wohnen ja in einem feinen Haus, und zum feinen Hause gehört auch ein Weinkeller. Nahezu 1000 Flaschen weißer Burgunder lagern im Keller. Das gibt gemütliche Abende! Es fehlt aber auch nicht an Bier. Die Bayern sorgen dafür, dass das gute Exportbier nicht fehlt. Kisten zu fünfzig Halbliterflaschen stehen stets bereit. Da wir zur Verpflegung täglich 12 Francs bekommen und dafür auch alles kaufen können, was wir wollen, leben wir tatsächlich wie Gott in Frankreich. – Heute feierte ich meinen Geburtstag im Felde. Otto ließ es sich nicht nehmen, persönlich zu gratulieren. Dabei brachte er mir die Geburtstagsgaben aus der Heimat, nämlich Pfannkuchen im Feldpostpäckchen und ein reizendes Bild meiner Mädels, die nun schon zweieinhalb und fünfeinviertel Jahre alt sind. Ich habe mich über diese Sachen recht herzlich gefreut. Natürlich brachte die Feldpost auch noch schriftliche Wünsche aus der Heimat und allerhand Rauchbares.

Friedrich Link, bei Hirzbach, Elsaß-Lothringen

Wir retten uns vor dem Ertrinken. Unsere Schützen- und Laufgraben sind voll von Wasser. Alles fällt ein. Ein ganz fürchterliches Wetter. Abends auf Bereitschaft Posten 5. Das ganze Tal Carspach überschwemmt.

Richard Piltz, Louvigny, Elsaß-Lothringen

Ging die Stellungen des II. und III. Bataillons ab. Heftige ferne Kanonade über Pont-à-Mousson hinweg. Nachmittag dritte Schutzimpfung gegen Typhus. Jetzt müssen sich alle Truppen dieser Impfung unterziehen. Unsere Kompanie hatte bei ihrer aus Chérisey eingeschleppten Typhusepidemie zwei Tote und fünfzehn Kranke.

Josef Glaser, Spasskoje (Russland)

Sonnig, geturnt. Der russische Oberstleutnant unterhält sich abends zwei Stunden mit den reichsdeutschen Offizieren, denen er mitteilt, dass der Briefverkehr nach Deutschland verboten ist. Die Lage Österreichs hält er für sehr schlecht. Er glaubt, dass die Monarchie ihrer Zertrümmerung entgegengehe.

Willy Straub, Wisowa (Russisch-Polen)

Heute sind wir wieder aufgebrochen in aller Frühe und kamen durch eine Stadt, deren Namen ich nicht erfahren konnte, bzw. die polnischen Namen kann man nicht lesen. Die Wege spotten aller Beschreibung. Sand, Sand und aufgerissene Pflaster, soweit welches da war. Oft sitzen wir mit unsern Wagen bis an die Achsen in Löchern. Regnen tut's auch noch, dieser Dreck und Schlamm, zäh wie ein Brei. Pfui Teufel! Abends kommen wir durchnässt und hundemüde an einen Hof.

Dienstag, 15. Dezember 1914

Willy Straub, Wisowa (Russisch-Polen)

Wisowa hieß das Nest, es waren ja nur ein paar Häuser. Das Bataillon ist wieder vollständig. Unsere Batterien stehen auf freiem Feld 150 m vor uns. Sie haben feste geschossen. Erwidert wurde das Feuer nicht.

Franz Xaver Hiendlmaier, bei Krasawa (Russisch-Polen)

Vergangene Nacht arbeitete unsere Artillerie unheimlich. Vormittags 10 Uhr kommt Meldung, Feind soll sich zurückgezogen haben. Darauf ging Patrouille in Zugstärke vor. Nun sahen wir das ganze Feld vor uns, in dem Russen gehaust haben. Patrouillierte mit Kameraden. Das Schlachtfeld ca. 400 tote Russen. Unheimliches Aussehen, teilweise blauschwarz. Ausrüstungsstücke, Munition auf einem Haufen, 300 Pakete à 400 Patronen. Unbeschreiblich beschossener Wald mit Russenstellungen, Blut, tote Russen mit verbittertem Ausdruck. Bäume ohne Kronen, teilweise drei- und viermal abgeschossene Baumstämme, schrecklicher Anblick.

Friedrich Link, Hirzbach, Elsaß-Lothringen

Die Überschwemmung geht zurück, aber wir müssen vollständig neue Laufgraben bauen, alles zusammengefallen. In Belfort sollen französische Truppen zusammengezogen werden. In Mülhausen stehe das 8. Rheinische Corps, aus Diksmuide herangezogen, bereit. Sonst nichts Neues. Komme heute Abend in Quartier zurück.

Jakob Krebs, Lens (Frankreich)

Trüb und regnerisch, schweres Artilleriefeuer in südlicher Richtung. Gestern kam von Karlsruhe ein Transport mit Liebesgaben, die Weihnachtspakete kommen mehr und mehr an. Abends ziehen wir drei Fahrer mit denen von Wagen 23 auf Wache.

Richard Piltz, Louvigny, Elsaß-Lothringen

Ging bei stürmischem, regnerischem Wetter die Stellungen ab. Meine Pioniere hatten den ganzen Tag wegen gestriger Impfung dienstfrei, ich natürlich nicht. Nach dem Essen fuhr ich mit Täubrich und Busse im Auto die Stellungen bei Éply ab. Das Auto benutzen wir natürlich nur so lange, wie wir nicht vom Feinde gesehen werden können. Die heute eingetroffenen Pakete von Loni, Ortenbachs und Auguste werde ich erst Weihnachten öffnen.

Siegfried Eggebrecht, Trosly-Loire (Frankreich)

Ich fuhr am Vormittag von Chauny nach Coucy-le-Château. Über den Namen hatte ich nicht nachgedacht. Als ich aus dem Wagen kletterte, ragte vor mir eine mächtige alte Burgruine empor. Ich fuhr mit einem Feldpostauto nach Pont-Saint-Mard, einem kleinen Dorf mit prachtvollem Schloss. Ich sah gespannt aus dem Auto, das über eine weite Ebene fuhr. Ich dachte nicht anders, als dass wir direkt bis an die Schützengräben fahren würden!! Infanteriekolonnen zwangen uns zum Halten. Kriegsbild wechselte mit Friedensbild. Neben einem Felde, aus dem man die letzten Rüben holte, lagen umgestürzte lange zweirädrige Wagen. Dann wieder sah man aus einer Dreschlokomobile lustig den Rauch emporwirbeln. Beim Divisionsstabe empfing mich ein Major Slereuyta sehr wohlwollend: »Er hat für alle Pfarrer eine Schwäche, weil er früher Theologie studierte.« Ich wurde Exzellenz Riemann vorgestellt, aus anfänglicher Angst wurde starkes Befriedigtsein vom ersten Eindruck. Leutnant Braun brachte mich dann nach Trosly-Loire, einem größeren Dorf, an einer Hügelwand angelehnt. Ich bezog Quartier bei einem Pharmacien Monsieur Maquin.

Mittwoch, 16. Dezember 1914

Franz Xaver Hiendlmaier, bei Czenstochau (Russisch-Polen)

Beginn des Vormarsches hinter dem Feinde. Morgens 3 Uhr Antreten. Abmarsch, dunkel. Ganze Division hinweg über Schlachtfeld. Russen hatten teilweise drei, vier Stellungen hintereinander. Tote. Marsch, schlechte beschwerliche Wege. Um 11 Uhr Rast. Eilmarsch, viele schlapp am Straßenrande. Brücken kaputt. Essen: Feldküche. Abends bei Dunkelheit Quartier.

Hermann Johanssen, bei Limanowa (Österreich-Ungarn, Galizien)

Im Dorf N. kamen wir gegen 4 Uhr in Quartier. Doch lange durfte man sich des herrlichen Lagers nicht erfreuen. In der Nacht wurden wir alarmiert. In unserm Nachbardorf, das die 220er am Abend gestürmt hatten, hatten die Russen einen großen Teil des Regiments gefangen genommen. Das ganze Dorf hatten sie in Brand gesteckt. In der Nacht schanzten wir uns ein.

Josef Glaser, Spasskoje (Russland)

Schönes Winterwetter. 20 Kronen für 7 Rubel gewechselt. Aus Schanghai deutsche Bücher erhalten. – Russische Telegramme: Die Serben haben Belgrad wiedererobert und in den letzten Tagen 30 000 Gefangene gemacht.

Donnerstag, 17. Dezember 1914

Franz Xaver Hiendlmaier, bei Czenstochau (Russisch-Polen)

Morgens Abmarsch. Märsche durch Wasser, Sümpfe.

Hermann Johanssen, bei Limanowa (Österreich-Ungarn, Galizien)

Musste mich krank melden. Mit fünfzehn Mann wurden wir als ruhrverdächtig dem nächsten Lazarett überwiesen.

Josef Glaser, Spasskoje (Russland)

Trüb, kalt, geturnt. – Russische Telegramme: Wiener Zeitungen geben die Niederlage der Österreicher in Serbien zu. Die Kämpfe zwischen Lowicz und der Weichsel dauern fort. Goltz Pascha ist von dem Könige von Rumänien in Audienz empfangen worden. Holland und die Vereinigten Staaten von Nordamerika haben Depeschenwechsel gepflogen betreffend Friedensverhandlungen. Der Zustand der französischen Armee ist vorzüglich, man hofft auf einen endgültigen Erfolg. Ein russischer Offizier äußert zu einem österreichischen Oberleutnant, dass Warschau vor dem Falle steht.

Hilde Grapow, Kassel

Eben läuteten die Glocken: Wir haben die Franzosen mal wieder hübsch verhauen! Ein Marinebataillon hat eine französische Division geworfen! Fein! Außerdem haben wir gestern den Engländern einen schönen Schrecken eingejagt. Unsre Hochseeflotte ist an der englischen Ostküste erschienen und hat zwei Häfen beschossen. Allerdings haben die Engländer neulich triumphiert: Vier schöne große Kreuzer von uns haben sie in den Grund gebohrt: Scharnhorst, Gneisenau, Nürnberg, Dresden. Aber eine Heldentat war es nicht, sie mussten sich erst japanische und französische Schiffe holen. Bei uns nimmt es ein Unterseeboot mit drei englischen Kreuzern auf, und die Engländer müssen erst in siebenfacher Übermacht sein, ehe sie's mit uns aufnehmen! Pfui!!! Na, neulich haben wir ja auch an der chilenischen Küste den Engländern gezeigt, was es heißt, mit Deutschland anzubändeln!

Siegfried Eggebrecht, Trosly-Loire (Frankreich)

Vormittags auf meiner schwarzen Stute geritten. Der Gaul ist faul, aber er wird schon gehen. Am Nachmittag war Abendmahl von einem evangelischen Feldgeistlichen Reinhardt in der Kirche angesetzt. Weil ich aber den Herrn noch nicht kannte, ging ich nicht hin. Am Abend wird Hindenburgs Sieg über die russische Armee bekannt. – Ich kann an Gertrud ein Telegramm senden, das meine Ankunft meldet. So stellt sich vieles anders dar, als man vorher ahnen konnte. Manchmal vergisst man hier völlig, dass man nahe an der Front ist, wo gekämpft wird. An das wenige, was mir zunächst unheimlich vorkam, gewöhnt man sich rasch. Ja, man läuft Gefahr, das Gefühl für die Einwohner zu verlieren, die hier jeglicher Willkür durch die Unsrigen ausgesetzt sind. Der Kanonendonner klingt deutlich herüber. In der Nacht hört man bei Südwestwind den einzelnen Schuss der Gewehre. Ein Leuchten zittert ab und zu hinter dem bewaldeten Hügel.

Jakob Krebs, Lens (Frankreich)

Schon früh setzt sehr starkes feindliches Artilleriefeuer ein. Auch unsere Artillerie feuert lebhaft, mit kurzen Unterbrechungen geht dies bis zum Abend. Unteroffizier Schulze bringt einen Wagen Kartätschen zur 4. Batterie, die zwei alte Geschütze bekam, er bekommt dabei Feuer. Nach Mittag südlich von Liévin auch Infanteriefeuer. Um 3 Uhr werden wir alarmiert, vom Hauptmann besichtigt und können dann wieder einrücken. Abends müssen wir mit unserem Wagen marschbereit sein, da nur noch wir Granaten haben.

Richard Piltz, Louvigny, Elsaß-Lothringen

Wie seit unserem Aufenthalt im Forêt d'Apremont oft, träumte ich wieder lebhaft von Granatenfeuer. Ich schrie dabei so laut auf, dass nicht nur die Infanterieoffiziere aufwachten, sondern die im ersten Stock über mir schlafenden Wirtsleute und die filia hospitalis. Die ganze Gesellschaft erhob sich, da man allgemein annahm, es würde eingebrochen oder ich würde ermordet. Am anderen Morgen wurde die eigenartige Situation natürlich herzlich belacht. Immer wieder viel Regen, deshalb viel Not in den Schützengräben. Ging wie täglich die Stellungen des II. und III. Bataillons ab und kontrollierte meine Pioniere.

Freitag, 18. Dezember 1914

Adolph Mathaei, Cuxhaven

Unsere Hoffnung, dass unsere Zwillinge noch für absehbare Zeit in ungefährdeter Gegend zu Besatzungsdienst verwendet werden würden, hat sich nicht erfüllt. Friedrich liegt seit dem 7. Dezember in der Gegend von Ypern im Schützengraben. Er schreibt, dass es seit drei Tagen nichts (soll wohl heißen: nichts Warmes) zu essen und zu trinken gegeben habe. Am schlimmsten sei der Durst, der sie so quälte, dass sie sich auf jede Regenpfütze stürzten. Nun ist, wie wir heute erfahren, Dolli, der seiner Fußverstauchung wegen bis dahin beim Stabe beschäftigt war, wieder mit Friedrich zu ihrer beiderseitigen großen Freude zusammen. Er hätte größere Sicherheit und bequemeres Leben behalten können, ist aber auf seinen eigenen Antrag zum Dienst im Schützengraben kommandiert worden, weil er die Trennung von Friedrich nicht mehr ertragen konnte! Rührend, aber für uns Verdoppelung der Sorge! Und gerade jetzt wird wieder bei Nieuport gekämpft! – Gestern Brief von Heini mit beruhigender Nachricht. Oskar hat seit geraumer Zeit nichts von sich hören lassen. Richard ist gestern zum dritten Mal, und zwar gegen Starrkrampf geimpft worden, was ihn sehr mitgenommen hat.

Jakob Krebs, Lens (Frankreich)

Schon früh beginnt das feindliche Artilleriefeuer und währt mit mehr oder weniger großen Unterbrechungen bis zum Abend. Gestern griff der Feind die Stellung von Füsilier-Regiment 40 und Füsilier-Regiment 111 an, der Angriff scheiterte. Der Kanonendonner ist heute manchmal ganz ohrenbetäubend. Mit Einbruch der Dunkelheit bringen wir eine Protze voll Granaten (34 Schuss) zu der zwischen Fosse 11 und 16 stehenden 1. Batterie. Heidelberger fährt, Meyer und ich begleiten, Unteroffizier Emsheimer ist Führer, lässt sich aber durch mich führen. Um ½ 8 Uhr zurück.

Richard Piltz, Louvigny, Elsaß-Lothringen

Noch immer Regen, Regen, Regen. Das Laufen über die aufgeweichten Äcker ist sehr anstrengend, da man an jedem Bein immer ein 5-kg-Paket Lehmerde mitschleppt.

Siegfried Eggebrecht, Trosly-Loire (Frankreich)

Heute ritt ich zum ersten Male mit einem Begleiter nach Épagny. Trübsinnig schmutzig hockt es mit zerschossenen Häusern in einem Tal, das sich hinter unseren Linien entlangzieht. Als ich den steilen Berg hinunterritt, kam ich am Soldatenfriedhof vorbei, wo man eben ein Grab schaufelte. Unter einer Tanne sah ich einen neuen schönen Grabstein. Von einem unerklärlichen Gefühl getrieben, stieg ich ab und ging hin und stand vor dem Grabe meines früheren Kompanieführers Hauptmann Kruse. Heiß wallte es in mir auf. Aus einer nahen Scheune aber klangen Weihnachtslieder. Ich besuchte den Feldgeistlichen Reinhardt, einen schon älteren freundlichen Herrn, der dort in einem sehr bescheidenen Zimmer bei einer Schmiede hauste. Der Ort war voller Truppen, außerdem lag dort ein Feldlazarett. Die Kirche, die bisher für Gottesdienste frei gewesen war, sollte nun auch für das Lazarett belegt werden. Wie sahen die Mannschaften zum Teil aus! Von oben bis unten mit Dreck bespritzt in den verwahrlosten Stuben hausend. Mit großer Spannung sah ich alles. Hier ist Front und Kampf! Hier wäre rechte Arbeit! Ich schämte mich der nutzlos verbrachten vorherigen Tage. Beim Heimritt sprach ich wegen Gottesdienst auf der Loire-Ferme vor. Gottesdienst Weihnachten unmöglich, aber heute Abend Weihnachtsfeier, bei der ich gern Ansprache übernehme.

Friedrich Link, bei Hirzbach, Elsaß-Lothringen

Morgens Schanzarbeiten. Gehe alleine auf eine Patrouille, komme bei französischer Stellung bis auf 200 m vorbei. Wir sehen uns gegenseitig. Auch sie arbeiten feste an Schanzgraben. Unbegreiflicherweise schießen auch sie nicht auf unsere Posten. Ich halte mich zwei Stunden dort auf. – Heute Mittag von 12 bis ½1 Uhr läuten alle Glocken im Deutschen Reich, ein großer Sieg, vielleicht Entscheidung, über die Russen gewonnen. Gott helfe weiter.

Samstag, 19. Dezember 1914

Clara und Josephine Bohn, Ingersheim, Elsaß-Lothringen

Heute wurden die Glocken geläutet und bekannt gemacht, dass die Häuser beflaggt werden sollen. Unsere Truppen haben in Russland gesiegt und große Kriegsbeute erobert. Die Kinder hatten auch schulfrei.

Josef Glaser, Spasskoje (Russland)

–27° C, sonnig, geturnt. Russischer Feiertag, Namenstag des Zaren. – Russische Telegramme: Ein Ausfall aus Przemyśl wurde von den Russen zurückgeschlagen. Die Londoner Admiralität teilt mit, dass deutsche Kreuzer die Städte Yorkshire, Hartlepool etc. bombardiert und Schaden angerichtet haben. Die Kreuzer sind im Nebel entkommen. Eine türkische Armee von 100 000 Mann, für Ägypten bestimmt, steht bei Damaskus.

Marie Kettler, Péronne (Frankreich)

Wir haben viel Zu- und Abgänge, was mit dem Durchbruch der Franzosen wohl zusammenhängt. Die sollen gemerkt haben, dass wir nördlich von hier nur schwach besetzt sind, und da sind sie durch die ersten Schützenlinien durch, und die anderen haben sie umkreist und mit den Maschinengewehren zusammengeschossen. Sie wären gelaufen wie 'ne Hammelherde, wie einer erzählte, der auch dabei verwundet wurde und diese Nacht eingeliefert ist.

Hermann Christian Kurz, Flaucourt (Frankreich)

Ich habe mein Tagebuch seit zehn Tagen nicht mehr gesehen. Ich will rasch nachholen, besonders eine Nacht. Es regnete, ganz langsam aber sicher, kaum dass man's merkt, geht's an, ganz lind fallen die kleinen Tröpfchen, um mit grausamer Sicherheit die Kleidung bis auf die Haut zu durchdringen. Der Nachtdienst begann, es wurde pechschwarz. Die Wache trampelt. Stimmengewirr. Aus abgerissenen Worten entnehmen wir, dass einer gefallen. Wir erfahren bald, dass Unteroffizier Str. bei der Kontrolle oder sonst wie draußen auf Patrouille erschossen wurde, dass dies durch eigenen Mann geschehen, erfuhr man erst später. 10.00 Uhr Ablösung. Rein in meine Stulphandschuhe, Zelt gepackt, Gewehr und durch die Stellung der Kompanie zum äußersten Posten. Auf diesem Weg konnte man schon Schwimmen lernen. Man sah nicht die Hand vor den Augen, und wir sollten aus dem Graben hinaus, hier! In der 1,5 bis 2 m hohen Wand waren zwar Stufen, aber jetzt war kein Halt mehr zu finden, also hinaufrutschen auf dem Bauch. Hoppla, ich hatte zu früh frohlockt, denn schon saß ich wieder in einem Loch. Kaum war ich draußen, saust natürlich mit tödlicher Sicherheit mein Hintermann ebenfalls rein. In solchen Nächten sind nur die Helmspitzen von Vordermännern Richtungspunkt. Ich stoße mit dem Fuß an etwas Weiches, dann an ein Gewehr. Aha, der Unteroffizier! Weiter bis zu den Bäumen. Weiter zu gehen hat keinen Sinn, denn man sieht nicht die Hand vor den Augen und hört nichts als das Rauschen des Regens, der in die Rübenäcker rieselt. Ich spähe in die Dunkelheit, dass mir die Augen wehtun, undurchdringliche Dunkelheit. Meine Uhr leuchtet 11.00 Uhr, also zurück. Nach endlosem Suchen und mehreren Stürzen rutschen wir wieder in den Graben. Die Ablösung geht nicht mehr hinaus. Es hat ja keinen Zweck. Wenn etwas los wäre, fände kein Teufel mehr den Graben. Ich schwamm zurück zu meinem Loch und finde hier an dem Fußende bereits das Wasser stehend. Wenn ich daran denke, graut mir jetzt. Und erst das Erwachen am Licht. Beim Hereinholen der Leiche fielen die in den Latrinengang. Fortsetzung folgt. Alles schläft.

Siegfried Eggebrecht, Trosly-Loire (Frankreich)

Man idealisiert in der Heimat den deutschen Soldaten viel zu sehr. Man dichtet ihm Tugenden an, die er nicht hat und nicht haben kann. Der Feldgraue ist die Idealfigur des Deutschen. Aber man merkt hier draußen, wie eins leider wieder sich unangenehm geltend macht: die Selbstsucht. Durch besondere Maßnahmen, vor allem durch Ungerechtigkeiten, wird dies noch gesteigert. Manches »Unkameradschaftliche« erlebt man auch hier.

Sonntag, 20. Dezember 1914

Willy Straub, bei Rybno (Russisch-Polen)

Mittags 11 Uhr endlich ging's weiter, an russischen Schützengräben vorbei, wo noch Verwundete drinlagen. Sie riefen schon von Weitem: »Panje.« Wir wollten ihnen nichts tun. Einer konnte etwas Deutsch. Der rief: »Kein Kosak.« Alle wollten zu trinken haben, und wir hatten doch selbst nichts. Auch Tote lagen dazwischen. Verschüttete sahen wir, wo immer Granaten in die Graben einschlugen. Gewehre, Munition lagen in Unmengen herum. Immer weiter ging's. Durch ein Städtchen Rybno kamen wir. Da braute gerade eine Brauerei und Schnapsbrennerei. Einige hatten noch ein Fässchen Bier herausgeholt. Ein anderer Kamerad hatte zu viel Schnaps getrunken und musste wegen Alkoholvergiftung in ein Lazarett gebracht werden. Wir fuhren auf einen großen Hof.

Josef Glaser, Spasskoje (Russland)

Sonnig, schönes Winterwetter. An den meisten Tagen blauer Himmel und von 8.30 bis 5 Uhr Sonnenschein. Bei Windstille, die hier überwiegt, ist die Kälte wenig fühlbar. Da nur mit Holz geheizt wird, also keine Rußbildung möglich ist, bleibt die Schneedecke blendend weiß. Der Untergang der Sonne hinter dem Berge bei der Zementfabrik, der stets von starker Abendröte begleitet wird, bietet allabendlich ein schönes Bild.

Jakob Krebs, Lens (Frankreich)

Nach einer regenschweren Nacht ein heller, warmer Tag. Flieger durchschwirren die Luft, zum Teil heftig beschossen. Artilleriefeuer, vormittags schwächer, nachmittags wieder stärker. Bei La Bassée soll es in den letzten Tagen 3000 Gefangene gegeben haben, auch bei Liévin gab es Gefangene. Frische Infanterie geht gegen 1 Uhr auf die Béthuner Straße vor. Im Norden stehen zwei Kugelballone, jedenfalls Franzosen, bei Liévin steht unser langer Fesselballon. Von 3 bis 4 Uhr haben wir Andacht bei schwachem Besuch. Als ich später meine Pferde in Fosse 1 tränke, kommt ein feindlicher Flieger und wirft Bomben, die nach dem kleinen, südlich liegenden Bahnhof zu krepieren. Es sollen da Personen und Pferde getötet worden sein. Abends gegen 9 Uhr müssen wir noch einen Wagen Munition zu der bei Fosse 12 liegenden 3. Batterie bringen. Heidelberger und Hoffmann fahren, Schulze führt, und ich begleite, da unsere Kanoniere vorher zum Schanzen geholt wurden. Wir sind gerade bei der Abgabe, da geht von drüben eine Leuchtkugel hoch, und gleich darauf schlagen auch schon die feindlichen Geschosse bei der etwas links stehenden 2. Batterie ein. Einen Augenblick später setzt auch Infanteriefeuer ein. Wir sind um 11 Uhr gut zurück. Wachtmeister Fliegeruf und Vizewachtmeister Zickwolf haben das Eiserne Kreuz erhalten. Hauptmann Pattenhausen ist auch schon wieder versetzt. Als Nachfolger kommt Oberleutnant Plange vom Reserve-Artillerie-Regiment 52, ein älterer Herr.

Richard Piltz, Louvigny, Elsaß-Lothringen

Seit 27. September der erste dienstfreie Sonntag. Die Franzosen, die sich tagelang ruhig verhalten haben, fingen wieder an zu schießen. Mehrere Schrapnells mit Aufschlagzünder trafen die Brustwehr der Feldwache 1 und 2 vor Éply, ohne Schaden anzurichten. Wir Pioniere erhielten durch Exzellenz von Hoffmeister laut Abschnittsbefehl ein Lob ob unserer haltbaren Unterstände. Ob das Lob berechtigt ist, bezweifle ich. Eine reine Freude bereitete mir das Auspacken von sechs Weihnachtspaketen. Ich wartete den Heiligen Abend gar nicht erst ab, da man ja nicht weiß, ob uns die Franzosen da in Ruhe lassen.

Siegfried Eggebrecht, Trosly-Loire (Frankreich)

Ich reite vormittags nach der La-Tour-Ferme und halte auf dem Hofe einen Gottesdienst. Ich reite über Saint-Aubin den steilen Weg zurück. Am Nachmittag 4 Uhr reite ich nach Épagny. Um 5 Uhr in der Dämmerung, da schon trübe Nebel im Tale lagern, fahren wir mit Reinhardts Wagen nach Morsain. Diese Fahrt durch Dunkel, an Kolonnen vorbei, mit Schimpfen, wenn einmal ein Laternenlicht Helligkeit brachte, war mir interessant, weil es das erste Mal war, dass ich etwas näher an die Front kam. Morsain liegt in einem Tal, das sich hinter unserer Stellung entlangzieht. Bei der Kirche hinter der Friedhofsmauer, die einen sicheren Schutz gegen Gewehrgeschosse bildet, die ständig in den

Ort fliegen, stiegen wir aus und gingen, das heißt stolperten zur Wohnung des Ortskommandanten. In den Keller ging es. Hier hauste der Bataillonskommandeur, der uns freundlich willkommen hieß. Bald tappten wir wieder zurück nach der Kirche. Die Mannschaften, je zwei Kompanien für zwei Feiern, standen schon in dem halbdunklen Raum. Lazarettgeruch empfing uns, deutlich sah man am Stroh die Spuren seiner früheren Bestimmung. Trübe und geisterhaft hingen einige Kirchenfahnen herunter, der Altar ließ bei zuckenden Lichtern sein Gold glänzen, und die Weihnachtskerzen schienen in ernste Gesichter von älteren Männern. Zwischen dem Grün der Zweige glomm der Schein. Dann scholl gedämpft das Lied ›Wie soll ich dich empfangen, und wie begegne ich dir‹. Und von Frieden tönte es vom Altar her, während deutlich das Knallen der Gewehre herüberklang und brummend die Artillerie sich einmischte. Den zweiten Gottesdienst hielt ich. Voller Zagen, ob ich die rechte Stimmung treffen würde. Dann huschten die Mannschaften wieder hinaus, schnell aus der Türe, weil diese Stelle besonders gefährdet war. Oben durch das zerschossene Kirchendach tropfte der Regen. Nach kurzer Verabschiedung vom Bataillon-Stabe geht es heimwärts unter strömendem Regen. Wieder geht das Schaukeln los. Das Überholen und Ausbiegen, Schimpfen und Anhaltenmüssen, weil die Kompanien gerade in der Nacht ihre Stellung wechselten. Dann wieder zittert ein heller Schein über das Gelände. Man sieht die französischen Leuchtraketen lange in hellem Licht über dem Talrand sich erheben. Die deutschen aber kurz und grell aufleuchtend erlöschen. Jedes Mal erhebt sich dann ein lebhafteres Geschieße, wobei man den dumpfen Ton der französischen Gewehre deutlich vom deutschen unterscheiden kann. Abends um 10 Uhr reite ich in stockfinsterer Nacht heim. Ich reite Trab und lockere den Revolver. Einmal überkommt mich ein leises Bangen. Da sehe ich Sterne am Himmel und bin froh und getrost.

Montag, 21. Dezember 1914

Jakob Krebs, Lens (Frankreich)

Gegen Morgen etwas Regen. Anfangs ruhig, aber bald beginnt rege Artillerietätigkeit, namentlich Liévin wird am Nachmittag stark beschossen, an die siebzig Zivilpersonen werden hierbei getroffen.

Richard Piltz, Louvigny, Elsaß-Lothringen

Früh wieder tüchtiger Regen. Die Entwässerungsgräben der Schützengräben glichen kleinen Bächen. Ging mit Erfolg zum Oberst, um Urlaub für Nachmittag nach Metz zu erbitten. Metz ist ein großes Dorf in Kriegszeit. Man trifft da immer wieder Bekannte, so Hauptmann Bleichert, Hauptmann Schulz, der mir in Peltre so freundlich Anfang August Quartier vermittelt hatte (er war unterdessen in Verdun tätig), Unteroffizier Sannemann und den Gefreiten Blanke, die im Lazarett operiert waren und ihren ersten Ausgang machten. Der Doktor und ich kauften für etwa 170 Mark Kompaniegelder Kleinigkeiten und 60 Liter Rotwein für die Kompanie. Ich bereitete mir ein besonderes Fest dadurch, dass ich meinen Voll- bzw. Spitzbart, der mein Gesicht seit 3. Oktober schmückte und wärmte, abnehmen sowie meinen Schnurrbart und mein Haupthaar so herrichten ließ, dass alles selbst den verwöhntesten Ansprüchen genügte. Als ich mich mit Täubrich nachher im Kaffee traf, erkannten wir uns kaum, da er heimlicherweise ähnliche Veränderungen an seinem Kopfe hatte vornehmen lassen. Bei unserer Ankunft in Metz machte auf mich einen eigenartigen Eindruck, dass man wieder einmal nach der Mode gekleidete Damen sah. Diesen Anblick hatte ich seit Mitte September nicht gehabt. Auch eine richtige »Elektrische« sah man da wieder mal. An den Krieg erinnerten nur die vielen Eisernen Kreuze, die dort spazieren getragen wurden (von uns nicht!). Nachdem wir uns an Dingen gestärkt hatten, die wir sonst nicht zu essen bekamen, ging's zurück nach Louvigny.

Friedrich Link, bei Hirzbach, Elsaß-Lothringen

Nichts Neues. Ich bin auf Patrouille im Wald bis auf 150 m bei den Franzosen, die wie wir auch feste schanzen. Mittags 2 Uhr und abends 6 Uhr ist die Kompanie-Weihnachtsfeier, sehr ergreifend. Ein Doppel-Quartett (bin 2. Tenor) singt drei Lieder. Leutnant Baum hält eine schöne Rede. Jeder Mann bekommt ein reichliches Geschenk. (Das meinige: ein Feldpost-Notizbuch, Seife, Schokolade, schöne Handschuhe, Mundharmonika). Abends Wache 5.

Josef Glaser, Spasskoje (Russland)

Schwacher Schneefall, geturnt. Luft und Unger erhalten Briefe aus der Heimat. Bei Gruppe Preis starker Kognakkonsum. Leutnant Prokop kommt abends in unser Zimmer gestürzt und schreit nach Lufts Pistole, peinliche Szene. Ein Landsturm-Bataillon mit Train rückt ein. – Russische Telegramme: Die Garnison von Przemyśl hat eine Ausfall gegen Bircz unternommen. Die englische Presse entrüstet sich über die Beschießung unbefestigter Städte und erklärt die deutschen Zeitungsmeldungen, dass drei englische Kreuzer gesunken seien, für Lüge. In Harbin hat England mit Russland einen Vertrag geschlossen betreffend die Verwaltung der Mandschurei unter Wahrung der Rechte Japans. Ein hier lebender Deutschrusse erzählt, dass Verwicklungen zwischen China und Japan erwartet werden. Gerüchteweise verlautet, dass wir in nächster Zeit wegkommen.

Dienstag, 22. Dezember 1914

Josef Glaser, Spasskoje (Russland)

–27° C, sonnig, geturnt. Abends findet eine Hausdurchsuchung nach Waffen statt. – Russische Telegramme: Der Ausfall aus Przemyśl hatte für die Österreicher ein trauriges Ergebnis, da ihnen die Russen in die Flanke kamen. Am linken Weichselufer wird weitergekämpft. Das japanische Unterhaus lehnt die Aufstellung zweier neuer Divisionen ab. Amerika bewilligt China eine Anleihe.

Richard Piltz, Louvigny, Elsaß-Lothringen

Die Sensation des Tages war die Beschießung des fast nördlich Verny liegenden Fort Wagner durch schwere französische Artillerie, die auf dem Westabhang des Mousson bei Pont-à-Mousson neuerdings aufgestellt ist. Man sprach von vierzig Granaten. Als Kaliber vermutet man einige 20 cm. Das ist für uns insofern unangenehm, als die Entfernung von Fort Wagner zum Mousson 15 km beträgt, während wir nur 10 km entfernt liegen, deshalb umso leichter beschossen werden können.

Mittwoch, 23. Dezember 1914

Otto Gehrke, bei Rouvroy (Frankreich)

Um 9 Uhr zurück in Stellung, bis ½12 Uhr beginnt wieder eine furchtbare Kanonade, belegen unsere vorgeschobene Stellung ausgiebig mit schweren Geschossen. Herrgott, ist das ein furchtbares Feuer. Immer zehn Schuss kommen fast zu gleicher Zeit. Wir hören nur das Krachen. Ein Kopf mit angeschnalltem Helm kommt bis in unseren Minenwerfer-Unterstand geflogen. Um 2 Uhr feuern wir zwei Schuss ab. Beim dritten Schuss zerreißt uns eine, die letzte Granate, die Zündleitung an drei verschiedenen Stellen, wollen flicken. Artilleriefeuer hört mit einem Mal auf, als wir vor uns in fünfzehn Schritt Entfernung schon Franzosen sehen. Beiderseitiges Staunen, dann machen wir, sechs Mann, kehrt, und ab geht es. Was sollen wir sechs Mann wohl machen. Waffen hatten wir keine, die waren im Unterstand, und den hatten die Franzosen schon. Beim Zurücklaufen, das heißt im Zickzack, springen wir hin und her über eine 60 m breite Lichtung, jeden Moment erwartend, eine Kugel zu erhalten. Mit einem einzigen Satz landeten wir in unserer Hauptstellung. Krause erhielt Querschläger durch die linke Schulter, Diebowski durch linken Oberarm. Die Nerven waren aber doch ziemlich hin. Infanterie lag auf den Knien und betete. Gingen dann versprengt zum Depot der Pioniere. Auf einmal hieß es, die Kanonade hatte schon wieder begonnen, die Franzosen haben unsere Linien überrannt. Zur Besetzung der Höhen alles raus, Knarre in der Hand, und dann warten. Über die hinter uns liegende Höhe kommen zwei Regimentsinfanteriezüge Verstärkung. Dies hatten die Franzosen gesehen, und schon gab es Zunder. Mit dem einen Schuss die letzte Gruppe der letzten Kompanie, acht Mann, tot. Geschosse kommen immer kürzer, auf einmal schlägt 15 m von uns eine Granate ein und überschüttet uns mit einem Hagel von Splittern, ohne einen Mann zu treffen. Ein wahres Wunder, denn wir lagen dicht beieinander. Abends wurde es ruhiger. Liegen nun im Unterstand und warten auf die anderen von unserem Trupp. Es fehlen sieben Mann. 12 Uhr nachts bringen sie einen Gefreiten. Familienvater, zwei Kinder, geht eben raus und schon hat er einen Kopfschuss, tot. Wetter trübe.

Richard Piltz, Louvigny, Elsaß-Lothringen

Ging früh zum Bahnhof Louvigny, wo Exzellenz von Hoffmeister mit einer großen Anzahl Offizieren großen Rat vermutlich wegen der gestrigen Beschießung des Fort Wagner hielt. Um ihm zu entwetzen, begab ich mich sofort zur

Stellung des II. Bataillons vor Saint-Jure und lief dort dem Oberst Adolph in die Arme, der gerade recht schlechte Laune hatte und recht froh war, einen Blitzableiter zu haben. Der Major Barth war an diesem Tage gerade beurlaubt. Ich musste mit ihm stundenlang die Stellung des II., III. und I. Bataillons abgehen, wobei er unsere schönen Rückenwehre, auf deren Herstellung ich besonderen Wert gelegt hatte und auf die ich besonders stolz war, als Quatsch erklärte. Jeden voll Wasser gelaufenen Fußstapfen erklärte er hundertmal für einen »See«. Kurz, es war alles falsch. Ich ließ mir die Laune nicht verderben und unterhielt mich zwischen den einzelnen Schützengräben ganz nett mit ihm (so als Beruhigungsarie). Bei jedem Schützengraben ging das heutige Lieblingsthema »Seenbildung« von Neuem los. Im Übrigen schieden wir nicht als Feinde. Er ist die charakteristische Figur der Gegend. Jeden mit unvorschriftsmäßiger Uniform schnauzt er an, geht aber selbst immer mit grauer Zivilmütze, grünem Zivilmantel, in der Hand ein Krückstock, an der Leine einen seiner beiden Hunde ›Eply‹ oder Namenlos. Da er kein militärisches Abzeichen trägt, wurde er neulich von unserem Kompanieschreiber nicht erkannt. Auf den Anschnauzer hin, weshalb er ihn nicht grüße, hatte der Schreiber einfach gesagt, er wüsste nicht, dass er es mit einem Offizier zu tun hätte, womit sich der Oberst wohl oder übel zufriedengeben musste.

Karl Groppe, Bourgogne (Frankreich)

Da wir am Heiligen Abend wieder in vordere Stellung gehen, haben wir schon heute unsere Weihnachtsfeier. Morgens haben wir einen Übungsmarsch mit Hasenjagd und zum Schluss Gefechtsschießen in Bazancourt. Abends 6.30 Uhr geht's zum großen Saal der Mairie. Unser vor einigen Tagen gebildeter vierstimmiger Männerchor eröffnete mit dem Lied ›Stille Nacht‹ die Feier. Drei große, schön geschmückte Christbäume erhellen den Raum. An den Seiten entlang stehen lange Tafeln, vollgepackt mit den Weihnachtsgeschenken für die Jäger. Hundert Pakete hat unsere Frau Hauptmann Stephanus gestiftet, die anderen stammen vom Verein ehemaliger Jäger und Schützen aus Goslar und Braunschweig. Da der Divisionspfarrer leider nicht erschienen war, hielt unser Hauptmann eine kernige Ansprache und schließt mit einem »Hoch« auf die edlen Spender in der Heimat. Nachdem unser Gesangverein noch die Lieder ›O, du fröhliche‹ und ›Es ist ein Ros' entsprungen‹ vorgetragen hatte, fand die Bescherung statt. Sämtliche Pakete sind nummeriert. Jeder zieht ein Los. Ich ziehe Nr. 6. Inhalt: zwei Taschentücher, Geldtasche, Viertelliter Rum, eine kleine Kiste Zigarren, Bouillonwürfel, Kakao-Tabletten, Schokolade, Honigkuchen, Keks und Nüsse. Schnell werden die schönen Sachen ins Quartier gebracht. Dann geht's mit Brot, Trinkbecher und Kochgeschirrdeckel bewaffnet wieder zur Mairie. Inzwischen sind die Tafeln mit Wurst, Schinken, Käse, Butter und Schmalz gedeckt. Jeder erhält zwei Flaschen Bier und nachher schönen Grog. Nach dem gemeinschaftlichen Essen wechseln Konzertflöte, Ansprachen, komische Vorträge und gemeinschaftliche Lieder miteinander ab. Im Laufe des Abends werden noch Schokolade, Honigkuchen und Äpfel herumgereicht. Die gut gelungene Feier findet um 10.30 Uhr mit dem gemeinschaftlichen Liede ›Deutschland, Deutschland über alles‹ einen guten Schluss.

Siegfried Eggebrecht, Trosly-Loire (Frankreich)

An der Predigt geschrieben. Dann nach Loire-Ferme geritten, darauf nach Guny (Bäckerei) und Orgival-Ferme. Am Nachmittag beim Dunkelwerden wollte ich nach der Crocq-Ferme reiten. In Selens bog ich falsch ab und verritt mich ganz hässlich. Es war Schnee gefallen, auf einem ganz schmalen Waldweg wollte ich auf die Höhe, aber es ging nicht. Ich irrte hin und her. Schließlich ritt ich zurück und ließ mir vom Brückentrain in Selens einen Mann mitgeben. Bei der 11. Reserve-Infanterie-Munitionskolonne,

4. Regiment hatte man mit der Feier schon begonnen. Auf einem langen Boden saßen die Mannschaften an langen Tischen. Es war eine sehr nette Feier. Ich hielt eine kurze Ansprache. Die Musikkapelle spielte Weihnachtslieder. Von allen freundlich aufgenommen, verging die Zeit nur allzu schnell. Bei Sternhimmel ritt ich zurück. Wir empfinden die Natur wohl nicht mehr im Bildmäßigen, sondern mehr im Gefühlsmäßigen, darum hat uns die Majestät des Sternenhimmels so viel zu sagen.

Hermann Johanssen, Frankenstein, Schlesien

Von einem Lazarett wurden wir zum andern geschickt. Alles besetzt. So kamen wir auf die Bahn. Als wir erst im Zug saßen, fuhren wir durch bis nach Breslau. Von dort wurden wir nach Frankenstein dem Lazarett überwiesen. Dort kamen wir einen Tag vor Weihnachten an.

Otto Knopf, Jena

Am 3. Dezember erhielt Walther im Gefecht bei Chynów einen Schuss durch die Wade. Nachdem er noch acht Tage mit anderen Verwundeten in einem schmutzigen Polenquartier gelegen hatte, wurde er nach Deutschland geschafft und kam am 11. Dezember abends in Langensalza ins Lazarett. Dort besuchte ihn Hedwig. Sie bemühte sich sehr darum, dass Walther nach Jena kommt. Heute kam er unerwartet an.

Milly Haake, Hamm

Vater sagt, es sei die größte, die letzte Schlacht der Weltgeschichte. Und die hat der Junge nun mitgemacht. Hoffentlich ist er gut herausgekommen. Wenn er leicht verwundet wäre, so ist das ja nicht so schlimm. Aber wir wissen eben gar nichts. Und diese Ungewissheit ist quälend, besonders für Muttel, die am meisten darunter leidet. Wir hatten zuletzt vom 8. Nachricht. Er schrieb, er könnte jeden Augenblick in die Schlacht einrücken. Nun ist er schon dabei gewesen. Man hört überhaupt noch nichts von den Erfolgen.

Josef Glaser, Spasskoje (Russland)

–25° C, sonnig, geturnt. – Russische Telegramme: Tarnów wurde von den Russen wieder genommen. In der Richtung auf Dukla erlitt eine deutsche Division starke Verluste. Am linken Weichselufer wird weitergekämpft. Südlich und westlich Ypres starke Artilleriekämpfe. Serbische Zeitungen dementieren die bulgarische Nachricht, dass sich 20000 gefangene Österreicher durchgeschlagen haben. Nach Gerüchten sollen chinesische Banden in der Mandschurei zwei Gefangenentransporte befreit und eine Brücke in die Luft gesprengt haben.

Donnerstag, 24. Dezember 1914

Otto Gehrke, bei Rouvroy (Frankreich)

Heute, am Heiligen Abend, Minentragen. Wetter trübe. 5.30 Uhr Abmarsch. Besuchen erst den Gottesdienst. Fünfmal müssen wir gehen, um zwanzig Granaten abzuholen. Um 10 Uhr entwickelt sich starkes Feuergefecht. Vier Granaten schlagen dicht hinter uns ein. Noch mal Glück gehabt. Sehr finster geworden, kommen vom Wege ab, versinken bis an die Knie im Morast. Kalt.

Hilde Grapow, Kassel

Man kann sich gar nicht recht denken, dass heute schon Weihnachten ist. Es ist einem gar nicht so zumute, man muss zu viel an unsre Soldaten im Felde denken. Die armen Kerls, wie werden sie sich heute besonders nach Hause sehnen! Wie werden sie Weihnachten im Feindesland feiern!? Hoffentlich geben die Feinde mal etwas Ruhe, aber das werden sie wohl gerade nicht tun! Wollen hoffen, dass nächste Weihnachten schon lange »Frieden auf Erden« ist! Wenn der Krieg nur bald zu Ende wäre!

Richard Piltz, Louvigny, Elsaß-Lothringen

Kontrollierte bis 3 Uhr die Stellungen des II. und III. Bataillons. Man befürchtet während der Weihnachtstage einen Angriff der Franzosen. Für die Weihnachtsbescherung waren vom Pionierverein Magdeburg für etwa 700 Mark (schätzungsweise) Liebesgaben eingetroffen. Außerdem große Pakete vom Magistrat von Roßlau, Täubrichs Heimatstadt. Leider konnte eine einheitliche Feier nicht veranstaltet werden, da Pein mit halbem Zug in Secourt (10 km), Hohnberg mit einem Zug in Vigny (5 km) haust. Nur die reichliche Hälfte der Kompanie liegt in Louvigny und noch dazu in sieben Quartieren. In Vertretung von Täubrich, der in Verny bei Exzellenz von Hoffmeister feierte, besuchte ich in diesen sieben Quartieren die einzelnen Feiern. Überall war ein geschmückter Christbaum angezündet, überall wurden Weihnachtslieder, die teilweise vorher eingeübt waren, auch Sologesänge vorgetragen. Die Stimmung war vielfach ernst, man sah manche Träne im Auge, aber auch heiter, besonders bei den Rekruten. Bei meiner Rückkehr begleiteten mich Busse, Dr. Kehding, der Kompaniefeldwebel und Unterzahlmeister Jordan. Um 8 Uhr zündeten wir in meinem Quartier unseren Baum, die Lichter auf dem Kamin und einige über meinem Himmelbett angebrachte Lampions an. Wir bescherten dabei unsere Burschen. Der Meinige erhielt eine Mundharmonika, eine Shagpfeife, ein Paket Tabak, ein Taschentuch und ein Stück Heimatstollen. Nachher aßen wir schlemmerhaft von den Herrlichkeiten, die ich von zu Hause erhalten hatte. Die vielen Lichter heizten hierbei so gut ein, dass wir bald 27° C im Zimmer hatten. Später gingen wir ins »Kasino«, wo wir mit den Herren der Infanterie bei Bier, Punsch, dann wieder Bier zusammensaßen. Regimentsadjutant Hille unterhielt die Gesellschaft mehrere Stunden mit seinen launigen, schlagfertigen Späßen und Vorträgen (Akrobat, Detektiv am Fernsprecher, Marktschreier, alte Frau Großmann etc.).

Josef Glaser, Spasskoje (Russland)

–30° C, sonnig. Wegen rheumatischer Schmerzen nicht geturnt und nicht ausgegangen. Der Ausgang ist seit Eintreffen der neuen Wachmannschaft sehr erschwert. – Russische Telegramme: Die Garnison von Przemyśl hat neuerdings Ausfälle unternommen, die zurückgeschlagen wurden. Der deutsche Kronprinz soll durch eine Gewehrkugel verwundet worden sein. Im Westen benutzen die Verbündeten den Umstand, dass die Deutschen viele Truppen nach Osten geschafft haben, zu einer siegreichen Offensive. Gerüchtweise verlautet, dass China an Russland den Krieg erklärt habe und Warschau gefallen sei. – Für eine Weihnachtsfeier größeren Stils war wenig Neigung vorhanden. Die meisten ziehen es vor, auf ihren Zimmern eine schlichte Feier zu veranstalten. Durch das Entgegenkommen des russischen Oberstleutnants und die Liebenswürdigkeit des Apothekers waren wir in den Besitz einiger Tannenbäumchen gelangt. Fähnrich Matzner gelingt es, mithilfe Melcharts den unglücklichen Wuchs unseres Bäumchens zu verbessern, so dass er sich in dem reichen Kerzenschmuck noch ganz stattlich ausnimmt. Die alten Weihnachtslieder ›O Tannenbaum‹ und ›Stille Nacht‹ werden gesungen, nachdem die Lichter angesteckt worden sind. Der Menagemeister überrascht uns durch Überreichung eines Nussstollens nebst eines Tellers mit Äpfeln und Nüssen. Die letzte Flasche Rum wird entkorkt, aber es wird wenig getrunken. Die Stimmung bleibt ernst, jeder ist mit seinen eigenen Gedanken beschäftigt, die sich mit den im weiten Westen weilenden Angehörigen beschäftigen. Nach kurzen Besuchen in den übrigen Zimmern, in denen es teilweise recht festlich zugeht wie bei Gruppe Preis, wo Rum und Kognak in bedeutender Menge zu haben ist, beschließen wir den Weihnachtsabend. Hoffentlich ist es der erste und letzte, den wir in Ost-Sibirien gefeiert haben.

Clara und Josephine Bohn, Ingersheim, Elsaß-Lothringen

Weihnachten wurde in stiller Weise gefeiert. In der Nacht fanden im Kaysersbergtal Bajonettkämpfe statt. Die Sanitäter wurden aus der Weihnachtsmesse alarmiert. Sie mussten auf den Buchenkopf, um die Verwundeten zu sammeln.

Paula Busse, Bensberg bei Köln

Welch ein Fest dieses Jahr, wohl das schwerste Weihnachtsfest meines Lebens! Ich lag fassungslos über das Sofa geworfen, von Weinen geschüttelt und nebenan im Zimmer der Jubel der Kinder.

Franz Xaver Hiendlmaier, Złotniki (Russisch-Polen)

Morgens 4 Uhr sofort antreten. Eine Stunde Marsch, zurück ins Quartier. Heiliger Abend Wache. Im Quartier ständige Gefechtsbereitschaft. Um 12.30 Uhr mussten wir erste Gruppe Wache aufziehen. Wache am Dorfeingang. Kein Brot, keine Post. Schmutz auf den Straßen beispiellos. Dorunger, Forster, Güß, Gut und ich legen Balken und Bretter, um als Posten nicht im Schmutze zu stehen. – Am Abend: Wir ließen es uns nicht nehmen, ein kleiner ärmlicher Christbaum wurde zurechtgemacht, und gerade an diesem Tage kam uns allen so voll und ganz die Sehnsucht nach der Heimat.

Meta Iggersheimer, Amberg

Kriegsweihnacht, welch eigentümliche Stimmung! Unsere lieben Tapferen draußen im Schützengraben vor dem Feind. Das rechte Zeichen der ernsten Zeit: Ein winzig kleines Bäumchen schmückt den reichen Gabentisch. Wie viele werden diesen Abend ihr ganzes Leben nicht vergessen, wenn der Platz eines Teuren vielleicht für immer leer ist!

Adolph Mathaei, Cuxhaven

Oskars Schweigen erklärt sich nach seinem heute eingetroffenen Brief vom 20. Dezember daraus, dass er am 16. den Angriff auf Hartlepool, bei dem die Engländer ca. hundert Tote und mehr als vierhundert Verwundete hatten, mitgemacht, im Anschluss daran in der Nordsee Wachdienst gehabt hat. Der Roon ist nicht eigentlich im Gefecht gewesen, während das Nebenschiff einen englischen Torpedojäger vernichtete. Doch meint Oskar, dass dem Roon zwei Torpedoschüsse gegolten haben, denen das Schiff durch rasches Drehen ausgewichen ist.

Karl Groppe, bei Brimont am Aisne-Marne-Kanal (Frankreich)

Rücken um 5 Uhr aus nach dem Schützengraben. Die meisten Kameraden sind mit dem Los, Weihnachten im Schützengraben, zufrieden. Die Gedanken weilen natürlich in der Heimat, wo wohl so mancher bei der Weihnachtsfeier fehlt.

Friedrich Link, bei Hirzbach, Elsaß-Lothringen

Wir haben uns sechs Christbäume mitgenommen, für jeden Unterstand einen. Wir feiern unter Gesang schöne Weihnachten im »engeren Kreis«! Bei der 3. Kompanie spielt ein Hornist wunderschön zu den Franzosen hinüber ›Stille Nacht‹. Diese lauschen andächtig. Bis in tiefe Nacht hinein hört man aus allen Stellungen Gesang am Telefon. Ich unterhalte viele durch Mundharmonika.

Georg Becker, Tourcoing (Frankreich)

Um 4 Uhr begann die Feier für unsere Verwundeten. Die Pfarrer hatten sich auf die einzelnen Lazarette verteilt. Für uns besorgte Pfarrer Aufhausser die Ansprachen. Auf den drei Sälen sprach er in so warmer, unmittelbarer und vaterländischer Weise, dass auch wir Protestanten von den Worten des Katholiken gepackt wurden. Die Weihnachtsbotschaft heißt bei den Katholiken: Frieden allen, die eines guten Willens sind. In jedem Saal brannte ein Christbaum und waren für die Kranken reichlich Liebesgaben ausgebreitet. Der Trompeter Küstner, der wegen eines leichten Kniestreifschusses hier behandelt wurde und mit drei anderen am Montag dienstfähig zur Truppe zurückkehren soll, begleitete das ›Stille Nacht, heilige Nacht‹ mit seiner Trompete. Um 7 Uhr war dann in dem großen Saal unseres Lazaretts, der geräumt worden war, die Feier für das ganze Kriegslazarettpersonal, etwa 250 Personen. Auf der Bühne saßen die Schwestern, die mit dem Gesang ›Es ist ein Ros' entsprungen‹ das Fest eröffneten. Dann hielt Schönborn die Weihnachtsrede, ernst und packend. Das Hasslied gegen die Engländer führte er an dem Fest des Friedens zum Teil an. Henn hielt die Rede auf den Kaiser, den Kaiser von Österreich, König von Bayern mit seinem Heldensohn und die übrigen Bundesfürsten. Wenn sein Bild mit der Familie, die einen Eindringling abwehrt und in der schon der Säugling in der Wiege durch Schreien sein Missfallen zu erkennen gibt, etwas hinkte, so riss er durch sein markiges, den Riesensaal füllendes Organ alle mit fort. Der kunstvolle Gesang der Sanitäter ›Die Himmel rühmen des Ewigen Ehre‹ in Beethovens Vertonung und vor allem der gemeinsame Schlussgesang der ›Wacht am Rhein‹ wirkten erhebend. Die Liebesgaben waren in großen Mengen eingegangen. Jeder konnte Wollsachen, Zigarren, Hosenträger, Briefpapier erhoffen. Sogar die Offiziere erhielten ihre Päckchen, jeder eine gestrickte Jacke und eine Kiste Zigarren. Die Mannschaft musste um 9 Uhr wie gewöhnlich zu Hause sein, wie man überhaupt besondere Vorsicht walten ließ, um vor einer Überrumpelung sicher zu sein.

Jakob Krebs, Lens (Frankreich)

Beim Pferdebewegen reiten wir heute nach Saint-Auguste. Beim 1-Uhr-Appell werden Weihnachtsgeschenke an die Mannschaften verteilt. Ich erhalte ein Paar Socken, eine kleine Tabakspfeife, einen Tintenstift, ein Päckchen Tabak und Lebkuchen. Außerdem erhält jeder Wagen noch etwa vier Liter Wein, fünfzig Zigarren, etwas Rum und eine Schachtel Konfekt. Wie viele Hände müssen sich da geregt haben, um dies alles herzustellen. Beim 5-Uhr-Appell gehen noch einige feindliche Granaten hinter die Kaserne. Für den Abend rechneten wir bestimmt auf einen Angriff, aber es bleibt alles ruhig. – Weihnacht in Feindesland, der Himmel ist klar, es friert schon am Abend. Der Mond im ersten Viertel beleuchtet mit seinem matten Licht die Landschaft. Friede auf Erden, fast könnte man glauben, es sei so, aber bei gutem Aufhorchen hört man ganz fern in der Gegend von Ypern den dumpfen Donner schwerer Geschütze. Wir machen uns einen Glühwein, zünden unser Miniaturbäumchen an und lesen dann unsere Blätter und Bibelschriften. Gegen 9 Uhr kommen Leutnant Weiser und Offizierdiensttuer Weizsäcker, um kurz mit uns Weihnachten zu feiern. Leutnant Weiser hält eine kleine Ansprache. Wir singen zusammen das Weihnachtslied, worauf die Herren die nebenliegenden Wagen besuchen. Weilten vorher die Gedanken eines jeden in der Heimat bei den Lieben, so schlägt nach dem Besuch der Herren die Stimmung um, wir trinken noch einige Flaschen Wein und singen patriotische Lieder. Nochmals horchte ich draußen, aber es bleibt alles ruhig. Aus allen Mannschaftsstuben ertönen Weihnachts- und Heimatlieder, die erste Weihnacht in Feindesland.

Marie Peter, im Lazarettzug bei Karlsruhe

Feierten Weihnachten auf dem Bahnhof in Karlsruhe. Der Weihnachtsbaum brannte im Zug. Es war recht feierlich, ›Stille Nacht‹ gesungen. Frau Oberin hat den Weihnachtstisch sehr schön aufgebaut. Es war nur schade, dass man alles so schnell abräumen musste, bei der Fahrt ist alles umgefallen.

Siegfried Eggebrecht, Trosly-Loire (Frankreich)

Am Vormittag immer noch an der Predigt geschrieben. Zur freudigsten Überraschung kam ein Brief von Gertrud. Als dann um ½6 Uhr in der Kirche von Trosly-Loire der Lichtbaum erstrahlte und der Chor der Sanitäts-Kompanie das ›Stille Nacht, heilige Nacht‹ sang, das packte tief. Und kurz darauf jagte das Auto der Feld-Fliegerabteilung mit mir nach Château Nogent. In der kleinen Schlosskapelle fand hier eine ganz schlichte Feier statt. Was mochte in jener Stunde durch das Herz der Männer gehen, die eben von einem Flug über Villers Cotterêts Bomben geworfen hatten mit vierzehn Treffern?! Fein und solid war der Ton. Eine nette Feier mit Christbaum hatte der Hauptmann noch bei den Mannschaften eingeleitet, bei der einer das EK 2 bekam: Hauptmann Sollmüller. Das Grammophon lassen wir durchs Telefon bis nach den Schützengräben spielen. Das Konditorgeschenk: ein Flugzeug aus Zuckerguss.

Freifrau von Wertheim, Coburg

Der Heilige Abend war ja ganz nett, aber ohne Seele. Fräulein Meißner war hier. Die Großen waren glücklich über ihre Schneeschuhe, das war ihr Hauptgeschenk, Hans-Georg einen Panzer mit Helm, Säbel und Gewehr, Muschichen Schmuckkästchen, Bücher, Thilochen Schaukelpferd, Leiterwagen, Eisenbahn, Erimänni lauter Klappergegenstände. Erilein richtete sich an dem Abend zum ersten Mal ohne Stütze allein mitten im Zimmer auf seine süßen krummen Beinchen. Er kann auch einige Schritte allein gehen, wenn er es aber merkt, fällt er um.

Erwin Schreyer, Berlin

Heute war Heiligabend. Großmama kam. Ich erhielt zur Bildung des Geistes zwei schöne Bücher: ›Deutschlands Seemacht‹ und ›Im Schlachtgetümmel des Weltkriegs‹. Für den Humor war durch ›Lachpastillen‹ und ›Mephisto-Scherze‹ gesorgt. Für frohen Wandergesang erhielt ich den ›Zupfgeigenhansl‹. Ein Baukasten ›Orient‹ wird wohl das letzte Spielzeug bilden. Außerdem zierte eine Uhrkette sowie ein Hosenträger den Weihnachtstisch.

Hedwig Vogel, Berlin

Unser Weihnachtsfest war entzückend schön trotz des Krieges. Die Weihnachtsstube sah so friedlich und behaglich aus, die Kinder spielten so froh, und unser Christbaum war so wunderschön, dass wir ganz darüber Krieg und Kriegsgeschrei vergaßen. Gotthard machte einmal seinem überquellenden Herzchen Luft, indem er jauchzte: »Mutti, ich freue mich tot über Weihnachten!«

Freitag, 25. Dezember 1914

Franz Xaver Hiendlmaier, Złotniki (Russisch-Polen)

Nachts um 12 Uhr hatten Österreicher in katholischer Kirche Christmette. Zivilperson wegen Verrat von Österreichern aufgehängt. In unserem Quartier kranke junge Frau, heult und schreit, wenn sie ihrem Kinde die Brust gibt. Polen Zivilisten sind traurig: Halbe Stunde vor uns ein großes Dorf hell in Flammen. – Morgens Gottesdienst auf freiem Felde. Wir Wachmannschaften können nicht teilnehmen. Weihnachtsmorgen Umgebung vom Haus besichtigt: Bienenhäuser, einfach konstruiert, hohle Baumstämme. Hühner nachts auf Bäumen. Verschiedene Kameraden gingen in Anbetracht der großen Not an Lebensmitteln, an Brot und dergleichen auf Raub aus. Holten nachts aus der

Feldküche ein Stück Fleisch und das gab Koteletts, nicht schlecht.

Hermann Christian Kurz, Flaucourt (Frankreich)

Wir haben den Heiligen Abend im Schützengraben verlebt, bei Gefechtsbereitschaft, aber mit einem Sternenhimmel über uns, der seinesgleichen sucht. Klar und kalt war die Nacht, aber in dem Graben wurde es hell und pulste ein Leben wie in den Gräben einer Großstadt. Die ganze Nacht wurde abwechselnd von uns und den Franzosen gesungen und gejodelt, dass es eine Freude war. Brennende Bäumchen standen beiderseits auf den Gräben und trotzdem wurde nicht geschossen. In der Frühe 8.30 Uhr wurde abgelöst. Im Trab ging's durch die Gräben über die dick bereiften, in der Sonne funkelnden Äcker, alles glashart gefroren. Es hatte um 6.00 Uhr 3° C.

Karl Groppe, bei Brimont am Aisne-Marne-Kanal (Frankreich)

Die Nacht war sehr schön und mondhell. Es hatte etwas gefroren. Von 11 bis 1 Uhr stand ich Posten. Rechts von uns, bei den 55ern, brannte ein elektrisch erleuchteter Christbaum. Erst schossen die Franzosen drauf, als dann aber die Weihnachtslieder durch die stille Nacht tönten, hörten sie auf. Am ersten Weihnachtstag kommen ein französischer Offizier und einige Leute unbewaffnet und mit einem weißen Tuch winkend auf unsere Stellung zu. Die gleiche Anzahl von unsern geht ihnen entgegen. Der Franzose entschuldigt sich wegen der Schießerei und bringt Wein und Zeitungen mit. Es dauert nicht lange, dann kommen Freund und Feind aus den Gräben und geben sich die Hände. Es entstehen große Massensammlungen zwischen den beiden Stellungen. Die französischen Soldaten sind des Krieges auch überdrüssig und schimpfen auf die Engländer. Verschiedene zeigen die Bilder ihrer Frauen und Kinder und sagen ein über das andere Mal: »Malheur, malheur«. Sie erzählen auch, dass sie schon einige Mal Befehl zum Vorgehen bekommen hätten, sie hätten sich geweigert vorzugehen. Andere fragen, ob wir nicht bald Schluss machen wollten. Wir seien doch überall geschlagen, und die Russen seien doch mitten in Deutschland. Unsere Zeitungsnachrichten glaubten sie nicht. Es wurde dann vereinbart, sich die Festtage nicht zu beschießen und nachher wieder zusammen zu feiern. Zu der Feier wollen die Franzosen die Getränke, unsere Lebensmittel und Rauchmaterial liefern. Als dann die englische Artillerie dazwischenschoss, gingen bei den 15ern 120 Mann freiwillig mit in unsere Gräben. Abends zog unser Zug auf Feldwache. Wir mussten an einem neuen Graben, der zum Kanal runter führte, arbeiten. Wir hatten keine Lust und wollten auch nichts dran machen. Es wurde aber so kalt, dass wir uns bewegen mussten, um nicht zu sehr zu frieren.

Max Schmidt, Douai (Frankreich)

Heute war der Kaiser in Douai. Nachdem er am Gottesdienst in der Kirche Saint-Pierre teilgenommen hatte, nahm er um 12 Uhr in der Hauptstraße den Parademarsch der 1. Garde-Infanterie-Brigade ab. Ernst grüßte er jede einzelne Kompanie, an seiner Seite der Kommandierende General und sein Sohn Prinz Eitel Friedrich. Neugierig blickten die Bewohner aus den Fenstern dem ungewohnten militärischen Schauspiel zu. Auch ich habe mit allen Kameraden trotz der winterlichen Kälte den Vorbeimarsch miterlebt.

Marie Kettler, Péronne (Frankreich)

Am ersten Festtage hörten wir eine sehr schöne Predigt von Herrn Pastor Rauterberg über 1 Joh 3,16 von der Liebe Gottes zu uns, und als Dank muss die Liebe zu den Brüdern daraus entstehen: »Wir wollen, wir dürfen, wir können helfen.« Die Kirche war mehr als bis auf den letzten Platz besetzt, auch festlich geschmückt war sie mit zwei riesengroßen Tannenbäumen. Aber diese Weihnachtspredigt in

Feindesland hatte doch etwas Ergreifendes. Was für Gedanken gingen wohl allen durch den Kopf, trotzdem wir bei Beginn der Predigt aufgefordert wurden, nun mal den Krieg mit all seinen Schrecken und Sorgen zu vergessen. Auch das härteste Kriegerherz solle nun mal hören von der großen Liebe Gottes, wie viel größer sie doch ist als alle Vaterlandsliebe, Liebe zur Familie und zu den Kameraden. Nach der Predigt erscholl noch das Lied ›O, du fröhliche‹, und wir gingen erquickt in unser Lazarett zurück.

Richard Piltz, Louvigny, Elsaß-Lothringen

Nach langem Schlaf, wir hatten ebenso wie Landwehr-Infanterie-Regiment 68 dienstfrei, schrieb ich an Loni. Leichter Frost. An den Krieg wurde man in unangenehmer Weise erinnert durch den »Austrommler von Louvigny«, der an den Straßenecken mit lauter Stimme deutsch und französisch bekannt gab, dass man sich bei einer Beschießung schleunigst in die Keller verfügen möchte. Man rechnet mit einer solchen seit Beschießung von Fort Wagner. Mittags verspeisten wir zwei Hähnchen, dazu eine Flasche Rotwein. Während des Tages schoss die feindliche Artillerie und die unsrige etwas, sonst war Ruhe.

Adolph Mathaei, Cuxhaven

Am ersten Festtage machte ich mich gegen 9½ Uhr auf den Weg nach der Döser Kirche und war schon bis zur Badehausallee gekommen. Da hörte ich vom Deich her das Alarmsignal. Zuerst dachte ich an Nachäffung durch Kinder, aber bald hörte ich das unverkennbare Signal zum zweiten Mal, und schon setzten sich Leute vom Landsturm-Bataillon 76 in Trab. Also ernster Alarm! Ich kehrte sofort um, um Frau und Tochter, die erschreckt sein mussten, zu beruhigen. Unterwegs kamen mir Soldaten verschiedener Waffengattung entgegengelaufen, die vor der Garnisonskirche schon aufmarschierte Abteilung kehrte im Zuge zu den Kasernen zurück. Ehe ich unser Haus erreichte, erhielt ich von Kapellmeister Stolle die Auskunft, es sei nur stiller Alarm angeordnet gewesen, durch Irrtum sei der Alarm teilweise auf die Straße verpflanzt worden. Zu Hause angekommen, merkte ich, dass dort noch niemand vom Alarm wusste. Nunmehr wurden in Ruhe einige Vorkehrungen getroffen: Wichtige Papiere und Wertgegenstände, die während der langen Zeit friedlicher Ruhe wieder ausgekramt waren, wurden von Neuem verpackt und verabredet, falls möglicherweise Kanonendonner sich hören ließe, sofort die Kellerräume der Schule aufzusuchen, weil unser Haus unmittelbar hinter Fort Grimmershörn liegt. Als Grund des Alarms wurde dann allgemein angegeben, dass ein englisches Geschwader nördlich Helgoland gesichtet sei. Die jungen Leute, die wir zu Tisch erwartet hatten, blieben aus, kamen aber zur Kaffeezeit aus den Kasernen auf Urlaub. Wie es hieß, hatte sich inzwischen die englische Flotte des dichten Nebels wegen wieder entfernt.

Samstag, 26. Dezember 1914

Siegfried Eggebrecht, Trosly-Loire (Frankreich)

Nach der Ferme-Bagneux zur Infanterie-Kompanie-Reserve 27 geritten, dann nach Épagny und nach Hause. Weihnachten im Feindesland, von dem man als Kind, als es 1870 gefeiert wurde, so viel gehört hat: Nun hat man es selbst erlebt! Dieses Weihnachten stand unter einer Flut von Liebesgaben. Gertrud schreibt in ihrem Brief vom Tode von Edels Mann. Aber was seid ihr für mutige, reife Frauen. Ihr seid so groß, wie es die Zeit verlangt.

Karl Groppe, bei Brimont
am Aisne-Marne-Kanal (Frankreich)

Wir rücken wieder in die vordere Stellung. Unser Zug besetzt den Schützengraben.

Jakob Krebs, Lens (Frankreich)

Hell und kalt. Beim Pferdebewegen reiten wir durch Saint-Auguste nach der Liller Straße und von da durch Lens zurück. Das Wetter wird gelinder. Tagsüber Artillerie-, abends auch Infanteriefeuer.

Ernst Eberlein, Breslau, Schlesien

Das Gerücht verdichtet sich mehr und mehr, dass es ins Feld geht.

Sonntag, 27. Dezember 1914

Willy Straub, Rybno (Russisch-Polen)

Hier liegen wir nun schon sieben Tage. Auch das Weihnachtsfest hielten wir hier ab. Es verlautet, dass wir wieder nach Frankreich sollten. Seit einigen Tagen liegen wir zusammen in einem warmen Stall. Jeder hat eine wollene Decke erhalten, das heißt wer noch keine hatte.

Josef Glaser, Spasskoje (Russland)

–30° C, sonnig. Der russische Oberstleutnant von Duisburg teilt uns mit, dass er in der nächsten Zeit auf den Kriegsschauplatz abgehen wird. Ein Hilfskomitee in Tientsin für die deutschen und österreichischen Kriegsgefangenen in Sibirien fragt brieflich an, mit was es uns unterstützen kann. – Russische Telegramme: Der französische Marineminister erklärt, dass die Beschädigung des französischen Panzerkreuzers in der Straße von Otranto nicht schwer sei und dass ihm über das Sinken französischer Unterseeboote vor Pula nichts bekannt ist.

Milly Haake, Hamm

Eine ganz neue Botschaft, liebes Tagebuch, habe ich dir heute zu melden. Etwas Aufregendes, etwas Erfreuliches und in gewissem Sinne etwas Bedauerliches. Nun rate einmal ... Ich glaube, du kommst doch nicht darauf. Folglich will ich's nur gleich sagen. Denk dir, was glaubst du, was sagste, unser Junge liegt, leicht am rechten Arm durch einen Granatsplitter verwundet, in Bromberg im Lazarett, das heißt, er lag. Wo er jetzt ist, wissen wir nicht. Er kann ja selbst nicht schreiben. Sein Freund Eckei, der leicht am Oberschenkel verwundet ist, hat's nach Hause geschrieben. – Eben will ich noch erwähnen, dass Enzio hier ist. Ich habe ihn getroffen. Er hatte seinen Fotografenapparat bei sich. Sicher hat er hübsche Bilder gemacht. Er hat mir schon mal davon erzählt. Ich habe gestern Annemarie erzählt, dass ich ihn liebhabe. Liebhaben ist nämlich das beste Wort. Lieben ist doch was anderes. Mit Anne kann man schon nett darüber sprechen. Wilhelminchen sage ich nichts mehr darüber. Sie ist zu phantastisch und verdreht mir den Kopf. Außerdem macht sie zu viel Anspielungen.

Hermann Christian Kurz, Flaucourt (Frankreich)

Heut früh ging's nach Herbécourt in Unterstand. Jetzt habe ich mich in eine Wachstube geflüchtet, denn draußen ist es so kalt, dass die Finger ganz steif sind. Das Weihnachtsessen schmeckt mir immer noch. Heut Morgen vertilgte ich das Stachelbeermus ganz. Es war ausgezeichnet, wie alles, was von daheim kommt. Von dem Wachsstock schnitt ich Ersatzkerzen für das Bäumchen. Im Graben zünden wir's wieder an. So schön hätte ich mir diese Weihnachten nicht gedacht. Wir haben auch ein sehr nützliches Geschenk bekommen. Dicke Schafpelzmäntel für die Horchposten aus Russland. Heute Nacht wird geschanzt.

Jakob Krebs, Lens (Frankreich)

Mittags fängt's zu regnen an, ein scheußliches Wetter. Feindliche Geschosse gehen wieder in unsere Artilleriestellungen. Nach Mittag wird das beiderseitige Artilleriefeuer immer stärker und entwickelt sich zu einem tosenden Artilleriekampf, der von 1 bis 3 Uhr seinen Höhepunkt erreicht. Die Scheiben klirren, die Häuser befinden sich in andauernd vibrierender Bewegung, und der Schädel beginnt einem zu brummen. Nach 3 Uhr lässt das Feuer nach und legt sich mit Einbruch der Dunkelheit. Die 1. und 3. Batterie haben je einen Toten. Abends erhalten alle Batterien Munition.

Montag, 28. Dezember 1914

Otto Gehrke, bei Tahure (Frankreich)

Es gießt in Strömen. 11 Uhr Beerdigung Leutnant Buth. Artillerie ballert stark. Tahure belegen die Franzosen mit Granaten. Unwetter.

Jakob Krebs, Lens (Frankreich)

Mit Wagen 24 fahren wir am Vormittag zum Munitionsempfang nach Sallaumines, kehren aber leer zurück. Frischer Ersatz für Füsilier-Regiment 114 und 111. Mäßiges Artilleriefeuer tagsüber.

Richard Piltz, Louvigny, Elsaß-Lothringen

Nachts ½12 Uhr, als ich einschlafen wollte, Störung durch Alarmierung und eine stundenlange, heftige Schießerei von 9- und 10-cm-Geschützen bei Louvigny. Saumäßiger Regen den ganzen Tag über. Fuhr mit Täubrich und Busse nach den Feldwachen 1 und 2 vor Éply mit Auto.

Josef Glaser, Spasskoje (Russland)

–21° C, sonnig, geturnt. Die Ausgangsbestimmungen werden verschärft. Es können gleichzeitig nur fünf Mann jeden zweiten Tag die Stadt besuchen. Der dem Generalstabe zugeteilte Oberleutnant Baron Handel-Manzetti, der beim Zeichnen der Garnisonskirche verhaftet worden war, wird nach Erteilung eines Verweises aus der Haft entlassen. Von Duisburg verabschiedet sich abends in der Offiziersmesse. Er glaubt, dass der Krieg bis zum Herbste dauern wird. – Russische Telegramme: Wiener offizielle Nachrichten geben zu, dass die Österreicher aus Serbien zurückgehen mussten, was nicht ohne Verluste vor sich ging. Erzherzog Eugen ist zum Oberkommandierenden der Südarmee ernannt worden.

Dienstag, 29. Dezember 1914

Carl Emil Werner, Freiburg

Der Schlossberg sieht jetzt auch kriegerischer aus. Der wiederholten Fliegerbesuche wegen – die Flieger haben sie vom Exerzierplatz mit den Geschützen nie getroffen – haben sie auf der Ludwigshöhe unterhalb des Pavillons Ballonabwehrkanonen aufgestellt und den Platz durch Fällen aller umgebenden Bäume freigelegt. Oben steht eine Kanone, manchmal ein Scherenfernrohr, wenn feindliche Flieger gemeldet sind, mit Beobachter und Wachtposten vor dem Geschossmagazin. Die Schutzhütte unten ist jetzt Wachlokal. Schüsse mahnen die Bevölkerung, bei Annäherung eines Fliegers in die Häuser zu gehen.

Otto Gehrke, bei Tahure (Frankreich)

Pionier Gabel durch verirrte Kugel gefallen. Artilleriefeuer unheimlich. Regen.

Jakob Krebs, Lens (Frankreich)

Von 10 Uhr ab Pferderevision. Artilleriefeuer den ganzen Tag über. Am Nachmittag müssen Fahrer zum Schanzen nach Liévin. Wir ziehen abends auf Wache an der Schule.

Richard Piltz, Louvigny, Elsaß-Lothringen

Ging mit Busse die Stellungen der Bataillone III, dann II bei unangenehm starkem Winde, aber sehr klarem Wetter ab. Herrlicher Blick auf die Berge des Moseltales und Seilletales von der Gegend Maizières an. Nachher rissen wir einem Reiter quer über die Felder aus, da wir in ihm Major Barth (II/68) vermuteten. Der Reitersmann entpuppte sich aber als unser Dr. Kehding, worauf wir unseren Weg nach Bahnhof Louvigny fortsetzten. Dort trafen wir den Stabsarzt Bachmann, mit dem wir den »Neubau« am Bahnhof besichtigten. Dieser, ein zweistöckiges Haus im Rohbau, war in großartiger Weise für eine Kompanie II/68 eingerichtet. Der Bauleitende ist ein Architekt der betreffenden Kompanie gewesen. In höchst malerischer und origineller Weise hatte man Böden und Galerien aus Holz geschaffen, die durch Behelfstreppen verbunden waren. Es war ein Kunststück, eine ganze Kompanie in dem kleinen zweistöckigen Haus unterzubringen. Sogar ein Kamin, Waschkessel und Brausebad waren eingebaut. Nicht weit vom Hause entfernt besichtigten wir ein 20 m hohes, teleskopartiges, senkrecht stehendes Fernrohr, durch das man die Gegend um den Mousson beobachten konnte. Die Einrichtung ist natürlich von Zeiss-Jena. Mit Busse marschierte ich dann weiter zum Hautonneriewald halbwegs Verny und kontrollierte die Holzfäller, die nun schon seit Wochen das Holz für die Eindeckung der Unterstände sowie Pfähle und Reisig zum Verkleiden der Wände der Schützengräben lieferten. Es war eine Schar Infanteristen unter einem Pioniergefreiten. Wir besichtigten auch den Meilerbetrieb, durch den Holzkohle aus Buchenholz für die Öfen der Unterstände geschaffen wurde. Man will Holzkohle verwenden, um die verräterische Rauchentwicklung zu vermeiden. Rückkehr um 2 Uhr. Während unseres Rundganges schoss die französische Artillerie vereinzelt in Richtung Raucourt–Secourt.

Mittwoch, 30. Dezember 1914

Milly Haake, Hamm

Es ist bestimmt in Gottes Rat, das man vom Liebsten, was man hat, muss scheiden. Unser Junge tot! Unmöglich! Und doch! Kein Bruder mehr.

Otto Gehrke, bei Tahure (Frankreich)

Zehn Minen rausgebracht, in der Dunkelheit geraten wir in den verkehrten Laufgraben, schweres Tragen. Kolben vom Gewehr abgebrochen. ½11 Uhr Schießen, drei Schuss. Französische Artillerie beharkt uns nach allen Regeln der Kunst. Unterstand wackelt in allen Fugen.

Richard Piltz, Louvigny, Elsaß-Lothringen

Ritt nach Höhe 247 vor Saint-Jure, um eine Stelle für einen Beobachtungsstand für Exzellenz von Hoffmeister auszusehen. Um ¾9 Uhr war ich bereits zurück und schloss mich einem Rundgang von unserem neuen Regimentskommandeur Oberstleutnant Metger und Täubrich an. Wir begingen die Stellungen des I. Bataillons.

Jakob Krebs, Lens (Frankreich)

Vormittags holen wir auf dem Felde bei Harnes einen Wagen ungedroschenen Hafer zum Füttern. Artillerietätigkeit wie gewöhnlich.

Franz Xaver Hiendlmaier, an der Nida (Russisch-Polen)

Gegen Morgen 3 bis 5 Uhr Posten am Unterstand. ¾5 Uhr alles Wecken, Antreten. Es war noch mächtig dunkel. Wir gingen vor an den Wald. Ansprache von Oberstleutnant Breysig: »Vor uns ein Wald, an den gehen wir vor, schwärmen aus, buddeln uns ein. Davor eine Sumpfwiese mit der Nida. Jenseits noch ein Wald mit russischen Stellungen. Artillerie und Maschinengewehre gehen mit uns in der Linie vor, beschießen den Feind kräftig. Und dann mit dem

Bajonett ran an den Leib. Hoffe, dass jeder seine Pflicht tut. Ohne Tritt marsch.« Wir gingen vor an den Waldrand, Artillerie und Maschinengewehre in unserer Linie. Diese befeuern den Wald, der mit Russen besetzt ist. Unheimlich, es war ein unbeschreibliches Feuer, von Maschinengewehren wurden Bäume direkt abgesägt. Wir wussten nun: Heute ein großer Tag mit Gott, er wird uns beistehen. Mancher Kamerad lag neben mir wie ich mit Bajonett. Darunter mancher mit Angstschweiß. Ich steckte mir eine Zigarette an. – Denkbar schwerste Gefechte, Totentag der 72er. Schlacht bei Papiernia.

Josef Glaser, Spasskoje (Russland)

–6° C, etwas Schnee, geturnt. – Russische Telegramme: Die erfolgreichen Kämpfe der Russen in den Karpaten dauern an. Der Vorstoß der Österreicher ist misslungen. In der Höhe von Helgoland hat ein Kampf stattgefunden unter Mitwirkung von Fliegern. Italien hat die Marineinfanterie in Valona durch ein Regiment Bersaglieri ersetzt. Im Kaukasus haben die Russen das Vordringen der Türken zum Stillstand gebracht.

Donnerstag, 31. Dezember 1914

Otto Gehrke, bei Tahure (Frankreich)

Kalt und klar. Verbringen die Nacht im Unterstand. Füße frieren und alle Glieder schlafen beim Sitzen ein. 7 Uhr Ablösung. Infanteriegeschosse klatschen unheimlich durchs Gehölz. ½ 10 Uhr in Tahure. Wetter schön. Nachmittag beginnt wieder die Knallerei. Tahure wird jeden Tag mit Geschossen belegt. Es regnet schon wieder. Keine Arbeit. Letzter Tag im Jahre 1914.

Friedrich Link, Hirzbach, Elsaß-Lothringen

Silvester. Keine Neuigkeiten. Nieder-Aspach abgebrannt. Abends Wache 3a. Um ½9 Uhr ist großer Gottesdienst in der Kirche. Wir singen vier Lieder im Doppelquartett.

Richard Piltz, Louvigny, Elsaß-Lothringen

Fuhr mit Täubrich zum Erdaushub für den neuen Exzellenzen-Beobachtungsstand auf Höhe 247 vor Saint-Jure, dann weiter über Saint-Jure nach Ressaincourt, besichtigten die dortigen Schützengräben, die teils von Hohnberg, teils von Pein angelegt waren. Rückkehr nach Höhe 247, von dort Rundgang durch die Stellungen von Bataillon II und III. Hierbei beobachtete ich einen Fesselballon hinter dem Mousson. Plötzlich bemerkte ich, dass dieser seine Stellung fortgesetzt nach Norden änderte. Er hatte sich losgerissen und flog in nordöstlicher Richtung rechts an Metz vorbei, während unten scharfer Südost wehte. Bald wurde er von Fliegern, die in Metz aufgestiegen waren, umschwärmt. Da für Silvester und Neujahr von der Heeresverwaltung für jeden Mann 2 Mark, für jeden Unteroffizier 3 Mark, für jeden Feldwebel 4 Mark ausgeworfen waren zur Verbesserung der Kost, wurden für die reichlich 400 Mark hundert Liter Rotwein für einen Silvesterglühwein, ferner für jeden Mann zwei Paar Würstchen gekauft.

Jakob Krebs, Lens (Frankreich)

Unsere beiden Kanoniere Schneck und Horasperger gehen zum Schanzen zur Abteilung, die in Liévin liegt. Auch Fahrer müssen gegen Mittag zum Schanzen, Hoffmann ist auch dabei. Gegen 6 Uhr kehren sie zurück. Hoffmann ist auf der rechten Gesichtsseite ganz schwarz, eine einschlagende Granate hat ihm den Kohlengrus ganz in die Haut getrieben. Wetter stürmisch und regnerisch, um 4 Uhr Löhnungsappell. Dienstlich wäre das Jahr 1914 nun für uns herum. Die übrigen Stunden gehören, so Gott will, uns. Im Aufblick zu ihm wollen wir das alte Jahr beschließen und ihm danken, dass er uns bis hierher so gnädig geführt hat.

Hermann Christian Kurz, Flaucourt (Frankreich)
Wir haben uns einen Punsch gebraut, knabbern die aufgehobenen Süßigkeiten und träumen, zu viert um unsere Kiste gelagert, in das Licht der Kerzen. Keine fröhliche Stimmung wollte aufkommen, jeder ging seinen eigenen trüben Gedanken nach. Wie war's heut vor einem Jahr und wie wird's nächstes Jahr sein?

Marie Kettler, Péronne (Frankreich)
Eben kommen wir von der Silvester-Kirche, Herr Pastor Rische sprach über: »Glaubt ihr nicht, so bleibt ihr nicht.« Wir haben auch am Schluss dieses Jahres noch viel Grund zum Danken, und wir wollen weiter Gott vertrauen auch im Neuen Jahr.

Siegfried Eggebrecht, Trosly-Loire (Frankreich)
Starkes Regenwetter. Nachmittags ½ 5 Uhr Gottesdienst in Guny. Abends 6 Uhr in Trosly-Loire, dann wieder mit Auto in Nogent. Darauf Beisammensein im Schloss. Schießerei. Brief an Gertrud: »Wir wollen nicht daran denken, was wir erhofft haben und was geworden ist. Wir wollen mit fester Zuversicht sprechen: Gott will es, und er hat nur unser Bestes im Auge. Ich möchte so vieles innerlich Schlechte an mir loswerden. Es ist so vieles an mir, worüber ich mich selber so schäme. Vielleicht, dass es mir hier genommen wird. Vielleicht, dass mir hier mehr inneres Leben gegeben wird, als ich's bis dahin hatte, und worunter du oft hast leiden müssen. Gott packt mich hier hoffentlich noch derber an, als er es bis jetzt tut, damit ich überhaupt erst einmal ein ganz anderer Mensch werde. Wenn wir zurückschauen, müssen auch wir dankbar sein. Ich denke an die vielen Stunden, die wir zusammen erleben durften. Was ist alles unser?! Keine Angst haben vor der Zukunft. Wir gehen mit

Gott ins neue Jahr, und, will's Gott, klingt das beginnende Jahr besser aus als das alte. Gott sei Dank, zwischen uns ist kein Schatten, nur eben das, dass meine Liebe immer noch nicht tief heiß genug ist, um Gertruds Liebe wert zu sein.«

Oberst a. D., Schlesien

Natürlich haben die Lumpen Franzosen und Belgier in der Weihnachtsnacht bei Nieuport angegriffen, sind aber schrecklich abgeschmiert worden. Ebenso haben die Russen keine Ruhe gehalten, es ist aber nichts Bemerkenswertes vorgefallen. Desgleichen sind mehrere andere Angriffe auf der großen Kampfeslinie im Westen erfolgt. Im Allgemeinen steht der Kampf im Westen, während er im Osten dauernd tobte. Wir sind daher von P. immer noch gänzlich ohne Nachricht. Über Petrikau sind sie längst hinaus. Wahrscheinlich war unser lieber P. bei den Kämpfen um Tomaschow auch beteiligt. Bei dem dauernden Stellungswechsel und Vordringen ist natürlich die Verbindung mit der Heimat sehr erschwert. Daher gibt es keine Nachricht. Das Wetter soll in Polen sehr schlecht gewesen sein, und werden unsere braven Leute sehr gelitten haben.

Josef Glaser, Spasskoje (Russland)

Sonnig, geturnt, –21° C. – Russische Telegramme: In Galizien nehmen die Operationen trotz des Schlammes einen guten Fortgang. Offiziell wird aus Wien gemeldet, dass der strategische Aufmarsch der Südarmee planmäßig vor sich gehe, was russischerseits mit der Randbemerkung »Ausgezeichnet« glossiert wird. In den baltischen Provinzen ist das Standrecht verhängt worden, desgleichen in Irland, wo irische Blätter scharf gegen England auftreten. In den chinesischen Provinzen Mukden und Zizikar sollen in nächster Zeit Manöver abgehalten werden. Dernburg spricht in Washington über die deutschen Friedensbedingungen: Belgien und Luxemburg werden Bundesstaaten. Die Nordsee wird neutralisiert. Deutschland erhält seine Kolonien zurück. Der japanische Einfluss in der Mandschurei wird ausgeschaltet. – Um ½9 Uhr abends beginnt die Aufführung des von Behrends verfassten Stückes ›Der eifersüchtige Pensionist‹. Die Bühneneinrichtung ist die primitivste, die ich bisher gesehen habe. Trotzdem unterhält sich das Publikum, durchwegs aus Offizieren bestehend, auf das Beste. Nach der Vorstellung wird bei einem Glase Grog das neue Jahr erwartet.

Freitag, 1. Januar 1915

Meta Iggersheimer, Amberg

Mit zagenden Schritten und ungewissen Ahnungen trete ich heuer hinüber in dies große Kriegsjahr 15. Wie viel Banges und Erhebendes bargen die verflossenen fünf Monate schon in sich, eine überreiche Fülle Erlebnisse brachten sie mit. Wie viel werden wir noch hören und fühlen. Gott sei uns gnädig. Ein schöner Kelch Punsch ließ mir am Silvesterabend im trauten Familienkreise (Tante und Buben, Martin) die traurige Zeit etwas vergessen. Ich war lustig. Es ist kaum zu glauben. Mein Examensjahr, ich flehte schon recht innig zu Gott, er möge mich doch glücklich abschließen lassen! Ach, wie schnell wird die Zeit vorübergehen, es wird Ostern, Tage vergehen, und ich werde in Regensburg sein, hoffentlich schon Frieden im Lande.

Elisabeth Schwarz, Freiburg

Silvester sehr ruhig verlaufen. In Polen 56000 Russen gefangen. Kämpfe im Oberelsaß erfolgreich.

Freifrau von Wertheim, Coburg

All die vielen Feiertage, an denen man sich so einsam fühlt! Es ist auch schwer, immer mit den lauten Kindern zu sein, die so gar kein Verständnis für das furchtbare Weh haben, was man mit sich herumträgt. Ich meine oft, ich könnte nicht mehr. Gestern Abend um 12 Uhr war's schön: Ich stand auf dem Balkon, und die Glocken läuteten, und Choräle wurden vom Moritzturm geblasen. – Müsste ich mir nur nicht bei allem denken: Wenn das und das jetzt geschieht, dann passiert Siegfried was. Ich bin ja nicht abergläubisch, aber es ist schon so schauderhaft, dass einem sich fortwährend solche Gedanken aufdrängen. Es ist oft ganz wie tot in mir, schön ist das Leben nicht!

Erwin Schreyer, Berlin

Wir gingen zur Silvesterfeier zu Onkel Paul. Meine Flottenbilder haben große Fortschritte gemacht. Ein Erfolg bedeutet für mich ›S. M. S. Scharnhorst‹ und die Fregatte ›Friedrich Wilhelm zu Pferde‹.

Peter Weber, Niederkerschen (Luxemburg)

Nachts 12 Uhr sangen wir gemeinschaftlich ›Großer Gott, wir loben dich‹.

Marie Peter, Conflans (Frankreich)

Wir feierten in Feindesland im Lazarettzug. Die Kirchenglocken kündeten uns nicht das Nahen des kommenden Jahres an, aber der Donner der Kanonen begrüßte uns aus der Ferne.

Hermann Christian Kurz, Flaucourt (Frankreich)

Es hub ein Mordsspektakel an und einige Kugeln schlugen in die Wände unseres Quartiers. Die Franzmänner hatten anscheinend absichtlich hoch geschossen, so dass sich die Geschosse bis zu uns verirrten. Darum war auch großer Radau, die Schläfer wurden geweckt und ihnen »Prost Neujahr« in die Ohren gebrüllt.

Max Schmidt, Douai (Frankreich)

Wir tranken unseren Punsch, aßen dazu Pfannkuchen, ließen das Neue Jahr leben und gingen dann hundemüde ins Bett, wo jedoch an Einschlafen zunächst nicht zu denken war, denn draußen feierten die Soldaten auf ihre Weise Silvester, indem sie, was sie an Munition besaßen, wild verschossen.

Karl Groppe, bei Brimont am Aisne-Marne-Kanal (Frankreich)

Von 11 bis 12 Uhr machte ich meine letzte Horchpatrouille im alten Jahr. Dann ging's mit »Prost Neujahr« hinein ins Jahr. Die verabredete gemeinsame Neujahrsfeier mit den Franzosen wurde vom Generalkommando verboten.

Anhang

Die Autorinnen und Autoren der Tagebücher

Die folgenden Biografien spiegeln die Datenlage wider. Das Deutsche Tagebucharchiv stellte uns alle im Archiv vorliegenden biografischen Informationen zu den Autorinnen und Autoren zur Verfügung. Einige Tagebücher wurden von Angehörigen transkribiert und bearbeitet, die in Einleitungen oder Schlussbemerkungen über das Leben der Verfasserinnen und Verfasser berichteten. Manche Tagebücher wurden von Personen eingesandt, die noch detailliert über das Leben der Autorinnen und Autoren Auskunft geben konnten. Andere Tagebücher kamen ohne Begleitinformationen ins Archiv: So sind von einigen Verfasserinnen und Verfassern nicht viel mehr als ihr Name (in einem Fall nicht einmal dieser) und jene rudimentären Lebensdaten bekannt, die sich aus den schriftlichen Selbstaussagen ermitteln ließen.

Georg **Becker** (1881 Friedberg – 1967 Alzey) arbeitete 1914 als Arzt in Alzey. Ab der zweiten Augusthälfte war er in Etappen-Lazaretten in Elsaß-Lothringen eingesetzt, ab Anfang Oktober in Frankreich in Lazaretten in Nesle westlich von Saint-Quentin und ab Mitte November bis Anfang 1915 in Tourcoing bei Lille. Nach Kriegsende wurde Georg Becker Krankenhausdirektor in Alzey. Er war verheiratet und Vater von vier Kindern.

Gertrud **Blanckenhorn** (1.11.1892 Hildesheim – 1959) lebte 1914 in Kassel bei ihren Eltern und arbeitete nach Kriegsbeginn einige Monate als Hilfsschwester in einem Lazarett des Roten Kreuzes. 1916 verlobte sie sich mit einem Gutsbesitzer.

Clara **Bohn** (1901 – nach 1992) und Josephine **Bohn** (1904 – 1942) schrieben auf Veranlassung und unter Anleitung ihres Vaters Joseph Bohn eine Chronik der Kriegsereignisse in ihrem elsässischen Heimatdorf Ingersheim bei Colmar. Josephine

Bohn heiratete später Xavier Groll und starb im Kindbett. Clara Bohn wurde Ordensschwester.

Paula Eleonore **Busse** (22.9.1881 Köln – 18.5.1955 Köln) lebte 1914 als Hausfrau und Mutter zweier Kinder in Bensberg bei Köln. Ihr Mann Walter war als Offizier ab Ende September an der Westfront. Er starb am 10. November 1914 in einem französischen Lazarett an Typhus. Paula Busse heiratete später nochmals, die zweite Ehe war unglücklich.

Ernst **Eberlein** (6.2.1885 Sorau/Niederlausitz – 13.1.1969) arbeitete 1914 nach seinem Jurastudium bei der Handelskammer in Schweidnitz (heute Świdnica) in Schlesien. Ab August war er als einfacher Soldat in Breslau (heute Wrocław) stationiert. Nach der Tätigkeit für eine Arbeitskompanie meldete er sich zur Infanterie und wechselte im Herbst 1914 zur Artillerie. Nach dem Krieg arbeitete Ernst Eberlein bei verschiedenen Gerichten und Finanzämtern. Er heiratete und hatte zwei Kinder. Während des Zweiten Weltkriegs war er als Offizier in der Verwaltung. Ab 1950 arbeitete er als Buchhalter in Schwerin und Kirchenrendant in Perleberg/Brandenburg.

Siegfried **Eggebrecht** (27.7.1886 Halberstadt – 15.8.1984 Freiburg/Breisgau) war evangelischer Theologe. Mitte Dezember 1914 kam er als Feldgeistlicher nach Trosly-Loire nördlich von Soissons in Frankreich. Sein Zwillingsbruder Erich kämpfte an der Westfront. 1915 heiratete Siegfried Eggebrecht Gertrud Sachse. Nach dem Krieg war er Pfarrer in Magdeburg und zwischen 1928 und 1957 Superintendent in Schleusingen/Thüringen. Er war zweimal verheiratet und Vater von vier Kindern.

Otto **Gehrke** (geb. in Pommern – 1945/46 KZ Sachsenhausen?) war Fernmeldemechaniker bei der Reichspost, verheiratet und Stadtrat in Berlin-Köpenick. 1914 kämpfte er in der zweiten Augusthälfte in Belgien und ab Anfang September in

Frankreich bei Reims. Er soll nach Ende des Zweiten Weltkriegs als Häftling der Roten Armee gestorben sein.

Josef **Glaser** (7.9.1882 Reichenberg/Böhmen – 1977 Chatham/Ontario) war 1914 Direktor einer Zuckerfabrik in Helmsdorf bei Halle. Er rückte Ende Juli als Offizier zur österreichisch-ungarischen Armee in Leitmeritz (heute Litoměřice) ein. Nach wenigen Tagen an der Front nordöstlich von Przemyśl wurde er am 29. August bei Komarów von den Russen gefangen genommen, zunächst ins sibirische Tomsk (20. September bis 24. Oktober) und dann weiter nach Südostsibirien gebracht. Vom 10. November 1914 bis 1917 wurde er in Spasskoje gefangen gehalten. In diesen Jahren überarbeitete er sein Tagebuch. Später lebte Josef Glaser wieder bei Halle. Er war verheiratet und Vater von drei Kindern. 1945 floh er in den Westen und emigrierte 1948 nach Kanada.

Hilde **Grapow** (24.4.1898 Halle/Saale – 6.9.1999 Freiburg/Breisgau) lebte 1914 als Einzelkind und Tochter eines höheren Bahnbeamten im Kasseler Elternhaus. 1918 heiratete sie den Oberleutnant zur See Karl Palmgren und hatte drei Kinder.

Karl **Groppe** (9.12.1889 Schoningen/Uslar – 15.8.1917 Străoane) war als Ältester von acht Geschwistern Erbe des väterlichen Bauernhofes in Schoningen. Er kämpfte als Gefreiter im August 1914 in Belgien und Frankreich. Am 26. August wurde er bei Cambrai schwer verwundet. Anfang November kehrte er an die Westfront zurück und kämpfte nördlich von Reims. Er starb an der Ostfront in Rumänien. Sein Kriegstagebuch sowie die Korrespondenz der Familie mit Kameraden und weiteres Material stellte Heinrich Groppe 1938 zusammen.

Milly **Haake** (30.6.1900 Hamm – 14.1.1974 Hamm) lebte 1914 im Elternhaus in Hamm und schwärmte für einen verheirateten Mathematiklehrer ihrer Schule, den sie »Enzio« nannte. Ihr Bruder Wilhelm starb am 25. Dezember 1914 an Wundstarrkrampf infolge von Schussverletzungen, die er an der

Ostfront erlitten hatte. Später machte Milly Haake eine pharmazeutische Lehre, absolvierte ein Theologiestudium und arbeitete für die Westfälische Frauenhilfe Soest und ab 1947 als Vertrauensvikarin.

Franz Xaver **Hiendlmaier** (9.5.1892 Augsburg – 29.4.1969 Augsburg) war Kaufmann. Nach Lehr- und Wanderjahren meldete er sich 1914 freiwillig und kämpfte ab Mitte November an der Ostfront südlich von Czenstochau (heute Częstochowa). Nach dem Krieg eröffnete Franz Xaver Hiendlmaier ein Geschäft in Brandenburg und heiratete. Während des Zweiten Weltkriegs machte er Dienst bei der Polizei. Nach seiner Flucht nach Bayern 1947 arbeitete er als Kaufmann und Handelsvertreter in Günzburg.

Meta **Iggersheimer** (26.5.1896 – 14.4.1929 Regensburg) lebte 1914, nachdem sie trotz ihres jüdischen Glaubens ein katholisches Internat besucht hatte, wieder in Amberg bei den Eltern. Ihr Bruder Martin kam erst 1915 an die Front. Meta Iggersheimer heiratete später und starb an Krebs.

Hermann **Johanssen** (14.8.1895 Hohenfriedeberg/Niederschlesien – 5.7.1916 Péronne) meldete sich als Kriegsfreiwilliger und kämpfte ab Mitte Oktober 1914 westlich von Metz. Anfang Dezember wurde er an die Ostfront verlegt, wo er zwei Wochen lang bis zu seiner Erkrankung in Galizien südöstlich von Krakau kämpfte. Seine Aufzeichnungen entstanden um die Jahreswende 1914/15 in einem schlesischen Lazarett bzw. in der Garnison in Mülheim/Ruhr. Sie brechen mit dem Hinweis, dass er am 23. Januar 1915 wieder an die Front kommen soll, ab. Hermann Johanssen fiel 1916 an der Westfront.

Marie **Kettler** (9.10.1881 Hardegsen – gest. in Freiburg/Breisgau) war Schwester der Henriettenstiftung in Hannover. 1914 arbeitete sie ab Mitte September als Krankenschwester in Etappen-Lazaretten an der belgisch-französischen Grenze und ab Ende Oktober in Péronne (Frankreich). Das Tagebuch bricht mit der Ankündigung, dass sie Anfang 1915 in eine Offiziers-Klinik kommen soll, ab. Marie Kettler war später in Hannover Diakonissin.

Otto **Knopf** (24.9.1856 Hildburghausen/Thüringen – 20.9.1945 Jena) führte für seinen Sohn Walther von dessen Geburt 1894 an ein Tagebuch. Otto Knopf war Universitätsprofessor für Astronomie und Höhere Mathematik in Jena. Walther Knopf kämpfte 1914 an der West- und an der Ostfront.

Jakob **Krebs** (16.8.1878 Gras-Ellenbach/Odenwald – 1944 Hirschhorn/Neckar) war 1914 Förster in Kürnbach. Er war als Futtermeister in der ersten Augusthälfte bei Mülhausen (heute Mulhouse, Elsaß-Lothringen), bis Mitte September bei Baccarat in Frankreich und dann vor Pont-à-Mousson bei Metz (Elsaß-Lothringen). Anfang Oktober kam er ins französische Lens.

Hermann Christian **Kurz** (3.9.1896 Nürnberg – 29.6.1933 Nürnberg) meldete sich 1914 freiwillig und kämpfte ab Ende Oktober in Frankreich bei Péronne. Später studierte Hermann Christian Kurz Naturwissenschaften und wurde kaufmännischer Direktor. Er heiratete und hatte zwei Kinder. Sein Tagebuch bearbeitete er nach dem Krieg.

Otto Friedrich Leopold **Link** (17.10.1883 Freiburg/Breisgau – 10.12.1961 Freiburg/Breisgau) war Telegrafen-Inspektor in Freiburg. Zu Kriegsbeginn war er verheiratet mit Cäcilie Link und Familienvater. Anfang August 1914 kam er als Unteroffizier in die am Rhein gelegene Festung Istein, ab Ende September zum Landsturm nach Kirchen und ab Ende Oktober in die Gegend südlich von Altkirch (Elsaß-Lothringen).

Das **Mädchen** aus Karlsruhe war nach eigenen Angaben bei Kriegsausbruch fünfzehn Jahre alt. Ihr Name ist nicht bekannt. Das Tagebuch bricht mit dem Eintrag vom 18. September 1914 ab.

Adolph **Mathaei** (1853 – 1921) war 1914 Gymnasialprofessor in Cuxhaven. Er hatte eine Tochter und sechs Söhne, von denen fünf am Krieg teilnahmen. Der Sohn Heinrich geriet schon Anfang September in französische Kriegsgefangenschaft.

Otto von der **Meden** (10.10.1862 Hamburg – 18.8.1926 Neukuhren/Ostpreußen) war Landwirt und erwarb 1905 das Rittergut Wolka nahe Neidenburg (heute Nidzica) in Ostpreußen. 1914 meldete er sich freiwillig und kämpfte als Offizier bei Tannenberg, in Schlesien und bei Warschau. Anfang 1917 kehrte er auf sein Gut zurück und trug dort zusammenfassend die Kriegserlebnisse in sein Tagebuch ein.

Eugen **Miller** (9.5.1894 Ellwangen/Jagst – 16.2.1965 Fellbach-Oeffingen) machte eine Banklehre und meldete sich 1914 freiwillig. Ab der zweiten Novemberhälfte war er in Frankreich in der Gegend um Montmédy und Stenay in der Etappe. Nach Kriegsende wurde Eugen Miller Filialleiter einer Bank und Direktor der Stuttgarter Pferde- und Viehversicherung. 1941 bis 1943 nahm er als Führer eines Krankenkraftwagens am Zweiten Weltkrieg teil.

Der Name des **Oberst a. D.** (1841 – 1927) wird auf Wunsch des Tagebuch-Einsenders nicht genannt. Geboren in Schlesien, hatte er 1893 nach mehr als 33 Jahren als Oberst seinen Abschied genommen. 1914 lebte er in einem Dorf in der Nähe der niederschlesischen Stadt Lüben (heute Lubin), zwei seiner drei Söhne kämpften bei der Kavallerie.

Annemarie **Pallat**, geb. Hartleben (9.8.1875 Hannover – 14.9.1972 Berlin) entwarf nach ihrem Malereistudium Puppen- und Kinderkleidung. Sie war verheiratet mit dem Reformpädagogen und Ministerialbeamten Ludwig Pallat. 1914 lebte sie mit ihrem Mann und vier Kindern am Wannsee und war befreundet mit dem aus den Niederlanden stammenden Kunsthistoriker und Sprachwissenschaftler Johannes Andreas Jolles.

Marie **Peter** (11. 12. 1882 Köndringen – 4. 5. 1926 Kandern) war Rotkreuzschwester. 1914 begleitete sie ab Mitte August zahlreiche Lazarettzüge von der Westfront nach Deutschland. Während des Kriegs infiziert, starb Marie Peter in einem Sanatorium an Lungentuberkulose.

Richard **Piltz** (30. 3. 1875 Bitterfeld – 30. 9. 1916) studierte Ingenieur-Wissenschaften. Er war Besitzer und Prokurist der Steinzeugfabrikation Heinrich August Piltz in Bitterfeld, verheiratet mit Loni Piltz und Vater von zwei Söhnen. 1914 kam er als Oberleutnant zunächst ab Mitte August in die Gegend um Metz (Elsaß-Lothringen), kämpfte von Anfang Oktober bis Mitte November in Frankreich östlich von Saint-Mihiel und war dann bis Jahresende in Elsaß-Lothringen östlich von Pont-à-Mousson.

Max **Schmidt** arbeitete 1914 als Abteilungsleiter im Postzeitungsamt Berlin. Er war Anfang dreißig, verheiratet und hatte zwei Kinder. Er begleitete als Feldpostsekretär das Gardekorps in der zweiten Augusthälfte durch Belgien und Anfang September in Frankreich bis südlich von Reims. Nach dem Rückzug und einem Aufenthalt in Bapaume war er im November östlich von Ypern in Belgien und danach in der Etappe in Douai (Frankreich) eingesetzt. Er traf öfter seinen Bruder Otto. Nach Kriegsende war Max Schmidt in Berlin beim Reichspost- und Reichsfinanzministerium. Er bearbeitete sein Kriegstagebuch und ergänzte Fotos und Ansichtskarten.

Erwin **Schreyer** (11. 3. 1901 Berlin – 5. 5. 1973 Berlin) lebte 1914 als Gymnasiast bei seinen Eltern in Berlin-Lichtenberg. Später machte er eine Ausbildung zum Bankkaufmann, 1929 heiratete er. Nach krankheitsbedingter Frühpensionierung übernahm er in der Siedlung ›Freie Scholle‹ in Berlin-Tegel einen Kiosk.

Elisabeth **Schwarz** lebte 1914 in Freiburg und half einige Wochen in einem Lazarett.

Willy **Straub** kam 1914 als Wagenführer durch Luxemburg, war Ende August bei Longwy (Frankreich), kam dann bis Mitte September über die Argonnen bis südwestlich vor Verdun, wurde auf dem Rückzug Richtung Reims verlegt und kam ab Ende Oktober südlich von Ypern zum Einsatz. Er wurde Ende November an die Ostfront westlich von Warschau verlegt. Das Tagebuch bricht mit dem Eintrag vom 27. Dezember 1914 ab.

Hedwig **Vogel** (5.7.1870 Halberstadt – 2.6.1948 Raben bei Belzig/Brandenburg) war mit einem Pfarrer verheiratet und lebte 1914 mit ihren sechs Kindern in Berlin.

Richard **Walzer** (8.2.1892 Mannheim – 1964 Waldshut-Tiengen) kämpfte Mitte August 1914 in der Gegend um Altkirch, in der zweiten Augusthälfte in den nördlichen Vogesen (Elsaß-Lothringen) und bis Anfang September in der Gegend um Lunéville (Frankreich). In der zweiten Septemberhälfte bis zu seiner Erkrankung und Mitte Oktober kämpfte er südlich von Laon, nahe der Aisne. Infolge des Gewaltmarsches Richtung Saint-Quentin schwer erkrankt, war er ab Dezember 1914 in Bavay westlich von Maubeuge als Schreiber in der Etappe eingesetzt. Ab Februar 1919 arbeitete Richard Walzer in Stuttgart als Prokurist.

Peter **Weber** (9.6.1872 Neunkirchen/Köln – 10.2.1959 Siegburg/Köln) arbeitete 1914 auf dem elterlichen Bauernhof. Er war verheiratet und hatte fünf Kinder. Im Oktober 1914 musste er sich stellen und war im luxemburgischen Niederkerschen (heute Nidderkäerjeng) eingesetzt. Nach dem Krieg arbeitete Peter Weber für die Reichspost und nebenberuflich als Kleinbauer. Er wurde wegen seiner Kriegsverletzung frühpensioniert.

Carl Emil **Werner** (1880 – 1946) lebte 1914 als Kaufmann und Teilhaber am Geschäft des Vaters mit Frau und Kind in Freiburg.

Freifrau **von Wertheim** (geb. 1878) lebte 1914 als Hausfrau und Mutter von vier Kindern in Coburg. Ihr Mann Siegfried war Offizier und ab Ende November 1914 an der Westfront.

1914	**Zeittafel**
28. Juni	Ermordung des österreichischen Thronfolgers Franz Ferdinand und seiner Frau in Sarajevo.
23. Juli	Österreich-Ungarn stellt ein Ultimatum an Serbien.
28. Juli	Österreich-Ungarn erklärt Serbien den Krieg.
30. Juli	Generalmobilmachung der russischen Armee.
31. Juli	Generalmobilmachung in Österreich-Ungarn und Belgien.
1. Aug.	Deutschland erklärt Russland den Krieg. Generalmobilmachung in Deutschland. Generalmobilmachung in Frankreich. Italien erklärt seine Neutralität.
2. Aug.	Deutscher Einmarsch in Luxemburg. Deutschland fordert freien Durchmarsch durch Belgien. Deutsch-türkischer Bündnisvertrag.
3. Aug.	Deutschland erklärt Frankreich den Krieg. Großbritannien mobilisiert und stellt ein Ultimatum an Deutschland. Rumänien erklärt seine Neutralität.

Chronik-Berichte	1914
Josef Glaser rückt zur österreichisch-ungarischen Armee ein.	28. Juli
Georg Becker, Ernst Eberlein, Otto Gehrke, Karl Groppe, Jakob Krebs, Friedrich Link, Otto von der Meden, Eugen Miller, Richard Piltz, Max Schmidt, Willy Straub, Richard Walzer rücken zum Deutschen Heer ein.	2. bis 6. August

1914	**Zeittafel**
4. Aug.	Großbritannien tritt in den Kriegszustand mit Deutschland. Deutscher Reichstag bewilligt Kriegskredite, Ermächtigung des Bundesrats zu Verordnungen, innenpolitische Konflikte und wirtschaftliche Auseinandersetzungen werden zurückgestellt. Einmarsch deutscher Truppen in Belgien beginnt.
6. Aug.	Österreich-Ungarn erklärt Russland den Krieg. Serbien erklärt Deutschland den Krieg.
9. bis 16. Aug.	Britisches Expeditionskorps geht in Frankreich an Land.
10. Aug.	Nach Eindringen französischer Truppen ins deutsche Elsaß Schlacht von Mülhausen, französische Verbände räumen die Stadt.
11. Aug.	Frankreich erklärt Österreich-Ungarn den Krieg. Einmarsch österreichisch-ungarischer Truppen in Serbien.
12. Aug.	Großbritannien erklärt Österreich-Ungarn den Krieg.

Chronik-Berichte	1914
Karl Groppe in Theux, Louveigné, Huy, Offus, Perwez, Ernage, Tournai. Max Schmidt in Ville, Ochain, Jemeppe, Auvelais, Arsimont.	6. bis 24. Aug. 14. bis 26. Aug.
Friedrich Link in Festung Istein, Kirchen. Richard Walzer in Hattstatt, Aspach, an der Ill. Jakob Krebs in Wittenheim, Bruebach, Mülhausen, Didenheim. Marie Peter begleitet Lazarettzüge. Clara und Josephine Bohn zur französischen Besetzung von Ingersheim.	7. Aug. bis Okt. 8. bis 13. Aug. 9. bis 14. Aug. 17. Aug. bis Ende Dez. 21. bis 28. Aug.

1914	**Zeittafel**
12. bis 21. Aug.	Die österreichisch-ungarische Offensive in Serbien scheitert.
15. Aug.	Russische Truppen marschieren in deutschem Ostpreußen ein.
16. Aug.	Die Festung Lüttich wird von deutscher Artillerie zerstört.
17. Aug.	Kämpfe in Stallupönen (Ostpreußen).
19./20. Aug.	Deutsche Truppen besetzen Brüssel. Schlacht bei Gumbinnen, deutsche Armee räumt Teile Ostpreußens.
20. bis 22. Aug.	Schlacht in Lothringen: schwere französische Verluste.
22. Aug.	Einmarsch russischer Truppen in Galizien. Sie werden durch österreichisch-ungarische Truppen in den Schlachten bei Krasnik (23. bis 25. Aug.) und Komarów (26. bis 31. Aug.) zurückgedrängt.

Chronik-Berichte	1914
Richard Piltz in Peltre, Chérisey, Orny, Maizières-lès-Metz. Georg Becker in Lazaretten in Bensdorf, Avricourt, Mörchingen. Richard Walzer in Dagsburg, Sankt Leon, im Forêt Sainte-Barbe, in Saint-Benoît, Ménil-sur-Belvitte. Jakob Krebs in Niederweiler, Bruders-dorf, Harzweiler, Niederhof, Vacque-ville, Laronxe, Baccarat, Maizières-lès-Vic, Dieuze, Vandières, Fey-en-Haye, Villers-sous-Prény, Vilcey-sur-Trey, Jaulny, Peltre.	11. Aug. bis Anf. Okt. 19. Aug. bis 27. Sept. 20. bis 25. Aug. 21. Aug. bis Anf. Okt.
Josef Glaser in Wysocko, Dachnów, Zielone, Janówka, Komarów.	25. bis 29. Aug.

1914	**Zeittafel**
23. Aug.	Kriegseintritt Japans. Hindenburg übernimmt Führung der 8. Armee (Ostfront).
25. Aug.	Zerstörung der Bibliothek von Löwen durch deutsche Truppen. Einnahme der Festung Namur.
26. bis 30. Aug.	Schlacht bei Tannenberg, Vernichtung der russischen Narew-Armee.
28. Aug.	Seegefecht nahe der Insel Helgoland. Die deutsche Kolonie Togo wird an die Briten übergeben.
1. bis 10. Sept.	Schlacht bei Lemberg, Rückzug der österreichisch-ungarischen Armee, Einschließung der Feste Przemyśl (in der Folge mehrfach von russischen Truppen belagert).
2. Sept.	Deutsche Truppen erreichen die Marne, bedrohen Paris. Die französische Regierung zieht sich nach Bordeaux zurück. Russische Truppen besetzen Lemberg.
5. bis 12. Sept.	1. Marne-Schlacht auf einer 300 km (von Meaux bis Verdun) verlaufenden Front.

Chronik-Berichte	1914
Otto Gehrke in Rogery, Andenne, Héron, Namur (Fort d'Emines), Romerée, Petit Doische, Agimont.	18. Aug. bis Anf. Sept.
Otto von der Meden bei Hohenstein.	um 30. Aug.
Willy Straub in Saint-Pancré, Tellancourt, Longuyon, Louppy-sur-Loison, Murvaux. Karl Groppe in Bévillers, Beauvois-en-Cambrésis.	21. bis 30. Aug. 25. bis 26. Aug.
Max Schmidt in Marly, Brugny, Morains, Bergères-lès-Vertus, Taissy. Willy Straub in Foucaucourt, Évres, Pretz-en-Argonne, Brizeaux. Marie Kettler in Lazaretten in Anor, Fourmies.	29. Aug. bis 9. Sept. 1. bis 12. Sept. 18. Sept. bis 20. Okt.

1914	**Zeittafel**
7. bis 15. Sept.	Schlacht an den Masurischen Seen (Ostpreußen).
12. Sept. bis 24. Okt.	1. Schlacht an der Aisne.
14. Sept.	Ablösung Moltkes als Generalstabschef durch Falkenhayn.
18. bis 20. Sept.	Beschießung der Kathedrale von Reims durch deutsche Truppen.
9. Okt.	Einnahme Antwerpens.
20. Okt. bis Mitte Nov.	1. Flandern-Schlacht.
28. Okt.	Flandrisches Küstengebiet wird von Belgiern geflutet.
29. Okt.	Osmanisches Reich tritt in den Krieg ein. Die türkische Flotte beschießt russische Häfen am Schwarzen Meer.
1. Nov.	Hindenburg und Ludendorff erhalten den Oberbefehl über die Ostfront.
7. Nov.	Der deutsche Marinestützpunkt Tsingtau kapituliert vor den Japanern.

Chronik-Berichte	1914
Richard Walzer in Aizelles, Sainte-Croix, Craonelle und Craonne. Richard Walzer in Craonne.	19. bis 29. Sept. 12. bis 19. Okt.
Otto Gehrke in Normée, Moronvilliers, Vaudesincourt.	6. Sept. bis Mitte Nov.
Max Schmidt in Menin, Kœlberg. Willy Straub in Haubourdin, Warneton. Georg Becker in Lazarett in Nesle. Georg Becker in Lazarett in Tourcoing.	9. bis 27. Nov. 20. Okt. bis Ende Nov. 4. Okt. bis Mitte Nov. 17. Nov. bis 31. Dez.

1914	Zeittafel
8. Nov. bis 15. Dez.	Niederlagen und Rückzug der serbischen Armee.
Mitte Nov.	Übergang der gesamten Westfront zum Stellungskrieg.
16. Nov.	Offensive der österreichisch-ungarischen Armee in Galizien und Russisch-Polen.
2. Dez.	Die österreichisch-ungarische Armee besetzt Belgrad.
6. Dez.	Deutsche Truppen nehmen Lodz ein.

Chronik-Berichte	1914
Am Saint-Mihiel-Bogen:	
Richard Piltz im Forêt d'Apremont, in Buxerulles.	5. Okt. bis 18. Nov.
Richard Piltz in Louvigny (Lothringen).	20. Nov. bis 31. Dez.
Um Reims:	
Otto Gehrke in Rouvroy, Tahure.	Mitte Nov. bis 31. Dez.
Karl Groppe in Brimont, Bourgogne.	6. Nov. bis 31. Dez.
In Nordfrankreich:	
Hermann Christian Kurz in Flaucourt, Herbécourt, Dompierre.	23. Okt. bis 31. Dez.
Marie Kettler in Lazarett in Péronne.	23. Okt. bis 31. Dez.
Max Schmidt in Douai.	28. Nov. bis 31. Dez.
Siegfried Eggebrecht als Feldgeistlicher in Trosly-Loire.	15. bis 31. Dez.
Im Elsaß:	
Friedrich Link in Hirzbach.	Ende Okt. bis 31. Dez.
Franz Xaver Hiendlmaier in Krasawa, Siedlec.	15. Nov. bis Mitte Dez.
Franz Xaver Hiendlmaier in Złotniki, an der Nida bei Małogoszcz, im Wald von Papiernia.	20. bis 31. Dez.
Hermann Johanssen an der Lososina, in Limanowa.	4. bis 19. Dez.
Willy Straub in Włocławek, Gąbin, Sanniki, Kiernozia, Wisowa, Rybno.	30. Nov. bis 31. Dez.

1914	**Zeittafel**
8. Dez.	Ein deutsches Kreuzergeschwader wird bei den Falkland-Inseln vernichtet.
8. Dez. 1914 bis 17. März 1915	Winterschlacht in der Champagne.
15. Dez.	Serbische Truppen erobern Belgrad zurück.
17. bis 20. Dez.	1. Artois-Offensive.
20. Dez.	Türkische Truppen rücken bis zum Suezkanal vor.
21. Dez.	Britische Truppen erobern Basra.

Chronik-Berichte	1914
Jakob Krebs in Lens und Loos-en-Gohelle.	9. Okt. bis 31. Dez.

Zur Edition

Die *Verborgene Chronik 1914 – 1918* ist eine literarische Montage, die auf drei Bände angelegt ist. Sie basiert auf bisher unveröffentlichten Tagebüchern, die während der Zeit des Ersten Weltkriegs verfasst wurden. Der vorliegende erste Band *Verborgene Chronik 1914* zu den ersten Kriegsmonaten ist aus Tagebucheinträgen von 37 Autorinnen und Autoren zusammengesetzt.

Alle verwendeten Aufzeichnungen stammen aus dem Deutschen Tagebucharchiv. Für die *Verborgene Chronik 1914* standen uns überwiegend Typoskripte und Textdateien, in wenigen Fällen auch Kopien handschriftlicher Aufzeichnungen zur Verfügung. Die meisten Transkriptionen wurden von ehrenamtlichen Leserinnen und Lesern des Deutschen Tagebucharchivs erstellt, die alle dort eingehenden autobiografischen Dokumente erschließen. Eingang in die Montage fanden daneben auch Fassungen privater Aufzeichnungen, die von Angehörigen einiger Tagebuchautorinnen und -autoren kompiliert wurden. In diesen Fällen liegt oft auch im Deutschen Tagebucharchiv nicht das handschriftliche Original vor. Bedingt durch unterschiedliche Schwierigkeitsgrade bei der Entzifferung der Vorlagen, individuelle, uneinheitliche Herangehensweisen der Transkribenten und die sich im Laufe der letzten fünfzehn Jahre rasant entwickelnden Recherchemöglichkeiten (Internet, Forschung zum Ersten Weltkrieg) unterscheiden sich die maschinenschriftlich oder in Dateien erfassten Texte hinsichtlich ihrer Qualität und Verlässlichkeit. Im Falle strittiger Stellen oder fehlender Wörter zogen wir daher, soweit vorhanden, immer das handschriftliche Original zurate.

Für die *Chronik* war es wesentlich, die Niederschriften in ihrer Subjektivität und in ihrer durch äußere Umstände und das eigene Wahrnehmungsvermögen beschränkten Perspektive zu belassen. Gleichzeitig versuchten wir, mittels umfangreicher Recherche, besondere Ereignisse (Schlachten, Bestrafungsaktionen) zu verifizieren, militärische Abkürzungen (Einheiten) aufzulösen, erwähnte Orte in der damals üblichen

Schreibweise korrekt und (da es sich oft um kleine Dörfer handelt) möglichst eindeutig lokalisierbar zu benennen. Bei den zahlreichen erwähnten Personen war es nur im Falle der im weiteren Sinn öffentlich bekannten möglich, die Namensschreibung zu überprüfen und die Beteiligung an einzelnen Aktionen zu verifizieren.

Einige Tagebuchautorinnen und -autoren geben Gerüchte und Berichte, die sie hörten, oder Zeitungsinformationen inklusive Falschmeldungen und Kriegspropaganda wieder: Auf Kommentierung bzw. Richtigstellung wurde verzichtet. Das Gewebe aus unmittelbaren Eigenerlebnissen und darüber hinausgehender, medialer Wahrnehmung zu erhalten, erschien uns für das auf eine Gesamterzählung entwickelte Konzept einer multiperspektivischen, subjektiven Chronik ebenso angemessen wie substanziell.

Die Texte, die wir für die *Verborgene Chronik 1914* auswählten, wurden teilweise gekürzt. Generell waren Streichungen wegen des Umfangs nicht zu vermeiden. Aber auch erzähltechnische Entscheidungen (Textanschlüsse, inhaltliche Kontextualisierungen) spielten bei den Kürzungen eine Rolle. Eigentümlichkeiten und Unbeholfenheiten in Stil und Grammatik wurden meist beibehalten. Zur besseren Lesbarkeit wurden die Orthografie und die Zeichensetzung modernisiert. Zum leichteren Verständnis wurden in wenigen Fällen Orts- und Zeitangaben ergänzt bzw. spezifiziert.

Eine Reihe von Tagebucheinträgen entstand ohne genaue Orts- oder Datumsangabe: In diesen Fällen nahmen wir, ausgehend von historischen Daten und dem Berichteten, eine zeitliche und räumliche Zuordnung vor. In den Überschriften sind einerseits das jeweilige Datum, andererseits der Name des Autors und der Ort genannt. Die zeitliche Zuordnung in der *Chronik* kann in wenigen Fällen von dem im Original-Tagebuch genannten Datum abweichen, wenn ausführlich rückblickend erzählt oder der Eintrag erkennbar erst nach Mitternacht des angegebenen Tages verfasst und deshalb von uns auf den folgenden Tag datiert wurde. Die räumliche Zuordnung nennt immer nur einen Ort, nämlich den um Mitternacht erreichten, auch wenn manche Autorinnen und Autoren mehrmals täglich, während sie unterwegs waren, Einträge verfassten bzw. verfasst haben könnten. Zur besseren Orientierung wird nach dem Ortsnamen noch in Klammern das Land genannt, sofern der Ort nicht innerhalb Deutschlands lag. Im Falle jener Gebiete, die 1914 noch zum Deutschen Reich gehörten, heute aber in den staatlichen Territorien von Frankreich, Polen, Belgien oder Russland liegen, werden nach einem Komma die damaligen deutschen Bezeichnungen Elsaß-Lothringen, Preußische Rheinprovinz, Schlesien, Pommern, Ostpreußen ergänzt. Das gilt auch für Galizien in Österreich-Ungarn (heute Südost-Polen um Krakau/Kraków und Südwest-Ukraine um Lemberg/Lviv) und für jenen östlichen Teil des heutigen Polen, der 1914 zu Russland gehörte. Mit Ausnahme der russischen und chinesischen Ortsnamen, die in der heute gängigen Transkription des kyrillischen Alphabets und der chinesischen Zeichen erscheinen, werden alle anderen Orte in der 1914 üblichen Form wiedergegeben, allerdings mit den diakritischen Zeichen für französische und polnische Laute.

Das der *Verborgenen Chronik* insgesamt leitmotivisch vorangestellte Zitat ist dem Text *Die schärfste Ideologie: dass die Realität sich auf ihren realistischen Charakter beruft* entnommen. In: Alexander Kluge: *Gelegenheitsarbeit einer Sklavin. Zur realistischen Methode.* Frankfurt am Main: Suhrkamp 1975, S. 215.

Zum Eingangszitat der Montage, das aus einem am 27. Juli 1914 »im extrablattlosen Ilsenburg« verfassten Leitartikel stammt – dem Tag, mit dem die *Verborgene Chronik 1914* einsetzt –, siehe: Franz Pfemfert: *Die Besessenen.* In: *Die Aktion. Wochenschrift für Politik, Literatur, Kunst.* 4. Jg. (Berlin-Wilmersdorf), 1. August 1914, Sp. 672.

Für die Zeittafel wurden, insbesondere strittige Datierungen betreffend, einzelne Angaben aus der *Chronik 1914 – 1918*, bearbeitet von Susanne Frank, übernommen. In: Gerhard Hirschfeld, Gerd Krumeich, Irina Renz (Hg.): *Enzyklopädie Erster Weltkrieg.* Paderborn, München, Wien, Zürich: Verlag Ferdinand Schöningh 2009, S. 1011 f.

Textnachweise

Alle Texte werden im Deutschen Tagebucharchiv in Emmendingen (DTA) aufbewahrt.

Becker, Georg: handschriftliche Tagebücher 11. August 1914 bis 9. Juni 1917 (DTA Signatur 3149.1 und 2, Transkription: Helga Fitjer, Herbert Kapfer)

Blanckenhorn, Gertrud: handschriftliches Tagebuch 1909 bis Januar 1916 (DTA Signatur 1000)

Bohn, Clara und Josephine: maschinenschriftliche Chronik August 1914 bis März 1919 (DTA Signatur 898, Transkription, Zusammenstellung: Joseph Groll, Original in Privatbesitz)

Busse, Paula Eleonore: maschinenschriftliche Tagebücher 1896 bis 1954 (DTA Signatur 63.3, Transkription, Zusammenstellung: Ursula Bienert, Original in Privatbesitz)

Eberlein, Ernst: handschriftliche Tagebücher Juli 1914 bis Januar 1919 (DTA Signatur 1897.I.1)

Eggebrecht, Siegfried: handschriftliche Tagebücher Dezember 1914 bis Oktober 1917 (DTA Signatur 424.I.1, Transkription: Gertraude Franz)

Gehrke, Otto: handschriftliches Tagebuch August 1914 bis März 1915 (DTA Signatur 1871, Transkription: Benno Kny)

Glaser, Josef: handschriftliche Tagebücher Juli 1914 bis 1926 (DTA Signatur 1719.2, Transkription: Gertrud Lütgemeier)

Grapow, Hilde: maschinenschriftliches Tagebuch 1913 bis August 1916 (DTA Signatur 700.I, Transkription: Barbara Baumgartner, Hella Hübsch, Original in Privatbesitz)

Groppe, Karl: Privatdruck, Tagebuch August 1914 bis März 1917 (DTA Signatur 3140.1, Transkription, Zusammenstellung: Heinrich Groppe)

Haake, Milly: handschriftliche Tagebücher 1913 bis Juni 1915 (DTA Signatur 1256.II.1 und 2, Transkription: Dietlind Breuker)

Hiendlmaier, Franz Xaver: handschriftliches Tagebuch November 1914 bis September 1915 (DTA Signatur 675, Transkription: Achim Hollmann)

Iggersheimer, Meta: handschriftliches Tagebuch 1912 bis Februar 1916 (DTA Signatur 2142, Transkription: Dorothea Heimbs)

Johanssen, Hermann: maschinenschriftliches Tagebuch Oktober 1914 bis Januar 1915 (DTA Signatur 1845.II, Transkription: Ulrich Herrmann, Original in Privatbesitz)

Kettler, Marie: handschriftliches Tagebuch August bis Dezember 1914 (DTA Signatur 582.II, Transkription: Achim Hollmann, Original in Privatbesitz)

Knopf, Otto: handschriftliches Tagebuch für seinen Sohn Walther 1894 bis 1917 (DTA Signatur 1500.I.1, Transkription: Marie-Luise Holl)

Krebs, Jakob: handschriftliches Tagebuch August 1914 bis Dezember 1916 (DTA Signatur 3017, Transkription: Fredegunde Dautert)

Kurz, Hermann Christian: maschinenschriftliches Tagebuch Oktober 1914 bis Januar 1915 (DTA Signatur 632)

Link, Otto Friedrich Leopold: handschriftliches Tagebuch Juli 1914 bis Oktober 1915 (DTA Signatur 3033, Transkription: Lisbeth Exner)

Mädchen aus Karlsruhe: handschriftliches Tagebuch 21. Juli bis 18. September 1914 (DTA Signatur 1480, Transkription: Lisbeth Exner)

Mathaei, Adolph: maschinenschriftliches Tagebuch 1914 bis 1919 (DTA Signatur 69, Transkription: Ernst Mathaei, Original in Privatbesitz)

Meden, Otto von der: maschinenschriftliches Tagebuch 1905 bis 1921 (DTA Signatur 839, Transkription: Wolfgang Müller-Haeseler, Original in Privatbesitz)

Miller, Eugen: Privatdruck aus dem Jahr 1977 unter dem Titel ›… und alles tanzt‹, Tagebuch August 1914 bis Januar 1919 (DTA Signatur 260, Transkription: Walter Miller)

Oberst a. D.: handschriftliche Tagebücher 14. August 1914 bis 16. April 1918 (DTA Signatur 2036.II.1 und 2, Transkription: Irene Kircher)

Pallat, Annemarie: handschriftliche Tagebücher 1901 bis 1967 (DTA Signatur 475.9, Transkription: Lisbeth Exner)

Peter, Marie: handschriftliche Tagebücher August 1914 bis Juli 1917 (DTA Signatur 2190.1, Transkription: Benno Kny)

Piltz, Richard: handschriftliche Tagebücher Juli 1914 bis September 1916 (DTA Signatur 3155.1 bis 4, Transkription: Jutta Lenzen)

Schmidt, Max: handschriftliches Tagebuch August 1914 bis Mai 1945 (DTA Signatur 547, Transkription: Lisbeth Exner)

Schreyer, Erwin: handschriftliches Tagebuch Juli 1914 bis 1923 (DTA Signatur 1057.1, Transkription: Achim Hollmann)

Schwarz, Elisabeth: handschriftliches Tagebuch Juni 1914 bis Januar 1918 (Kopie: DTA Signatur 1654, Transkription: Fredegunde Dautert)

Straub, Willy: handschriftliches Tagebuch August bis Dezember 1914 (DTA Signatur 1876, Transkription: Lisbeth Exner)

Vogel, Hedwig: maschinenschriftliche Tagebücher 1886 bis 1948 (DTA Signatur 1460.II, Transkription, Zusammenstellung: Almuth Heym, Original in Privatbesitz)

Walzer, Richard: handschriftliche Tagebücher August 1914 bis April 1919 (DTA Signatur 861.1, Transkription: Hella Hübsch)

Weber, Peter: handschriftlich transkribiertes Tagebuch Oktober 1914 bis Februar 1915 (DTA Signatur 3036, Transkription: Jutta Lichter, Original in Privatbesitz)

Werner, Carl Emil: handschriftliches Tagebuch August 1914 bis Juli 1917 (DTA Signatur 1798.6, Transkription: Fredegunde Dautert)

Wertheim, Freifrau von: handschriftliches Tagebuch August 1914 bis April 1917 (DTA 1906.1, Transkription: Fredegunde Dautert)

Das Deutsche Tagebucharchiv

Das Deutsche Tagebucharchiv wurde am 14. Januar 1998 von Frauke von Troschke in Emmendingen gegründet. Das Archiv sammelt deutschsprachige autobiografische Dokumente von Privatpersonen und nimmt als öffentliche Einrichtung persönliche Zeitzeugnisse von »jederfrau und jedermann« an. Der Gesamtbestand aus der Zeit um 1800 bis heute umfasst mittlerweile rund 13 500 Tagebücher, Briefkonvolute und Lebenserinnerungen von rund 3300 Autoren. Die von Nachkommen, Findern oder auch von den Tagebuchautorinnen und -autoren selbst eingesandten Dokumente werden im Emmendinger Alten Rathaus fachgerecht aufbewahrt. Sie werden von ehrenamtlichen Leserinnen und Lesern erschlossen und teilweise transkribiert. Die Einsender werden um weiterführende Informationen gebeten, um die wissenschaftliche Nutzung zu erleichtern. Die Erschließungsdaten fast aller Archivalien sind mittlerweile in der Datenbank des Deutschen Tagebucharchivs erfasst und stehen so Geschichts- und Kulturwissenschaftlern, Journalisten und Autoren, Schülern und Studenten zur Verfügung. Das Archiv präsentiert seine Bestände darüber hinaus auch in einem Tagebuchmuseum (ab Mitte 2014) sowie bei Führungen, regelmäßigen Lesungen und anderen Veranstaltungen.

Die Autoren der Verborgenen Chronik

Lisbeth Exner, geboren in Wien, Studium der Germanistik, Promotion. Publizistin, Autorin zahlreicher Radio-Essays und Features zu Literatur und Zeitgeschichte, u. a. über Christian Schad, Paul und Anna Ornstein, Wolfgang Koeppen, Erika Mann, Hermann Broch, Zenzl Mühsam, Emil Kraepelin, Thea Sternheim; Beiträge für wissenschaftliche Publikationen. Veröffentlichungen: *Fasching als Logik. Über Salomo Friedlaender/Mynona* (1996); *Land meiner Mörder, Land meiner Sprache. Die Schriftstellerin Grete Weil* (1998); *Leopold von Sacher-Masoch* (Rowohlt Monographie 2003); *Elisabeth von Österreich* (Rowohlt Monographie 2005). Gemeinsam mit Michael Farin herausgegebene Publikationen: Wanda von Sacher-Masoch: *Lebensbeichte* (2003); Carl Felix von Schlichtegroll: *Sacher-Masoch* (2003). Gemeinsam mit Herbert Kapfer herausgegebene Publikationen u. a.: *Weltdada Huelsenbeck. Eine Biografie in Briefen und Bildern* (1996); *Pfemfert. Erinnerungen und Abrechnungen. Texte und Briefe* (1999). Lebt in München.

Herbert Kapfer, geboren in Ingolstadt. Journalist, Autor, Leiter der Abteilung Hörspiel und Medienkunst im Bayerischen Rundfunk. Redaktion und Koordination *Die Quellen sprechen. Die Verfolgung und Ermordung der europäischen Juden durch das nationalsozialistische Deutschland 1933–1945. Eine dokumentarische Höredition* (Bayerischer Rundfunk, Institut für Zeitgeschichte). Veröffentlichungen u. a.: *Sammeltransport. Stücke* (1982); *Umsturz in München. Schriftsteller erzählen die Räterepublik* (1988, mit Carl-Ludwig Reichert). Herausgegebene Publikationen u. a.: Richard Huelsenbeck, Hans Arp, George Grosz: *Phantastische Gebete* (1993); *Vom Sendespiel zur Medienkunst* (1999); *intermedium 2 – Identitäten im 21. Jahrhundert* (2002, mit Peter Weibel); Robert Musil: *Der Mann ohne Eigenschaften. Remix* (2004, mit Katarina Agathos); *what if? Zukunftsbilder der Informationsgesellschaft* (2007, mit Stefan Iglhaut, Florian Rötzer); Richard Huelsenbeck: *Dada-Logik 1913–1972* (2012). Lebt in München.

Dank

Wir danken dem Deutschen Tagebucharchiv in Emmendingen für die tatkräftige Unterstützung. Frauke von Troschke und Gerhard Seitz begleiteten das Projekt. Jutta Jäger-Schenk beantwortete unsere vielen Fragen geduldig, schnell und zuverlässig. Ohne die Vorleistung der von ihr geleiteten Projektgruppe zum Ersten Weltkrieg hätten wir die Arbeit nicht bewältigen können: Annika Burkhardt, Karl-Ernst Geith, Rainer Glaser, Harald Hattig, Daniela Hermann, Marlene Kayen, Friedrich Kupsch, Angelika Ott, Hanna Schirmer, Detlef Vogel, Ursula Weiss und Rosemarie Werdnik haben wesentlich zur Erschließung der Dokumente beigetragen. Ihnen allen sowie den im Textnachweis genannten Transkribenten sind wir zu Dank verpflichtet. Genauso danken wir allen Rechteinhabern und Einsendern.

Ein besonderer Dank geht an Wolfgang Hörner, der die Idee zu dieser Edition an uns herangetragen hat.

Ortsregister

Verzeichnis der in den Tagebüchern genannten Städte und Dörfer in der 1914 in Deutschland üblichen Schreibung (siehe dazu S. 396).

Inhalt